Zum Gedenken
an meinen Freund
Prof. Ernst A. Zwilling

Irene und Franz Stiller

Sehnsucht Afrika

Irene und Franz Stiller

Sehnsucht Afrika

125 Abbildungen, 48 Landkarten, 13 Spurenabbildungen

EDITION HUBERTUS
Österreichischer Agrarverlag

Bildquellen:
Archiv: 2, 45
Arndt, Hansgeorg: 158 u, 181 u
Droste, Erpo Freiherr: 160 u, 161 u, 163 o, 164, 165 o, 167 o, 168, 170, 171 o, 171 u, 172 u, 174, 176 o, 176 u, 177, 181 o, 182, 184 u, 185, 186 o, 189 u
Holzmann Heinz Ing.: 69, 172 o, 180
Kastner Patrick: Titelbild, 124, 159 o, 159 u, 166 o, 169, 175 o, 175 u, 178
Pum Helmut: 157, 158 o, 161 o, 162, 173, 184 o, 187, 188, 190 o
Raith Helmuth: 179, 189 o, 191 o
Stiller Franz/Irene: 13, 23, 29, 31, 33, 37, 39, 46, 61, 62, 63, 65, 66, 73, 74, 75, 77, 78, 79, 81, 83, 87, 89, 91, 93, 95, 97, 99, 105, 108, 111, 113, 114, 115, 117, 119, 120, 122, 123, 127, 129, 130, 133, 135, 136, 137, 141, 143, 145, 146, 147, 148, 149, 150, 151, 152, 153, 155, 166 u, 167 u
Stockenstroom Eric: 165 u
Wernisch Rainer: 17, 26, 39 (2x), 59, 85, 103, 131, 160 o, 163 u, 183, 186 u, 190 u, 191 u, 192,
    48 Landkarten, 13 Spuren

Stand aller Angaben: Herbst 1999.
Die Auflistung der Länder bzw. der Tiere erhebt keinen Anspruch auf Vollständigkeit.
Es wurden nur die Daten aufgenommen, die für einen Afrikajäger von Interesse sein könnten.

© Österreichischer Agrarverlag, Leopoldsdorf

Alle Rechte vorbehalten. Das Werk, einschließlich aller seiner Teile, ist urheberrechtlich geschützt. Jede Verwertung ist ohne Zustimmung des Verlages unzulässig. Das gilt insbesondere für Vervielfältigungen, Übersetzungen, Mikroverfilmungen und die Einspeicherung und Verarbeitung in elektronischen Systemen.
Gestaltung und Druckvorbereitung: Technische Redaktion Rainer Wernisch, A-1120 Wien.
Druck und Bindung: AV-Druck plus, A-1032 Wien
Printed in Austria 2000
ISBN 3-7040-1517-2

INHALTSVERZEICHNIS

Vorwort	9
Einleitung	11
Gibt es das „Afrika Virus" wirklich?	13
Safari einst und jetzt	16
Vorbereitung einer Jagdreise	19
Ausrüstung	20
Wie wird in Afrika gejagt?	27
Was kostet eine Safari?	28
Jagdreise-Vermittler und private Anzeigen	30
Safari auf eigene Faust	32
Als Begleitperson bei der Jagd in Afrika	35
Die Mentalität der Schwarzen	38
Schlangen, Skorpione und andere Plagegeister	41
Die „Großen Fünf/Vier"	43
Fischen in Afrika	46
Trophäen	47
Naturschutz und Wilderei	48
Afrika — medizinisch	49
Küche und Kost in Afrika	57
Es begann in Namibia	60
Krokodiljagd in Zambia	67
Büffeljagd in Ruanda	72
Auf Flusspferdjagd	75
Expedition zu den Berg-Gorillas im Ruhengeri-Nationalpark	79
Verlorenes Paradies	84
Auf Wildschweinjagd in Tunesien	86
Zimbabwe, Land am Zambesi	90
Zimbabwe in der Regenzeit	98
Jagdabenteuer in Tanzania	107
Eine „Wilderer"-Geschichte	118
Im Selous Game Reserve	121
Bilder aus Südafrika	131
Abenteuer in Mosambik	135
Auf Elefantenjagd im Regenwald	144
Wildtiere Afrikas	157
Rekordtrophäen	193
Aktuelle Jagdländer	
Ägypten	202
Äthiopien	203
Benin	204
Botswana	205
Burkina Faso	206

Gabun	207
Kamerun	208
Kongo	210
Marokko	211
Mosambik	212
Namibia	213
Senegal	214
Sudan	215
Südafrika	216
Tanzania	218
Tunesien	220
Zambia	221
Zentralafrikanische Republik	222
Zimbabwe	223

Derzeit nicht aktuelle Jagdländer

Algerien	225
Angola	225
Äquatorialguinea	226
Burundi	226
Côte d'Ivoire (Elfenbeinküste)	227
Dschibuti	227
Eritrea	228
Gambia	228
Ghana	229
Guinea	229
Guinea-Bissau	230
Kenia	230
Lesotho	231
Liberia	232
Libyen	232
Madagaskar	233
Malawi	233
Mali	234
Mauretanien	234
Niger	235
Nigeria	235
Republik Kongo (Zaire)	236
Ruanda	236
Sierra Leone	237
Somalia	238
Swasiland	238
Togo	239
Tschad	239
Uganda	240

Wörterbuch ... 241

Packliste für Jagdreisen nach Afrika ... 278

VORWORT

Der Übergang vom Homo habilis (dem „geschickten" Menschen) zum Homo erectus (dem „aufrecht gehenden" Menschen) vollzog sich vor etwa 1,5 Millionen Jahren, und zwar in Afrika. Der Stammbaum des Jetztmenschen ist also eng verknüpft mit der Entwicklung des Lebens auf dem afrikanischen Kontinent.
Diese Tatsache mag unter anderem die Sehnsucht vieler Menschen nach den afrikanischen Ländern erklären. Der innere Drang — bisweilen sogar Zwang — immer wieder dorthin zurückzukehren, wo man unter der Sonne Afrikas gelebt, gearbeitet, gejagt hat, kann somit als Sehnsucht nach der „Urheimat" interpretiert werden.
War es früher vordergründig das Abenteuer, das viele zur Jagd auf dem schwarzen Kontinent drängte, so ist es heute das Streben, in schier unbegrenzten Revieren eine variantenreiche Fauna und Flora zu erleben. Die Zeit der romantisierten Jagd mit wochen- ja monatelangen Aufenthalten, mit einer vielköpfigen Mannschaft, mit jeder Menge gefahrvoller Begegnungen, mit dem oftmals unmäßigen Schöpfen aus dem Vollen, mit keinerlei Rücksicht auf Artenschutz oder biologische Zusammenhänge, diese Zeit ist vorbei.
Heute bedarf es zur Jagd in Afrika einer ebensolchen Einstellung, wie wir sie in den heimischen Revieren erwarten.
Es ist auch die Ära vergangen, in der nur der begüterte Europäer/Amerikaner sich den „Luxus" einer Safari leisten konnte. Für viele Menschen ist eine Jagdreise heute in den Bereich des Möglichen gerückt. Der daraus entstandene vermehrte Druck auf die Wildpopulationen und die Natur selbst wird bereits in etlichen Ländern Afrikas von etablierten „Natur-Nutzungs-Organisationen" in geregelte Bahnen gelenkt. Letztlich hat sich erwiesen, dass durch das Geld der Auslandsjäger erst das Überleben so mancher Spezies ermöglicht wurde und wird.
Der Kreis — weißer Jäger — exotisches Wild — Einwohner Afrikas als Nutznießer — scheint somit im wahrsten Sinn des Wortes eine runde Sache.
Jagen am „brennenden Kontinent", als wahrgewordener Traum, als Erfüllung tief in unserem Inneren vergrabener Sehnsüchte, als Rückkehr zu den Wurzeln unserer Herkunft — diese Faszination soll uns möglichst lange erhalten bleiben. Die Bezeichnung „brennender Kontinent" möge sich in Zukunft auf die natürlichen Buschbrände beschränken. Die Flammen der Bürger- und Bruderkriege haben ohnedies schon zu viel an Menschen und Natur zerstört!
Allen Lesern sowie den Autoren dieses Buches — auch mir persönlich — wünsche ich, bald wieder die vertrauten Worte zu hören:
„Jambo, bwana."

Rainer M. Wernisch
Wien, Oktober 1999

EINLEITUNG

Seit meiner frühesten Jugend faszinierte mich der Gedanke, fremde Länder zu bereisen und Abenteuer zu erleben. Die tropischen Regionen hatten es mir besonders angetan. Ich studierte alte Landkarten und folgte im Geiste den Spuren der frühen Entdecker und Forschungsreisenden. Angeregt durch viele Bücher und Filme zeigte sich bald, dass Afrika die größte Faszination auf mich ausübte. Nicht unbedeutend für diese Entwicklung war die Tatsache, dass meine Eltern, soweit es die damaligen Verhältnisse zuließen, jährlich Reisen in benachbarte Länder unternahmen, und ich daher sehr früh mit fremden Menschen und Gebräuchen in Berührung kam. Da in den späten Fünfziger-Jahren das Auto noch keine Selbstverständlichkeit war, reisten wir mit Bahn und Bus an unsere Urlaubsziele. Keine Fahrt war mir zu lange oder anstrengend, Hauptsache es ging Richtung Süden, Richtung Meer, wo es sonnig und warm war. Ich fühlte mich schon immer in der freien Natur am wohlsten und bedauerte es sehr, nicht auf dem Lande geboren worden zu sein, wo ich meine Gefühle richtig ausleben hätte können. Dabei hatte ich das große Glück, am Stadtrand aufzuwachsen, dort gab es damals noch Wiesen und die berühmten „G'stetten". Diese kleinen Kinderparadiese sind leider verschwunden, stattdessen wurden nebst hässlichen Wohnsilos Grünanlagen geschaffen, die es keinem Kind mehr gestatten, auf Entdeckungsreise zu gehen.
Ebenfalls wurde mir die große Liebe zur Jagd in die Wiege gelegt. In dieser Hinsicht war ich sicher nicht erblich belastet, denn meine Vorfahren waren eher passionierte Fischer. Jedenfalls zählte es für mich zur absoluten Glückseligkeit, wenn ich in den Ferien, die ich zum Teil in Kärnten verbrachte, mit unserem Bauern auf den Hochstand gehen durfte, um Wild zu beobachten. Wenn ich dann noch die ehrenvolle Aufgabe bekam, die alte Hahnbüchse nach Hause zu tragen, war ich wahrscheinlich das glücklichste Kind auf der ganzen Welt.
Nach Absolvierung der Fachschule für Elektrotechnik trat ich meinen Militärdienst an. Dort hatte ich genug Zeit, mich auf die Jägerprüfung vorzubereiten. Dabei war mir Irene, meine spätere Frau, sehr behilflich. Durch das ständige Abfragen des Lehrstoffes hätte sie selbst ohne weiteres zur Prüfung antreten können.
Glücklicherweise hatte meine Partnerin schon damals großes Verständnis für meine Passion, denn nur so war es möglich, jede sich bietende Gelegenheit auszunutzen, um ins Revier zu fahren. Wir hatten zu dieser Zeit einen 18 Jahre alten VW-Käfer, und es war jedesmal eine Expedition, wenn wir ins Waldviertel zur Jagd fuhren.
Es liegt nun mehr als zwei Jahrzehnte zurück, als ich gemeinsam mit Irene erstmals afrikanischen Boden betrat. Wir waren damals noch recht junge Leute und froh, wenigstens das nördliche Afrika — genauer gesagt Tunesien — bereisen zu dürfen. Wir waren fasziniert von den neuen Eindrücken, von den exotischen Düften, die uns in den Souks von den Gewürzhändlern entgegenströmten, von dem bunten Treiben auf den Kamelmärkten, von den Straßenhändlern mit ihren Handarbeiten, kurzum das Fremdländische hatte uns in seinen Bann gezogen. Und das alles, obwohl wir erst den obersten Zipfel von Afrika kennen gelernt hatten. So war es nur logisch, dass wir weitere Pläne schmiedeten und bestrebt waren, den „Rest" von Afrika zu erkunden: Ich war ein begeisterter Jäger, meine Frau eine ebenso begeisterte Fotografin und zudem liebten wir einfach das Abenteuer.
Also überlegten wir, wie wir mit unseren damals noch geringen finanziellen Mitteln alle unsere Vorhaben unter einen Hut bringen könnten. Nach langen Planungen und Entbehrungen war es dann endlich soweit. Wir reisten nach Deutsch-Südwest-Afrika, dem

heutigen Namibia, zu unserer ersten Jagd in Afrika. Es war einfach aufregend, denn zu dieser Zeit kannte ich persönlich niemanden, der schon dort gewesen war und mir einige Ratschläge hätte geben können. Ich selbst war natürlich ein ausgesprochenes Greenhorn. Ich besaß zu jener Zeit nur zwei Gewehre, eine 16er-Flinte und einen Repetierer im Kaliber 7 x 64. Und da ich nicht mehr das Geld für einen Gewehrkoffer besaß, bastelte ich aus Holz eine Kiste, diese wurde schwarz-weiß — im Zebra-Look — bemalt und einfach mit einem Vorhängeschloss versehen. Es fehlte eigentlich an allem. Auch die Bekleidung war nicht gerade das Gelbe vom Ei. Aber, und das war das Wichtigste, wir reisten nach Afrika! Und von mir aus konnte es losgehen!

Nicht ganz so sah es der Farmer. Denn dieser hatte noch keinen Schilling von unserem Vermittler erhalten, und wir waren gezwungen, alles vor Ort nochmals zu bezahlen. Das hätten wir natürlich nie gekonnt, hätte uns nicht ein liebenswerter deutscher Jäger aus der Patsche geholfen. Durch die Gerichte ist es uns zwar gelungen, jeden Groschen in Wien wieder zurückzuerhalten, aber es war kein schöner Anfang. Trotzdem war es eine wundervolle Reise, keinen Tag möchte ich missen. Seither sind viele Jahre vergangen, und Afrika ist heute unsere zweite Heimat geworden. Wir haben viele Länder des afrikanischen Kontinents kennen gelernt und auch viele Freunde gewonnen.

Wenn man seit mehr als 20 Jahren Afrika bereist, den Großteil davon in jagdlicher Mission, ist es klar, dass mich viele interessierte Jäger um Rat fragen. Dabei habe ich bemerkt, dass es trotz umfangreicher Informationen durch Jagdreiseveranstalter dennoch eine Menge unbeantworteter Fragen gibt. Das hat mich letztendlich auch dazu bewogen, dieses Buch zu schreiben, und ich hoffe, Ihnen, werter Leser, ein wenig bei Ihrer Safariplanung helfen zu können.

Dann bleibt nur noch, Ihnen ein kräftiges Waidmannsheil und viel Erfolg bei Ihrer nächsten Jagd in Afrika zu wünschen!

Ihr Franz Stiller

GIBT ES DAS „AFRIKA VIRUS" WIRKLICH?

Wenn Sie einen Arzt nach dem „Afrika Virus", von vielen auch „Bacillus africanus" genannt, fragen, dann wird er wahrscheinlich verständnislos den Kopf schütteln. Denn dieser Begriff findet sich in keinem medizinischen Lexikon. Hier handelt es sich vielmehr um eine Sucht, besser ausgedrückt: eine Sehnsucht. Es ist das unstillbare Verlangen, immer wieder in dieses Land zurückzukehren, um neue Abenteuer zu erleben. Und es erwischt viele, ja ich möchte sogar sagen, die meisten, die einmal den Zauber jener fremden Welt entdeckt haben.

Dieser Wunsch ist bei Jägern vielleicht stärker ausgeprägt als bei „normalen" Touristen. Das resultiert wahrscheinlich aus der Tatsache, dass vieles, was wir bei einer Jagdreise erleben, dem kommerziellen Reisenden verschlossen bleibt, da er sich ausschließlich in wohlbehütetem, organisiertem Rahmen bewegt.

Um Afrika hautnah zu erleben, muss man seinen Boden berühren. Das heißt, es muss so weit wie möglich zu Fuß erobert werden. Wer stundenlang durch die endlosen Savannen und Wälder gewandert ist, der weiß, wovon ich spreche.

Ein zweiwöchiger Badeurlaub in Ostafrika inklusive drei Tage Fotosafari bringt nur einen sehr oberflächlichen Eindruck von diesem Kontinent. Das beginnt mit der Hotelanlage am Strand, da viele dieser Clubs oft hermetisch abgeriegelt sind, um die Sicherheit der Gäste zu gewährleisten. Eigentlich

Für die meisten Afrikajäger gilt: Einmal Afrika — immer wieder Afrika!

ist es für den Erholungsuchenden egal, ob diese Anlage in Kenia, Tanzania oder Senegal steht.

Das Umland wird erst sichtbar, wenn eine Fotosafari auf dem Programm steht. Der Besucher wird dann in Kleinbussen — meist im Konvoi — durch die Parks geschleust, wo er zwangsläufig einen völlig verfälschten Eindruck von der afrikanischen Fauna mit nach Hause nimmt, da die Tiere kein natürliches Verhalten an den Tag legen. Zu allem Überfluss glauben dann noch viele, dass es bei der Jagd genauso zugeht!

Man muss aber der Fairness halber dazu sagen, dass bei dieser Massenware „Tourist" gar nicht mehr Individualismus möglich wäre und die meisten mit dem Dargebotenen zufrieden sind.

Abgesehen davon, dass der Gastjäger wesentlich mehr Geld in das Land bringt und somit auch bei weitem mehr für die Erhaltung der Fauna und Flora beiträgt, ist er eben ein Individualist!

Wer als Jäger nach Afrika kommt, hat die Möglichkeit, dieses Land unverfälscht und pur zu erleben, denn die Touristenzentren sind in der Regel weit weg von den Jagdgebieten; aber nur in diesen kann man mit ein bisschen gutem Willen Zugang zur Bevölkerung finden.

Um mit den Einheimischen näheren Kontakt zu bekommen, ja vielleicht sogar Freundschaft zu schließen, zählen ganz besondere Werte; z.B. das gemeinsame Ziel, bei einer Jagd Beute zu machen, wo es unter Umständen sogar zu lebensgefährlichen Situationen kommen kann. Wo es heißt, dem anderen zu vertrauen, sich auf ihn verlassen zu können. Das gilt für beide Seiten. Und gefahrvolle Momente gibt es bei der Jagd genug, selbst wenn es nur darum geht, eine Antilope anzupirschen.

Es passiert immer wieder: Der Jäger ist in voller Konzentration. Jede Bewegung ist bedacht. Und trotzdem kommt es vor, dass der Lauf der Büchse, wenn auch nur für den Bruchteil einer Sekunde, auf den Vordermann gerichtet ist. Hat der Schütze tatsächlich die Waffe wieder gesichert, nachdem zuvor der Kudu gerade noch abgesprungen ist?

Umgekehrt ist es genauso wichtig, wenn z.B. ein angeschweißter Büffel im Dickbusch gestellt werden soll, dem schwarzen Fährtensucher voll trauen zu können.

Ich selbst verlasse mich in solchen Situationen ganz auf den Instinkt der Eingeborenen und konzentriere mich nur auf das Umfeld. Letztlich liegt es in meiner Verantwortung, mit einem sauberen Schuss die Gefahr abzuwenden. Es soll aber nicht unerwähnt bleiben, dass sich derartige Situationen meist nur bei Safaris auf eigene Faust, also ohne Berufsjäger, ergeben. Und es gibt wenige Länder, wo das noch möglich ist. Jedenfalls ist die Freude der Schwarzen unvergesslich, wenn ein Stück Wild erlegt ist, denn das bedeutet immer einen guten Braten am Lagerfeuer, wo dann noch ausgiebig das Erlebte besprochen wird.

Ich habe auch nie verabsäumt, die Unterkünfte oder Dörfer der Schwarzen aufzusuchen, um einfach Zugehörigkeit zu zeigen. Dass solche Begegnungen nicht immer angenehm verlaufen, soll die folgende Geschichte illustrieren: Es war vor etlichen Jahren in Ruanda. Ich war auf Büffeljagd, begleitet von meiner Frau und meinem Freund Günter. Unsere Jagd war in diesem Teil des Landes erfolgreich beendet, und am nächsten Tag sollte es in den Süden, an die Grenze zu Tanzania, auf Flusspferdjagd gehen.

Dieser Campwechsel hatte zur Folge, dass wir schon am Nachmittag im Gabiro-Camp waren und einige Stunden bis zum Abendessen zur Verfügung hatten. So beschlossen wir, das kleine Eingeborenendorf, wo unsere Fährtensucher wohnten, zu besuchen. Langsam schlenderten wir durch das Dorf, und es dauerte nicht lange, bis wir von neugierigen Kindern umringt waren. Irene und Günter stellten eine besondere Attraktion dar. Sie sind beide blond, und jeder der kleinen Schwarzen wollte nur zu gern einmal dieses ungewöhnlich gefärbte Haar berühren. Ehrlich gesagt, auch ich konnte es mir kaum verkneifen, ihre schwarzen Wollschädel anzufassen.

Doch plötzlich erschien der Häuptling, und mit bestimmter Freundlichkeit bat er uns auf den Dorfplatz. Dort wurden Stühle aufgestellt und wir dazu eingeladen, Platz zu nehmen. So weit, so gut. Die Gastfreundschaft war beeindruckend. Babies wurden uns gereicht, und völlig unbekümmert stillten Mütter ihre Säuglinge vor den Lehmhütten. Wir saßen einfach da und harrten der Dinge, die noch kommen sollten. Jetzt erst sahen wir unseren alten Fährtensucher, der uns zur Feier des Tages Bier brachte.

Nun, wir sind keine Kostverächter, doch hatten wir schon vorher genug davon konsumiert. Nachdem es in diesem Dorf keinen Kühlschrank gab, war das Bier naturgemäß pinkelwarm und noch dazu wird es in Ruanda ausschließlich in 1-Liter-Flaschen abgefüllt. Am Rande sei erwähnt, dass meine Frau, außer vielleicht zum Essen, überhaupt kein Bier trinkt. Trotzdem hatten wir uns mit freundlicher Miene, immer wieder bedankend, dieses Gesöff einverleibt. Es war geschafft, die Flaschen waren leer, doch jetzt gab es erst die wirkliche Überraschung. Würdevoll betrat ein Schwarzer die Bühne mit einer Kalebasse in der Hand, aus der ein fast fingerdicker Strohhalm ragte. Auf meine Frage nach dem Inhalt wurde uns erklärt, dass es sich um Palmwein handle, der eben zur Feier des Tages getrunken werde. Von allen. Und so wurde die Kalebasse mit dem Strohhalm freudig durch die Runde gereicht, bis auch wir an der Reihe waren.

Zu diesem Zeitpunkt glich das Ende des Saugapparates eher einem Fransenteppich, und nur der Gedanke an unsere Antibiotikatabletten konnte uns dazu bewegen, auch an dem Gerät zu saugen.

Später, als wir das Dorf verließen, scherzten wir noch lange über das soeben Erlebte. Und doch war es schön, mit diesen einfachen Menschen beisammenzusitzen und das Gefühl zu haben, akzeptiert worden zu sein.

Sie werden jetzt vielleicht sagen, dass derartige Erlebnisse auch anderswo möglich sind. Da haben Sie völlig Recht. Was Afrika jedoch von den anderen Kontinenten unterscheidet, ist die enorme Artenvielfalt an Pflanzen und Tieren. Es wäre wahrscheinlich schon eine Lebensaufgabe, nur von jeder Antilopen- und Gazellenart je eine Spezies nach Hause zu bringen. Man denke an die heimlichen Urwaldantilopen, von denen vielleicht noch gar nicht alle Arten erforscht bzw. bekannt geworden sind.

Schon aus geographischen und politischen Gründen ist es nicht möglich, nach einigen wenigen Safaris alles gesehen zu haben. Ich denke dabei nur an Kamerun. Dieses Land müssen Sie mindestens fünfmal bereisen, denn die trockene Tschadebene im Norden hat eine völlig andere Tier- und Pflanzenwelt als die Savanne in Mittelkamerun, von den tropischen Regenwäldern im Süden ganz zu schweigen. Das ist aber nur ein Land.

Wie sehr sich erst die kargen Wüstengebiete Nordafrikas von den Tierparadiesen Ostafrikas unterscheiden, bedarf wohl keiner näheren Erklärung. Das alles ist möglicherweise mit ein Grund, warum so viele Menschen, die Afrika gesehen haben, immer wieder dahin zurückkehren wollen, oder — wie man auch sagt — eben vom Afrika-Virus befallen sind.

SAFARI EINST UND JETZT

Das aus dem Swahili stammende Wort *Safari* bedeutet so viel wie *Reise*. Mit diesem Begriff verbindet man heute oft Urlaub, Abenteuer, Sonne, Staub und wilde Tiere sowie Jagd in Afrika.

In unserer modernen Zeit nimmt man meist die Dienste eines Reisebüros in Anspruch, von wo aus alle Formalitäten geregelt werden, und nach Besteigen des geräumigen Jets dauert es nur wenige Stunden, bis der Reisende afrikanischen Boden betritt. Vom Flughafen geht es dann entweder mit dem Buschflugzeug oder mit einem geländegängigen Fahrzeug ins jeweilige Camp bzw. Farmhaus. Die Safari kann beginnen.

Natürlich dauert die soeben beschriebene Anreise oft mehr als 36 Stunden, und man ist heilfroh, endlich einen verdienten Begrüßungstrunk genießen zu dürfen. Funktioniert dann auch noch die Campdusche, glaubt man sich im siebenten Himmel.

Doch das war nicht immer so. Noch zur Jahrhundertwende bedeutete eine Reise ins Innere Afrikas eine Reise ins Ungewisse. Es gab eben keine auch noch so primitive Infrastruktur. Frühe, berühmt gewordene Forschungsreisende wie Stanley und Livingstone benötigten hunderte Mann Gefolgschaft, um zu Fuß und mit Lastentieren den Kontinent zu erforschen. Das Pferd, das die Geschichte der Menschheit prägt, konnte nur bedingt zum Einsatz gebracht werden, da es von der Tse-Tse-Fliege in vielen Gebieten dahingerafft wurde. Dann folgten bald die ersten Missionare, Großwildjäger und Abenteurer, um sogenannte „Wilde" zwangszubeglücken oder eben „nur" das Land für sich oder die Krone auszubeuten.

Die Fremden versuchten, Afrika zu kultivieren, und es dauerte nicht lange, bis sich Siedler mit Planwagen und Ochsenkarren auf den langen Weg machten, um hier eine bessere Zukunft zu finden. Da diese Leute nicht wirklich über die Gefahren, z.B. tropische Krankheiten, Bescheid wussten, wurde es für viele die letzte Reise ihres Lebens. Doch einigen gelang es, sesshaft zu werden und eine neue Existenz zu begründen. So war es nur eine Frage der Zeit, bis geschäftstüchtige Großwildjäger auf die Idee kamen, gegen gutes Geld Jagdgäste aus Europa oder Amerika auf Großwildjagd zu führen.

Sie stellten die komplette Ausrüstung sowie ihr profundes Wissen über Land und Leute zur Verfügung. Und, was vielleicht noch wichtiger und bedeutungsvoller war, sie kannten die Gefahren des Landes. Der Begriff „White Hunter" war somit geboren.

Die damaligen Kolonialmächte erkannten schon recht früh, dass es wichtig ist, Nationalparks zu schaffen, um so dem Wild eine echte Überlebenschance zu bieten. Die wirklich große Gefahr war jedoch nicht die Jagd, sondern der Landraub durch Siedler, die natürlich in jedem Wildtier einen Nahrungskonkurrenten sahen, den es zu vernichten galt. Besonders „erfolgreich" waren im südlichen Afrika die Buren, die regelrechte Vernichtungsfeldzüge gegen das Wild unternahmen. Die Folgen waren verheerend. Diese seinerzeit so wildreiche Region war bald fast wildleer, und es sollte noch Jahrzehnte dauern, bis durch aufwendige Schonung und Auswilderung von einst heimischen Arten der frühere Reichtum von Fauna und Flora wieder einigermaßen hergestellt wurde.

Diese erfreuliche Entwicklung beruht vor allem auf der Erkenntnis mancher Farmbesitzer, dass sich auch mit Jagdtourismus gutes Geld verdienen lässt.

So kam es, dass die Jagd schon sehr früh durch die Kolonialmächte, allen voran die Briten, einer gewissen Regelung unterworfen war, für deren Einhaltung die professionellen Jäger die Verantwortung trugen. Im Großen und Ganzen ist das bis heute gleich geblieben. Und doch gibt es gewaltige Unterschiede, von denen ich jetzt erzählen möchte.

Durch den Einsatz von Autos wurden die Langzeit-Safaris immer mehr zurückgedrängt.

Die bedeutende Epoche der kommerziellen Großwildjagd begann in den frühen Jahren unseres Jahrhunderts in Kenia, Ostafrika, wo Leute wie Karen Blixen (Out of Africa), Denys Finch Hatton, J. A. Hunter, Frederick C. Selous sowie Ernest Hemingway, Robert Ruark, Theodore Roosevelt und viele andere Geschichte schrieben: Sie alle jagten entweder aus beruflichen Gründen oder aus Passion in diesem wunderbaren Land.

Nun werden Sie vielleicht fragen, was wohl diese Menschen von uns so unterscheidet? Der große Unterschied heißt *Zeit*, davon hatten sie offenbar wesentlich mehr zur Verfügung als wir heute. Eine Safari dauerte damals viele Wochen, wenn nicht sogar Monate. Ja selbst noch in den 60er-Jahren führte mein inzwischen verstorbener Freund Prof. Zwilling Safaris mit fünf Wochen Dauer in Uganda durch.

Die Jagdgäste flogen mit einer Propellermaschine nach Nairobi, wo sie sich von einem indischen Schneider um billiges Geld für die Safari einkleiden ließen. Danach besorgte man sich — falls nicht schon vorhanden — Waffen und Munition, den Rest der Ausrüstung, wie Zelte, Geschirr und Möbel, stellte der Outfitter.

Nachdem alle notwendigen Geschäfte erledigt waren, gesellte man sich gerne noch in den verschiedenen Bars und Clubs zu den Weißen, wo sich Großwildjäger und andere Reisende ein Stelldichein gaben. Es wurden Neuigkeiten aus der Wildnis ausgetauscht, und so manche interessante Geschichte zum Besten gegeben. Solche Clubs waren nicht nur wichtige Kommunikationszentren, es gab auch die Möglichkeit, kurzfristig einen Jagdführer oder anderes Personal für eine Safari anzuheuern. Nach einigen Tagen, wenn alles organisiert war, nahm die Gruppe Abschied von der Zivilisation, und ab ging es in den Busch.

Die Technik machte auch in Afrika nicht Halt, und mit dem Erscheinen der ersten Automobile wurde der Jagdgast relativ rasch und bequem in den gewünschten Jagdblock gebracht, der in der Regel für 14 Tage dem jeweiligen Berufsjäger zur Verfügung stand. Danach wurde der Platz gewechselt. Man richtete sich nach den Wildwanderungen oder Einständen bzw. der jeweiligen Tierart, der es zu folgen galt.

So wurde viele Wochen gejagt, und der Gast hatte die Möglichkeit, sich langsam an all das Neue zu gewöhnen und mit den Gegebenheiten vertraut zu werden. Er konnte die Gewohnheiten des Wildes und auch der Eingeborenen studieren und so wertvolle Erkenntnisse mit nach Hause nehmen.

Wie treffend hat es doch Hemingway in seinem Buch „Die grünen Hügel Afrikas" beschrieben, als er tagelang der Fährte des Kudus folgte, gehetzt von dem Gedanken, die große Regenzeit könnte ihm einen Strich durch die Rechnung machen. (Sie hätten nämlich das Gebiet auf den völlig unbefahrbar gewordenen Straßen nicht mehr verlassen können.) Und so war auch er damals dem gleichen Druck ausgesetzt wie heute ein Jäger, der vielleicht nur wenige Tage für eine bestimmte Wildart zur Verfügung hat.

Hemingway schrieb: „Richtig jagen, das heißt, so lange wie man lebt, so lange wie es dieses oder jenes Tier gibt, zu jagen." Es ist eben nicht das Gleiche, irgendeinen gerade passenden Büffel zu schießen, oder dem bestimmten Büffel zu folgen, ihn zu stellen und wenn möglich auch zu erlegen.

Wie oft setzt man sich im heimischen Revier einen besonderen Rehbock in den Sinn und macht die verrücktesten Dinge, um eben gerade diesen zu bekommen. Doch wer ist heute schon in der glücklichen Lage, ohne Zeit- und Geldlimit seiner Passion zu frönen?

So war es klar, dass der einfache Arbeiter nicht wochenlang seinem Arbeitsplatz fernbleiben konnte, von den finanziellen Möglichkeiten ganz zu schweigen. Das hat sich glücklicherweise etwas geändert, denn nicht nur Millionäre oder Industrielle lieben die Jagd. Eine erlebnisreiche Safari kann heute durchaus kostengünstig gestaltet werden, jedenfalls so lange nicht wehrhaftes Großwild wie Elefant, Löwe usw. auf der Wunschliste steht

Da Jagdsafaris früher ausschließlich betuchten Leuten vorbehalten waren, hat sich bis heute hartnäckig das Gerücht gehalten „Jagen in Afrika diene nur dem Zwecke der Profilierungssucht". Selbstverständlich ist das blanker Unsinn und resultiert eher aus Unverständnis oder Neid der Daheimgebliebenen.

Natürlich soll es auch vorgekommen sein, dass weniger passionierte Jäger nach Afrika gereist sind und vor Ort erkannten, dass es unter Umständen gesünder und einfacher sei, den Büffel oder Elefanten von einem Berufsjäger erlegen zu lassen und sich einstweilen im Camp mit der Anatomie der schönen Schwarzen zu beschäftigen. Doch das gibt es überall und ist sicher die Ausnahme, zumal heute durch drohende Aids-Ansteckungsgefahr von derartigen „Abenteuern" abzuraten ist.

Heute dauert eine Safari für gewöhnlich sieben bis 21 Tage, je nachdem, was wo bejagt werden soll. Um den zuvor erwähnten Jagdstress zu vermeiden, sollte von Safaris unter sieben Tagen Abstand genommen werden. Solche Kurz-Safaris werden vor allem aus preiskosmetischen Gründen angeboten, und man läuft Gefahr, einfach durchgeschleust zu werden, was zumeist nicht zielführend ist.

Eine Büffelsafari beginnt im Normalfall bei sieben Tagen, sollte eine Großkatze auf der Wunschliste stehen, so muss mit 16 Tagen gerechnet werden. Will man spezielle Antilopen oder Gazellen wie Gerenuk und Lesser Kudu oder etwa die „Großen Vier" bejagen, schlägt sich diese Jagd mit 21 Tagen zu Buche. Der Grund für diese Staffelung liegt nicht nur in der Wertigkeit der Tiere, sondern in erster Linie in der Zeit, die man benötigt, um eine reelle Chance auf die Erlegung dieses Wildes zu haben. Wenn es sich jedoch irgendwie einrichten lässt, sollte man die Jagdzeit so großzügig wie möglich einplanen und jeden Tag genießen, auch wenn er kein Waidmannsheil gebracht hat.

Andererseits ist es auch nicht möglich, unbegrenzte Zeit zu jagen, es sei denn, man befindet sich auf Privatbesitz, denn dort gelten andere Regelungen. Doch auch die Jagdgesetze sind von Land zu Land verschieden. Sieht man nun von den soeben beschriebenen Veränderungen ab, die zugegebenerweise auch ihre positiven Seiten haben, damit meine ich z.B. medizinische Vorsorge oder die schnelle Anreise und all die angenehmen Dinge unserer Zeit, dann werden Sie sehen, dass die Zeit in Afrika ein wenig stehen geblieben ist. Und das ist sicher mit ein Grund, warum viele diesen Kontinent so lieben.

Vorbereitung einer Jagdreise

Die richtige Vorbereitung einer Jagdreise ist ein wesentlicher Grundstein für das gute Gelingen einer erfolgreichen Safari.

Dazu ist es notwendig, einige Punkte vorab zu klären: Wie sieht der finanzielle Rahmen aus, welches Land bzw. welche Tierart steht auf der Wunschliste, wie viel Zeit steht zur Verfügung und — was nicht ganz unerheblich ist — in welcher physischen und psychischen Verfassung ist man?

Sind all diese Dinge abgeklärt bzw. entschieden, ist es ratsam, über das betreffende Jagdland verschiedene Angebote einzuholen und diese zu vergleichen. Der Preis ist nicht immer entscheidend, doch dazu mehr im Kapitel „Was kostet eine Safari?"

Man tut gut daran, mit den Planungsarbeiten rechtzeitig zu beginnen, speziell bei Jagden in Schwarzafrika oder Westafrika sind langfristige Vorbereitungen notwendig. Aber auch in anderen Teilen Afrikas kann es zu Engpässen bei den Lizenzen führen, wenn Großwild wie Löwe oder Elefant auf dem Programm steht.

Sollte ein Anschlussprogramm nach der Jagd geplant sein, muss auch dieses rechtzeitig in die Reisevorbereitungen miteinbezogen werden, da beispielsweise der Blue Train in Südafrika oft Monate vorher ausgebucht ist.

Außerdem, was gibt es Schöneres, als an einem grauen, kalten Wintertag vor dem Kamin zu sitzen, mit einem guten Glas Whisky in der Hand eine Landkarte zu studieren und in Gedanken bereits durch die Savannen Afrikas zu marschieren, vielleicht auf der frischen Fährte eines Büffels!

In meiner Sammlung antiquarisch erworbener Afrikabücher habe ich auch immer nach Berichten längst vergangener Tage gestöbert. Es ist wirklich hochinteressant, Vergleiche mit der Gegenwart zu ziehen. Manchmal möchte man meinen, erst ein kürzlich erschienenes Buch in der Hand zu haben, ein anderes Mal trennen Welten Gegenwart von der Vergangenheit.

Unumstritten ist, dass der gut vorbereitete Jäger wesentlich mehr von seiner Reise hat, als der uninteressierte, dem es nur um die Trophäen geht.

Überlegen Sie auch im Vorhinein, ob Sie alleine oder in einer Gruppe reisen wollen. Der relativ geringe Preisunterschied zwischen Einzeljagd und einer 2 : 1-Jagd steht oft in keinem Verhältnis zu dem Ärger, den es geben kann, speziell wenn zwei Jäger nicht wirklich gut befreundet sind. Hat man aber einen richtigen Partner, mit dem man Freud oder auch manchmal Leid teilen kann, ist es mitunter doppelt so schön. Bedenken Sie nur bitte, dass es Wildarten gibt, wo es nahezu unwahrscheinlich ist, dass beide darauf zu Schuss kommen (Bongo, Derby Eland, Waldsitatunga, Leopard u.a.m.). Da sollte vorher genau abgeklärt werden, wer den ersten Schuss abgeben darf.

Möchten Sie eine Begleitperson mitnehmen, muss auch das mit dem Veranstalter vorher genau besprochen werden. Denn es ist nicht jedermanns/jederfraus Sache, bis über die Knie durch einen Sumpf im Regenwald zu waten.

Bedenken Sie noch bei den Reisevorbereitungen, welche Ausrüstung Sie haben bzw. was noch zu besorgen ist. Diesbezügliche Ausgaben können sich zusätzlich ordentlich zu Buche schlagen!

Abschließend möchte ich noch erwähnen, dass es auch zu den Reisevorbereitungen gehört, mit seiner Waffe ausgiebig — im wahrsten Sinn des Wortes — zielbewusst zu trainieren. Jedes Jahr erlebe ich Jäger, die weder freihändig noch über Kimme und Korn einen sauberen Schuss anbringen können. Im Vergleich zu den Gesamtkosten einer Safari sind doch die paar Schachteln Patronen eine garadezu lächerliche Investition. Oder?

Ausrüstung

Die richtige Ausrüstung für den Jäger, der viele tausend Kilometer von zu Hause entfernt unterwegs ist, kann unter Umständen über Erfolg und Misserfolg entscheiden. Daher sollte man sich genau überlegen, was auf die Reise mitgenommen wird, und was nicht. Das hängt natürlich von der Jahreszeit und dem gewählten Jagdland ab. In den klassischen Jagdländern wie Ostafrika und dem südlichen Afrika wird normalerweise in der Trockenzeit bzw. im Winter gejagt; das sind die Monate Juni bis Oktober.

Damit wären wir schon beim ersten Punkt:

1) Die richtige Bekleidung und Kleinzubehör

Ich selbst habe einen Jagdfreund, der es bevorzugte, mit einem hässlichen Schnürlsamt-Jagdhut durch die Savanne zu laufen, in der Meinung, es brächte ihm Glück. Das gehört jedoch der Vergangenheit an, da ihm ein vermutlich Abartiger dieses Prachtstück am Flughafen von Lissabon entwendet hat. Doch wie heißt es so schön: „Geschmäcker sind eben verschieden!"

Wenn es aber um die Zweckmäßigkeit geht, sieht die Sache meist anders aus.

Beginnen wir bei der Kopfbedeckung. Hier empfehle ich einen leichten, breitkrempigen Filzhut für die Steppe und Savanne. Dieser sollte auch wirklich gut sitzen, denn fester Halt ist wichtig in den Weiten Afrikas, in denen praktisch immer der Wind weht, vom offenen Geländewagen ganz zu schweigen. Ein Kinnband ist hier sehr zu empfehlen. Es gibt nämlich nichts Nervtötenderes als einen Hut, der ständig vom Wind verweht wird! Die Kopfbedeckung sollte jedenfalls gut vor der Sonne schützen, sowohl im Gesicht als auch im Nacken. Jagt man im dichten Busch oder Urwald, bewährt sich die Schirmkappe ganz hervorragend. Sie bietet genügend Lichtschutz beim Schießen und bleibt doch nicht so leicht im Geäst hängen. Beliebt sind auch Leinenhüte, die relativ billig sind und oft auch von den Einheimischen getragen werden.

Die normale Jagdbekleidung sollte eher grün als khaki sein. Khakifarbene Kleidung ist nur in trockenen Steppengebieten von Vorteil. Die dominante Landschaftsfarbe ist meistens Grün bis Ocker. Ohne Zweifel ist tarnfarbene Bekleidung (Camouflage-Look) für die Jagd eine gute Sache, speziell für den Bogenjäger. Leider ist es nicht überall erlaubt, da sie ein wenig an Militär erinnert.

Normale Baumwolljagdhemden, kombiniert mit einer langen Hose mit Seitentaschen, sind zweckmäßig. Obwohl die meisten Einheimischen kurze Hosen tragen, ist davon abzuraten. Scharfe Gräser, Dornen und auch Zecken können unangenehm werden. Es kommt auch vor, dass man kurze Strecken auf allen Vieren zurücklegen muss, und dabei bietet eine kurze Hose nicht ausreichend Schutz. Wichtig ist auch ein warmer Pullover für die kühlen Morgen- und Abendstunden. Ebenfalls mit ins Gepäck muss ein Jagdparka. Man darf nicht vergessen, dass die Temperaturen z.B. in Namibia oder Südafrika im Juli in der Nacht unter Null Grad fallen können und eine Ausfahrt am Morgen am offenen Geländeauto eine durchaus herzerfrischende Sache sein kann. Es ist auch ratsam, Handschuhe in die kalten Regionen mitzunehmen, denn jeder weiß, wie unangenehm ein schneller Schuss mit klammen Fingern ist!

Wer das südliche Afrika bereist und genügend Zeit hat, kann sich preisgünstig in einem afrikanischen Safari-Shop von Kopf bis Fuß einkleiden. Die dort angebotenen Sachen sind wirklich empfehlenswert. Die meisten Jäger werden sich jedoch zu Hause ausrüsten; da sieht die Sache schon etwas anders aus. Erst in den letzten Jahren beginnt sich die heimische Jagdbekleidungs-Industrie auf die Bedürfnisse der Safari-Jäger einzustellen. Gut und billig kann man sich in den Army-Shops ausrüsten, denn was für das Militär taugt, reicht für die Jagd noch allemal.

Sehr wichtig ist das Schuhwerk. Dass man

nur mit eingegangenen Schuhen jagen sollte, ist wohl selbstverständlich. Wirklich gut bewährt haben sich die französischen Palladium-Leinenschuhe, die es mit oder ohne Gamaschen gibt. Diese braunen, tausendfach getragenen Schuhe haben nur eine begrenzte Lebensdauer, da die scharfen Steine und spitzen Wurzeln leicht Risse verursachen können. Je nach Beanspruchung überleben diese Schuhe aber etliche Safaris.

Langlebiger und auch robuster sind die amerikanischen Jungle-Boots bzw. die österreichischen Bundesheerschuhe mit Leineneinsatz, was sich wieder im Preis niederschlägt, außerdem sind sie nicht überall erhältlich. Im trockenen Gelände sind die südafrikanischen Bush-Walkers aus Kuduleder sehr zu empfehlen. Leider sind diese knöchelhohen Raulederschuhe nur vor Ort erhältlich. Ähnliche Modelle gibt es aber auch bei uns in reicher Auswahl. Hohe Gamaschen sind ein ausgezeichneter Schutz vor Nässe und Insekten. Selbst Schlangenbisse, die praktisch zwar fast nie vorkommen, könnten dadurch erfolgreich abgewendet werden.

Jäger, die vorhaben, ausgedehnte Fußpirschen in den steinigen Hügeln Südafrikas vorzunehmen, sollten normale, leichte Bergschuhe mit auf die Reise nehmen.

Schweißsaugende Unterwäsche in dreifacher Ausführung (bei täglichem Wäschedienst) sowie ein warmer Trainingsanzug für die kalten Nachtstunden oder am Lagerfeuer gehören auch mit ins Gepäck.

Neben einer Taschenlampe — ideal ist noch eine zweite mit Stirnbandhalterung — darf auch das Jagdmesser bei der Jagd nicht fehlen. Ich habe immer einige billige Jagdmesser im Gepäck, die dann am Ende der Safari als Geschenke dienen. Für den Eigengebrauch verwende ich ein Schweizer Offiziersmesser sowie das Standardmesser des österreichischen Bundesheeres. Diese Kombination hat sich gut bewährt. Als Ergänzung bzw. Alternative empfehle ich das Leatherman-Tool. Dieses praktische Universalwerkzeug ist in verschiedenen Größen und Ausführungen erhältlich. Doch Vorsicht bei billigen Fernost-Plagiaten, diese sind zwar optisch ähnlich, aber keinesfalls annähernd so stabil!

Das Bundesheermesser ist unglaublich robust, es besitzt am Klingenrücken eine voll taugliche Säge, die Parierstange dient zum Öffnen von Kronenkorken. Blechdosen bzw. Konserven lassen sich mühelos aufstechen. Durch das angenehme Gewicht und die gute Proportion kann es auch zum Abschlagen mittlerer Äste verwendet werden. Der Griff bietet sogar einen kleinen Hohlraum, der vermutlich als Pillenetui gedacht ist. Dieses Messer lässt sich leicht an einem Stein nachschleifen, und außerdem schützt die brünierte Klinge vor ungewollten Lichtreflexen. Auch die durchdachte Scheide möchte ich hervorheben. Sie ist aus festem Kunststoff und hat unten eine kleine Öffnung, wo das Wasser ablaufen kann, weiters ist die Gürtelhalterung zu öffnen, ohne dass man den Leibriemen abnehmen muss. Erfreulich ist, dass dieses wirklich brauchbare Werkzeug noch dazu sehr preiswert gehandelt wird und ein eventueller Verlust nicht so sehr ins Gewicht fällt.

Neben persönlichen Kleinigkeiten wie Reservebrille oder Sonnenbrille — wer im Urwald jagt, sollte seine Brille unbedingt an eine Sicherheitsschnur hängen, da sie sonst von Lianen oder abgeschlagenen Ästen leicht abgestreift werden kann — darf auch das Nähzeug nicht fehlen. Ich habe immer ein besonders festes Garn dabei, das für Lederarbeiten geeignet ist.

Genauso bewährt hat sich das gute, alte Leukoplast. Dieses hervorragend feste Klebeband dient nicht nur zum Versorgen von Wunden aller Art, sondern kann genauso gut zum Verkleben eingerissener Moskitonetze, Plastikplanen oder gebrochener Brillenbügel verwendet werden. Das hält wirklich! Als Ergänzung kann man noch normale Klebebänder (Silvertape u.ä.) und Kunststoffschnüre mitnehmen.

Auch gibt es vielerorts in Afrika, speziell in Schwarzafrika, für wenig Geld meterlange, schwarze Gummistreifen zu kaufen. Diese werden aus alten Radschläuchen geschnitten. Damit wird fast alles gebunden, verbunden oder irgendwie befestigt, bis zum Reserverad des Geländewagens.

Mit im Gepäck sollte auch ein wasserfester Markierstift zum Kennzeichnen der Trophäen, Koffer oder Ähnlichem sein.

Mit dem handlichen Sawyer's Pumpenset mit den unterschiedlichen Aufsätzen lassen sich Insektenstiche aller Art bis hin zum Schlangenbiss aussaugen, oder zumindest kann bei richtiger Anwendung die Giftmenge verringert werden. Das könnte unter Umständen lebensrettend sein.

Auch Reservevorhängeschlösser gehören in den Koffer. Apropos Koffer: Bestens bewährt hat sich in all den Jahren eine gut verschließbare, staub- und weitgehend wasserfeste Alu-Box. Es ist unglaublich, was in so einen Koffer, der ca. 55 x 35 x 23 cm misst, alles hineingeht. Darin verstaue ich die Dinge, die wichtig, wertvoll und heikel sind. Diese Kiste hält einfach alles aus, auch die oft unsanfte Behandlung durch das Flughafenpersonal. Obwohl diese Box selten weniger als 20 kg wiegt, lässt sie sich gut tragen.

Als Ergänzung zu diesem Alukoffer habe ich für trockene Gegenden einen verschließbaren Seesack, in dem sich noch ein bis zwei weitere als Reserve befinden.

In feuchten Gegenden wie etwa dem Regenwald verwende ich versperrbare Kunststofftonnen. Diese werden dann bei Bedarf zum Sessel oder Tisch umfunktioniert.

Zu guter Letzt möchte ich noch die GPS-Satellitennavigation erwähnen. Diese kleinen Wunderdinge (ca. 400 g) gibt es in verschiedenen Ausführungen. Je nachdem, wie viel so ein Gerät kann und vor allem wie präzise es wirklich arbeitet, ergeben sich auch dementsprechende Preisunterschiede. Ich verwende das *Scout* von *Trimle* mit großem Erfolg. Wenn man in der Wildnis auf sich alleine gestellt ist, kann es lebensrettend sein zu wissen, wo man ist, woher man kommt und wie lange es noch dauert, bis man den nächsten Zielpunkt erreicht hat.

Es ist allerdings ratsam, sich schon rechtzeitig vor Reiseantritt mit dem Gerät vertraut zu machen, um es dann optimal einsetzen zu können. Eine Detailkarte des jeweiligen Gebietes und ein Rastersystem, nach dem die Punkte auf der Karte eingetragen werden, sind für den Einsatz des GPS erforderlich.

2) *Die richtige Waffe*

Ich glaube, dass es wohl kein Thema gibt, das so oft und ausführlich abgehandelt wurde und wird wie die richtige Munitions- und Waffenwahl. Das ist auch verständlich, ist ja doch die Waffe das Hauptwerkzeug des Jägers. Es kommt auch noch die Tatsache hinzu, dass neben rein technischen Fakten auch sehr persönliche Erfahrungen und Ansichten eine große Rolle spielen. Und da es bei der Jagd de facto kaum jemals hundertprozentig gleiche Situationen gibt, ist es auch sehr schwer, wenn nicht gar unmöglich, ein absolutes Urteil zu fällen, speziell, wenn es um die Geschosstypen geht.

Doch beginnen wir bei der Waffe selbst. Unumstritten ist die Repetierbüchse das meist geführte Gewehr in Afrika. Das hat auch seine guten Gründe. Erstens liegt der Anschaffungspreis eines guten Repetierers durchaus in erschwinglichen Größen, was man mitunter von einer Doppelbüchse nur schwer behaupten kann. Und zweitens ist eine hohe Verlässlichkeit, speziell bei den unempfindlichen und millionenfach bewährten 98er-Systemen gewährleistet. Dazu kommt noch die gute Schusspräzision auch bei schneller Schussfolge.

Die Zielfernrohrmontage ist bei den heute bereits vorgefertigten Teilen einfach und daher kostengünstig zu lösen. Wenn möglich wird man so wie bei Steyr-Gewehren auf Original-Montagen zurückgreifen. Auch andere handelsübliche Schwenkmontagen haben sich bestens bewährt. Die gute alte Suhler-Montage verliert bei Repetierern immer mehr an Bedeutung, da sie aufwendig und daher auch dementsprechend teuer ist, außerdem setzt sie großes handwerkliches Können des Büchsenmachers voraus. Denn eine nicht wirklich gut gemachte Suhler-Montage kann böse Überraschungen bringen, und die kann kein

Jeffery-Doppelbüchse im Kaliber .450/.400/3", Baujahr 1907

Jäger im entlegenen Busch fernab jeder Werkstätte gebrauchen.

Die Wahl des Zielfernrohres ist Geschmackssache. Dass nur hochwertige Gläser zum Einsatz kommen, ist selbstverständlich. Denn der Rückstoß einer großkalibrigen Waffe ist schon eine gewaltige Beanspruchung, sowohl für das Glas als auch für die Montage.

Ich bevorzuge vier- oder sechsfache Gläser mit fixer Vergrößerung, da ich bei Nachsuchen oder im sehr dichten Busch lieber das Glas abnehme und über Kimme und Korn schieße. Variable Gläser habe ich auch ausprobiert, bin aber davon wieder abgekommen, da ich sie in der Praxis nie verstellt habe. Doch das ist sicher reine Gewohnheit.

Für das flüchtige Schießen haben sich kleine Leuchtpunktvisiere (*Tornado der Fa. Jung*) bewährt. Diese können schnell und einfach auf dem hinteren Sockel einer Schwenkmontage aufgesetzt werden.

Der Vorteil gegenüber Kimme und Korn ist, dass man statt drei nur mehr zwei Punkte scharf vor das Auge bekommen muss: Leuchtpunkt und Wildkörper.

Der Nachteil des Repetierers ist, dass nach jedem Schuss eben repetiert werden muss und somit der zweite Schuss nicht so schnell wie bei einer Doppelbüchse abgegeben werden kann. Diese Tatsache ist aber eher selten von Bedeutung, da es sich nur um wenige Sekunden handelt. Man soll aber nicht unerwähnt lassen, dass gerade diese seltenen Situationen meist auch die wirklich gefährlichen sein können.

Und damit wären wir schon bei der Doppelbüchse. Sie ist die Königin der Großwildwaffen, daran besteht kein Zweifel. Ich führe fallweise eine neunzig Jahre alte Jeffery-Doppelbüchse im Kaliber .450/.400/3", die trotz ihrer Jahre im besten Originalzustand ist und ein exzellentes Schussbild bringt, sowohl mit Teilmantel als auch mit Vollmantel. Alleine der alte Koffer mit seinem öligen Geruch übt auf mich eine große Faszination aus. (Und doch muss ich gestehen, dass ich meist einen .375er oder .458er Repetierer führe, eben aus den angeführten Gründen.) Der große Vorteil einer Doppelbüchse ist neben der schnellen Schussfolge auch die Tatsache, dass sie zwei unabhängige Schlosse besitzt und im Notfall bei eventuellem Schlagbolzenbruch die Waffe nicht sofort unbrauchbar geworden ist.

Ist jedoch die Entscheidung für eine Doppelbüchse gefallen, so muss man sich auch über einige Punkte im Klaren sein:

1) Egal, ob Bockdoppelbüchse oder die klassische Side-by-Side-Doppelbüchse, dieses Gewehr ist meistens schwerer als eine Repetierbüchse. Dieser Umstand kann bei langen Fußmärschen durchaus zum „Tragen" kommen. Denn Gewehrträger, wie bei den früheren Safaris, sind heute kaum noch üblich, außer man jagt mit zwei Gewehren, was aber eher selten der Fall ist.

2) Der richtige Umgang mit so einer Waffe will gelernt sein und bedarf einiger Übung. Der Grund dafür liegt in der Technik. Durch die Schussabgabe entsteht eine Erwärmung des abgefeuerten Laufes, was eine Längs-

ausdehnung zur Folge hat. Dadurch „verbiegt" sich aber der kalte Lauf, was eine Änderung der Treffpunktlage bedeutet. Da dieser Umstand jedem Büchsenmacher bekannt ist, wird beim Bau so einer Waffe diese physikalische Tatsache natürlich berücksichtigt. Das heißt, es werden die Läufe so zusammengelötet (garniert), dass diese Ausdehnung berücksichtigt wird und beide Treffer nebeneinander sitzen. Dies jedoch kann wieder nur erreicht werden, wenn man gewisse Spielregeln dabei beachtet. Es wird davon ausgegangen, dass bei Doppelbüchsen immer der rechte, bzw. bei Bockdoppelbüchsen immer der untere Lauf zuerst abgefeuert wird und anschließend binnen acht Sekunden der zweite Lauf benutzt wird.

In der Zeitspanne müssen beide Treffer innerhalb der Toleranzgrenze liegen. Wie groß die Abweichung im Einzelfall ist, muss man vorher auf dem Schießstand testen. So können auch Lötarbeiten bei eventueller Zielfernrohrmontage die Schussleistung erheblich beeinträchtigen. Daher sollte auch nur wirklich der gute und erfahrene Büchsenmacher so eine Waffe in die Hand nehmen.

All diese Probleme können Sie bei einem Repetierer vergessen, wenn es um rein sachliche Argumente geht. Und trotzdem. Eine Doppelbüchse zu führen, ist eben etwas ganz Besonderes.

Abschließend möchte ich noch die kombinierten Waffen erwähnen. Dieser Waffentyp ist in Afrika eher selten anzutreffen, wobei der Drilling mit schwerer Kugel und Einstecklauf durchaus seine Berechtigung hat. Speziell als Zweitgewehr kann diese universelle Waffe gut eingesetzt werden.

Nun wäre noch die Frage des richtigen Kalibers bzw. des Geschosstypes zu klären. Die Schussdistanzen in Afrika werden oft maßlos überschätzt. Und dramatische Erzählungen von extremen Weitschüssen sind mit Vorsicht zu genießen. Es kann schon vorkommen, dass z.B. im südlichen Afrika bei der Springbockjagd Weitschüsse von vielleicht 250 bis 300 m notwendig sind. Doch das ist sicher die Ausnahme. Aus meiner langjährigen Afrikaerfahrung kann ich mit ruhigem Gewissen behaupten, dass 80% der Schüsse im Bereich zwischen 60 und 100 Metern liegen. Dafür muss aber mit eventuellen Hindernissen wie Gräsern oder Büschen gerechnet werden.

Dieser Umstand hat wiederum zur Folge, dass schwere, langsamere Geschosse den Hochrasanzpatronen eindeutig vorzuziehen sind. Als Faustregel könnte man sagen, dass für Antilopen Kaliber ab 7 mm anzuraten sind (z.B. 7 x 64, 7 mm Rem.Mag., .270 Win., .30-06, 8 x 57 IS, 8 x 68 S, 9,3 x 62, 9,3 x 64, 9,3 x 74 R, um nur einige zu nennen).

Für die Großwildjagd eignen sich gut .375 H&H, .404 Jeffery, .416 Rigby, .458 Win. Mag., .470 Nitro Express, bis zur .460 Weatherby Magnum, die besonders bei der Elefantenjagd ihre Berechtigung findet.

Das ist natürlich nur ein Auszug aus dem reichhaltigen Angebot an Großwildpatronen, denn alle zu erwähnen, würde den Umfang dieses Buches bei weitem sprengen. Als ausführliche Literatur zu diesem Thema empfehle ich das Buch „Waffen und Kaliber" von Roland Zeitler (Österreichischer Agrarverlag, Wien).

Was jedoch unbedingt beachtet werden sollte, ist die Tatsache, dass manche Länder wie z.B. Tanzania für die Büffeljagd Mindest-Kaliber von 9,5 mm zwingend vorschreiben. Und es ist nicht sicher, ob man dem zuständigen Schwarzen begreiflich machen kann, dass auch eine 9,3 x 64 die ballistische Leistung einer .375 H&H Mag. bringt.

Diese Erfahrung habe ich am eigenen Leibe gemacht, als ich vor Jahren mit einem Freund nach Tanzania gereist bin. Mein Begleiter hatte trotz meiner Warnung nur eine 8 x 68 S mit, und so wurde ihm die Büffellizenz verwehrt. Da ich auf meinem Schein drei Büffel frei hatte, war ich nun indirekt gezwungen, diese mit ihm zu teilen, um die gute Stimmung zu retten. Ich selbst habe in meinem Waffenschrank drei .458 Win.Mag., eine .404 Jeffery, eine .375 H&H Mag, eine .450/.400/3" Jeffery, eine .300 H&H Mag. und natürlich viele mittlere und kleine Kaliber zur Auswahl.

Der absolute Favorit ist aber die .375 H&H

Mag. mit 98er-Mauser-System und Flintenabzug (den Stecher halte ich vor allem in Afrika für sinnlos und unbrauchbar, meist sogar für gefährlich).

Mit diesem Kaliber können Sie praktisch alles bejagen, und nur in Extremfällen wie z.B. bei der Elefantenjagd im dichten Urwald sind dieser Patrone Grenzen gesetzt.

Dazu möchte ich zwei Beispiele nennen. Vor Jahren erlegte ich in Ruanda einen starken Wasserbock. Ich schoss auf 60 Meter mit einem .458er-Mannlicher-Schönauer. Das Tier, in der Stärke vergleichbar mit einem guten Rothirsch, reagierte auf das 33 g schwere Teilmantelgeschoss überhaupt nicht, obwohl der Schuss gezirkelt am Blatt saß. Meine schwarzen Begleiter sahen mich mit großen Augen an, und auch ich konnte nicht begreifen, warum der Bock nicht im Feuer lag. Als wir näher kamen, flüchtete der Wasserbock und brach erst nach einer Fluchtstrecke von gut 100 Metern zusammen und war verendet.

Andererseits habe ich in Tanzania einen alten Büffelbullen mit einem Blattschuss meiner .375er auf 18 m Entfernung erlegt. Das 19,4 g Vollmantelgeschoss riss den Recken von den Läufen, und der Fangschuss in den Träger war nur mehr eine reine Sicherheitsmaßnahme.

Mit diesen beiden Erlebnissen wollte ich nur sagen, dass große Kaliber nicht immer ein Garant für sofortiges Verenden des Wildes sind. Wesentlich ist, und das kann gar nicht oft genug erwähnt werden, dass der Schütze mit seiner Waffe gut vertraut ist.

3) *Zweitgewehr — ja oder nein?*

Ein oft diskutierter Punkt ist die Frage nach dem Zweitgewehr. Soll die Jagdreise auf eine Farm ins südliche Afrika gehen, so kann man damit rechnen, falls wirklich ein Malheur mit dem eigenen Gewehr passiert, dass der Farmer aushelfen kann. Wahrscheinlich ist die geliehene Waffe bei weitem nicht mit der eigenen zu vergleichen, aber sie ist besser als *kein* Gewehr!

Die wenigsten Einheimischen besitzen ein — nach unseren Vorstellungen — ordentliches Jagdgewehr. Das beginnt bei der Optik und endet meist bei der Waffe selbst. Ich habe einmal einen Farmer gesehen, der einen britischen .303-Militär-Karabiner mit aufgeschweißtem Zielfernrohr besaß, das eher mit einer Fahrradpumpe vergleichbar war. Der Schaft wurde aus optischen Gründen einfach abgesägt, und als Tragehilfe benutzte er eine gewöhnliche Haushaltsschnur, aber — und auch das sollte gesagt sein — er hatte damit bereits acht Löwen geschossen.

Also, ich sehe in einer Leihwaffe einen absoluten Notbehelf, daher führe ich fast immer zwei Gewehre, und zwar einen .375er und einen .458er, wenn es auf Großwild geht, und einen .375er und einen .300 H&H, wenn es auf Plaines Game, also Antilopen/Gazellen, geht.

Bei der ersten Variante nützen mir nur zwei büffeltaugliche Gewehre, wenn wirklich einmal etwas passieren sollte. Jedoch möchte ich nicht unerwähnt lassen, dass zwei Gewehre eine doppelte Belastung sind, sowohl, was das Gewicht der Waffen samt Munition betrifft, als auch das Problem der sicheren Verwahrung, falls eines der Gewehre nicht mitgetragen wird. Dazu braucht man einen willigen Schwarzen, der bereit ist, die Last auf sich zu nehmen. Sein Freudentaumel wird sich in Grenzen halten, wenn nicht ein ordentliches Trinkgeld lockt.

Wo Sie vor allem auf Qualität achten sollten, ist der Gewehrkoffer. Dieser kann entweder aus stabilem Kunststoff oder Aluminium gefertigt sein. Wichtig ist auf alle Fälle, dass zwei Gewehre Platz haben, auch wenn Sie vorerst nur mit einem reisen sollten, und dass er versperrbar ist.

In Zambia habe ich am Flughafen von Lusaka erlebt, wie ein Gastjäger sein Gewehr in Empfang genommen hat. Dieses war leichtsinnigerweise in einem gefütterten Gewehrfutteral aufbewahrt. Das Ergebnis war ein gebrochener Schaft sowie ein langes Gesicht.

Es ist auch immer darauf zu achten, dass Waffe sowie Verschluss und Munition getrennt verpackt werden. Auch das Zielfernrohr ist besser im Reisekoffer aufgehoben. Bei manchen Linien muss die Munition sogar in einem Metallbehälter untergebracht sein. Zusätzlich verleitet ein *nicht-komplettes* Gewehr weit weniger zu Diebstahl!

Man sollte sich also unbedingt vor Antritt der Reise bei den jeweiligen Fluglinien informieren, welche Vorschriften für den Waffen- und Munitionstransport gerade gültig sind.

Das Gleiche gilt auch für die Einfuhrbestimmungen der angestrebten Jagdländer. Diese können sich nämlich kurzfristig ändern. Bisher war es so, dass es in Namibia, Südafrika und Zimbabwe völlig unbürokratisch zuging. Die Formalitäten wurden an der Grenze erledigt. In Tanzania z.B. muss zur Zeit für die Waffe eine Taxe von US $ 100,— pro Stück bezahlt werden. Ich habe auch schon erlebt, dass für die Munition Zoll zu entrichten war. In Mosambik ist wiederum die Mitnahme von nur 40 Stück Munition pro Waffe erlaubt. Doch wie schon erwähnt, können sich diese Vorschriften beinahe täglich ändern, und daher ist es unabdingbar, sich vor Antritt der Reise beim Jagdreiseveranstalter bzw. bei der zuständigen Botschaft oder dem Konsulat nach dem neuesten Stand der Dinge zu erkundigen.

4) Optische Geräte und Fotoausrüstung

Die optischen Geräte, die an der Waffe montiert sind, also die Zielfernrohre, müssen — wie bereits erwähnt — von absolut hoher Qualität sein, um den Anforderungen des Jägers gerecht zu werden. Feiner Sand, der in alle Ritzen kriecht, Temperaturschwankungen, manchmal auch hohe Luftfeuchtigkeit wie so mancher harte Schlag auf dem Geländeauto dürfen dem Glas ebenso wenig ausmachen wie der starke Rückstoß einer Großwildbüchse.

Hingegen ist eine hohe Dämmerungsleistung nicht vonnöten, da praktisch nur bei Tageslicht gejagt wird. Was die Vergrößerung betrifft, so genügen 4- bis 6fache Gläser vollauf. Wer jedoch lieber eine 8fache Vergrößerung bevorzugt, hat damit auch keine Probleme.

Einfacher ist die Sache bei den Feldstechern. Da man viel zu Fuß unterwegs ist, sollte man auf schwere Gläser verzichten. Gut bewährt haben sich die leichten Faltgläser, z.B. 10 x 25;

hohe Lichtstärke ist ja nicht erforderlich. Spektive oder ähnliche Präzisionsgeräte halte ich für überflüssig.

Zum Thema Fotoausrüstung kann ich nur empfehlen, genügend Filmmaterial mitzunehmen, denn schöne Motive gibt es im Überfluss. Bedenken Sie, dass es mitunter unmöglich ist, Filme nachzukaufen.

Das betrifft auch die Batterien. Ich habe es bei meinen Safaris etwas leichter, da meine Frau den fotografischen Teil der Reise übernimmt. Sie verwendet seit vielen Jahren eine Spiegelreflex-Kamera mit verschiedenen Objektiven. Ich dagegen habe nur eine kleine, jedoch handliche Pocket-Kamera, die am Gürtel befestigt ist. Damit kann ich schnelle Schnappschüsse machen, und das genügt mir vollauf. Außerdem ist die Qualität dieser kleinen Wunderdinger heute schon von wirklich hohem Standard, sodass bei normalen Motiven praktisch kein Unterschied festzustellen ist. Mehr möchte ich zum Thema Fotografie gar nicht sagen, weil hier die individuellen Ansprüche zu verschieden sind und jeder selbst entscheiden wird, was er von seiner Fotoausbeute erwartet. Dasselbe betrifft auch Video- bzw. Filmkameras.

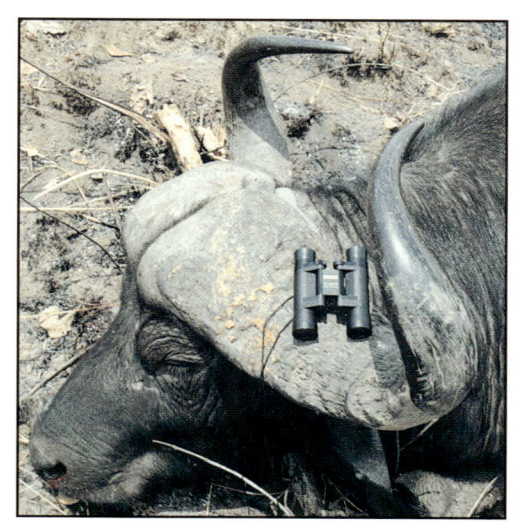

Für die Afrikajagd reicht ein leichtes, optisch hervorragendes Qualitätsglas vollkommen aus.

Wie wird in Afrika gejagt?

Wenn man sich die riesigen Jagdgebiete Afrikas vor Augen hält, ist es nur logisch, dass — wie auch in anderen Ländern — das geländegängige Auto zu Hilfe genommen wird. Ausgenommen davon sind absolut unzugängliche Regionen wie z.B. der Regenwald, wo es keine Wege gibt.

Zumindest die Anfahrtswege vom Camp in das zu bejagende Gebiet bzw. die Hauptpirschen werden mit dem Auto zurückgelegt. Dabei müssen oft Strecken von mehreren Stunden in Kauf genommen werden. Hat man das Ziel erreicht und die gesuchte Wildart entdeckt bzw. eine frische, erfolgversprechende Fährte gesehen, so beginnt die Fußpirsch. Die Fußpirsch in Afrika ist selten im europäischen Sinn zu verstehen, es ist vielmehr ein durchaus flotter Marsch unter Ausnützung des Geländes und des Windes. Erst die letzten wenigen hundert Meter bewegt man sich mit äußerster Vorsicht so wie bei uns zu Hause. Ist man nahe genug herangekommen und hat das Wild sorgfältig angesprochen — das geschieht durch den Pirschführer — wird geschossen, und zwar mitunter recht schnell und aus jeder Lage, stehend frei, angestrichen, kniend, hockend oder sitzend.

Es bietet sich nur selten die Gelegenheit für einen „bequemen" Schuss so wie etwa vom Hochstand aus.

Gerade in solchen Situationen habe ich gesehen, dass das für manchen Jäger, speziell aus Europa, zumindest am Anfang ein kleines Problem ist, weil eben ungewohnt. Selbstverständlich hat ein schneller und sicherer Schütze mit guter Kondition bessere Chancen als ein ungeübter und untrainierter. Der gute Pirschführer wird sich aber so weit wie möglich nach den Fähigkeiten und Wünschen seines Kunden richten.

Auf Farmen im südlichen Afrika wird auch die Ansitzjagd am Wasserloch praktiziert. Mit genügend Sitzfleisch gelingen dabei auch hervorragende Tieraufnahmen.

Gejagt wird in Afrika nur am Tage, das ist so Gesetz. Man hat somit den ganzen Tag für die Jagd zur Verfügung und nicht nur die frühen Morgen- bzw. Abendstunden.

Abschließend möchte ich noch erwähnen, dass sich im weiten, offenen Gelände die Schießgabel bzw. ein Dreibein ausgezeichnet bewährt hat. Da diese Dinge nur selten vorhanden sind, tut man gut daran, sich schon zu Hause so etwas zu basteln, und zwar zerlegbar, damit es in den Gewehrkoffer passt. Ich habe dazu immer zwei Bambusstäbe verwendet, die oben durch eine Torbandschraube mit Gegenmutter ein Gelenk bilden. Diese Stöcke habe ich dann etwa in der Mitte halbiert und ein passendes Rundholz in die verbliebenen Röhren als spätere Verbindung gesteckt. Diesen Behelf habe ich am Ende der Safari im Camp gelassen. Vielleicht war damit einem anderen Jäger geholfen.

Was kostet eine Safari?

Egal, ob bei Reiseerzählungen im Bekanntenkreis oder bei Vorträgen vor größerem Forum, nachdem die Frage der Schlangengefahr geklärt ist, kommt fast todsicher die Frage nach den Reisekosten. Um darauf eine vernünftige Antwort geben zu können, muss man schon ein wenig ins Detail gehen.

Die Gesamtkosten für eine Jagdreise bestehen im Wesentlichen aus drei Faktoren:
1) Tagesraten
2) Abschussgebühren
3) Nebenkosten

Die **Tagesraten** für den Jäger variieren von ATS 2.000,— bis US $ 1.600,—. Interessanterweise sind die dargebotenen Leistungen annähernd gleich. Sie werden sich jetzt fragen, wie es zu solchen horrenden Preisunterschieden kommen kann. Nun, bei der unteren Preisgestaltung handelt es sich ausschließlich um Farmjagden, bei denen in der Regel kein Großwild zu bejagen ist.
So unterscheiden die Angebote zwischen Big-Game- und Plains-Game-Jagden. Mit Plains Game meint man Steppenwild wie Antilopen und Gazellen. Hat aber ein Farmer Großwild in seinem Areal, so werden die Tagessätze schon meist teurer bzw. sind die Abschussgebühren ungleich höher als in den klassischen Safariländern, in denen es wenige bis gar keine Jagdfarmen gibt.
In den Tagessätzen sind Leistungen wie Verpflegung, Wäschedienst, Revierfahrten und Jagdführung inbegriffen. Natürlich ist es von der Organisation her ein gewaltiger Unterschied, ob Sie auf einer Farm jagen, wo im Prinzip alles zur Verfügung steht, weil es eben eine bewirtschaftete Farm ist, oder ob Sie hunderte Kilometer fernab jeglicher Zivilisation irgendwo im Busch sitzen. Bedenken Sie, dass dort alles, was Sie zum Leben brauchen, entweder eingeflogen wird oder tagelang mit dem LKW herbeigeschafft werden muss. Diese Kosten sind enorm und schlagen sich daher in den Tagessätzen nieder.
Vergleichen Sie nur den Preis für ein Bier in einem Stadtbeisel oder auf einer Berghütte im Hochgebirge. Ich möchte aber damit nicht zum Ausdruck bringen, dass ich Tagessätze von US $ 1.600,— in jedem Fall für gerechtfertigt halte.

Was die **Abschussgebühren** betrifft, gibt es auch hier gewaltige Preisunterschiede. So kann z.B. die Abschusstaxe bei einem Büffel zwischen ATS 5.000,— und ATS 50.000,— liegen. Noch gravierender sind die Preisdifferenzen bei Elefanten. Der niedrigste Preis liegt bei ca. ATS 25.000,—, nach oben hin gibt es keine Grenze.
Bedenken Sie auch in Ihrer Reisekostenvorplanung, dass für gewisse Wildarten eine Mindestaufenthaltsdauer zu buchen ist. Wollen Sie unter Umständen in Tanzania die „Großen Vier" bejagen, so müssen Sie 21 Tage buchen.
Die Abschussgebühren für Antilopen und Gazellen halten sich in Afrika in Grenzen. Man kann davon ausgehen, dass sie zwischen ATS 2.000,— und ATS 20.000,— liegen, egal wie stark die Trophäe ist.
Man begann im südlichen Afrika kurzfristig mit Medaillen-Zuschlägen für besondere Trophäenträger, dies ist aber Gott sei Dank nicht mehr üblich. Eine derartige Jagd würde für mich auch nie in Frage kommen, da ich den Sinn so einer Unsitte nicht verstehe. Was aber nicht heißen soll, dass ich eine gute, reife Trophäe nicht überaus schätze.
Ich halte es durchaus für interessant, wie gut und stark eine Trophäe tatsächlich ist. Das hat zwar nicht unmittelbar mit dem Jagderlebnis etwas zu tun, gibt aber wichtige Aufschlüsse über die betreffende Wildart. Als Nachschlagewerk dienen dazu die Rekordbücher des Safari Clubs International (SCI) und Rowland Ward's.

Neben den speziellen Safarikosten sind auch die Flugpreise, zusätzliche Ausgaben vor Ort sowie eventuell anfallende Beträge für Urlaubsannehmlichkeiten zu berücksichtigen. Sehenswürdigkeiten — wie z.B. die Victoria-Fälle — sollte man bei einer Jagdreise „mitnehmen"!

Kurz gesagt könnte man die Faustregel aufstellen: niedrige Tagessätze, hohe Abschussgebühren und umgekehrt. Trotzdem wirken sich die hohen Tagespreise beim Endpreis wesentlich gravierender aus, als hohe Abschussgebühren, da man ja selbst steuern kann, wie viel man erlegen (und bezahlen) kann und möchte.

Zu guter Letzt kommen noch die **Nebenkosten,** die durchaus ins Gewicht fallen können, speziell in Ländern, wo für alles und jedes bezahlt werden muss. Auch das ist natürlich nicht überall gleich. Unter die Rubrik Nebenkosten fallen Ausgaben wie Flugtickets, Buchungsgebühren, Transferkosten, Vorpräparation der Trophäen, Verpackung der Trophäen, Einfuhrzölle für Munition, Lizenzen, tierärztliche Kontrolle der Trophäen, bei selbstorganisierten Safaris Personalkosten für Träger und Fährtensucher, Ausrüstung, Medikamente, Impfungen, Trophäenversand, Einfuhrzölle im Heimatland bis zum Präparator zu Hause.

Sie sehen also, dass man diese sogenannten Nebenkosten nicht unterschätzen darf, und es ist gut, im Vorhinein zu wissen, wie hoch sie sich ungefähr belaufen werden. Wenn man jetzt noch bedenkt, dass Jagdreisen sehr individuell gestaltet werden, eben nach den Ansprüchen des Jägers, so ist es praktisch unmöglich, einen bestimmten Preis für eine Safari zu nennen.

Vorsichtig geschätzt würde ich sagen, die Kosten können sich zwischen 50.000,— und 500.000,— ATS bewegen, je nachdem, ob man eine Antilopenjagd in Namibia oder eine richtige Großwildjagd in Tanzania durchführen möchte.

JAGDREISE-VERMITTLER UND PRIVATE ANZEIGEN

Wenn Sie die einschlägigen Jagdzeitungen aufmerksam studieren, weil vielleicht eine Jagdreise zur Diskussion steht, dann wird Ihnen auffallen, dass neben den bekannten Jagdreiseveranstaltern auch viele private Anzeigen zu finden sind. Diese stammen größtenteils aus dem südlichen Afrika, wo private Farmer direkt ihre Jagden vermarkten, weil sie sich die Provisionen an einen Jagdvermittler ersparen wollen oder aber auch deshalb, weil sie unter Umständen für einen Jagdvermittler nicht interessant genug sind. Seriöse Vermittler stellen nämlich gewisse Ansprüche für sich und ihre Kunden, die nicht jeder erfüllen kann. Das beginnt bei der Unterkunft, den gestellten Fahrzeugen und endet oft bei den zur Auswahl stehenden Wildarten und der Erfolgschance, diese auch zu bekommen. Private Angebote sind also eher mit etwas Vorsicht zu genießen, außer es gibt bereits Referenzen, oder man kennt diese Leute persönlich.

Wenn die angebotenen Leistungen wirklich dem Standard entsprechen, hält sich der Preisunterschied zu einem seriösen Jagdreisebüro meist in Grenzen; das wiederum resultiert aus der Tatsache, dass sich die Provisionen im Regelfall zwischen 10 und 15 Prozent bewegen. Von welchen Posten aber diese Provisionen eingehoben werden, ist auch nicht immer gleich, oft sind es sogar nur die Abschüsse.

Wenn Sie sich nun entschlossen haben sollten, über eine Jagdagentur zu buchen, dann lesen Sie zwischen den Zeilen und hinterfragen Sie die Angebote mehrmals. Lassen Sie sich Referenzen geben! Ein seriöser Anbieter wird nichts dagegen haben. Gehen Sie zu einem kompetenten Vermittler, der auch den Mut hat, Ihnen von einer Reise abzuraten, weil sich vielleicht die Umstände im Land geändert haben. Fragen Sie ruhig nach dem Outfitter, denn der ist für Sie die wichtigste Person in Afrika. Durchleuchten Sie genau die angebotenen Leistungen — speziell bei Pauschalangeboten — denn oft stellt sich heraus, dass vielleicht eine einwöchige Büffelsafari in Wirklichkeit nur aus drei Jagdtagen besteht; das wiederum hochgerechnet ergibt dann unter Umständen ein völlig anderes Gesamtbild.

Fragen Sie nach den Nebenkosten wie Kilometergeld, Transfers, Trophäenbehandlung, Getränke, Verpackung der Trophäen usw. Es ist nämlich durchaus möglich, dass auf einmal eine gewaltige Summe zu Stande kommt. Erkundigen Sie sich auch genau nach der Ausrüstung Ihres Outfitters, vor allem nach den zur Verfügung stehenden Geländewagen; es müssen auf jeden Fall zwei solcher Fahrzeuge — erstklassiger Zustand ist dabei Voraussetzung — bereitstehen. Die Reparaturstunden am Auto kosten letztlich Ihr Geld. Wenn Sie bedenken, dass ein Jagdtag eventuell 1.000 US$ kostet und Sie verurteilt sind, dem fahrbaren Schrotthaufen auf die Sprünge zu helfen, um nicht einen zweiten Tag im Busch festzusitzen, dann wird die Lage unangenehm.

Glauben Sie mir, ich weiß, wovon ich spreche. Leider!

Fragen Sie Ihren Jagdvermittler, inwieweit er für derartige Ausfälle zu haften bereit ist.

Wenn Sie nun die gesamten Unkosten wie Telex, Telefon und Werbung abrechnen, können Sie sich vorstellen, was übrigbleibt. Sie werden sich jetzt fragen, warum es dennoch so viele Anbieter gibt. Für die meisten Jagdreisevermittler ist dies auch eher ein Nebengeschäft, leben müssen sie nicht davon. Diejenigen aber, die davon leben und vielleicht schon jahrzehntelang auf dem Markt sind, sind meist auch gut.

Wenn Sie sich für eine bestimmte Wildart entschlossen haben, die Ihnen besonders am Herzen liegt, dann scheuen Sie sich nicht, nach der Erfolgsquote zu fragen, diese auch zu bekommen. Das ist weder unwaidmännisch oder unsportlich, das ist einfach legitim.

Verlangen Sie die Erfolgsquote nicht nur in Prozenten, sondern auch in absoluten Zahlen. Da gibt es Aussagen wie z.B.: „Wir hatten in den vergangenen Jahren auf Löwe 100 Prozent Erfolg!"

Vielleicht war im Bezugsjahr nur ein Jäger dort, der einen Löwen jagen wollte. Wenn das so ist, dann können Sie solche Aussagen als wertlos ansehen.

Spezielle Vorsicht ist bei Privatanzeigen geboten. Vergessen Sie nicht, dass Sie im Ernstfall kaum Möglichkeiten haben, derartige Anbieter zu belangen.

Es gibt natürlich auch noch die Möglichkeit, seine Jagden selbst zu organisieren. Ich mache das ausschließlich so, doch würde ich es nicht unbedingt für die ersten Safaris empfehlen, da schon einige Erfahrung dazu notwendig ist, um Flops zu vermeiden. Mir macht es einfach Spaß, die Sache selbst in die Hand zu nehmen, und da ich durch die vielen Jahre einen großen Freundeskreis gewonnen habe, ist es für mich auch nicht mehr schwierig, die Safari in ein Land meiner jagdlichen Ziele selbst zu organisieren.

Schießfertigkeit ist — nicht nur in heimischen Revieren — eine der wichtigsten Voraussetzungen für den Jagderfolg.

SAFARI AUF EIGENE FAUST

Wenn Sie eine Jagdreise auf eigene Faust ins Auge fassen, so müssen Sie sich darüber im Klaren sein, dass Sie ungleich mehr Zeit für Ihre Reisevorbereitungen brauchen, als wenn Sie zu einem seriösen Jagdvermittler gehen, der für Sie alles organisiert.

Sie haben praktisch keinen Ansprechpartner und sind daher gezwungen, alle Informationen, die notwendig sind, selbst zu beschaffen, um einen reibungslosen Ablauf der Reise zu gewährleisten. Manche Botschaften sind dabei sehr behilflich, andere wiederum geben sich eher zugeknöpft. Das ist von Land zu Land sehr verschieden.

Speziell westafrikanische Länder neigen zu einer unglaublichen Laschheit, wenn es darum geht, vernünftige Auskünfte zu erteilen. Wesentlich effizienter arbeiten da die Botschaften der Länder des südlichen bzw. östlichen Afrikas.

Sobald Sie geklärt haben, was Sie wo, wie jagen können, müssen Sie versuchen einen Farmer oder Berufsjäger zu finden, mit dem Sie Kontakt aufnehmen, um alle noch offenen Fragen zu klären. Solche Adressen erfährt man meist durch Mundpropaganda, auch durch die Fachpresse bzw. über die internationale Berufsjägervereinigung in Südafrika. Neben den bereits erwähnten Risken werden Sie auch bald feststellen, dass sich der finanzielle Vorteil gegenüber einem Jagdvermittler sehr in Grenzen hält. Ausgenommen davon sind natürlich langjährige eigene gute Kontakte.

Völlig anders sieht die Situation dann aus, wenn Sie sich für ein Land entschieden haben, wo es möglich ist, ohne weißen Berufsjäger zu jagen. Diese Variante ist zwar ungleich schwieriger und leider nur in wenigen Ländern möglich, doch ist dieses Abenteuer nicht mit einer gebuchten Safari zu vergleichen.

Der guten Ordnung halber muss aber auch erwähnt werden, dass diese Art der Jagd nicht jedermanns Sache ist, da man sich um alles selbst kümmern muss, und der Ausgang so eines Unternehmens eher ungewiss ist. Theoretisch können Sie diese Art Jagd z.B. in Benin, Zimbabwe, Kamerun und Kongo durchführen. Früher war dies in mehreren Staaten wie Ruanda oder Gabun möglich. Praktisch kommen derzeit nur Zimbabwe und Kamerun in Betracht. Die anderen Länder sind entweder vom Bürgerkrieg erschüttert oder bereiten anderweitig fast unüberwindbare Schwierigkeiten bzw. sind von der Wildpopulation her uninteressant.

In **Zimbabwe** gibt es die Möglichkeit, Jagdblocks zu ersteigern. Diese Jagdgebiete liegen im Norden. Hat man so einen Block ersteigert, darf man entweder 10 oder 14 Tage darin jagen, je nachdem, welche Wildarten vorkommen. Die möglichen Abschüsse sind genau vorgegeben und können somit nicht selbst bestimmt werden.

Möchte man z.B. einen Elefanten jagen, so ist es notwendig, einen dementsprechenden Block zu ersteigern, denn erst dieser gibt Ihnen die Möglichkeit bei einem Elefanten mitzubieten. Diese Auktion findet meist im Februar in Harare statt. Informationsbroschüren kann man sich aber schon früher vom Game Department schicken lassen. Leider sind die Preise für solche Blocks in den letzten Jahren sehr gestiegen, und wenn Sie nicht einen Freund vor Ort haben, der Ihnen bei der Organisation behilflich ist, so sind Sie fast gezwungen, bei der Versteigerung selbst anwesend zu sein, um eine vernünftige Chance zu haben. Das aber sind wiederum zusätzliche Kosten.

Haben Sie einen Jagdblock ersteigert, beginnen die organisatorischen Probleme. Sie brauchen ein geländegängiges Auto, noch besser zwei, falls ein Auto den Geist aufgeben sollte. Und das ist gar nicht so einfach, wie man vielleicht glaubt, da ordentliche Autos auch in Zimbabwe Mangelware sind.

Dies wiederum hat politische Gründe, denn

Geld wäre da, aber es ist umständlich sie zu kaufen. Und wenn, dann sind die Importzölle so horrend, dass sich jeder genau überlegt, ob nicht sein Vehikel doch noch irgendwie zu reparieren ist.

Diese verrückte Situation gibt es in vielen afrikanischen Staaten. So ist es z.B. einmal passiert, dass Deutschland für Uganda Lastkraftwagen spendete. Als diese dann geliefert wurden, war sich die dortige Regierung nicht ganz klar, ob es nicht möglich wäre, für die geschenkten Wagen einen Einfuhrzoll zu verlangen. Und erst nach langen Verhandlungen gelang es, die Fahrzeuge ohne Zoll einzuführen. Ja, das ist Afrika!

Also ist es ratsam, sich schon sehr lange im Voraus um geeignete Autos zu kümmern.

Dann brauchen Sie eine, wenn auch kleine Mannschaft. Das Mindeste ist ein Koch und zwei gute Fährtensucher, ein bis zwei Skinner und vielleicht noch ein Träger für Allfälliges. Eine Person muss ja bei den Zelten bleiben, diese Funktion sollte logischerweise der Koch übernehmen, da er durch seine Tätigkeit sowieso an das Lager gebunden ist. Wenn Sie privat niemanden kennen, der Ihnen geeignete Schwarze zur Verfügung stellt, so haben Sie die Möglichkeit, vor Ort welche anzuheuern, das ist aber immer ein Risiko. Denn bis Sie dahinter kommen, dass Ihre Burschen nichts taugen, haben Sie wertvolle Zeit verloren.

Für den Aufbau sowie den Abbau des Lagers haben Sie jeweils einen Tag zur Verfügung, dann muss der Platz für die nächsten Gäste geräumt sein. Wo Sie Ihr Lager errichten dürfen, ist genau festgelegt. Die nötigen Lebensmittel besorgen Sie sich am besten auf dem Weg von Harare ins Jagdgebiet. Auf dieser Strecke gibt es genügend Supermärkte, wo Sie sich sehr billig eindecken können.

Bedenken Sie auch, dass Sie unter normalen Umständen eine Menge Wildpret zu versorgen haben, das Sie natürlich unmöglich selbst verwerten können. Und da die Wildpretpreise lächerlich sind, ist es zweckmäßig, dieses an die umliegende Bevölkerung zu verteilen, bzw. zu Biltong zu verarbeiten.

Etwas anders hingegen läuft die Jagd auf eigene Faust in **Kamerun** ab. Hier haben Sie grundsätzlich zwei Möglichkeiten.

Die erste Möglichkeit besteht darin, einen Jagdblock im Norden zu buchen. Zuständig dafür ist das Tourismusbüro in Garoua. Dort können Sie ein Auto mieten, mit dem Sie in Ihren Jagdblock fahren. Gute Fahrzeuge sind natürlich auch in Kamerun Mangelware und daher teuer.

Bei Safaris auf eigene Faust sind Entbehrungen in jeder Hinsicht zu erwarten.

Es empfiehlt sich, schon von Europa aus alles vorzubuchen. Die einzelnen Jagdblocks sind unterschiedlich ausgestattet. Die Palette reicht vom eigenen Zeltcamp bis zur gut ausgestatteten Lodge mit Personal.

Sobald Sie Ihren Jagdblock erreicht haben, bekommen Sie einen schwarzen Wildhüter zugeteilt, der für eine korrekte Jagd zu sorgen hat. Weiteres Jagdpersonal können Sie gegen geringes Entgelt tageweise mieten.

Komplizierter ist die Angelegenheit, wenn man sich für die Jagd im Regenwald in Südkamerun entscheidet. Hiefür ist das Jagd- und Forstamt in Jaounde zuständig. Dort allerdings kann es passieren, dass die Ausstellung der notwendigen Papiere längere Zeit in Anspruch nimmt. Verzögerungen von einigen Tagen sind durchaus normal und müssen in der Reiseplanung berücksichtigt werden. Ist der Papierkram erledigt, so können Sie die eigentliche Reise zu Ihrem Jagdgebiet antreten. Die hohen Kosten für das Mietauto können Sie sparen, indem Sie die Dienste eines Buschtaxis in Anspruch nehmen. Diese Kleinbusse sind billig, aber sie bringen auch Nachteile mit sich. Die Fahrzeuge sind meist hoffnungslos überfüllt, und es ist auch nicht jedermanns Sache, eingekeilt zwischen Hühnern und Schwarzen mehrere hundert Kilometer auf unbequemen Sitzen zu verbringen. Man hat zwar keine Sorgen mit dem Fahrzeug, ist dafür aber wesentlich unflexibler.

Hat man das gewünschte Dorf erreicht, muss man eine Mannschaft anheuern. Von dort geht es dann zu Fuß durch den Regenwald. Eine hochinteressante Jagd, die aber nur sehr gesunden und passionierten Jägern zu empfehlen ist. Einige Wildarten wie Waldelefant, Bongo, Waldsitatunga, Riesenwaldschwein, Rotbüffel sowie die verschiedensten Duikerarten gibt es eben nur im Regenwald.

Die bejagbaren Wildarten in Kamerun sind natürlich auch genau vorgegeben, und es ist ratsam, sich sorgfältig an die Gesetze zu halten, da es sonst zu größeren Schwierigkeiten kommen kann.

Wer sich jedoch entschließt, eine Jagdexpedition im Regenwald auf eigene Faust durchzuführen, muss sich darüber im Klaren sein, dass dies ein äußerst kompliziertes und waghalsiges Unternehmen ist. In den entlegenen Urwaldgebieten gibt es keine Straßen, Dörfer oder Menschen. Es muss alles getragen werden. Von den täglichen Reisrationen über Bett, Medikamente, Waffen, Munition bis hin zum WC-Papier. Und was man vergisst, hat man eben nicht. Im Notfall gibt es weder ärztliche Hilfe noch eine Möglichkeit, rasch den Urwald zu verlassen. So kann es zu bösen Überraschungen kommen, wenn jemand z.B. eine Bienenallergie hat. Im Urwald gibt es Millionen von Bienen und ein Stich ist praktisch unvermeidbar.

Ratsam ist es, lange vor Reiseantritt genaue Informationen einzuholen und den erwarteten Tagesablauf im Geiste immer wieder durchzuspielen. Von der zugeteilten Teeration am Morgen bis zur Campdusche aus dem Wassersack am Abend.

Auch das Jagdland **Ruanda** war ein jagdlicher Leckerbissen. In Ruanda funktionierte der Jagdablauf so ähnlich wie in Nordkamerun. Allerdings ist Ruanda wesentlich kleiner und hatte nur ein großes Jagdgebiet. Dieses grenzte an den Akagera Nationalpark. Im Mutara Jagdreservat gab es eine Lodge, die aber leider im Bürgerkrieg zerstört wurde. Zur Zeit gibt es keine vernünftigen Aussagen über den Wildbestand und über die Jagd selbst.

Wenn überhaupt, so wird es sicher noch Jahre dauern, bis Ruanda als Reiseland wieder zur Diskussion steht.

Ein erwähnenswerter Aspekt ist die sprachliche Barriere. Wer beherrscht schon wirklich die Sprache der Fulbe, Shoner oder Swahili? Wenn auch Englisch oder Französisch die Amtssprache ist, gibt es noch weit mehr Geheimnisse zu entdecken als „shoot" oder „not shoot".

Es gibt einfach Wissenswertes über Land und Leute, das Ihnen Ihr Jagdführer am abendlichen Lagerfeuer erzählen kann.

ALS BEGLEITPERSON BEI DER JAGD IN AFRIKA

Wenn ich mich dazu entschlossen habe, über dieses Thema zu schreiben, dann deshalb, weil es in unserer schnelllebigen Zeit oft notwendig ist, Hobby und Urlaub zweier Partner unter einen Hut zu bringen. Und was des einen Freud, ist gar manches Mal des anderen Leid. Ganz speziell die Jagd bietet da immer wieder den Anstoß zu Uneinigkeiten in der Partnerschaft.

Ich selbst bin seit vielen Jahren „praktizierende" Begleitperson eines jagenden Ehemannes, und das mit Leib und Seele. Wo auch immer wir in Afrika unterwegs gewesen sind, stets war ich hautnah am Geschehen. Ob mit dem Geländewagen durch unwegsames Terrain oder zu Fuß auf dornigen, sandigen Pfaden, zwischen mannshohen Riedgrasfeldern hindurch oder über Felsen und Geröll in brütender Hitze. Alle Mühen und Anstrengungen, die auch der Jäger auf sich nimmt, um an das heißersehnte Stück Wild zu gelangen, all das und noch mehr habe auch ich mir abgerungen.

Und warum das alles, werden Sie vielleicht fragen?

Ganz einfach deshalb, weil es schön ist, Menschen, Tiere und die Natur durch die Jagd unverfälscht und ihren Ursprüngen nahe zu erleben. Meine Waffe ist die Kamera, und all jene Verhaltensregeln, die für den Jäger Gültigkeit haben, sind auch für mich ein Muss. So haben mein Mann und ich gelernt, auf „unseren" Safaris gemeinsame Sache zu machen.

Von meiner Warte aus kann ich nur jeder Frau (denn diese ist ja in erster Linie die Begleitperson) raten, es mir gleich zu tun.

Vorerst einmal ist es wichtig zu wissen, wohin die Jagdreise des Mannes gehen soll und wie lange der Aufenthalt dauern wird. Denn es gibt sowohl sogenannte Kurzsafaris als auch längere Jagdreisen, die bedingt durch weitere An- und Abfahrten schon mal drei bis vier Wochen dauern können. (Siehe Tanzania, wo eben gewisse Tierarten nur bei 16-tägiger oder 3-wöchiger Jagd erlegt werden dürfen.)

Hat sich die Frau nun entschlossen, ihren Mann nach Afrika zu begleiten, dann sollte sie sich gut überlegen, was sie erwartet und wie sie die Tage verbringen möchte. Nicht überall ist der vielleicht erwünschte Komfort geboten, und ein Campaufenthalt kann mitunter eine langweilige Angelegenheit sein.

Ein gutes Buch auf solch eine Reise mitzunehmen, ist bestimmt keine schlechte Idee. Es findet sich immer irgendwo ein Stündchen Zeit für interessante Lektüre, und wenn es nur gilt, die oft langen Wartezeiten auf Flughäfen zu überbrücken. Die Anreise ins Land und somit auch in das gewünschte Jagdrevier kann eine anstrengende und mühevolle Sache werden.

Den Begriff „Zeit" sollte man auf diesem Kontinent stets mit anderen Augen betrachten. Die Schwarzen und zumeist auch die ansässigen Weißen haben die „Ruhe weg", und es gibt wenig Dinge, die sie erschüttern können. Nehmen daher auch Sie es nicht tragisch, wenn eine Stunde in Afrika nicht einer Stunde in Europa gleichzusetzen ist.

Schon die ersten Eindrücke, die man von Land und Leuten bei der Fahrt ins Camp oder auf die Jagdfarm erhält, sind ein Erlebnis für sich. Trotz aller Müdigkeit habe ich diese Stunden immer sehr genossen, voll Vorfreude und in Erwartung der kommenden Tage. Sollte sich irgendwo die Möglichkeit für Einkäufe ergeben, so nutzen Sie die Gunst der Stunde. Aus eigener Erfahrung weiß ich, dass sich zu einem späteren Zeitpunkt oftmals keine Gelegenheit mehr ergibt.

In jedem Land gibt es die für diese Region typischen Handarbeiten der Eingeborenen zu kaufen. Falls Sie an einem Marktplatz vorüberkommen, lassen Sie sich einen Ausflug in das Reich afrikanischen Handelns, orientalischer Düfte und bunter Vielfalt nicht entgehen. Ich kann mich noch gut daran erinnern, als ich in Ruanda auf einem Marktplatz am Fuße des Virunga-Gebirges auf Grund meiner blonden Haarpracht laut bestaunter Mittelpunkt bei den schwarzgelockten Eingeborenen war.

Die Unterbringung der Jagdgäste ist natürlich von Land zu Land sehr verschieden. Am einfachsten, bequemsten und sicherlich auch finanziell am günstigsten ist ein Jagdurlaub in Namibia oder Südafrika. Gerade diese Länder bieten Jägern und deren Familien die Möglichkeit, Urlaub und Hobby problemlos zu verbinden. Auf den Gastfarmen wird zumeist Deutsch gesprochen, und man ist vom ersten Tag an in die Familie des Jagdführers integriert. Es gibt keine hygienischen Probleme, und die Versorgung mit Speis und Trank lässt keine Wünsche offen.

So reizvoll es auch sein mag, die angenehmen Seiten der Zivilisation am Ende eines anstrengenden Jagdtages zu genießen — sei es nun die funktionierende heiße Dusche, den entsprechend gekühlten Drink oder die saubere, frisch bezogene Bettstatt — so unumstritten muss es ebenfalls klar sein, dass sich der Reiz des Abenteuers erst mit dem Verzicht auf gewisse Dinge des täglichen Lebens ergibt.

Es ist nun mal nicht dasselbe, ob man am Abend, geschützt durch die Mauern eines Farmhauses, an dessen offenem Kamin sitzt, oder ob unter freiem Himmel die Flammen des Lagerfeuers knistern.

Ich möchte all jene Nächte nicht missen, in denen sich die dünne Zeltwand im Darüberstreichen des Windes bewegte, oder als das trockene Gras der einfachen Strohhütte unter den Füßchen eilig hin und her huschender Eidechsen raschelte.

In Zambia, am Ufer des Luangwa, verbrachten wir vor vielen Jahren zum ersten Mal unsere Jagdtage in solch einem Strohhüttencamp. Ich erinnere mich gut an die primitiven aber zweckmäßigen Behausungen. Beim Essen auf der offenen Veranda konnten wir die langsam dahintreibenden Krokodile im Fluss beobachten, und der Whisky im Glas war die perfekte Untermalung für das Auftauchen der Hippos.

Bei der Jagd in Afrika ist es oft gar nicht möglich, sich in der Nähe menschlicher Siedlungen aufzuhalten, da die besten Wildvorkommen eben außerhalb der Reichweite von Städten und Dörfern der Eingeborenen liegen.

Mitten in der unberührten Natur werden, wie vorhin beschrieben, einfache Zelt- oder Strohhüttenlager errichtet, und meist sind diese Plätze nur mit dem Buschflieger zu erreichen. Es ist jetzt etliche Jahre her, dass ich dank der Jagdleidenschaft meines Mannes einige Wochen in solch einem Camp in Tanzania verbringen konnte. Die Zelte lagen am Fuße eines kleinen Hochplateaus, von wo aus man einen wundervollen Blick über die mit Schirmakazien bewachsene, an die Serengeti angrenzende Landschaft hatte.

Als Begleitperson nimmt man sich oft viel mehr Muße und Ruhe, die Wunder der Natur zu beachten, da der Jäger selbst doch unter einem gewissen Jagddruck steht, auch wenn er es selten zugeben wird. Wer einmal keine Lust verspürt, den doch sehr zeitig, meist noch in völliger Dunkelheit beginnenden Jagdtag des Gatten zu begleiten, wird auch so auf seine Kosten kommen. Wo noch hat man sonst Gelegenheit, sich von neugierigen Meerkatzen bei der morgendlichen Toilette zusehen zu lassen? Ganz besonders amüsant ist auch, die Schwarzen bei ihren Camparbeiten zu beobachten, und ein Besuch in der primitiven Buschküche ist alle Mal ein Erlebnis.

Ich habe die nicht jagdlich genützte Zeit fast immer für Kontakte mit der Bevölkerung verwendet. Die zahlreichen Kinder der Einheimischen sind vorwiegend der Anknüpfungspunkt für das Zusammenkommen gewesen.

Unsere Aufenthalte in Afrika sind — wenn es möglich ist — immer von längerer Dauer, denn nur wer sich wirklich Zeit nimmt, wird Erfolg bei der Jagd und Erholung im Urlaub finden. Und Sinn der Sache soll doch schließlich sein, dass beide Partner gleich viel Freude an dem Erlebten haben.

Auch was die medizinische Versorgung betrifft, muss man sehr wohl bedenken, dass man oft auf sich selbst gestellt ist. Viele Male waren mein Mann und ich in Situationen, wo uns niemand, wenn etwas passiert wäre, helfen hätte können. „Glück" ist etwas, was jeder im Leben braucht. Dass man sich mit den Gefahren eines unbekannten Landes auseinandersetzen und so viel wie möglich Informationen sammeln sollte, ist wohl selbstverständlich.

Übertriebene Vorsicht ist jedoch meist fehl am Platze. Mit gesundem Menschenverstand und einem bisschen Gefühl für die Gesetze der Natur lassen sich kritische Situationen fast immer meistern. Ich glaube, Reinhold Messner war es, der in einem Interview gesagt hat: „Nicht die Abenteuer, die man im Kopf, sondern jene, die man auch wirklich erlebt hat, zählen!"

Ich habe mit meiner Teilnahme an vielen aufregenden Jagden meines Mannes in verschiedenen Teilen Afrikas (anfänglich in Tunesien, Namibia, dann Zambia, Zimbabwe, Ruanda und Tanzania, um nur einige zu nennen) eine Menge Lebenserfahrung und unvergessliche Erinnerungen gewonnen, die ich unter keinen Umständen missen möchte.

Es gibt unbestritten auch viele Dinge, die Sie auf so einer Jagdreise verfluchen. Das Aufstehen vor Tagesanbruch ist nur eines davon. Sie laufen sich Blasen an die Füße und schwitzen unter der Glut der Sonne. Ihr Make up ist der Sand auf der Haut und der unvermeidliche Dreck unter den Fingernägeln. Sie fallen am Abend todmüde ins Bett und können morgens kaum Ihre steifen Glieder bewegen. Sie stopfen sich vor und während der Reise voll mit Medikamenten und brauchen nach der Reise haufenweise Cremen und Aufbaushampoos, um die trockene Haut und

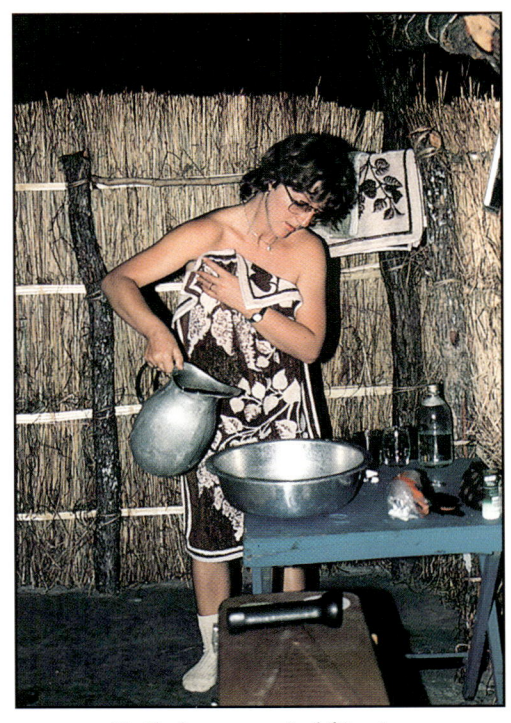

Entbehrungen sind für eine Safari-Begleiterin durchaus an der Tagesordnung. Dennoch ist für ein gewisses Maß an Komfort fast überall gesorgt.

schwer strapazierten Haare wieder ins rechte Lot zu bringen.

Und trotzdem, wen Afrika einmal so richtig gepackt hat, den lässt es nicht mehr los. Wenn der Jäger nach erfolgreicher Jagd zu seinen erwünschten Trophäen gekommen ist, wenn Ihre Fotos gut geworden sind, und wenn Ihr Partner zu Ihnen sagt: „Schön, dass wir das zusammen erleben konnten", — dann wissen Sie, dass er die nächste Safari wieder mit Ihnen als Begleitperson unternehmen wird.

DIE MENTALITÄT DER SCHWARZEN

Dieses Kapitel liegt mir besonders am Herzen, da ich im Laufe meiner Reisetätigkeit oft erleben musste, dass Safarigäste nicht die richtige Einstellung zur einheimischen Bevölkerung aufbringen können. Dieses Problem hat natürlich mehrere Ursachen.

Wenn wir vom Schwarzen sprechen, meinen wir den Afrikaner. Das Wort Neger sollte man nie verwenden, da es als Schimpfwort betrachtet wird und an unangenehme Zeiten erinnert. Leider mangelt es so manchem Gastjäger an Einfühlungsvermögen. Und glauben Sie ja nicht, dass Sie der Einheimische nicht versteht, nur weil er Ihrer Sprache nicht kundig ist. Gerade deshalb liest er in Ihrer Mimik, und er begreift sehr schnell, wie Sie zu ihm stehen und was Sie von ihm halten.

Ich kann mit ruhigem Gewissen behaupten, dass ich immer ein exzellentes Verhältnis zu den Schwarzen gehabt habe, was aber nicht heißen soll, dass ich mit allem und jedem einverstanden war, was da passierte. Doch es war und ist meine Art, Probleme sofort zu lösen, und das mit gebührendem Nachdruck, aber höflich und nicht herrisch. Wie heißt es so schön: „Der Ton macht die Musik!"

Um etwaige Schwierigkeiten zu bereinigen, muss man natürlich wissen, mit wem man es zu tun hat. Was ich damit meine, ist leicht erklärt. Für den noch unerfahrenen Afrikareisenden sind alle Schwarzen gleich. Doch das ist ein großer Irrtum. Denken Sie nur an Europa. Dieses wird praktisch auch nur von Weißen bevölkert und doch können Sie nicht einen Italiener mit einem Schweden oder einen Engländer mit einem Griechen vergleichen. Die Mentalität dieser Menschen ist einfach völlig unterschiedlich.

Dies trifft ebenso auf Afrika zu. Und so wie selbst im kleinen Österreich ein Wiener nicht mit einem Tiroler oder ein Burgenländer nicht mit einem Vorarlberger zu vergleichen ist, so verhält es sich mit den vielen verschiedenen Stämmen Afrikas. Von den sozialen Unterschieden innerhalb der Gruppe ganz zu schweigen. Das sofort zu erkennen, ist gar nicht so leicht, da der Unterschied nicht wie vielerorts bei uns durch Konsumgüter wie Autos oder andere Statussymbole gekennzeichnet ist. Was ja letztendlich nichts zu besagen hat, doch sind wir es einfach gewöhnt, Mitmenschen nach dem ersten Erscheinungsbild zu beurteilen, um vielleicht danach festzustellen, dass sie letztlich ganz anders sind, als sie vorerst von uns eingestuft wurden.

Doch zurück zu den Afrikanern. Sie sind auch optisch so verschieden wie die Europäer. Ein Bantu ist schwarz und kräftig, mit negroiden Gesichtszügen. Völlig anders wirkt da der Massai mit seiner hochgewachsenen, schlanken Figur und eher braunen Farbe, absolut konträr zum kleinen, runzeligen Buschmann aus der Kalahari oder den zwergenhaften Pygmäen aus dem äquatorialen Urwald.

Es ist also ganz zweckmäßig, sich vor Antritt der Reise ein wenig zu erkundigen, welche Stammesgruppen in dem jeweiligen Land vorherrschend sind und welchen Rang sie einnehmen. Ihr Outfitter wird Ihnen sicher gerne dabei behilflich sein. Und da Ihr Jagdführer mit diesen Leuten arbeitet und auch für längere Zeit zusammen lebt, kennt er ihre Gewohnheiten recht genau.

Darüber Bescheid zu wissen, kann nur von Vorteil sein. Es ist auch hochinteressant die Schwarzen zu studieren, wenn sie sich unbeobachtet fühlen. Dabei werden Sie sehr schnell feststellen, wer der Clown der Mannschaft oder wer der Chef ist. Hohes Ansehen haben meist ältere Menschen, aber auch der wirklich gute Fährtensucher ist sich seiner wichtigen Rolle bewusst.

Und obwohl es eine so große Vielfalt bei den Einheimischen gibt, lassen sich doch gewisse Grundregeln aufstellen, die man allgemein anwenden kann. Machen Sie nicht den Fehler und sehen Sie in den Afrikanern einen

Weißen, der eben nur schwarz ist. Das wäre ein großer Irrtum.

Ich bin mir dieser Aussage voll bewusst und möchte dabei gleich klarstellen, dass das weder abwertend noch irgendwie rassistisch gemeint ist. Suchen Sie wirklich den Kontakt zu den Einheimischen, und Sie werden bald erkennen, dass Sie es mit einer anderen Welt zu tun haben. Man sollte einfach zur Kenntnis nehmen, dass der Schwarze Dinge beherrscht, die für uns unvorstellbar sind, und umgekehrt. Ein wirklich guter Fährtensucher z.B. findet eine Spur oder einen Schweißtropfen, wo selbst der geübte Weiße todsicher vorbeilaufen würde. Auch wenn es für uns zivilisationskranke Menschen noch so unbegreiflich ist, der unverdorbene Einheimische besitzt noch Urinstinkte, die uns längst abhanden gekommen sind. Der einheimische Führer beurteilt Sie nicht nach Ihrem teuren Luxusgewehr oder nach Ihrer schicken Safarikleidung, das ist ihm völlig egal. Für ihn

Wir reden von Schwarzen und meinen dabei alle dunkelhäutigen Einwohner Afrikas. In Europa z.B. unterscheiden wir aber genau Nationen und Mentalität.

zählt, ob Sie das Wild schnell sehen und ob Sie sicher schießen. Über einen sauberen Schuss und eine herzliche Umarmung beim erlegten Stück freut er sich mehr als über ein ungerechtfertigtes Trinkgeld schon vor der Safari.

Derlei Dinge wie „Vorab"-Belohnungen sollte man überhaupt unterlassen, denn so ein Verhalten wird eher als Schwäche gesehen. Beschenken Sie Ihre Mannschaft am Ende der Safari, das bringt mehr. Es ist auch unglaublich, mit welcher Rohheit der Schwarze Tiere behandelt. Ich habe noch nie den Ausdruck des Bedauerns oder des Mitleides erlebt, wenn z.B. ein Tier nicht sofort tödlich getroffen war. In so einem Fall unternehmen wir doch alles, um die Kreatur so rasch wie möglich von seinem durch uns verursachten Leiden zu erlösen. Ein Eingeborener würde nie auf die Idee kommen, noch einen Fangschuss abzugeben, wenn das Wild bereits am Platze gebannt ist und nicht mehr entkommen kann. Es ist ihm völlig egal, ob das Tier noch fünf Minuten oder eine halbe Stunde dem Todfeind Mensch ins Auge sehen muss. Außer er ist gläubiger Moslem, dann wird das Wild sofort geschächtet. Doch wahrscheinlich ist dieses rohe Verhalten nur das Ergebnis der harten Lebensbedingungen dieser Menschen.

Bedenken Sie einmal, ein Landwirt in Europa bricht auch nicht in Tränen aus, wenn er ein Schwein schlachtet. Wie überall gibt es natürlich auch hier Ausnahmen. Der echte Buschmann in der Kalahari z.B. reagiert da völlig anders. Ähnlich manchen Indianerstämmen Nordamerikas rechtfertigt er durch Rituale die Tötung eines Tieres. Überhaupt steht das Verhalten beim Jagen bzw. dem erlegten Tier gegenüber in einem engen Zusammenhang mit den jeweiligen Religionen. So ist es regional sehr unterschiedlich, ob ein Tier tabu ist oder nicht.

Ich möchte dazu einige Beispiele geben. Es gibt Pygmäenstämme im äquatorialen Urwald, für die ist das Gürteltier tabu, und es ist eine große Tragödie, wenn sich irrtümlich ein solches in einer Schlinge fängt, denn das bedeutet Unheil. Umgekehrt jagen die Menschen Affen, um sie zu verspeisen. Das würde ein Herero oder Owambo in Namibia nie machen, da er in den Primaten einen Bruder sieht. Es gibt auch gewisse Tiere, die von Eingeborenen nicht einmal berührt werden. So gelang es mir einmal, in Namibia eine 2,70 Meter lange schwarze Mamba zu erlegen. Es war mir nicht möglich, einen aus unserer Mannschaft dazu zu bringen, das Tier zu häuten. So blieb mir nichts anderes übrig, als es selbst zu tun. Genauso hat es mich alle Überredungskunst in Form von harten US-Dollars gekostet, meinen Skinner in Tanzania zu überzeugen, dass ich das Fell meiner Hyäne bzw. den Schädel vorpräpariert haben wollte.

Oder ein weiteres Beispiel: Bei meiner ersten Safari in Namibia hatte ich die Gewohnheit, mein Jagdmesser am Abend auf meinem Nachtkästchen abzulegen. Es war ein Geschenk meines Vaters und daher für mich besonders wertvoll. Als ich am nächsten Tag nach dem Frühstück meine Rundhütte betrat, sah ich mit Entsetzen den leeren Fleck auf meinem Nachttisch. Aufgebracht rannte ich zu unserem Farmer und berichtete ihm von meinem Verlust. Dieser aber meinte nur gelassen: „Das ist kein Problem, das haben Sie gleich wieder." Ich verstand kein Wort. Er aber ging zielstrebig zu der Hütte des Jungen, der bei uns sauber machte, und hielt einfach die Hand auf. Worauf jener, ohne mit der Wimper zu zucken, das Messer, das er genau so wie ich am Nachttisch verwahrte, herausrückte. Ja, er hatte überhaupt kein schlechtes Gewissen und versuchte auch nicht, die Tat zu verheimlichen. Er hat es sich einfach genommen und war offenbar felsenfest davon überzeugt, dass es mich nicht stören würde.

Sie sehen also, wie schwer es sein kann, Schwarze zu verstehen. Vielleicht ist es sogar unmöglich für uns Europäer, die Mentalität der Eingeborenen wirklich zu begreifen.

Schlangen, Skorpione und andere Plagegeister

Im Laufe vieler Jahre habe ich gesehen, dass es wohl kaum ein Thema gibt, das die Leute, die zum ersten Mal nach Afrika reisen, so sehr bewegt wie das der Schlangengefahr. Manche glauben wirklich, dass hinter jedem Busch eine böse Mamba lauert, die nur auf ihr bleichgesichtiges Opfer wartet, um es zu töten. Ich muss Sie enttäuschen! Diese Gefahr wird bei weitem überschätzt.

In all meinen Wanderjahren durch Afrika habe ich bis jetzt siebenmal Begegnungen mit Schlangen gehabt, drei davon waren bereits tot, nämlich als Opfer von Buschbränden, zwei wurden von meinen Pygmäen mit der Machete getötet, und zwei habe ich selbst in den Schlangenhimmel befördert, und das höchst unspektakulär, ich habe sie erschossen. Es waren eine 2,70 m lange schwarze Mamba und eine Puffotter.

Ich will damit nicht behaupten, dass es wenig Schlangen gibt, vielmehr ist es so, dass der Jäger in der Trockenzeit — sprich Jagdzeit — nach Afrika kommt, und da beschränkt sich die Gefahr einer Schlangenbegegnung auf ein Minimum. Selbstverständlich habe ich auch etliche Schaudergeschichten über Schlangen gehört, und das aus erster Hand. Aber das waren ausschließlich Leute, die dort leben, und zwar oft schon mehr als achtzig Jahre.

Wie viele gefährliche Situationen haben Sie dagegen schon im täglichen Straßenverkehr während weniger Wochen erlebt?

Ähnliches gilt für Skorpione, von denen ich allerdings schon weit mehr gesehen habe, und zwar hauptsächlich in Tunesien. Doch mit vernünftigem Schuhwerk ist auch diese Gefahr kein Thema.

Dennoch sollte man beim Zusammentreffen mit beiden Tierarten einige Grundregeln beachten.

Schlangen bekommt man, wenn überhaupt, eher in der feuchten, warmen Jahreszeit zu Gesicht, wenn sie ihre Höhlen und Schlupflöcher verlassen und aktiv werden. Zu dieser Jahreszeit ist auch das Gras hoch, und daher sollte man stets mit langen Hosen und festen Schuhen — gegebenenfalls auch Gamaschen — auf die Jagd gehen. Hohle Baumstämme oder löchrige Termitenhügel sowie sonnige Felsspalten können von Schlangen bewohnt sein. Normalerweise flüchten Schlangen vor dem Menschen, lange bevor er sie gesehen hat, da sie durch die Bodenerschütterungen, die der Mensch beim Gehen verursacht, gewarnt sind. Ausgenommen von diesem Verhalten sind träge Schlangen wie die Puffotter. Dennoch ist es ratsam, Zelteingänge oder Ähnliches zu schließen, um nicht ungebetenen Besuch zu bekommen.

Wesentlich größer als für die Gastjäger ist die Gefahr für Plantagenarbeiter in den feuchtheißen Gebieten Afrikas.

Die Frage nach dem Schlangenserum erübrigt sich, da die Anwendung sehr kompliziert ist. Außerdem müsste es ständig kühl gelagert werden und man müsste genau wissen, wie viel Gift welche Schlange in den Körper gebracht hat, um mitunter fatale Nebenwirkungen zu vermeiden, was für den Laien de facto unmöglich ist. Eine wesentliche Hilfe kann die im Kapitel „Ausrüstung" erwähnte Saugpumpe bringen bzw. sofortiges Auswaschen der Wunde mit gewöhnlichem Waschpulver (wenn vorhanden).

Auch die meisten Skorpione sind für einen gesunden Menschen keine echte Gefahr. Ihr Stich ist eher mit dem einer Wespe vergleichbar. Dennoch habe ich es mir zur Gewohnheit gemacht, meine Schuhe — bevor ich sie in der Früh anziehe — auszuschütteln. Sicher ist sicher!

Dazu fällt mir eine kleine Episode ein, die mir einmal Ernst Zwilling erzählt hat.

Es war in Uganda. Er führte eine Safari, und zwar eine amerikanische Jägerin. Diese entpuppte sich nach kurzer Zeit als schreckliche Zicke. Nichts war ihr recht, alles wusste sie besser, und eigentlich ging es nur darum, viel Beute zu machen, egal wie. Nun, Zwilling zählte die Tage bis zu ihrer Abreise. Doch eines Morgens passierte Folgendes:

Nach dem Wecken machte sich die Dame für den Jagdtag fertig. Letztlich stieg sie in ihre hohen Jagdschuhe, ohne sich davon zu überzeugen, ob diese auch unbewohnt seien. Das Ergebnis war ein lauter Aufschrei, verursacht durch den Stich eines Skorpions, der es sich in einem Schuh gemütlich gemacht hatte.

Alarmiert durch das laute Jammern eilte ihr Zeltboy heran, um nach dem Rechten zu sehen. Aber anstatt den Schuh umzudrehen und auszuschütteln, kam der Bursche auf die hochintelligente Idee, mit der Hand in den Schuh zu fassen. Das Ergebnis war Aufschrei Nr. 2. Nun hatte Ernst Zwilling die ehrenvolle Aufgabe, beide zu verarzten, nicht ohne ein klein wenig Schadenfreude, was die jetzt kleinlaut gewordene Jägerin betraf.

Wesentlich unangenehmer sind oft diverse Insekten, die einem das Leben schwer machen können, z.B. die Tse-Tse-Fliege. Sie ist eigentlich der ständige Begleiter bei der Büffeljagd, ähnelt unserer Bremse, und auch ihr Biss ist mindestens ebenso spürbar.

Obwohl sie Überträger der Schlafkrankheit ist, aber das nur in manchen Gebieten, ist sie für den Touristen kaum eine Gefahr. Sollte jemand dennoch Bedenken haben, bringt eine Blutuntersuchung zu Hause rasch Klarheit. Gefährlich sind die Moskitos (Anopheles-Mücken), die Überträger der Malaria. Vor ihnen schützt man sich am besten durch lange Ärmel, lange Hosen und Repellents wie Autan u.Ä.

Da diese Plagegeister genau wie unsere Gelsen in der Dämmerung aktiv werden, ist auch ein Moskitonetz für die Nacht in manchen Regionen unverzichtbar. Das betrifft jedoch nicht Teile von Südafrika und Namibia. In den kalten Regionen kommen sie nahezu nicht vor.

Es gibt auch noch Sandflöhe. Diese netten Gesellen legen ihre Eier unter die Zehennägel, wo sie sich zum Leidwesen des Betroffenen sehr wohl fühlen; daher sollte man nicht barfuß laufen.

In den Tropen sind vor allem ruhige, warme Gewässer zu meiden. Viele der Eingeborenen sind an Bilharziose erkrankt. Die Larven einer Schnecke (Bilharzia) bohren sich in die Haut, um dann von dort aus innere Organe zu erreichen.

Zecken sind besonders häufig auf erlegten Tieren zu finden. Vor einigen Jahren ist es mir in Zimbabwe passiert, dass ich eine Zecke versehentlich abgerissen habe, von der ich später das unangenehme Zeckenfieber bekommen habe. Mit Antibiotika war aber auch diese Sache bald behoben.

Es ist also durchaus so, dass man gewisse Dinge beachten sollte, übertriebene Vorsicht oder gar Angst sind jedoch völlig unangebracht.

DIE „GROSSEN FÜNF/VIER"

Die „Großen Fünf", damit sind Löwe, Elefant, Büffel, Leopard und das Nashorn gemeint, anders ausgedrückt, das gefährliche Großwild Afrikas. Für viel Afrikajäger ist es das erklärte Ziel, diese fünf Wildarten erlegt zu haben. Leider ist es — wie auch bei anderen Dingen — weniger eine Frage des Mutes als eine Frage der Brieftasche, wobei das Nashorn sowieso aus der Liste zu streichen ist, es handelt sich nämlich hierbei um das Spitzmaulnashorn — oder Black Rhino genannt — und dieses steht unter absolutem Schutz, da es nahezu ausgerottet ist. Also wird hiefür als Ersatz das Breitmaulnashorn oder White Rhino in Südafrika angeboten. Diese Tiere sind relativ ungefährlich, zum Unterschied von ihrem schwarzen Verwandten, der weitaus aggressiver ist. Aber gut! Wer meint, dass er ein Nashorn braucht, macht damit nichts Schlechtes, denn eigentlich wird mit den hohen Abschusspreisen diese Art erhalten. Das hat absoluten Vorrang.

Worin liegt nun der große Reiz, diese fünf/vier Wildarten zu bejagen?

Seit jeher beflügeln diese Tiere die Phantasie der Menschen, so der Löwe, der König der Tiere, majestätisch, absolut erhaben, stark, nahezu unbesiegbar, Herrscher der Savanne.

Oder der Leopard, ein hervorragender Jäger, von der Natur perfekt ausgestattet, kraftvoll, schlau und noch dazu unbeschreiblich schön. Aber auch der Elefant, der größte Landsäuger der Erde, mit seinem hohen Sozialverhalten, der außer dem Menschen keine Feinde besitzt und zu einem unerbittlichen Gegner werden kann, wenn er sich bedroht fühlt. Nicht viel anders verhält es sich mit dem Büffel, dem man nachsagt, er habe die meisten Menschenleben auf dem Gewissen, da er — einmal verwundet — sich gerne im dichtesten Gestrüpp einstellt und seine Verfolger erwartet. Oder, was noch schlimmer ist, auf dem Widerwechsel seine Jäger zu Gejagten macht.

Es war das Nashorn immer das Symbol für Kraft und Potenz; Letzteres ist ihm leider auch zum Verhängnis geworden.

Alle diese Tiere haben aber eines gemeinsam: Sie können unter gewissen Umständen wirklich gefährlich werden und einen Menschen töten. So ist es verständlich, dass viele Afrikajäger den Ehrgeiz besitzen, die „Großen Fünf/Vier" zu erbeuten, auch wenn die jagdlichen Umstände nicht mehr dieselben sind wie vor hundert Jahren.

Wenn wir über Großwildjagd sprechen, dann denken wir nicht an eine Farmjagd im südlichen Afrika, wo Antilopen erlegt werden, wo die Jagd am Zaun des Nachbarn zu Ende ist, und wo ein guter Nachtisch fast genauso wichtig ist wie der Jagderfolg selbst. Verstehen Sie mich bitte jetzt nicht falsch! Das ist alles völlig o.k. Ich habe es selbst auch schon genossen. Vielleicht kommt der Tag, wo ich meinen alten Freunden einen Besuch abstatten werde, und, wer weiß, wieder einen Oryx schieße, mich auf die gute Jause freue und am Abend mit den netten Menschen über Gott und die Welt philosophiere. Doch das ist nicht Großwildjagd!

Wenn ich dieses Wort ausspreche, denke ich an Zelte, Hitze, Staub, Schweiß, Strapazen, großkalibrige Gewehre und eben Büffel, Löwe, Elefant, Leopard, Krokodil, Hippo und andere mehr. Eben unverfälschtes, ursprüngliches Afrika, Gebiete, wo es nur Jagd und wilde Tiere gibt, wo ich am Abend mit meiner schwarzen Crew am Lagerfeuer sitze und für den nächsten Tag Jagdpläne schmiede, wo die Erlegung eines mächtigen Büffels eben das absolut Wichtigste auf der Welt ist, wo man nach jedem Tag harter Jagd immer deutlicher seine Urinstinkte wieder spürt, der beißende Rauch des Lagerfeuers sich mit dem aus meiner Pfeife vermischt und von einem guten Schluck Whisky weggespült wird, und sich unter dem nächtlichen Tropenhimmel das kecke Lachen der Hyänen mit dem satten Grollen eines Löwen vermengt. All das gehört zu einer richtigen Safari! Doch die Jagd auf dieses gefährliche Wild ist mitunter grundverschieden.

Beginnen wir also beim Büffel, dem beliebtesten und vielleicht sogar begehrtesten Wild der „Großen Fünf/Vier". Mit Sicherheit ist er das meistgejagte Tier dieser Gruppe. Das hat mehrere Gründe. Zum einen gibt es Büffel in wirklich ausreichender Zahl, und zum anderen ist eine Büffelsafari noch relativ erschwinglich. Die klassischen Länder der Büffeljagd sind Tanzania, Zimbabwe und Botswana. Diese drei Länder bieten zur Zeit das beste Preis-Leistungs-Verhältnis (was sich natürlich jederzeit ändern kann). Daneben gibt es noch den Kaprivistrip in Namibia, Südafrika, Mosambik, Zambia, Kamerun, Benin und die Zentralafrikanische Republik. Doch in jedem der zuletzt genannten Länder gibt es entweder politische, organisatorische oder einfach Umstände, die die Jagd auf Büffel nicht so interessant machen.

Der Büffel hat den Ruf, von allem Großwild der gefährlichste Gegner zu sein, weil er statistisch gesehen die meisten Opfer gefordert hat. Ich persönlich teile diese Auffassung nur bedingt, denn ich halte es für vermessen, ein Urteil darüber abzugeben, wenn man vielleicht von jeder Wildart einige Stücke erlegt hat. Die wirklich großen Jäger der alten Tage hatten dazu schon wesentlich mehr zu sagen, da sie mitunter hunderte Stück pro Wildart in ihrem Schussbuch eingetragen hatten. Selbst diese waren nicht immer einer Meinung, was den Büffel anbelangt.

Es ist nur logisch, dass mehr Unfälle mit Büffeln passiert sind als mit jeder anderen Art, da er ja auch das meistbejagte Großwild Afrikas ist. Ich möchte aber nicht unerwähnt lassen, dass Mangel an Erfahrung bzw. unglaublicher Leichtsinn — auch der von Berufsjägern — Schuld an so manchem Unglück sind. Doch dringen wir gemeinsam etwas tiefer in die Materie. Was ist eigentlich so gefährlich? Provokant gesagt: Fast nichts, wenn der erste Schuss sitzt. Die echte Gefahr besteht in der Nachsuche angeschweißten Wildes. Ist der erste Schuss nicht am richtigen Fleck, so erweist sich der Büffel als ungemein zäh. Selbst nachträgliche, gut platzierte Schüsse aus einer großkalibrigen Waffe kann er noch verdauen. Greift er wirklich einmal an, so gleicht er eher einer Lokomotive als einer Masse aus Fleisch und Blut. Ich habe die Erfahrung gemacht, dass ein exakt platzierter Schuss auf die Blattschaufel mit Vollmantelmunition die beste Wirkung zeigt, danach ist bestenfalls ein Fangschuss nötig. Man sollte überhaupt so lange schießen, so lange noch Leben im Büffel ist, denn nur ein gegessener Büffel ist ein toter Büffel.

Ähnlich ist es auch beim Elefanten, wobei dieser natürlich noch mächtiger und imposanter ist. Und so riesig dieses Tier auch ist, die Stellen für einen sauberen, tödlichen Schuss sind relativ klein. Die Punkte zwischen Auge und Ohr bzw. zwischen den Augen am Rüsselansatz sind bestenfalls mit der Größe eines Bierdeckels zu vergleichen. Diese Schüsse sollte man aber nur wagen, wenn man sich seiner Sache wirklich sicher ist, sonst kann das böse ausgehen, speziell dann, wenn man vielleicht dem Riesen alleine gegenübersteht.

Bei solchen „Risiko-Schüssen" muss von Gesetzes wegen der Berufsjäger mitschießen, damit die Gefahr minimiert wird. Es ist für manchen Jäger aber unerträglich, wenn er sein Stück nicht alleine erlegen kann.

Wesentlich sicherer und einfacher ist der Schuss seitlich ins Herz bzw. in die Lunge. Viele Großwildjäger, so auch Zwilling, haben diesen Schüssen den Vorzug gegeben. Der Elefant liegt zwar nicht im Feuer, aber in der Regel ist es so, dass er nach dem Schuss abdreht und nach kurzer Flucht verendet zusammenbricht. Sollte aber trotzdem einmal ein Malheur passieren, dann hilft nur, ruhig Blut bewahren und sauber schießen, denn davonlaufen kann man dem Elefanten nicht.

Anders verhält es sich mit Löwe und Leopard. Diese beiden Tiere haben eines gemeinsam, sie können springen, was Büffel und Elefant nicht können. Außerdem sind sie kleiner und besser getarnt. Das wiederum birgt in sich, dass man sie bei einer eventuel-

Big five — Gemälde von Hubert Weidinger

len Nachsuche auch später sieht und somit näher an der Gefahr ist.

Natürlich ist die Bejagung von Dickhäutern anders als von Löwe oder Leopard. Hat man eine frische Fährte von Büffel oder Elefant gefunden, dann wird sie getrackt, d.h. man folgt der Fährte, bis man an das Wild nahe genug herangekommen ist, um richtig ansprechen zu können. Das kann oft viele Stunden dauern und muss nicht immer von Erfolg gekrönt sein. In Botswana wird auch der Löwe getrackt. Im mannshohen Gras kann das durchaus eine herzerfrischende Jagd bei Sichtweite von Null Metern sein. Wo es erlaubt ist, bejagt man Löwe und Leopard am *bait*, also am Luder. Ist ein Luder angenommen, wird ein *blind* (Schirm) gebaut, von dem aus man die Großkatze erlegen kann. Bei diesen Jagdarten besteht nur dann Gefahr, wenn es zu einer Nachsuche kommt. Ich jedenfalls meine, es ist nicht so wichtig, was man erlegt hat, sondern wie man es erlegt hat! Und die Pirsch auf einen Kudu kann vielleicht weitaus mehr bedeuten, als ein am *bait* erlegter Löwe.

FISCHEN IN AFRIKA

Bekanntlich sind viele Jäger auch begeisterte Fischer. Aus diesem Grund möchte ich dem Thema Fischen einige Sätze widmen. Es wäre schade, wenn ein passionierter Fischer die gebotene Gelegenheit nicht nutzen könnte, weil er schlecht informiert wurde!

Abgesehen vom Hochseefischen gibt es in Afrika selbst durchaus interessante Möglichkeiten für Petrijünger. Diese sollte man vor Antritt der Reise erfragen, auch was die Ausrüstung betrifft; wird diese vor Ort vom Veranstalter gestellt, so erspart man sich zusätzliches Gepäck. Für Flussfischerei allerdings empfiehlt es sich, die Ausrüstung mitzunehmen. Viele Jagdcamps liegen direkt an großen Flüssen wie dem Sambesi, Kilombero oder dem Ruaha, und es kann durchaus Spaß bereiten, zwischendurch für ein herrliches Fischgericht zu sorgen.

Sollten Sie jedoch eher nicht zu den passionierten Petrijüngern gehören, also mit der Praxis nicht vertraut, aber trotzdem ein leidenschaftlicher Fischesser sein, so brauchen Sie sich keine Sorgen zu machen. Die Einheimischen sind erfolgreiche Spezialisten, und das mit primitivsten Mitteln.

Wenn Sie die Sache mit der Fischerei aber wirklich ernst nehmen, ist es ideal, am Ende der Jagd noch einige Tage anzuhängen und an den herrlichen, teils unberührten Stränden von Tanzania, Mosambik, Südafrika oder Namibia Ihrer Passion nachzugehen.

Neben dem Fischen vom Camp aus, das meist an Flüssen errichtet wird, stellt das Hochseefischen eine willkommene Abrundung einer Safari dar.

TROPHÄEN

Neben unvergesslichen Eindrücken und schönen Bildern ist es natürlich ganz wichtig, die erbeuteten Trophäen möglichst unbeschadet nach Hause zu bringen. Um keine bösen Überraschungen zu erleben, sollte man dabei einige Dinge genau beachten.

Erkundigen Sie sich bei Ihrem Reiseveranstalter oder Präparator, ob Sie die gewünschten Trophäen auch problemlos einführen dürfen, oder ob Sie für die eine oder andere Wildart ein spezielles Permit benötigen.

Ich pflege diese Dinge immer rechtzeitig mit meinem Präparator zu klären. Dieser übernimmt dann auch für mich den lästigen Papierkram, und ich habe eine Sorge weniger. Bedenken Sie auch, dass sich die Einfuhrbestimmungen rasch ändern können, und daher nur der neueste Wissensstand Wert hat.

Bevor Sie aber Ihre heißersehnten Trophäen am Flughafen oder bei Ihrem Präparator in Empfang nehmen, sind noch einige Hürden zu bewältigen.

Das beginnt schon im Jagdcamp. Ich habe mir zur Gewohnheit gemacht, täglich das sogenannte Trophäencamp aufzusuchen und zu kontrollieren, ob auch wirklich alles sorgfältig und ordentlich gemacht wird, was ich in Auftrag gegeben habe. Zur Sicherheit habe ich immer farbiges Klebeband im Gepäck, um meine Trophäen zu kennzeichnen. So können später Verwechslungen vermieden werden. Hervorragend bewährt hat sich bei Gruppenreisen, wo mehrere Jäger gleichzeitig auf Jagd sind, die Verwendung von in Kunststoff eingeschweißten Namensschildern bzw. die Anbringung von Aluplättchen mit der jeweils eingestanzten Nummer darauf.

Am besten ist, man kümmert sich selbst um die Anbringung dieser hilfreichen Dinge. Denn bis Sie Ihre Trophäen in Händen halten, ist es ein langer Weg durch mehrere Institutionen. Da kann leicht etwas verloren gehen!

Es ist auch ratsam, etwas Schaumgummi mitzunehmen, um die filigranen Nasenbeine zu schützen. Das kann viel Ärger ersparen und fällt nicht ins Gewicht. Ich kontrolliere auch immer sehr genau, dass bei den Capes und Decken alle Fleischreste ordentlich entfernt sind, bevor sie eingesalzen und zum Trocknen aufgelegt werden. Ganz besonders ist darauf zu achten, dass der sogenannte Lippenschnitt ordnungsgemäß und sauber durchgeführt wird.

Bedenken Sie, dass es oft Monate dauert, bis Sie Ihre Trophäen wieder sehen, denn in entlegenen Camps wird alles gesammelt und am Ende der Jagdsaison — nachdem die Trophäen einer Veterinärkontrolle unterzogen wurden — zum Versand fertig gemacht.

Sollte wirklich einmal ein Malheur passiert und etwas vertauscht worden sein, oder es fehlt gar eine Trophäe, sollten Sie nicht die Nerven verlieren. Erstens nützt es nichts, und zweitens taucht das verlorene Stück früher oder später fast immer wieder auf.

Abschließend zu diesem Thema möchte ich noch erwähnen, dass es auch die Möglichkeit gibt — zumindest in einigen Ländern — die Trophäen vor Ort präparieren zu lassen. Das ist zwar etwas billiger, meistens auch schlechter, und allfällige Reklamationen erweisen sich eher als kompliziert.

Hingegen kann mit dem heimischen Präparator jedes Detail am Präparat genau besprochen werden, das ist sicher ein Vorteil!

Naturschutz und Wilderei

Naturschutz wird in Afrika sehr groß geschrieben, allerdings nur in Ländern, die sich das auch leisten können, und da liegt das echte Problem.

Nehmen Sie z.B. Tanzania. Dieses Land hat unter anderem ein Naturschutzgebiet in der Größe der Schweiz, den Selous, wo jetzt nach Erdöl gesucht werden soll, was natürlich eine Katastrophe für die Natur sein wird. Sie können sich vorstellen, was das heißt, so ein riesiges Terrain nicht kommerziell zu nutzen, noch dazu in einem derart armen Land!

Da sind wir also schon beim eigentlichen Thema. Würde es nämlich in Afrika keine geregelte, Devisen bringende Jagd geben, dann wäre es für viele Staaten einfach unmöglich, diese gigantischen Gebiete zu überwachen und sich den Luxus zu leisten, so etwas zu erhalten. Bei einer ständig wachsenden Bevölkerung, die einen enormen Landhunger hat, gehören große Anstrengungen dazu, die Menschen davon zu überzeugen, dass unberührtes Land wichtiger sei, als ihre leeren Mägen zu füllen.

Ich halte es für eine ungeheure Anmaßung und Überheblichkeit, wenn sich übersättigte Europäer, die übrigens beim eigenen Naturschutz wahrlich nicht so zimperlich sind, darüber echauffieren, dass ein afrikanisches Land von einer geregelten Jagd profitiert.

Diese weltfremden Illusionisten, die in einer geistigen Walt-Disney-Bambi-Welt leben, haben in Wahrheit den Bezug zur Realität des Lebens längst verloren. Aber das ist ihr Problem! Nur sollten sie nicht unbedingt versuchen, noch natürlich empfindende Menschen zu schulmeistern. Diese machen es umgekehrt ja auch nicht.

Gerade die Jagd ist Garant für die Erhaltung des Wildes. Der Beweis dafür ist längst erbracht. Nehmen Sie nur Kenia als Paradebeispiel. Seit eine geregelte Jagd verboten wurde, schwindet der einstige Wildreichtum, die Wilderei hat dramatisch zugenommen, weil zu wenig Kontrollen durchgeführt werden. Einen Nationalpark zu erhalten, ist ein wahrlich teurer Luxus für so arme Länder.

Abgesehen von Nashorn und Elefant, für deren Wilderei ein Eingeborener bisweilen sein Leben riskiert, ist die Fauna in größten Teilen Afrikas noch durchaus intakt. Übrigens verdanken die beiden genannten Tierarten ihr Leid ja auch nur Menschen, die gar nicht dort leben und denen es egal ist, wie grausam Elefanten geschlachtet werden, nur um aus ihrem Elfenbein sinnlose Luxusgüter zu machen. Oder gibt es jemanden, der glaubt, ein Eingeborener im Kongo brauche Elfenbein für seine Klaviertasten?

Ich habe einmal mit einem schwarzen Berufsjäger in Tanzania über dieses Thema diskutiert, und er hat mir bestätigt, dass außerhalb der Jagdgebiete, die auch zugleich Naturschutzgebiete sind, nur mehr wenige wilde Tiere anzutreffen sind. So hat er mir erzählt, dass er vor einigen Jahren von der Regierung den Auftrag erhalten habe, dreihundert Flusspferde außerhalb der Parkgrenze zu schießen, da diese die Felder der einheimischen Bevölkerung zerstören. Nach diesem hässlichen Blutbad war die Welt der Bauern wieder in Ordnung, die der Flusspferde nicht. Es gab dort nämlich keine mehr!

Und während er mir diese traurige Geschichte erzählt hat, habe ich von unserem Jagdcamp auf den Fluss hinausgesehen, wo Dutzende Flusspferde ein unbeschwertes Leben führen konnten.

AFRIKA — MEDIZINISCH

Dr. Karl Belza

Afrika: Die einen denken an Großwild, Urwald, Steppe, naturbelassene Eingeborene und unvergessliche Sonnenuntergänge; die anderen an Schlafkrankheit, Flussblindheit, Bilharziose, Gelbfieber, Malaria und andere Freuden des Lebens im Busch.

Das waren noch Zeiten: eine Doppelbüchse .470 Nitro Express, genügend Patronen, als Zweitwaffe eine 6,5 Mannlicher, hundert Träger, Vorräte für acht Wochen, und als medizinische Begleitausrüstung ein Fläschchen Jodtinktur, Verbandsmaterial und ein Röhrchen Chinintabletten.

Wie die Helden der „Großen Zeit" der Afrikajagd ihre Abenteuer vom gesundheitlichen Standpunkt aus überlebt haben, ist mir aus heutiger Sicht völlig unverständlich. Trotz Literaturstudium von „Karamojo" Bell über J. Hunter bis E. A. Zwilling und Ernest Hemingway kann ich nicht erklären, warum das Leben dieser Überhälter der alten Zeit der Afrikajagd nicht durch Tropenkrankheiten beendet wurde.

Heute haben wir andere Vorgaben: Krankheiten, die vordem zur Schicksalsfrage wurden, werden heute durch Impfungen oder gezielte Chemoprophylaxe zu vernachlässigbaren Größen, Vorsichtsmaßnahmen allgemeiner Art schützen vor einem Großteil der anderen Übel und verringern gleichzeitig die Wahrscheinlichkeit, einem möglichen Impfversager zum Opfer zu fallen.

Gleichzeitig ist allerdings die persönliche Verantwortung und Vorsorge gefordert: Sorgfältige Vorbereitung und entsprechender Begleitschutz sind unerlässlich, soll die Jagdreise nicht zu einer Art russischem Roulette werden.

Ich möchte in drei Stufen vorgehen:
- Allgemeine Vorsorge
- Bioklimatologie
- Allgemeine Impfungen
  - spezieller Teil, insbesondere Malariaprophylaxe (länderspezifisch)

Allgemeine Hygiene

Wir wollen einmal mit der Nahrungsmittelaufnahme beginnen:

Essen und Trinken

Wir alle wissen, dass in sub-/tropischen Gebieten die Wahrscheinlichkeit, Durchfallerkrankungen zum Opfer zu fallen, unverhältnismäßig groß ist. Ob diese Zustände jetzt als „Rache des Pharaos", „Delhi Belly", „Rangoon Run", „Aztec Quickstep" oder „Syndrom der glühenden (Klosett) Klinke" bezeichnet werden, ist relativ uninteressant. Wichtig ist ausschließlich die Möglichkeit, diesen Zustand
a) zu verhindern und
b) eventuell zu behandeln.

Zum Thema „Verhindern":
Nehmen Sie nichts zu sich, das nicht einwandfrei unverdächtig ist; problematisch sind insbesonders normales Trinkwasser am Tisch, *Eiswürfel in Getränken*, halbgekochte „Meeresfrüchte"; auch wenn die Muscheln oder Garnelen noch so einladend aussehen: der Grundsatz *Cook it, boil it, peel it or forget it* stimmt immer noch!

Mit anderen Worten: Nicht selbst geschälte oder durchgegarte Speisen sind out (für Nicht-Anglisten: nicht essbar). Eigenhändig abgeschälte Orangen oder Bananen sind selbstverständlich problemlos zu genießen — nur darf sie niemand anderer in der Hand gehabt haben.

Wenn es trotzdem passiert, sollte man Folgendes mit sich führen: **UNIQUIN 400-Tabletten** (fünf Stück, eine pro Tag) plus **IMODIUM-Kapseln**: Erstdosis zwei Kapseln, dann nach jedem ungeformten (= flüssig-breiigen) Stuhl eine Kapsel, allerdings nicht mehr als sechs Kapseln pro Tag.

Ganz wichtig: Für die Zeit des Durchfalls jede Menge Flüssigkeit zu sich nehmen, optimal ist **NORMHYDRAL**, damit der Kreislauf nicht eingeht, außerdem ist es praktisch in wasserdichten Beuteln verpackt.

Wer es gerne kompliziert hat, kann sich auch in der Apotheke folgende Mischung zusammenstellen lassen (die angegebene Menge reicht für 1 Liter Wasser):
3,5 g Natriumchlorid, 2,5 g Natriumbicarbonat, 1,5 g Kaliumchlorid, 20 g Glucose. Abzupacken in wasserdichte Plastikbeutel. Das oft empfohlene Coca Cola ist nicht optimal, sollte die Mineralstoffmischung ausgegangen sein, nehme man frischgepressten Fruchtsaft mit ebenso viel Wasser (Certisil-Tropfen!) und einem halben Kaffeelöffel Kochsalz.

Zu bedenken wäre am Rande noch ein Phänomen, das in tropischen Gewässern fallweise vorkommt, die Algenblüte, auch unter dem Namen „red tide", das heißt „Rote Flut" bekannt. Diese Sorte Algen wird von sämtlichen Planktonfressern, und damit leider auch von den wohlschmeckenden Vertretern — wie Krustentieren und Muscheln — aufgenommen und verwandeln diese damit in ein Gericht, mit dem ein Borgia seine helle Freude gehabt hätte. Sollten Sie im Verlaufe eines Aufenthalts in Küstennähe von entsprechenden Ereignissen erfahren, dann lassen Sie die Hände von allen küstennah eingebrachten Meeresfrüchten. Schwertfisch, Thunfisch und Bonito sind allerdings grundsätzlich unverdächtig.

Baden im Meer ist mit Ausnahme der Einleitungsgebiete von Abwasserkanälen unbedenklich, im Süßwasser, insbesondere in stehendem (siehe auch Bilharziose) ausgesprochen ungut.

Tja, leider ist auch zum anfallenden Fleisch einiges anzumerken. Ich bin weit entfernt davon, hierzulande gültige Fleischbearbeitungs- und Aufbewahrungsmethoden zur einzig möglichen Art der Versorgung erklären zu wollen — mögen es mir Veterinäre, Fleischkontrollore und strenge Humanmediziner verzeihen. Bei Anwendung strenger mitteleuropäischer Standards ist wahrscheinlich der Genuss tierischen Eiweißes südlich des Mittelmeeres — ausgewählte Quellen ausgenommen — unmöglich, wenn man frischgelegte Eier ausnimmt. Natürlich wird kein vernünftiger Mensch Fleisch zu sich nehmen, das sogar den Zeitpunkt unseres „Abgehängtseins" überschreitet; der Zeitraum zwischen noch genießbar und vollkommen hinüber mag nur ein bis zwei Stunden betragen, aber machen Sie sich bitte von dem Gedanken frei, dass irgendwelche Zaubermittel wie z.B. das beliebte Kaliumpermanganat verdorbenes Fleisch wieder genusstauglich machen können. Nichts gegen die Praxis, zu verzehrende Produkte in einer rosavioletten Lösung zu waschen, aber die im Fleisch selbst produzierten Toxine (= Bakteriengifte) sind einerseits unangreifbar und andererseits durch Hitze nicht zu neutralisieren. Im entsprechenden Fall sind das zumindest zwei bis drei Tage Zeitverlust durch massiven Durchfall, wenn keine ärgeren Symptome dazukommen.

Geben Sie sich bitte auch nicht der Illusion hin, dass scharfe Gewürze wie „Pili-Pili" (= Cayennepfeffer) irgendwelche desinfizierenden Eigenschaften haben. Die teilweise extrem scharfe Küche in den Tropen hat die angenehme Eigenschaft, Appetit und Speichelfluss anzuregen und gleichzeitig die Magensäureproduktion anzukurbeln. Beides hat zugegebenermaßen die Wirkung, bestimmte Keime an der Überwindung der Magenbarriere zu hindern, aber eine Lebensversicherung ist das noch lange nicht!

Wasser
Gerade in heißen Klimaten das wichtigste Lebensmittel. Unser gewohnter Standard ist nirgends gegeben, auch nicht in Ballungsgebieten, und eigentlich sollte man sogar die Zähne mit Mineralwasser putzen. Fernab der Zivilisation führt an **CERTISIL-Tropfen** kein Weg vorbei, die entsprechende Menge pro Feldflasche sorgt zwar nicht für großartigen Geschmack, aber zumindest für Keimfreiheit. Auch der **KATADYN-Taschenfilter** ist ein sehr brauchbares Gerät, aber etwas umständlicher zu handhaben. Sehr verschmutztes Wasser auf jeden Fall vorher durch einen normalen

Kaffeefilter laufen lassen! Grundsätzlich bei jeder sich bietenden Gelegenheit nachfüllen — man weiß nie, wie lange es bis zur nächsten dauert!

Auf die vorkommenden Krankheiten möchte ich später eingehen, eines ist allerdings dringend zu empfehlen — ein gut geführter Erste-Hilfe-Kurs. Die Basisfertigkeiten wie Herz-Lungen-Wiederbelebung, also Atemspende und Herzmassage, kann Ihnen jederzeit ein Lehrbeauftragter der jeweils nächsten Rettungsorganisation beibringen, durch die jetzt eigentlich fast durchgehend verwendeten Computerpuppen sogar mit Erfolgskontrolle. Sie werden sich wundern, wie anstrengend eine wirklich sinnvolle Herzdruckmassage ist. Zur Erlangung weitergehender Fertigkeiten, die in speziellen Fällen notwendig sein könnten, wenden Sie sich am besten an Ihren Hausarzt, der weiß zumindest, wo Sie sich weiterbilden können.

Offene Verletzungen

Die modernen Verbandsmittel erklären sich eigentlich von selbst, wobei Schweiß natürlich ein Problem bei selbsthaftenden Verbänden darstellt, aber die diversen Klebevliesverbände halten da so einiges aus.

Auf eine frische Wunde gehört übrigens keine Salbe. Kompressen, die mit Betaisodona- oder Wundesinlösung getränkt sind, bewirken keinen Sekretstau auf der Wunde und bewahren meist vor Folgeinfektionen. Wundpuder zum Trockenhalten sind auf oberflächliche Wunden beschränkt und haben den Nachteil der Krustenbildung, und darunter saftelt es fröhlich vor sich hin. Honig ist übrigens auch brauchbar und wirkt sogar desinfizierend, aber im Zweifelsfall ziehe ich persönlich die Chemie vor. Grundsätzlich: Wunden eher locker verbinden, luftdurchlässiges Material, das mit Jodpräparaten — siehe oben — getränkt ist verwenden und ein „Zukleistern" von Bagatellverletzungen mit Heftpflaster o.ä. vermeiden. Darunter brüten dann nämlich die Bakterien.

Apropos Zukleistern: Blasen sind ein unangenehmes Problem, das durch vorbereitendes Eingehen von Schuhwerk und Tragen von mehrfach gewaschenen Socken großteils zu verhindern ist. Zum Thema Socken: Reine Baumwolle ist ungeeignet, weil sie wie ein nasser Verband und damit wie ein Aufweich- und Scheuermittel wirkt. Ich persönlich bevorzuge reine Wolle, auch ausgezeichnet und von vielen vorgezogen sind Socken mit einer Innenschicht aus Kunstfaser und einer Außenhülle aus Baumwolle. Der Witz daran ist der, dass die innere Faserschicht die Feuchtigkeit an die äußere Baumwollschicht weitergibt und die Haut dadurch trocken bleibt. An bekannten Problempunkten kann man **COMPEED-Pflaster** aufkleben, die wie eine zweite Haut wirken und die man auch auf beginnende Blasen kleben kann. Nicht so gut, aber auch brauchbar ist normales Leukoplast — ohne Wundkissen! — das aufgeklebt und ebenso wie Compeed auch bis zur Abheilung belassen werden kann. Ein vorzeitiger, wenn auch gutgemeinter Verbandswechsel kann allerdings ein Abreißen der schützenden Blasenhaut und Freiwerden der noch nicht abgeheilten Originalhaut bewirken; und das ist nicht angenehm. Sollten Blasen ein größeres Ausmaß annehmen, dann ist ein Absaugen der Flüssigkeit zu empfehlen: Desinfektion mit Fertigtupfer, Einstich am Rand mit dünner Nadel und Zwei-Milliliter-Spritze, Absaugen und trockener oder Pflasterverband (je nach Lokalisation). Blasenwand bitte unbedingt erhalten, sie ist der beste Verband. Bitte vorher üben (und dazu das Material in Form von leicht wassergefüllten Gummifingerlingen beim Hausarzt oder in der nächsten Apotheke besorgen).

Verbrennungen

Bei Brandwunden gilt (bei Blasen) das Gleiche, nur ist als Sofortmaßnahme umgehend zu kühlen: Kaltes Wasser durch mindestens zwanzig Minuten reduziert sowohl den Schweregrad als auch die Ausdehnung (*Afterburn*) der Verbrennung. Wenn die Verbrennung durch heiße Flüssigkeit verursacht sein sollte: Kleidung ohne Rücksicht auf Verluste entfernen. Das widerspricht zwar der gängigen Praxis der Notfallsmedizin, aber im Busch sind Sie weit von jedem Verbrennungszentrum entfernt, hier zählt jede Minute! Alle Hautläsionen mit Betaisodonasalbe dünn abdecken, sterilen Verband drüber und — wenn die Ausdehnung kritisch aussieht — trotzdem zum Arzt. Das mag unangenehm sein, aber Sie haben nur eine Haut. Besser ist, um Feuer und kochendes Wasser einen weiten Bogen machen und sich nicht auf die Geschicklichkeit anderer verlassen.

Blutungen:
Blutende Verletzungen verursachen in erster Linie Panik. Erste und wichtigste Maßnahme ist die Kompression der Verletzung, d.h.: einfach draufdrücken, bis die Blutung steht, idealerweise mit einem sterilen Verband; sollte keiner zur Stelle sein, auch durch irgendein anderes Material; ohne Stoffunterlage rutschen Sie auf der Haut ab. „Abbinden" vergessen Sie am besten. Zu wenig abgeschnürt verstärkt es die Blutung, zu stark abgeschnürt schädigt es Nerven und Muskeln, und länger als dreißig Minuten sollte die Abschnürung nicht liegenbleiben. Am besten ist noch immer das Auflegen eines sterilen Verbandspäckchens, eventuell drüber noch ein hartes Polster (Brieftasche, gerolltes Taschentuch, o.ä.) und anschließend hochlagern — gegebenenfalls mit Fingerdruck verstärken. Ich persönlich bin in zwanzig Jahren Notfallmedizin noch nicht in die Lage gekommen, eine Abschnürung anlegen zu müssen.

Knochenbrüche:
Gott soll abhüten! Sollte es wirklich im Busch passieren, dann eine eventuell verbogene Extremität unter leichtem Zug geradestellen, eine Schiene anlegen (notfalls beidseitig zusammengerollte Decke, siehe auch Erste-Hilfe-Kurs) und dann ab zum nächsten Krankenhaus. Übrigens Krankenhaus: Verhindern Sie Blutkonserven, die Durchseuchung mit dem AIDS-Virus ist so hoch und die Kontrollen so unzuverlässig, dass eine einzige Blutkonserve Ihr weiteres Schicksal entscheidend, um nicht zu sagen endgültig beeinflussen kann.

Prellungen, Zerrungen, Blutergüsse:
Kühlen, kühlen, und noch einmal kühlen — wie Verbrennungen. Anschließend strafferer Verband mit elastischen Binden (sogenannte „Kurzzugbinden" verlangen) und einen gutsitzenden Stiefel anziehen. Röntgen werden Sie im Busch nicht finden, und wenn es dann trotzdem nicht geht, wird die Rückreise zur Basis nicht zu umgehen sein.

Bioklimatologie

Ein etwas kompliziertes Wort für die Frage: Wissen Sie eigentlich, wie es dort, wo Sie hinfahren, so aussieht?
Ich möchte mich auf die kurze Beschreibung der Hauptklimagebiete beschränken: Tropenklima, Trockenklimate und gemäßigte Klimate.

Tropisches Regenklima
Hauptbereich ist der Raum zwischen 10 Grad nördlicher und südlicher Breite, also der Bereich rund um den Äquator — ausgenommen die Hochebenen Ostafrikas. Dieses Klima ist gekennzeichnet durch eine ständige Schwüle, die auch nachts kaum vermindert ist. Die häufig verwendeten Klimaanlagen sind meist auch keine Hilfe: Menschen mit Atemwegs- oder Herz/Kreislauferkrankungen vertragen den Wechsel von feucht-heißen Außenbedingungen und temperiertem Wohnraum erfahrungsgemäß sehr schlecht. Grundsätzlich ist eine Reise in derartige Gebiete nur für gesunde, leistungsfähige Europäer empfehlenswert, aber auch bei diesen ist die körperliche Leistungsfähigkeit stark eingeschränkt.
Symptomatische, das heißt Beschwerden machende Erkrankungen der Herzkranzgefäße, Zustände nach Herzinfarkt oder Schlaganfall und schwerere Formen von chronischer Bronchitis oder Asthma sind absolute Ausschließungsgründe, desgleichen bestimmte Nierenerkrankungen, neurologische und psychiatrische Störungen,

schwerere Erkrankungen des Verdauungstraktes und der Schilddrüse sowie — mit Einschränkungen — Diabetes mellitus. Ein primärer Gesundheits-Check bei Ihrem Hausarzt oder Internisten wird jedenfalls empfohlen.

Grundsätzlich sollten sie bereits einige Wochen bis Monate vor der geplanten Reise mit körperlichem Training beginnen. Das bringt Ihre Schweißdrüsen auf Trab, verbessert damit auch die Hitzetoleranz, und auch Ihr Kreislauf verdaut den Aufenthalt besser. Dass eine Jagdreise in derartige Gegenden kein Erholungsaufenthalt ist, kann man sich denken.

Trockenklimate
Wüstenklima lassen wir beiseite, wer jagt schon Sandmäuse und Sandvipern? Das schon häufiger vorkommende Steppenklima hat auch so seine Spezialitäten: Trocken- und Regenzeiten wechseln einander ab, die Temperaturschwankungen zwischen Tag und Nacht sind meist beträchtlich — man kann auch am Äquator einen Schnupfen kriegen, und zwar schneller als man denkt! Die besonders in den Sommermonaten tagsüber sehr starke Hitzebelastung ist auch zu beachten. Üblicherweise ist noch dazu die Luft sehr rein und trocken, sodass wegen der hohen UV-Strahlenintensität ein Sonnenschutzpräparat mit möglichst hohem Schutzfaktor notwendig ist.

Gemäßigte Klimate
Der Rest. Gemäßigt sommertrocken sind Nordafrika und Südafrika mit Namibia (dort allerdings in der Namib- und Kalahariwüste trockenes Wüstenklima), gemäßigt wintertrocken die ost- und innerafrikanischen Hochebenen. Für einigermaßen flexible Mitteleuropäer kein großes Problem, wenn Sie allerdings im zweiten Stock nach Luft ringen, wäre ein Gespräch mit dem Arzt ihres Vertrauens angezeigt. Konditionstraining obligatorisch, wie bei allen Jagdreisen: Es ist ärgerlich, eine anstrengende Pirsch hinter einem Rowland-Ward-verdächtigen Stück wegen allgemeiner Erschöpfung abbrechen zu müssen.

Jetzt kommen wir endlich zu dem langerwarteten Thema

Impfungen.
Rechtzeitig beginnen!
Ich erlebe immer wieder, dass alles penibel vorbereitet wird, nur die Impfungen sollen dann in ein paar Tagen so nebenbei erledigt werden. Bitte spätestens zwei Monate vor der Reise den Impfplan mit dem Hausarzt durchgehen!
Folgende Impfungen sind auch für nicht fernreisende Personen *grundsätzlich empfehlenswert:*
Tetanus, Diphterie (schon wieder im Zunehmen!), Poliomyelitis (Kinderlähmung). Schutzdauer zehn Jahre, bei Fernreisen würde ich Tetanus sicherheitshalber schon nach fünf Jahren auffrischen.
Da bei Jagdreisen nicht immer ausreichende hygienische Verhältnisse herrschen, sind folgende Zusatzimpfungen dringend zu empfehlen:
Typhus: gibt es als Schluckimpfung (Vivotif, Typhoral) und als Nadelimpfung (Typhim). Letztere ist zuverlässiger und schützt länger.
Hepatitis A/B: als Kombinationsimpfung (TWINRIX) erhältlich, nach zwei Basisimpfungen im Abstand von etwa vier Wochen und einer Auffrischung nach sechs bis zwölf Monaten haben Sie zehn Jahre Ruhe.
Meningokokken-Meningitis (infektiöse Gehirnhautentzündung): für Reisen südlich der Sahara empfohlen, Schutzdauer drei Jahre.
Cholera: die alte Nadelimpfung ist nicht mehr empfehlenswert, Stand der Technik ist die Schluckimpfung (OROCHOL).
Tollwut: ist nicht unbedingt notwendig, aber für Jäger ohnehin empfehlenswert. Wenn wir schon die Füchse impfen, warum dann nicht auch uns? Und falls es wirklich zu einer Bissverletzung kommt, ist die Akutversorgung mit aktivem Impfstoff alles andere als sicher.
Gelbfieber: kommt rund um den Äquator vor, die Impfung kann nur in speziellen

Zentren (Tropeninstitut, einzelne Gesundheitsämter) erfolgen und hält zehn Jahre. Rechtzeitig impfen, es kann nach einigen Tagen zu Fieber kommen !

Malariaprophylaxe

Zusätzlich zur chemischen Prophylaxe ist die Vermeidung von Moskitostichen angesagt. Besonders in der Dämmerung und Nacht nur lange Ärmel und Hosen tragen, freiliegende Hautstellen mit Repellents einreiben (am besten wirkt Diäthyltoluamid, z.B. in Autan, es gibt auch imprägnierte Bänder für Hand- und Fußgelenke), beim Schlafen unbedingt Moskitonetz verwenden. Damit kann man die Bisswahrscheinlichkeit bereits auf etwa 10 % reduzieren.

Medikamentös ist Mefloquin (LARIAM) empfohlen. Eine Woche vor bis vier Wochen nach der Reise immer am gleichen Wochentag eine Tablette, sofern Sie über 45 kg wiegen, unter 45 kg bitte Arzt fragen. Sollten (eher selten!) Nebenwirkungen auftreten (möglich sind Angst, Unruhe, Depressionen, Schwindel), Medikament wechseln (Tropeninstitut fragen).

Nachdem die erste Einnahme ohnehin sieben bis zehn Tage vor der Reise erfolgen soll, ist dafür genug Zeit.

Als neueste Entwicklung gibt es jetzt einen leicht selbst durchzuführenden Malariatest für Malaria tropicana namens MALAQUICK, der in Apotheken um ca. ATS 560,— erhältlich ist und aus zwei Teststreifen und einer Lanzette besteht.

Nach einem Stich in die Fingerbeere gibt man einige Bluttropfen auf den Teststreifen und kann das Ergebnis nach fünf Minuten ablesen. Wenn der Test positiv ausfällt, nimmt man als Therapie ein neues Kombinationspräparat — MALARONE, das derzeit nur im Tropeninstitut erhältlich ist.

Der Haken bei der Sache ist, dass man zuerst warten muss, bis die Malaria da ist, und dann darauf, dass die Therapie wirkt. Das sind einige Tage, die bei den meist kurzen Jagdreisen fehlen können.

Ich würde besonders bei Kurz-Safaris die LARIAM-Prophylaxe vorziehen und bei Unverträglichkeit der ersten Dosis noch zu Hause ein Tropeninstitut aufsuchen.

Sollte übrigens Ihr Hausarzt nicht über entsprechende aktuelle medizinische Informationen über das geplante Reiseziel verfügen, z.B. das ORBIMMUN-Computerprogramm, dann fragen Sie in Ihrer Apotheke — fast alle haben bereits entsprechende Checklisten. Auch die Tropeninstitute sind natürlich über den neuesten Stand informiert.

Ein weiteres wichtiges Kapitel sind jene Krankheiten, bei denen eine medikamentöse Prophylaxe nicht möglich ist. Vorbeugen lässt sich nur durch Einhaltung der entsprechenden Vorsichtsmaßnahmen, beim geringsten Verdacht nach der Rückkehr entsprechende Kontrolluntersuchungen veranlassen!

Erkrankungen durch Sandmücken (Phlebotomen)

Da die Überträger so klein sind, dass Moskitonetze keinen Schutz bieten, bleibt als Ausweg nur das Tragen von langen Hosen und langärmeligen Hemden. Unbedeckte Körperstellen unbedingt mit Repellents schützen!

Pappatacifieber: Virusinfekt mit hohem Fieber, kurzdauernd, praktisch immer komplikationslos. Therapie: Fiebersenkung mit Aspirin, Paracetamol (MEXALEN) oder PARKEMED.

Leishmaniosen: sind Erkrankungen, die durch einzellige Parasiten (Protozoen) verursacht werden.

Die auf die Haut beschränkte Form ist die durch Karl May sattsam bekannte

Aleppobeule. Sie ist unangenehm, langdauernd, aber nicht besonders gefährlich und heilt unbehandelt innerhalb etwa eines Jahres ab. Therapie nach Rückkehr in speziellen Zentren.

Die „Schwarze Krankheit" oder Kala Azar: befällt den ganzen Körper, wobei zwischen Infektion und ersten Symptomen Monate bis Jahre liegen können. Die Erscheinungen reichen von Blutarmut, hohem Fieber und Lymphknotenschwellungen bis zu Gliederschmerzen und Leber-/Milzschwellung. Während der Reise ist nicht mit dem Ausbruch zu rechnen, nach Rückkehr ist (wie bei allen anderen unklaren Krankheitserscheinungen) eine entsprechend erfahrene Stelle aufzusuchen und von der vorangegangenen Reise zu informieren.

Wurmerkrankungen: Die durch Würmer hervorgerufenen Erkrankungen kommen auch meist erst nach der Rückkehr zum Ausbruch, sodass besonders nach Aufenthalten im tropischen Afrika eine Untersuchung auf Parasiten empfehlenswert ist. Vermeiden Sie in jedem Fall Barfußgehen und Baden in stehenden Gewässern!

Bilharziose: Die Larven leben in Süßwasserschnecken bei Temperaturen über 18°, bohren sich durch die Haut und wandern zu verschiedenen inneren Organen. In Afrika sind es meist die Harnwege, was zu blutigem Urin führt. Die Therapie ist heute bereits relativ einfach.

Medinawurm oder Drakunkulose: wird durch verunreinigtes Trinkwasser übertragen, der voll entwickelte Wurm wird bis zu zwei Meter lang und lebt unter der Haut. Früher wurde der Wurm langsam über Tage und Wochen auf ein Hölzchen aufgewickelt, heute gibt es wirksame Medikamente.

Eingeweidewürmer: werden durch Fliegen übertragen oder dringen als Larvenform durch die Haut. Die Therapie ist nach erfolgter Diagnostik im Heimatland einfach. Nicht barfuß gehen!

Von den *Filariosen (Mini-Würmer)* sei nur so viel gesagt, dass sie von Bremsen oder Kriebelmücken übertragen werden, sehr unangenehm sind, das Bindegewebe (Elefantiasis) oder das Auge (Flussblindheit) befallen können und eigentlich auf die tropischen Gebiete beschränkt sind. Therapie: in der Heimat.

Sandflöhe: sind anfangs symptomlos und leben in der Hornhaut der Füße. Schon das Tragen von Socken genügt als Schutz, sollte es zum Auftreten der etwa drei bis vier Millimeter großen, leicht juckenden Knötchen kommen, genügt eine sterile Skalpellklinge zur schmerzlosen Entfernung. Anschließend Desinfektion.

Schlafkrankheit: Die Erkrankung wird in Äquatornähe durch Trypanosomen verursacht, die durch die allgemein bekannte Tse-Tse-Fliege übertragen werden. Der Stich ist äußerst unangenehm und am ehesten mit dem Stich einer heimischen Bremse vergleichbar. Die Symptome sind anfangs unspezifisch wie Fieber, Kopfschmerzen etc., die Therapie eher kompliziert. Auch gute Repellents sind oft nicht ausreichend, zum Glück sind Infektionen trotzdem relativ selten.

Wollen Sie noch immer nach Afrika fahren? Gut, dann kommen wir kurz auf *Schlangenbisse* zu sprechen. Eines gleich vorweg: Die Wahrscheinlichkeit, einem Schlangenbiss zum Opfer zu fallen, ist wesentlich geringer, als auf einem Fußgängerübergang von einem Auto aufgegabelt zu werden. Schlangenserum kommt hauptsächlich in der Literatur vor, ist transportempfindlich und in der Anwendung alles andere als ungefährlich. Schlangen meiden normalerweise den Menschen; lange Hosen, hohe Schuhe und Gamaschen sind außerdem ein sehr guter Schutz. Wenn es trotzdem passiert: Ruhe bewahren, denn Panik ist immer ein schlechter Ratgeber. Vergessen Sie Aussaugen oder Einschneiden der Bissverletzung! Die betroffene Extremität leicht abbinden — so, dass sie leicht bläulich wird, damit der Blutrückstrom gebremst wird. Damit wird bereits eine Verzögerung der Giftaufnahme erreicht. Den Patienten ruhig lagern oder liegend transportieren.

Eine weitere Vorsichtsmaßnahme würde ich bei der Jagd auf Affen empfehlen: Gummihandschuhe. Die leichten Latex-Untersuchungshandschuhe sind auf minimalem Platz unterzubringen, und nachdem Affen mit uns bekanntlich sehr nahe verwandt sind, sind es auch die übertragbaren Erreger. Sicher ist sicher.

AIDS: Entgegen immer wieder geäußerten Vermutungen ist das HIV-Virus nicht durch Insekten übertragbar. Machen Sie um Blut und Blutderivate einen weiten Bogen, und zum Thema Sex gibt es nur eine Empfehlung: vergessen!

Reiseapotheke: Da wird man ein vernünftiges Mittelmaß zwischen Jod, Aspirin und Heftpflaster einerseits und tragbarer Intensivstation andererseits finden müssen. Die Ausstattung wird bei einem Farmaufenthalt in Namibia anders aussehen müssen als bei einer Fußsafari im Regenwald.

Minimalausstattung: elastische, selbsthaftende Binden (Mevafix Haft), sterile Kompressen, Leukoplast, Hansaplast einzeln verpackt, zwei elastische Stützbinden, Aspirin oder/und Parkemed gegen Fieber und Schmerzen, Betaisodonasalbe und -lösung, Imodium-Kapseln und Uniquin oder Ciproxin gegen Durchfall (Gebrauchsanweisung unbedingt vom Hausarzt erklären lassen!), Antihistaminicum in Salben- und Tablettenform, Refobacin-Augentropfen, Nasentropfen, Paracodin-Tropfen gegen Husten, Normhydral-Lösung, Paspertin-Tropfen gegen Übelkeit und Brechreiz (damit die Elektrolytlösung auch drinnen bleibt), Fieberthermometer, Schere, Splitterpinzette, einige Einmalspritzen mit Kanülen, sterile Skalpellklingen. Eventuell nach Rücksprache mit dem Arzt ein Breitbandantibiotikum und Rheumatabletten, z.B. Voltaren. Dazu kommt noch in den jeweiligen Gegenden die Malariaprophylaxe. Ständig einzunehmende Medikamente bitte in zweifacher Menge: je eine Garnitur im Reisegepäck und im Handgepäck.

Hoffentlich habe ich nicht allzu viel vergessen oder Ihnen die Lust auf die Reise genommen. Nur eines noch: Es gibt eine Studie, die die Meinung unterstützt, dass regelmäßiger Whiskykonsum bis zu einem gewissen Maß Durchfallerkrankungen verhindert. Einige meiner Patienten haben ähnliche Erfahrungen gemacht. Leider wurde auf die benötigte Menge nicht eingegangen — beim Experimentieren also bitte immer daran denken, dass die nötige Konzentration und Vorsicht erhalten bleibt.

Auf eine gute und vor allem gesunde Rückkehr!

WICHTIGE ADRESSEN FÜR REISENDE

Institut für spezifische Prophylaxe und Tropenmedizin der Universität Wien
Dr. H. Kollaritsch / Dr. G. Wiedermann,
Zimmermanngasse 1a, A-1090 Wien
Tel. 01/403 83 43

Institut für Reise- und Tropenmedizin
Prof. Dr. H. Stemberger,
Lenaugasse 19, A-1080 Wien
Tel. 01/402 68 61 - 0

Andere Tropenmediziner (alphabetisch)
Dr. Gerhard Diridl, Otto Bauer-Gasse 15, A-1060 Wien, Tel. 01/59 53 500
DDr. Martin Haditsch, Hochstraße 6a, A-4060 Leonding, Tel. 0732/67 05 80
Dr. Helmut Mittermayer, Hoppichlerstr. 1, A-4010 Linz, Tel. 0732/76 76 36 80
Dr. Johannes Möst / Dr. Ber Neuman, Franz-Fischer-Straße 7b, A-6020 Innsbruck, Tel. 0512/56 78 78
Dr. Hannes Pichler, Hietzinger Hauptstraße 127, A-1130 Wien, Tel. 01/877 56 06
Dr. Peter Prock, Kierlinger Straße 12, A-3400 Klosterneuburg, Tel. 02243/26 89 00
Dr. Peter Traxler, Neue Welt-Gasse 19, A-1130 Wien, Tel. 01/877 31 25

Beratung und Impfung
ist auch bei den Gesundheitsämtern (Landessanitätsdirektionen) der Bundesländer möglich.

Und wenn doch etwas passierte ...
Das **Medical Centre am Flughafen Schwechat,** Tel. 01/70 07/22 45 ist rund um die Uhr bei Ihrer Ankunft impfbereit!

Küche und Kost in Afrika

Bei der afrikanischen Küche gibt es meines Erachtens nach fünf wesentliche Gruppen:
1) die mehr oder weniger orientalische Küche des Nordens,
2) die französische des westafrikanischen Kontinents und Zentralafrikas,
3) die britische Linie in Ostafrika,
4) die deutschstämmige Küche Namibias,
5) schlussendlich die durch viele Einflüsse entstandene Kochweise in Südafrika.

Die Vermischung der einzelnen Gruppen ist natürlich gegeben und eine glatte Trennung schon aus religiösen Gründen (Islam) nicht möglich. Die bodenständige Küche der diversen Länder ist ebenso ausschlaggebend wie auch die grundlegende Unterteilung in:
1) Verköstigung auf einer Jagdfarm
2) Verpflegung im Jagd- oder Fly-Camp
3) Speisen in öffentlichen Lokalen
4) Selbstversorgung.

Letztendlich richtet sich die dargebotene Verpflegung in erster Linie nach dem Koch und den zur Verfügung stehenden Nahrungsmitteln, je nach Jahreszeit. Bei gebuchten und organisierten Jagdreisen kann man fast immer sicher sein, auch gut verpflegt zu werden, ein normaler Gaumen und keine irgendwie gearteten Diätvorschriften vorausgesetzt.

Beginnen wir im südlichsten Zipfel Afrikas. Auf den Jagdfarmen gibt es genügend schwarzes Personal, welches unter Anleitung der weißen Chefin die Küchenarbeit leistet. Ihrem Menüplan folgend, entstehen meist hygienisch einwandfreie Speisen, die an Schmackhaftigkeit und Abwechslungsreichtum keine Wünsche offen lassen. Zumeist gibt es Rind, Schaf oder Huhn. Erstaunlicherweise weniger Wild, da dieses meist zur Gänze verkauft und zu Biltong, einem Trockenfleisch, verarbeitet wird. Reis, Kartoffeln, verschiedene Gemüse und auch süße Nachspeisen sind stets vorhanden.

Die Hauptmahlzeiten nimmt man in Afrika immer am Abend zum Dinner ein. Je nach Wetter gibt es z.B. entweder „Braifleisch" vom Grill am offenen Lagerfeuer oder man muss sich wegen der tiefen Temperaturen in den besten Jagdmonaten Juni bis August in die Räume zurückziehen. Aber auch dort knistert stets ein Feuer, und die gemütliche Atmosphäre unter Trophäen und im Anschluss an spannende, eigene Jagdabenteuer lässt jedes Essen zur wahren Gaumenfreude werden.

Beim mittäglichen Lunch befindet man sich entweder im Busch oder es gibt eine kleine Verpflegung im Haus. Meist stehen kalter Braten, gekochte Eier, eventuell hausgemachte Würste und Sandwiches in beliebiger Form zur Verfügung. Eine reiche Palette an Wurst und Käse, wie wir sie kennen, hat kein Land in Afrika zu bieten. Auch beim Brot haben wir stets mit Wehmut an unsere vielen heimischen Sorten gedacht. Meist gibt es Toast und weiße Wecken. Richtiges Schwarzbrot haben wir kaum bekommen.

In der Früh muss der Jäger fast immer zeitig raus. Deshalb ist ein gemütliches Frühstück eine Seltenheit. Tee und ein speziell gebackener, trockener Kuchen, man nennt ihn Beskuit (das war ursprünglich trockenes, haltbares Brot der Buren, wird aber heute aufwendiger und schmackhafter erzeugt), bilden vorwiegend die Nahrung zu Beginn des Tages. Nur in Ausnahmefällen ist ein reichhaltiger Frühstückstisch vorhanden. (Die ersten Stunden des Tages lassen sich halt oft besser im Jagdgebiet nutzen.) Verhungern muss sicher niemand, und es ist immer alles eine Sache der Organisation. Die Wünsche der Kunden sollten stets an erster Stelle stehen, und in Südafrika wird dem auch von den meisten Veranstaltern Rechnung getragen.

In den größeren Orten des Landes gibt es Fastfood-Ketten nach amerikanischem Muster. Hamburger, T-Bone- und andere Steaks mit Pommes und Gemüse stehen in verschiedenen Varianten zur Verfügung.

In guten Lokalen und auf den Jagdfarmen sind Salate und gewaschenes Obst keine Gefahr für die Gesundheit. Wir haben nie irgendwelche Schwierigkeiten damit gehabt. Doch Vorsicht ist diesfalls die Mutter der Gesundheit, somit sind Leitungswasser und Eis in Getränken stets mit Vorbehalt zu genießen. Ein Tip für Lokalbesucher: In erster Linie sollten Sie bei der Wahl Ihrer Speisen auf „Huhn" zurückgreifen, da dieses in der Fleischmenge nur gering und daher schneller verbraucht ist als eventuell Rind oder Schaf.

In Namibia, dem einstigen Südwestafrika, herrscht deutsche Küchenkunst vor. Die „germanentreuen" Jagdfarmer und Farmerinnen pflegen den guten deutschen Geschmack, und von Gesinnung über Musik bis hin zu Gaumenfreuden liegt vieles noch in deutscher Hand. Jäger samt Familie können hier nach Herzenslust schmausen und gute zentraleuropäische Küche genießen. Auf gepflegtes Äußeres zum Dinner wird auch im Farmhaus unter dem Stern des Südens, umgeben von Busch und dem Heulen von Schakalen, großer Wert gelegt.

„Millipapp" oder Polenta sind im südlichen Kontinent obligatorisch. Zum Frühstück mit viel Milch oder als Beilage am Abend steht diese „Nationalspeise" stets zur Verfügung. Wir konnten diesem Genuss leider kaum etwas abgewinnen. Auch der „Burewurst", einer Pseudo-Klobasse aus Südafrika, sind wir nie wirklich verfallen.

Ganz anders liegt die Sache mit dem Biltong. Aus Rind- oder Wildfleisch angefertigt, bietet dieses Trockenfleisch eine ideale Nahrung für Jagd und Reisen. Unbegrenzt haltbar und stets zur Verfügung stellt diese Köstlichkeit eine hervorragende Notration, aber auch ein wirkliches Naschvergnügen dar. Nur das Biltong von einem in Zimbabwe erlegten Flusspferd haben wir aus Geschmacksgrauslichkeitsgründen verschmäht.

Je mehr man sich vom Süden aus in den Mittelpunkt des afrikanischen Kontinents begibt, umso mehr heißt es, Vorsicht beim Essen und Trinken. Um nicht auf Zimbabwe, das ehemalige Rhodesien, zu vergessen, sei nur erwähnt, dass die Verpflegung auf den uns bekannten Jagdfarmen hervorragend war und auch die Speisen in den öffentlichen Lokalen unsere vollste Zustimmung hatten. Das Frühstücksbufet im „Cresta", einem guten Hotel in Harare, ließ wirklich keine Wünsche offen.

Man muss wissen, dass der Afrikaner eine ganz andere Konstitution hat als der weiße Mensch. Oft haben wir mit eigenen Augen die Schwarzen beim Verzehr von fliegenübersätem, grünschillerndem, stinkendem Fleisch gesehen und, umso erstaunlicher, dieselben Schwarzen auch noch am nächsten Morgen gesund angetroffen.

Das Wasser, das diese Menschen trinken, würden wir nicht einmal zum Blumengießen verwenden.

In Gabiro, einem Jagdcamp in Ruanda, haben wir die französische Küche genossen. Hier gab es zwar viel Wild auf dem Teller, doch die Zubereitung war nicht immer nach unserem Geschmack. Ein Zebrasteak, hart wie eine Schuhsohle, hat schließlich sogar mein Besteck besiegt. Bei der Jagd auf Flusspferd und auf der Fahrt zu den Gorillas mussten wir uns selbst versorgen. Frischer Fisch war vorhanden und die Zubereitung mit Piri-Piri (sehr scharf) hat für uns eine schwarze „Mammi" übernommen. Die Kalorienbomben in Form von 1-Liter-Flaschen Bier (natürlich warm) ergaben meist den Rest der Nahrung.

Auch das letzte Frühstück vor unserer Abreise nach Europa ist mir nicht allzu gut in Erinnerung geblieben. Ich verzehrte in einem Lokal Schinken aus der Dose, der ganz hervorragend schmeckte. Zwei Stunden später, während des Heimfluges, begann es in mir heftig zu gären und aus allen menschlichen Öffnungen drang bestialischer Gestank. Ich konnte kein Wort sprechen, ohne meine Umgebung in eine ekelerregende Duftwolke zu hüllen. Wer den Schaden hat, hat auch den Spott, und so verleugnete mein lieber Ehegatte sein angetrautes Weib auf Grund übermäßiger Geruchsbelästigung. Ich konnte es ihm wirklich nicht verübeln. Erst vor kurzem war mein Mann viele Wo-

chen im westafrikanischen Kamerun unterwegs. Mit allem auf sich allein gestellt, blieb ihm auch die Versorgung überlassen. Für sich und seine 11-köpfige Mannschaft (Pygmäen und Bantus) war Reis die Hauptverpflegung. Tee und ein Schokoriegel bildeten das Frühstück des einsamen Jägers. Die überaus schwierige Urwaldjagd bescherte meinem Mann zweimal einen Ducker, den er sich gebraten von seinem schwarzen Koch zubereiten ließ. Für seine Männer schoss er, wann immer es möglich war, einen Affen aus den Bäumen, den diese komplett mit Haut und Haar, nur in Gliedmaßen zertrennt, im Feuer für sich brieten. Nach der erfolgreichen Elefantenjagd gab es Nahrung in Hülle und Fülle, außer einem einzigen gegrillten Spieß verzichtete mein Mann auf den Genuss dieses Fleisches. Wasser aus den zahlreichen Bächen, mit einigen Tropfen Certisil keimfrei gemacht und nach wenigen Minuten trinkbar, ergänzte die dürftige Versorgung. Um neun Kilogramm leichter, aber um viel Erfahrung reicher, konnte ich meinen Mann dann nach seiner 160-km-Regenwalddurchquerung wieder in die Arme schließen.
Natürlich sind solche extremen Jagden nicht jedermanns Sache und gute Kondition und vor allem Konstitution sind Voraussetzung. Die gemeinsamen Aufenthalte meines Mannes und mir in Tanzania, Ostafrika, waren nicht nur — was das Essen betrifft — 1. Klasse. Suppe und/oder Vorspeise, Hauptmahlzeit und süßer Abschluss wurden jeden Abend aus dem Repertoire an kulinarischen Genüssen geboten. Serviert von Burschen in weißen Hemden und schwarzen Hosen, ganz im Flair altkolonialisierter Erinnerungen.
Einmal, bei unserer zweiten Reise in dieses wunderbare Land am Fuße des Kilimandscharos, konnte mein Mann ein Krokodil erlegen. Auf unseren Wunsch hin bereitete der schwarze Koch den Schwanz des Tieres für uns zu. Das Fleisch war hell und trocken und schmeckte leicht nach Huhn. In Ei und Bröseln gewendet servierte der Boy uns dieses Gustostückerl am Abend. Wir waren begeistert und ließen dies unserem Koch auch über-

„Küche" — unter dieser Bezeichnung kann man bei Jagdreisen äußerst unterschiedliche Gebilde kennen lernen.

mitteln. So erhielten wir am nächsten Morgen Krokodil gebraten, was uns auch noch einigermaßen mundete. Als zu Mittag ebenfalls Reptil à la irgendetwas erschien, hatten wir genug des Guten. Unser Koch durfte sich von nun an wieder der Zubereitung anderer Fleischsorten widmen. So loben hätten wir ihn doch nicht sollen.
Wie man sieht, bietet jedes Land seine eigenen kulinarischen Erinnerungen. Mit einem Bisschen Vorsicht und natürlichem Hausverstand lassen sich alle Reisen ohne nennenswerte Magenprobleme über die Bühne bringen, und ich freue mich heute schon wieder, wenn es das nächste Mal in Afrika heißt: „Mahlzeit!"

Es begann in Nambia

Es war einmal, so beginnen viele Geschichten, und es war einmal, schon über 20 Jahre ist es her, dass auch bei uns diese Geschichte begonnen hat. Die Geschichte nämlich mit Reisen, Afrika, Jagd, Abenteuer und allem Drumherum. Wahrscheinlich gab es den Mythos „Afrika" immer schon in unserem Leben, unbewusst und unbeachtet.

Tatsache ist, dass sich in den mehr als zwei Jahrzehnten eine Fülle von Erlebnissen, Anekdoten, Weisheiten, Dummheiten, positive, aber auch negative Erinnerungen im Zusammenhang mit unseren Afrikareisen angesammelt haben, und dass ich hier einiges davon zu Papier bringen möchte.

Es ist gar nicht so leicht, sich die Vergangenheit richtig ins Gedächtnis zu rufen. Manches von damals, das uns als „A und O" erschien, hat sich im Laufe der Jahre zu „na so und na ja" gewandelt. Bestimmte Erlebnisse jedoch haben an Bedeutung zugenommen und stehen hoch auf der Bewertungsskala.

Ich kann mich noch recht gut an das „erste Mal" erinnern. Eine Reise nach Namibia hat uns das Tor geöffnet zu einer Welt, die uns bis heute nicht mehr losgelassen hat. Für uns war die Welt noch in Ordnung. Keine Erfahrung, Unbekümmertheit, Null Geldsorgen, da keines vorhanden, aber den Kopf voller Tatendrang und Ehrgeiz. Hinaus in die Ferne, mit nichts außer unserer Jugend und der Telefonnummer der Eltern, falls was daneben ginge. Doch wir dachten im Traum nicht daran, dass etwas verkehrt laufen könnte.

Mein Mann, damals stolzer Jagdkarten-Besitzer ohne umwerfende Jagdmöglichkeiten, kam also auf die Idee, eine Jagdreise nach Afrika zu buchen. Eine Annonce in einer Jagdzeitung machte uns mit dem Namen Dr. Sch. bekannt. Jener Herr verstand es außerordentlich, in seinem umfassenden Katalog das Herz eines abenteuerlustigen Jägers höher schlagen zu lassen. Nach einer persönlichen Vorsprache und Zusammenkunft in seinem feudalen Büro und dem Anblick einiger imposanter Trophäen (was nicht weiter schwierig war, da alles in der Größenordnung über einem Knöpfler diese Bezeichnung ergab) stand es unweigerlich fest.

Das Jagdangebot nach Südwestafrika, Preis alles inklusive, war für uns wie gemacht. Die Fotos von der Farm und den Farmersleuten, die Dr. Sch. ja laut seinen Aussagen sehr gut kannten, erweckten unser Vertrauen, und so unterzeichneten wir bei dem charmanten Herrn in hoffnungsvoller Erwartung den Vertrag. Dieser kassierte brav unser sauer verdientes Geld, bestätigte ordnungsgemäß auf einem Formular eines renommierten Reisebüros die Übernahme und überließ uns jovial mit guten Wünschen unserem Abenteuer. Welches zugegebener Weise bereits vor unserer Abreise begann, indem wir uns buchstäblich noch in letzter Minute das Einreisevisum für Südafrika besorgen mussten. Der vielbeschäftigte Dr. Sch. hatte halt jenes vergessen. Das kann doch einen Seemann nicht erschüttern, und so war die Aufregung in Erwartung der kommenden Dinge bald vergessen. Wenn ich heute darüber nachdenke, wie unser Gepäck zu jener Zeit ausgesehen hat, kann ich ein Lächeln nicht unterdrücken.

Die Brünner ZKK 7 x 64 meines Mannes, eingewickelt in Schaumgummi und transportiert in einer ganz gewöhnlichen Holzkiste mit Kastengriff zum Tragen, war eigentlich der Gipfel der Geschichte. Das schwarzweiße, in mühevoller Pinselei gemalte Zebramuster ergab für unseren damaligen Geschmack das wirklich perfekte Safariflair. Das primitive Vorhängeschloss störte ein wenig das Bild. Der Kauf eines richtigen Gewehrkoffers jedoch lag schlicht und einfach jenseits aller finanziellen Möglichkeiten.

Auch in der Auswahl unserer Kleidung befanden wir uns nicht gerade im Trend des Brauchbaren.

Jahre später in Namibia

Es ist sieben Uhr, und wir sitzen beim Frühstück. Wir, das sind meine Frau und ich. Der heiße Kaffee ist wohltuend, denn das Thermometer zeigt 1° C. In der Nacht gab es Frost, und die Wasserstellen neben dem Haus sind noch vereist. Das ist der Winter in Südwest-Afrika, Juli.

Um 1/2 8 Uhr ist Abfahrt. Unser schwarzer Freund Petrus wartet schon beim alten Landrover. Ein Klapperkasten, der seinesgleichen sucht. Viermaliges Pumpen veranlasst das Vehikel bestenfalls zum Langsamerwerden. Vom Stehenbleiben ist noch lange nicht die Rede. Nun, Rucksack, Pirschstock, Gewehr etc. sind verstaut, und es kann losgehen. Ich biege hinaus auf die Pat, so nennt man hier die Straße (Sandpiste). Das Revier hat 6000 ha, und ich fühle mich frei wie ein Vogel.

Auf meiner Lizenz habe ich noch einige Stücke frei, vielleicht kommt etwas Schussbares vor die Büchse. Ich fahre jetzt Richtung Süden, um nach ca. 10 Kilometern Richtung Westen abzubiegen. Man muss schon aufpassen, um die Fahrspur in den Busch nicht zu versäumen. Immer wieder wechselt Wild vor uns über die Straße. Da, wie schon erwähnt, die Bremsen nicht gerade verlässlich arbeiten, muss man doppelt Acht geben, um nicht vielleicht mit einem Nachzügler unangenehme Bekanntschaft zu machen.

Im Schritttempo bewege ich das Fahrzeug durch den Busch. Meine Frau und Petrus suchen genau das Gelände nach Wild ab. Ich muss mich ein wenig um die Fahrspur kümmern. Die Erdlöcher der Warzenschweine können zu gefährlichen Fallen für den Landrover werden.

Plötzlich taucht in ca. 800 Meter Entfernung eine Herde Hartebeests auf. Sie ziehen von rechts nach links in den Dickbusch ein. Die Herde dürfte an die 120 Häupter zählen. Sofort stelle ich das Fahrzeug ab, presse den Feldstecher an die Augen und verfolge gespannt das Geschehen. So genau wie möglich

Am Wasserloch herrscht fast den ganzen Tag über reges Leben.

Eine der klassischen Afrika-Trophäen — ein Kudu aus Namibia

versuche ich herauszufinden, ob ein guter Trophäenträger dabei ist. Ruhig zieht ein Stück nach dem anderen in den Dickbusch ein. So manch guter Bulle war schon dabei, aber keiner, der meinen Pulsschlag erhöhen konnte. Doch da! Das vorletzte Stück, ein kapitaler Bulle mit außergewöhnlicher Auslage. Diesen Prachtkerl möchte ich haben, aber das ist leichter gedacht als getan. Die Tiere sind aufmerksam, und jeder Schritt muss genau überlegt sein. Ganz behutsam öffnen wir die Türen unseres Autos. Vorsichtig steigen wir aus. Ich nehme meine Waffe, eine .375er H&H Mag., und mein leichtes Jagdglas. Petrus zieht den Pirschstock heraus, und meine Frau macht einen letzten Kontrollblick auf ihre Kamera, ausgerüstet mit Normalobjektiv. Wir lassen die Türen offen, um jedes unnötige Geräusch zu vermeiden. Es gibt nur eine Möglichkeit: Ich muss die ganze Herde überholen, einen große Bogen schlagen und dann von vorne und gegen den Wind langsam auf die Hartebeests zupirschen. Nur so habe ich eine Chance!

Im Laufschritt hasten wir durch den Busch, immer wieder bleiben wir an den Dornen des Weißdornbusches hängen, doch das kann uns nicht aufhalten. Gefühlsmäßig haben wir die Antilopen bereits überholt und bewegen uns vorsichtig auf die vermeintliche Höhe der Tiere zu. Plötzlich zuckt Petrus zusammen, und instinktiv verharren wir regungslos. Jetzt erst sehe ich ca. 80 Meter entfernt etwas Graues durch den Dickbusch schimmern. Langsam hebe ich mein Glas und erkenne schemenhaft die Umrisse zweier Oryx-Antilopen. Größte Vorsicht ist geboten, denn sollten sie uns spitz kriegen und abspringen, dann nehmen sie auch alle anderen mit. Wie Bronzefiguren stehen wir, und die Sekunden werden zur Ewigkeit. Endlich ziehen die Tiere ab, nochmals gutgegangen!

Behutsam pirschen wir Schritt für Schritt weiter, aufs äußerste angespannt, und mein Puls hämmert nicht schlecht. Wir können jeden Moment mit Wild zusammentreffen. Ob die Hartebeests noch hier sind? Oder sind wir schon zu spät dran?

Nein! Ein brauner Fleck schiebt sich wie von Geisterhand bewegt kaum 60 m entfernt durch das Dickicht. Ein Blick auf das Gehörn — es ist mein Bulle! Er hat sich von der Herde abgesetzt. Bei Gott, das ist kein Jägerlatein! An einen sicheren Schuss ist nicht zu denken. Der Busch ist so dicht, dass selbst meine .375er ihr Geschoss nicht ins Ziel bringen könnte. Also warten! Ich selbst bin wieder ruhig und achte nur darauf, keinen Fehler zu machen.

Jetzt geschieht etwas Unerwartetes, der Bulle tut sich nieder. Ich deute zum Hinsetzen und beschließe zu warten. Der alte Herr wird schon wieder hoch werden, und vielleicht zeigt er mir dann sein Blatt. Ein Näherpirschen ist unmöglich, da vor uns etwa 50 Meter ohne jedwede Vegetation liegen. Das Risiko wäre zu groß.

Ich richte mich auf längeres Warten ein, doch mitnichten! Der Bulle ist unbemerkt hoch geworden, steht völlig frei und äugt zu uns herüber. Es kann sich nur mehr um Bruchteile von Sekunden handeln, bis er abspringt. Ich reiße meine Büchse hoch, bringe das Fadenkreuz aufs Blatt und lasse fliegen. Gleichzeitig setzt sich jedoch der Bulle in Bewegung. Doch zu spät, das Projektil hat bereits den Lauf verlassen. Ich bin gut abgekommen, das Hartebeest zeichnet, und drei Augenpaare sehen, wie die Antilope nach rechts abgeht. Ich bin eigentlich nicht beunruhigt, denn ich kenne die Wirkung meiner .375er, selbst starke Büffel waren für sie kein Problem. Geistig sitze ich schon im Landrover und bahne mir einen Weg zu meinem ersehnten Stück.

Vom Sinnieren erwacht, gebe ich Zeichen zur Nachsuche. Beim Anschuss angekommen, habe ich wahrlich wenig Grund zur Freude. Kein Schweiß, dafür aber hunderte Trittsiegel von Hartebeests. Liegt der Bulle nicht wirklich in unmittelbarer Nähe, dann kann das ja heiter werden.

Wir gehen in die vermeintliche Fluchtrichtung los. Ganz genau wird jeder Busch kontrolliert. Petrus versucht, doch eine Fährte auszumachen, und ich konzentriere mich auf jeden Strauch, jederzeit bereit, einen vielleicht schnellen Schuss hinzuwerfen. Doch nichts! Die Zeit vergeht, und bald glaube ich, in jedem vermorschten Baumstrunk ein Hartebeest zu erkennen.

Es ist zum Verrücktwerden! Petrus zuckt mit den Schultern und meint in immer kürzeren Abständen: „Mister, no Blut..." Nun, das sehe ich selbst, aber das heißt noch lange nicht aufgeben. Also zurück zum Anschuss und dasselbe Spiel von neuem.

Ich weiß nicht, wie oft wir diese Prozedur wiederholt haben, jedoch sind in der Zwischenzeit knapp zwei Stunden vergangen. Der Zeiger meiner Uhr steht auf zwölf, und die Sonne hat ihre ganze Kraft entfaltet. Petrus geht nur mehr aus reiner Höflichkeit neben mir, denn die Hoffnung hat er schon längst aufgegeben. Das ist bei Schwarzen keine Seltenheit. Haben sie nicht bald Erfolg, so vergeht ihnen die Lust, und nur das Versprechen auf zusätzliches Trinkgeld oder ein nettes Geschenk kann sie neu motivieren.

Das Hartebeest strapazierte meine Nerven!

Wieder einmal sind wir beim Anschuss angelangt, und ich gebe zu, auch mein Stimmungsbarometer ist am Nullpunkt. Abermals starren wir auf die in der Zwischenzeit verwischten Spuren im Sand. Petrus nimmt seine Mütze vom Kopf und krault nachdenklich sein Kraushaar. Er sieht mich an und gibt mir zu verstehen, er müsste mal. Schlendernd verschwindet er im Busch. Plötzlich ein Schrei! Wie von der Tarantel gestochen springt Petrus auf mich zu, seine weißen Zähne blitzen: „Mister, mister, Hartebeest tot!" Benommen rennen wir los. Und wirklich, keine 20 Meter vom Anschuss entfernt liegt mein Bulle. Wir umarmen einander und benehmen uns wie kleine Kinder. Ich hocke mich neben der Antilope nieder und betrachte mit Ehrfurcht das kapitale Gehörn.

Was war geschehen? Warum haben wir so lange das verendete Tier nicht gefunden? Die Lösung ist einfach! Nach dem Schuss ging der Bulle nach rechts ab, schlug aber kurz darauf einen Bogen, kehrte praktisch um und verendete hinter einem Weißdornbusch. Die Kugel saß knapp hinter dem Blatt. Da weder Schlegeln noch Schnauben zu hören gewesen war, konnten wir uns auch akustisch nicht orientieren. Die vielen fremden Trittsiegel taten ein Übriges.

Petrus machte sich sofort daran, dem Tier die Kehle durchzuschneiden. Bei uns unmöglich, in Afrika normal. Das erlegte Wild wird auch nicht aufgebrochen, sondern komplett verladen und auf die Farm gebracht. Während meine Frau und Petrus die Totenwache halten, mache ich mich auf zum Landrover. Ich versuche, mir die Richtung zu merken und markiere den Weg mit Papiertaschentüchern, die ich in den Sträuchern befestige. Ich weiß, Petrus wird mir entgegenlaufen, sobald er das Motorengeräusch vernimmt.

Das Aufladen des Tieres ist Schwerarbeit. Meine Frau steht auf der offenen Ladefläche des Autos, zieht an den Vorderläufen und wir heben und schieben das Hartebeest zentimeterweise hinauf. Geschafft! Bordwand zu, alles verstaut, und glücklich können wir die Fahrt zur Farm antreten.

Der Diesel arbeitet sich durch den Busch, und in Gedanken läuft das Erlebte immer wieder wie ein Film vor mir ab, so lange bis „Diana" ein neues Drehbuch schreibt.

Aus meinem Tagebuch (Irene Stiller)
Ich möchte die vielen Stunden nicht missen, die wir gemeinsam mit unserem Original, dem 82-jährigen Farmer, zwischen Steinen, Dornbüschen und vor allem an Wasserlöchern zugebracht haben. Lange Fußpirschen waren letztendlich doch nicht mehr so nach dem Geschmack des alten Herrn. Wenn alle Arbeiten seine Schwarzen für ihn erledigen konnten, so blieb ihm das Laufen auf den eigenen Füßen nicht erspart.

Wenn möglich zog er es daher vor, die Jagd sitzend im kühlen Schatten eines Baumes zu verrichten.

Auch wenn mein Mann sehr selten an solchen Tagen Wild erlegt hat, waren die Tierbeobachtungen bei diesen Gelegenheiten die gemeinsamen Sitzungen wert. Wir mussten nur die Zeit abwarten, wo Herr S. mit der Beschäftigung des unvermeidlichen „Puddingessens" zu Ende kam und wo ihm alsdann die müden Augen zu und der Blechlöffel aus der Hand gefallen war. Ich kann mich an keine Wasserlochaktion ohne Pudding und Kompott erinnern. Das Fertigessen der schwabbeligen Masse mussten wir deshalb abwarten, da der Blechlöffel in der zittrigen Hand des Farmers im gläsernen Puddingglas unüberhörbare Geräusche verursachte. Bei seiner altersbedingten Taubheit leider ein Problem, das nur bei seinen Begleitpersonen zum Tragen kam.

Meist trug dann die spätmittägliche Hitze doch dazu bei, dass die Ruhe im Puddingglas und der Durst des Wildes uns unvergessliche Bilder bescherten. Kämpfende Oryxantilopen, sich suhlende, urige Warzenschweine und anderes Wild in Hülle und Fülle. Das Auftauchen einer Gepardenmutter und ihrer drei Jungen war ein Erlebnis für sich. Das Flimmern der warmen Luft, das stetige „Ruguh, Ruguh" der Tauben und andere typische Buschgeräusche drängten den „Frieden der Welt" auf wenige Quadratmeter afrikanischen Bodens zusammen.

Da von meinem Mann vor allem aber das Jagen zu Fuß als waidmännische sportliche Herausforderung angesehen wird, war er immer froh, wenn sich Eugen, der Sohn des Farmers, einfand, um mit ihm in den Busch zu ziehen.

Aus meinem Tagebuch möchte ich nun hier eine Jagd auf Warzenschwein, wie ich sie damals miterlebt habe, beschreiben:

Wir sitzen auf einem Felsen und blicken über das unendlich weite Land zu unseren Füßen. Der blaue Himmel zeigt keine einzige Wolke, und die warmen Sonnenstrahlen legen sich angenehm auf unsere Haut. Ein schriller Pfiff lässt uns aufwärts blicken, wo ein Geier mit ruhigen Flügelschlägen seine Runden zieht. Draußen, weit im Busch, wechselt eine Hartebeestherde von einer Seite zur anderen, und auf einer Felsnase, wenige Meter neben uns, tummelt sich ein Pärchen Klippschliefer. Auf dem Berg vis-à-vis haben sich Paviane versammelt, von wo aus sie uns aufmerksam beobachten. Ihr Bellen hallt laut aus den Felsen herüber.

Die Blätter der Sträucher und Bäume sind verdorrt, und das Gras ist gelb und trocken. Die Weißdornbüsche mit ihren langen, hellen Stacheln stechen markant aus ihrer Umgebung hervor und prägen unbewusst den dornigen Charakter des Landes.

Die Schönheit dieser Landschaft lässt sich kaum in ihrem tatsächlichen Bild beschreiben. Wer Namibia verstehen und lieben möchte, sollte dessen Schönheit nicht nur sehen, sondern auch spüren können. In der Harmonie der warmen Farben, in der eigenartigen Ausstrahlung des urwüchsigen Landschaftsbildes und vor allem in dem Gefühl, grenzenlose Weiten vor sich zu haben, liegt das Geheimnis einer fesselnden Leidenschaft und Liebe zu diesem wunderbaren Land.

Auch in der Fauna herrscht Abwechslung, und die Artenvielfalt des Wildes hat dem Besucher einiges zu bieten. Vom zierlichen Blauböckchen über Springbock, Oryx, Kudu, Hartebeest hin zum urtümlichen Warzenschwein und zu den großen Raubkatzen Gepard und Leopard sind die verschiedensten Arten schussbaren Wildes vertreten. Der Anblick des Vogel Strauß in den weiten Grasflächen, das nächtliche Heulen der Schakale, das seltene Zusammentreffen mit Hyänen, die Beobachtung von vielerlei Flugwild und Kleinsäugetieren an den Wasserstellen, das alles und noch einiges mehr gehört zu den täglichen Erlebnissen in Namibia.

Das Warzenschwein ist sicher eines der sonderbarsten und urigsten Tiere des Landes. Warzenähnliche Auswüchse rechts und links unterhalb der Lichter verleihen ihm urweltliches Aussehen. Die deutlich sichtbaren, nach oben gebogenen Waffen der Tiere erreichen beträchtliche Maße. Der von meinem Mann zuletzt erlegte Keiler hatte eine Waffenlänge von 30 cm.

Auch seine heutige Pirsch gilt wieder dem Warzenschwein. Ich und meine Kamera sind wie immer dabei, und auch Eugen, unser Südwester-Freund, ist mit von der Partie. Er ist schon in diesem Land aufgewachsen und tief mit ihm verbunden. Auf der 6000 ha großen Jagdfarm seines Vaters kennt er jeden Winkel und hat selbst jahrelang Gäste zur Jagd geführt. Heute geht er nur mehr zu seinem eigenen Vergnügen auf Pirsch. Seine Anpassung an die jeweiligen Jagdumstände und sein Gespür für Wild haben ihn zum perfekten Jäger werden lassen. Wer die Gelegenheit hat, ihm zuzusehen, der merkt, dass Jagen nicht nur alleine mit der Waffe, sondern auch mit dem Herzen möglich ist.

Nach unserer beschaulichen Rast auf der Spitze des Felsens pirschen wir zu Fuß weiter hinein ins Revier. Einer kaum wahrnehmbaren Fahrspur entlang geht es einen Berg hinauf. Steine rollen unter unseren Tritten weg. Auf der Kuppe angekommen, liegt weites Land vor uns. Sanft ziehen sich Hügel dahin. Ein blauer, wolkenloser Himmel ergänzt das

Warzenschweinkeiler bieten eine interessante Jagd. Vorsicht beim Ansprechen!

Begegnungen mit Schlangen hielten sich in Grenzen. In Namibia erlegte mein Mann eine 2,70 Meter lange schwarze Mamba.

friedliche Bild. Plötzlich greift Eugen zum Glas und blickt angespannt in die Ferne. Mit freiem Auge ist nicht zu erkennen, was seine Aufmerksamkeit erregen konnte.

„Dort, ein Warzenschwein!"

Mein Mann versucht, das weit entfernte Wild im Busch auszumachen, in ca. 500 Meter Entfernung ist ein dunkler Punkt zwischen den Büschen zu erkennen. Eugen drückt sein Spektiv ans Auge und ist bemüht, die Trophäe genauer zu bewerten.

„Auf, Franz, das dort ist ein ganz kapitaler Keiler!"

Die beiden Jäger machen sich im Laufschritt an die Verfolgung des Wildes, ich mit der Kamera hinterdrein. Buchstäblich über Stock und Stein geht es, immer gegen den Wind, dem Warzenschwein entgegen. Manchmal sehen sie den Keiler vor sich, dann wieder verbirgt er sich ihren Blicken. Doch Eugen ist unbeirrbar auf der richtigen Fährte. Was er einmal ausgemacht hat, das entwischt ihm nicht so leicht. Diesmal ist es schwerer als gedacht. Das Warzenschwein scheint die Verfolger zu spüren und macht keine Anstalten, die Männer näher herankommen zu lassen. Ein Hügel nach dem anderen wird überwunden. Endlich verringert sich der Abstand zwischen Jägern und Gejagtem.

Die Männer verdoppeln ihre Anstrengung, jedoch auch ihre Vorsicht, um vom Wild nicht entdeckt zu werden. Da, unvermittelt und plötzlich steht der Keiler auf ca. 80 Meter frei und verhofft in Richtung Jäger. Das Gewehr hochreißen, anlegen, zielen und schießen ist eins bei meinem Mann. In die begonnene Drehung des Wildes kracht die .375er, und wie vom Blitz getroffen sackt das Tier an Ort und Stelle tot zusammen.

Rasch bringen sie die restlichen Meter hinter sich und stehen am Ende ehrlich bewundernd vor dem erlegten Warzenschwein. Die guten Waffen des Tieres lassen die beiden Jägerherzen höher schlagen. Der Weg zum Auto ist weit, und der tote Wildkörper hängt sich ganz schön an. Immer öfter wechseln die Männer die Hände beim Tragen. Als der Landrover vor ihren Blicken auftaucht, sind beide froh darüber. Und ich erst recht, das können Sie mir glauben.

Die Pirschgänge und die Jagdabläufe waren damals natürlich nicht mit denen der kommenden Safaris in den diversen anderen afrikanischen Ländern vergleichbar. Aber jeder hat einmal klein angefangen.

KROKODILJAGD IN ZAMBIA

Von etwas anderem Kaliber war da schon die Jagd in Zambia, die in erster Linie der Erlegung eines Büffels gegolten hat. Diese Jagden, wo wehrhaftes Großwild erlegt werden soll, stellen ganz andere Anforderungen an den Jäger und somit auch an seine Begleitung. Das Angehen von Büffeln und die Erlegung dieses wehrhaften Wildrindes haben es meinem Mann bis heute ganz besonders angetan.

Zambia war ein Land, das sich uns erstmals als wirklich „schwarzes Afrika" offenbarte. Morgendliches Löwengebrüll und das Trompeten der Elefanten schaffen eine Atmosphäre wilder Romantik. Der Luangwa-River mit unserem an seinem Ufer gelegenen Camp vervollständigte durch zahlreiche Krokodile und Flusspferde das Bild afrikanischer Unberührtheit.

Schon die Ankunft auf dem kleinen Flughafen Mfuwe lag abseits aller uns bereits bekannter, geordneter Abläufe südlicher Verhältnisse. Nach dem Landen der nicht gerade vertrauensselig wirkenden Propeller-Maschine der Zambia Airlines mussten wir geraume Zeit auf das Aussteigen warten, da keine geeignete Treppe vorhanden war. Erst als mit Steinen und Brettern eine behelfsmäßige Absteigmöglichkeit geschaffen wurde, konnten wir das Flugzeug verlassen.

Trockene Hitze schlug uns entgegen und der Geruch in der Luft war irgendwie nicht so zivilisiert, wie wir ihn bisher empfunden hatten. Mein Mann, drei jagende Freunde und ich wurden von Bill, einem professionellen und mit allen Wassern gewaschenen Berufsjäger, ins Camp gebracht. Die Fahrt dorthin machte uns klar, dass wir jenes Afrika, das wir bis jetzt erlebt hatten, nicht mit Zambia vergleichen konnten. Wir fuhren vorbei an den Zeilendörfern der Eingeborenen mit ihren runden Strohhütten, rochen die Lagerfeuer und besahen uns fasziniert das bunte, exotische Treiben auf den Marktplätzen der Schwarzen. Die farbenprächtigen Stoffe, die schokoladefarbenen Babies, eingewickelt und am Rücken der Mutter uns staunend und mit weißen Augen neugierig betrachtend, erinnerten uns an manch alte Reiseerzählung aus einem der zahlreichen antiquarisch erworbenen Afrikabücher.

Die anschließende Fahrt durch unberührtes wildreiches Jagdland ließ die Männer den kommenden Tagen entgegenfiebern.

Wie gesagt, befand sich unser Camp direkt am Luangwa-River. Die großzügigen Strohhütten lagen weitläufig verstreut inmitten einer ebenfalls mittels Strohmatten eingezäunten Fläche, die zum Fluss hin offen, jedoch durch eine steil abfallende Böschung für unliebsamen Besuch aus dem Reich der Fauna unzugänglich war. Die Krokodile trieben wie morsche Baumstämme in der Strömung. Reiher und andere gefiederte Gesellen machten es sich auf einer Ansammlung von Treibholz in einer Biegung des Flusses bequem. Flusspferde grummelten in den Fluten und tauchten bei unserem Erscheinen geräuschvoll platschend ins graubraune Nass.

Die Hütten waren geräumig und „buschentsprechend" komfortabel eingerichtet. Die Betten unter dem obligaten Moskitonetz stellten sich als bequem heraus, und da sich zwischen Wänden und Dach der Behausung ein breiter Zwischenraum befand, schliefen wir praktisch unter dem offenen Sternenhimmel.

In der grob zementierten Dusche und auf dem Waschtisch mit altmodischem Lavoir hatten sich zwei Kröten eingenistet, die sich während unseres Aufenthaltes nicht aus ihrem feuchten Biotop vertreiben ließen. Im „Messzelt", ebenfalls einem Strohbau mit Blick auf den Luangwa, vergönnten wir uns so manchen Whisky als „Sundowner", begleitet vom abendlichen Konzert der afrikanischen Tierwelt.

Am ersten Abend — bei einem Besuch des „Stillen Örtchens" — machten mich Geräusche an der Außenseite neugierig, und die

WC-Muschel als Aussichtsposten benützend, spähte ich in die Nacht hinaus. Ich wollte meinen Augen nicht trauen, als sich wenige Meter von mir entfernt ein großer Elefant im Mondlicht bewegte. Die beiden Stoßzähne blitzten, und die riesigen Ohren des Tieres fächelten friedvoll auf und ab. Ich, nicht geizig und darauf bedacht, auch den anderen dieses einmalige Erlebnis zu vergönnen, schlich mich geräuschlos aus der Hütte und informierte die Männer. Wie die „Bremer Stadtmusikanten" klebten wir fünf dann hinter der Strohwand und beobachteten den noch immer anwesenden Riesen. Warum und wieso er auf die Idee gekommen ist, weiß ich heute nicht mehr, jedenfalls verließ Günter, unser Freund, durch eine kleine Tür im Strohzaun den schützenden Innenhof und machte einige Schritte auf den Elefanten zu. Ob aus einem Anfall von geistiger Verwirrung, oder um uns zu beweisen, wie mutig er doch sei, näherte er sich dem Tier. Zwar nicht allzu weit, aber immerhin war er bereits einige Meter von uns entfernt, als der Elefant blitzartig mit einem wütenden Trompeten und aufgestelltem Rüssel einen Scheinangriff vollführte. So schnell habe ich noch nie einen Menschen rennen gesehen. Ich glaube, die Lust auf Sekkieren von grauen „Rüsseltieren" ist Günter damals gründlich vergangen.

Da die Männer zwei zu eins gebucht hatten, waren wir also in den nächsten Tagen in zwei Gruppen unterwegs. Noch bevor die Sonne aufging, brachte ein Boy den Tee ans Bett, und eine halbe Stunde später waren wir schon unterwegs. Bei einem so großen Jagdgebiet sind lange Autofahrten natürlich unumgänglich.

Wenn wir bei völliger Dunkelheit das Camp verließen, begleiteten uns die Feuer an den Hütten der Eingeborenen in den Morgen. In einem Dorf am Ende der Straße erwartete uns die schwarze Mannschaft, und die dunklen Umrisse einer hohen Borassus-Palme im Licht der aufgehenden roten Morgensonne wies uns den Weg ins Jagdgebiet.

Umgestürzte Baumriesen und viel zerstörte Vegetation zeugten vom Vorkommen großer Elefantenherden. Inmitten eines Sumpfgebietes im nebeligen, fahlen Rot der Morgensonne zog eine Herde dieser majestätischen Tiere an uns vorüber, und oft, wenn wir mit dem langsam dahintuckernden Geländefahrzeug die mit zwei bis drei Meter hohem Elefantengras bewachsenen Inseln durchquerten, erblickten wir ein graues, faltiges Hinterteil in den Büschen.

Der Jagdfreund meines Mannes, er ist leider in der Zwischenzeit verstorben, Gott hab' ihn selig, hatte viele liebenswerte Seiten, aber manchmal, das lässt sich nicht bestreiten, konnte er einem auch den letzten Nerv ziehen. Wie alle Gehörgeschädigten hatte er die Gabe, immer im falschen Moment laute Äußerungen von sich zu geben. Vorwiegend dann, wenn mein Mann mit seiner Jagd an der Reihe war. Nachdem diesbezüglich drei Schussmöglichkeiten ungenützt vorüberstrichen, packte meinen Mann die Wut und er las dem „tauben Jünger Dianas" gehörig die Leviten, worauf sich dieser auf der Bank der Ladefläche des Fahrzeuges in den Schmollwinkel drückte und auf beleidigt spielte. Gott sei Dank renkte sich die Angelegenheit bald wieder ein, obwohl es noch einmal eine Situation gab, wo ich ihn am liebsten zum Teufel gewünscht hätte.

Es war an einem kühlen, feuchten Morgen, in den Senken lag noch das Dunkel der Nacht, und nur am Himmel begann sich der kommende Tag zu zeigen. Der LandCruiser wand sich auf einem schmalen, steinigen Weg bergauf. Langsam stieg die Sonne über den Felsen empor, und als sie dunkelrot und groß als Scheibe gerade ihren Weg übers Firmament beginnen wollte, schob sich unvermittelt ein riesiges Nashorn als Silhouette in ihren Vordergrund. Zur Kamera greifen, einstellen . . . und nicht abdrücken waren eins. Der Jagdfreund, der von seinem Platz aus keine Möglichkeit zu fotografieren hatte, schob mir seine Kamera über die Schulter, verwackelte so meine Position und verhinderte durch sein egoistisches Handeln mein „Jahrhundertbild".

Auch wenn mir dieser einmalige Anblick oh-

Die Krokodile beeindrucken durch stoische Ruhe. Doch diese scheinbare Ruhe ist trügerisch. Sie können blitzschnell in das Wasser gleiten oder Beute schlagen!

ne Erinnerungsfoto stets im Gedächtnis bleibt, so brauchte ich damals einige Zeit, um ihm diese Aktion zu verzeihen.

Unerwartet hatte sich die Möglichkeit einer Jagd auf Krokodil ergeben. Obwohl die Aussichten für eine Einfuhr der Trophäe nach Österreich nicht besonders gut standen, konnten mein Mann und auch die drei anderen Jäger der Versuchung nicht widerstehen. So bereitete man eines Abends ein *bait* für die gefräßigen Echsen vor. Zu diesem Zweck wurde der bereits stinkende Kadaver eines zuvor erlegten Pukus mit dicken Eisenketten auf einer Sandbank in der Nähe des Flusses an einem Baumstamm verankert. Um die duftende Spur noch mehr zu verbreiten, schleppten die Schwarzen vor dieser Aktion den Köder am Ufer entlang und lockten somit die Fliegen und hoffentlich des Nachts auch die Krokodile heran.

Zeitig am nächsten Morgen machten sich Bill, mein Mann und ich auf den Weg. Eine Pirsch zu Tagesanbruch ist immer ein Erlebnis. In der Nähe des Köders, auf der höher gelegenen Böschung des Flusses, verdoppelten wir unser Bemühen, leise zu sein. Bill und mein Mann robbten alleine weiter und spähten dann vorsichtig, von Gräsern und Büschen gedeckt, auf die Sandfläche hinaus. Leider war somit diese Aktion auch schon zu Ende, da in der Nacht die kräftigen Echsen das *bait* von der Eisenkette gezogen hatten.

Nun schon einmal unterwegs, meinte Bill, dass wir es weiter versuchen sollten, vielleicht ergab sich eine günstige Gelegenheit, ein Krokodil am Ufer in Schussentfernung auszumachen. So pirschten wir langsam den Luangwa entlang. Reiher und andere langbeinige Gesellen durchkämmten mit ihren Schnäbeln die flachen, über und über mit Wassersalat und Sumpflilien bewachsenen Seitenarme des Flusses. Die silbrigen Leiber kleiner Fische glänzten beim Springen im Morgenlicht. Auf einer Sandbank außerhalb jeder Schussentfernung konnten wir mit dem Glas eine Reihe großer Krokodile entdecken. Die naheliegenden Böschungen und Plätze aber, die laut Bill gerne von den Echsen bevölkert wurden, waren leer. Nur eine Herde Impalas flüchtete aufgeschreckt durch unser Kommen in das hohe Gras. Zeternd unterstützte ein auffliegender Kiebitz die entstandene Unruhe, und wir machten uns so rasch und leise, wie wir konnten, aus dem Staube. Unermüdlich pirschten wir weiter, mit klatschnassen Hosen und Schuhen, immer in der Hoffnung, doch auf ein Krokodil zu stoßen. Die urtümlichen Echsen sind außerordentlich scheu und empfindlich. Schon der kleinste Laut, ein rollender Stein oder eine flüchtige Bewegung im Gras lassen die träge wirkenden Gesellen blitzartig ins schützende Nass entschwinden.

So also robbten die beiden Jäger wieder einmal vorsichtig zu einer Böschung und spähten durch die Büsche auf die dahinterliegende Wasserfläche. Zwischen den Wasserpflanzen kaum erkennbar entdeckten sie endlich in ca. 80 bis 100 Meter Entfernung den gepanzerten Körper eines Krokodils. Das Tier lag einige Meter vom Ufer entfernt im Wasser, nur der Kopf war deutlich sichtbar.

Da alleine der Schuss ins Gehirn absolut tödlich ist, legte mein Mann liegend, gut getarnt durch Grasbüschel, seine .375 H&H an, nahm die Stelle hinter dem Auge ins Visier und drückte ab.

Im Schuss drehte sich der riesige Körper des Krokodils um die eigene Achse und klatschte unter Aufspritzen des Wassers wieder in den Sumpf. Abermals betätigte mein Mann nach dem raschen Repetieren den Abzug, und nach diesem Schuss versank das Tier unter den grünen Pflanzen.

Kaum war der Hall des Schusses verklungen, machte sich Bill eilig auf, um die Schwarzen und das Geländefahrzeug zu holen. Da die Pirsch so verlaufen war, dass wir in einem großen Bogen zum Camp zurückgekommen waren, müsste Bill in nicht allzu langer Zeit wieder bei uns sein. Es war nur zu hoffen, dass sich in der Zwischenzeit keine anderen Krokodile an den Kadaver heranmachen würden.

Gott sei Dank war das nicht der Fall, und bald hörten wir den Motor des LandCruisers. Aus den Gesichtern der Schwarzen konnten wir nur zu gut lesen, dass sie nicht überglücklich mit der ihnen zugedachten Ehre der Trophäenbergung waren. Die Hosen aufgekrempelt und bis zum Bauch im Wasser watend, dabei mit langen Stangen vor sich herstochernd, versuchten sie, im schlammigen Wasser das Krokodil zu ertasten. Mein Mann und Bill standen mit schussbereiten Waffen am Ufer und verfolgten aufmerksam das Geschehen.

Nach schier endlosen Minuten schrie einer der im Wasser stehenden Männer auf, und wir starrten gebannt auf die Szene. Mit der Spitze seines Stockes hatte er den leblosen Körper des Krokodils berührt, und unter Hilfe seiner beiden Kollegen machte er sich so rasch wie möglich an die Bergung. Am Schwanz ziehend und auf den Seiten schiebend brachten sie die Echse ans Ufer. Nun konnten wir sehen, dass der Koloss so seine vier Meter lang war. Einer der Schwarzen fuhr mit seinem Finger in das Auge des Tieres, anscheinend wollte er sichergehen, dass das Krokodil tatsächlich verendet ist.

Wenn ich mir so die beiden Schusslöcher — fingerbreit voneinander entfernt — am Kopf des Krokodils betrachtete, konnte ich mir Leben in dem Tier nicht mehr vorstellen. Bill jedoch band dem gepanzerten Ungetüm mit einem dicken Strick das furchterregende Maul zu, und erst dann ließ er uns die obligatorischen Aufnahmen machen. Unter Aufwand aller Kräfte verfrachteten anschließend die Männer den Koloss auf der Ladefläche, und wir machten uns auf den Heimweg.

Eine interessante und aufregende Pirsch hatte fürs erste ihr Ende gefunden. Wir sollten uns aber alle wundern, was da später auf uns zukommen würde.

Im Camp genehmigten wir uns ein ausgiebiges Gabelfrühstück. Vom Koch wurden wir mit allerlei leckeren Dingen verwöhnt, wie überhaupt die Verpflegung erste Klasse war.

Bei den Mahlzeiten am Abend bediente uns ein Schwarzer in blütenweißem Sakko und Handschuhen. Stets vorbildlich mit der einen Hand auf dem Rücken füllte er unsere Gläser nach, servierte köstliche exotische Speisen und erkundigte sich dienstbeflissen nach unseren Wünschen.

Als die zweite Hand auch weiterhin nicht zum Vorschein kam, wurde uns die Sache doch einigermaßen suspekt. Und wir gingen den Dingen auf den Grund. Ganz einfach! Das weiße Sakko des schwarzen Herrn war am Rücken von oben bis unten hin aufgerissen und benötigte deshalb die händische Unterstützung. Nadel und Zwirn wären wohl die bessere Lösung gewesen!

Außerdem erinnere ich mich auch an eine nette Begebenheit, als ich mir gerade von jenem Boy einen kühlen Drink servieren ließ. Auf meinen Wunsch hin brachte er mir ein Glas Tonic Water, und als ich mich gerade anschickte, das erfrischende Nass in meinen Mund zu kippen, glotzten mich die verwunderten Klupsch-Augen eines Frosches an. Mit seinen winzigen Saugnäpfen klammerte er sich an die Wände des Glases, und um ein Haar wäre er in meinem Hals gelandet. So aber vergönnte ich mir ein neues Glas und ihm ein Bad im Luangwa.

Gegen Mittag erschienen dann auch unsere Freunde im Camp. Günter hatte ebenfalls ein Krokodil geschossen, und er berichtete aufgeregt, dass dieses gut getroffen und mausetot auf der Heimfahrt fast die Ladefläche des Fahrzeuges zertrümmert hätte. Mit Urkraft begann der gezähnte Schwanz des Tieres plötzlich während der Fahrt zu schlagen, und nur das Öffnen der Ladeklappe verhinderte ärgere Schäden.

Während wir noch am Erzählen waren und die heißen Stunden der Mittagszeit nützten, um ein wenig zu rasten, kam plötzlich Bill zu unserem Tisch und sagte zu meinem Mann: „Komm, erschieße dein Krokodil, es geht gerade zum Fluss."

Wir lachten und fassten seine auf Englisch gesprochenen Worte als Witz auf. Doch er zupfte meinen Mann am Ärmel und meinte, dass die Sache keinesfalls ein Scherz sei. Nachdem bereits vier Stunden seit der Erlegung vergangen waren, mutete die Angelegenheit wirklich nicht sehr wahrscheinlich an, doch schließlich folgten wir Bill ungläubig auf den Häuteplatz, wo wir unser blaues Wunder erlebten.

Langsam, Schritt auf Schritt, den schweren Körper vorwärts schleppend, zog sich das tödlich getroffene Krokodil zum Fluss. Es war wirklich kaum zu glauben, zwei Schüsse ins Gehirn und trotzdem noch am Leben. Auch wenn wahrscheinlich die Nerven und Reflexe mehr den Ausschlag gaben. Jedenfalls feuerte mein Mann noch einen Schuss ab, in der Hoffnung, dass nun jegliches Leben aus der Echse gewichen war. Weit gefehlt. Noch immer trieb die Urkraft das prähistorische Tier weiter, worauf mein Mann resignierte und den Häuteplatz verließ.

Als er sich noch einmal kurz umdrehte, sah er, dass das Krokodil endlich doch verendet war.

So wie dieses Erlebnis, haben sich einige der damaligen Zambia-Safaris unauslöschlich in unser Gedächtnis eingeprägt: die erfolgreiche Jagd auf Büffel, Hartebeest, Puku, Impala und Krokodil und das meist lustige, ungezwungene Beisammensein mit den drei urigen Freunden.

Das Zusammentreffen mit einer großen Büffelherde während einer Pirsch, die uns umgebenden Wildrinder, das Blöken der Kälber und das durch Staub und Sand verzerrte Bild der dahinstürmenden Herde, bleibt ein weiteres unvergessliches Erlebnis.

Die Dosis des „bazillus africanus" hatte bereits so große Ausmaße angenommen, dass ein geeignetes Gegenmittel nicht mehr wirksam werden konnte. So verschrieben wir uns einige Monate später einen „Kuraufenthalt" in Ruanda.

Ich führe Sie in das Jahr 1985/86 zurück, mit der traurigen Gewissheit, dass diese schönen und eindrucksvollen Tage wirklich der Vergangenheit angehören, da die kriegerischen Ereignisse von 1996 das Paradies auf Generationen hinaus zerstörten.

BÜFFELJAGD IN RUANDA

Zwei helle Scheinwerferkegel tasten sich durch die Dunkelheit. Holpernd und knarrend bewegt sich unser Wagen die steinige Sandpiste entlang. Büsche, Gräser und Bäume erscheinen in bizarren, unwirklichen Formen vor unseren Augen. Aufgeschreckte Frankolinhühner retten sich flatternd in die undurchdringliche Nacht abseits der Straße. Ich lehne schlaftrunken und unfreundlich in einer Ecke des Wagens und friere. Es ist knapp nach fünf Uhr morgens, und nichts und niemand ist in der Lage, meine Stimmung im Moment zu verbessern.
Mein Mann, seinen Mannlicher Schönauer Kal. .458 zwischen den Knien, hockt mit steinernem Gesicht an meiner Seite. Den Hut tief in die Stirn gedrückt und seine Nase in den Jackenkragen vergraben, versucht er vergeblich, keine heftigen Atemzüge zu machen. Der Grund für seine anstrengenden Lungenübungen sitzt in Form von drei verdächtig nach Knoblauch und Zwiebel riechenden Schwarzen neben, vor und hinter uns im Wagen, womit eine hervorragende Zirkulation des Geruches gewährleistet ist.
Das deftige Essen vom Vortag lässt sich trotz peinlicher Sauberkeit unserer schwarzen Freunde nicht verheimlichen. Der beißende Rauch aus der aller Wahrscheinlichkeit mit zerstoßenem Kuhmist oder ähnlichem gefüllten, vorsintflutlichen Pfeife des alten Fährtensuchers hebt noch zusätzlich die morgendliche Übelkeitsskala.
Für meinen Mann, dem an und für sich schlechte Gerüche zu früher Stunde nicht gut bekommen, ist dies eine echte Qual, die er nur deshalb über sich ergehen lässt, weil er weiß, dass es bei Anbruch des Tages auf Büffeljagd geht.
Nach einer halben Stunde Fahrt sind wir im Jagdgebiet. Die Piste, auf der wir uns jetzt mit geringer Geschwindigkeit fortbewegen, bildet die Grenze zwischen dem Akagera-Nationalpark und dem Mutara-Jagdgebiet.

Die Dunkelheit der Nacht beginnt sich langsam aufzulösen. Ein blasser, farbloser Himmel schaut aufs Land herab. Wenn Afrika erwacht und einen neuen Tag ins Leben schickt, dann geschieht das stets auf wunderbare und eindrucksvolle Weise. Das Land beginnt zu sprechen, wenn die Nebel sich heben. Man spürt, dass Tod und Leben in diesem so schönen, aber auch grausamen Land nah nebeneinander stehen, wie Tag und Nacht. Und man fühlt, dass jede kommende Stunde voll erlebt werden will, so als wär's die letzte.
Der alte Fährtensucher beobachtet aufmerksam die Straße, die von unzähligen Spuren durchquert wird. Er versucht festzustellen, wo in der vergangenen Nacht Büffel vom Nationalpark in das Jagdgebiet übergewechselt sind. Erfahrungsgemäß halten sich viele der Büffel nur in der Nacht und am frühen Morgen im Jagdland auf und suchen dann untertags ihren Einstand im Nationalpark auf, der natürlich nicht bejagt werden darf.
Leise und gleichmäßig tuckert der Motor, und vorsichtig nimmt Viktor, der schwarze Fahrer, eine unübersichtliche Kurve. Unvermittelt senkt sich vor uns die Straße, und im Schritttempo fahren wir bergab in ein vom Nebel überdecktes Tal. Die Nachtfeuchtigkeit liegt noch schlaftrunken in den Riedgrasfeldern, und eine bewegungslose Stille breitet sich darüber aus.
Plötzlich teilen dunkle Schatten die Nebel und wir starren wie elektrisiert auf die schemenhaften Umrisse einer riesigen Büffelherde. Die wehrhaften Urrinder befinden sich nur wenige Meter abseits der Straße im Naturschutzgebiet und ziehen äsend dahin. Hin und wieder können wir zwischen ihren dunklen, massigen Körpern Madenhacker entdecken. Manchmal, wenn die milchigen Schwaden es zulassen, haben wir Gelegenheit, die Trophäen der einzelnen Tiere zu unterscheiden. Da sich der Wind jedoch plötzlich dreht, kommt Unruhe in die Herde.

Die Landschaft Ruandas besticht durch intensives Grün!

Ein vielfaches Schnauben leitet die Flucht ein, und ein Donner von Dutzenden von Hufpaaren beendet das morgendliche Schauspiel. Jetzt aber heißt es, an die Jagd zu denken. Dass diese Herde schon in den Akagera-Nationalpark übergewechselt ist, beunruhigt unseren Fährtensucher auf das Äußerste. Nach nur mehr kurzer Fahrt lassen wir Lenker und Auto zurück, und die Pirsch auf Büffel kann beginnen.

Wie immer bei unseren Jagdgängen in Ruanda marschiert vorne weg unser Fährtensucher, dann folgt mein Mann, und ich bilde mit einem jungen Träger den Rest der Truppe. Unser Weg führt stetig bergan, das Gras ist nass, und binnen weniger Minuten sind unsere Hosen bis über die Knie aufgeweicht. Das Gelände ist sehr unwegsam. Busch- und Baumgruppen versperren die Sicht. Fallweise zeigt mir ein Hufabdruck im nassen Erdreich, dass wir einer Büffelherde folgen. Allmählich schieben sich die Akazienbäume näher zusammen, und das feuchte Gras geht mir bis an die Hüften. Die Spannung wird immer größer und liegt wie eine elektrisch geladene Wolke über unseren Köpfen. Aufgeschreckt durch unser Kommen streicht ein Greifvogel lautlos durchs Geäst. Die ersten Sonnenstrahlen zersetzen die farblose Atmosphäre und breiten einen blassroten Schimmer über das frühmorgendliche Panorama. Und dann endlich wird unsere Pirsch belohnt. Auf ca. 80 Meter Entfernung erkennen wir einige dunkle Flecken in der dichtbewachsenen Landschaft. Der Wind steht gut, und der Büffeltrupp äst direkt auf uns zu. Vorsichtig pirschen der Fährtensucher und mein Mann näher an die Tiere heran. Seinen .458er ohne Glas feuerbereit in Händen versucht er, so rasch wie möglich den Leitbullen auszumachen und auf gute Schussdistanz zu kommen. Nach gewissenhafter Sondierung entscheidet er sich für einen ihm am stärksten erscheinenden Büffel und, kurz angestrichen an einer Schirmakazie, trägt er ihm auf ca. 60 Meter die Kugel an.

Wie es so oft in Afrika der Fall ist, hat der Wind zu kesseln begonnen, und eine spür-

Der Büffel nahm mich an — mit weiteren Schüssen kam er doch zur Strecke.

bare Unruhe innerhalb der Büffeltruppe hat ein rasches Handeln notwendig gemacht. Die Detonation zerreißt die Stille, und der Büffel fällt im Schuss. Die anderen Tiere gehen flüchtig ab und entschwinden unseren Blicken. Blitzschnell hat mein Mann repetiert, nach der ersten Vollmantel nun eine Teilmantel in die Kammer geschoben und sein Gewehr sofort wieder in Anschlag gebracht. Ich halte mich mit dem Träger in Deckung und verfolge gespannt das Geschehen.

Mit einem Mal wird der Büffel hoch, windet zu uns herüber und setzt sich unvermittelt in unsere Richtung in Bewegung.

Mit schreckensweiten Augen muss ich mitansehen, wie sich der Abstand zwischen ihm und dem Jäger rasch verringert. Fast meine ich, das dumpfe Donnern der Hufe auf dem weichen Boden zu vernehmen. Das Haupt erhoben stürmt der schwarze Koloss unaufhaltsam weiter. Die Sekunden werden zur Ewigkeit und lähmen mein Bewusstsein. Der zweite Schuss aus der schweren Büchse meines Mannes löst meine Erstarrung. Die Kugel stoppt den bereits verwundeten Büffel abermals und zwingt ihn in die Knie.

Wieder repetiert mein Mann sehr rasch die nächste Vollmantel in die Kammer. Den Lauf auf den wehrhaften Gegner gerichtet, erwartet er den nochmaligen Angriff. Mit Unbehagen stelle ich fest, dass sich der Schwarze an meiner Seite zum Sprung bereit gemacht hat. Er fixiert die in unserer Nähe stehende Akazie, und ich bin überzeugt, dass in der nächsten Sekunde die Flucht in die schützende Höhe derselben erfolgt. Klettern war noch nie meine Stärke, und ich hoffe, dass ich nicht auch zu dieser Rettungsmöglichkeit greifen muss. Inzwischen hat sich der schwer angeschlagene Büffel erneut erhoben und kommt im Schweinsgalopp auf meinen Mann zu. Förmlich im letzten Augenblick stoppt die vorletzte Kugel den — so scheint es — ungebrochenen Lebenswillen des Büffels. Nur ca. 15 Meter vor meinem Mann bleibt der wehrhafte Riese im Gras liegen. Ein letztes Mal hebt sich sein Haupt und ein langgezogener, durch Mark und Bein gehender Todesschrei beendet das Leben des Büffels.

Schwer legt sich die plötzliche Stille auf unsere Gemüter. Jeder von uns braucht einige Minuten, um die angestaute Spannung abzubauen. Ein stummer Blick und eine kleine Geste sagen in solchen Augenblicken oft mehr als viele Worte. Das zauberhafte Bild der Wildnis im Gegenlicht der Morgensonne bringt meine Gedanken allmählich wieder in ruhigere Bahnen. Der Wind kühlt meine erhitzten Wangen, und die Stimmen der Natur dringen stückweise wieder in mein Bewusstsein.

Mein Blick schweift vom erlegten Büffel zum jetzt schon tiefblauen Himmel und dann über die unendliche Weite des afrikanischen Busches, und eine unwahrscheinliche Dankbarkeit bemächtigt sich meiner. Eine Dankbarkeit dem Leben gegenüber, welches mir immer wieder die Gelegenheit bietet, all die Erlebnisse und Abenteuer nicht allein nur mit den Augen, sondern auch mit dem Herzen genießen zu können.

Auf Flusspferdjagd

Im Gegenlicht der aufsteigenden Morgensonne glänzen die Regentropfen auf den Papyrusstauden und Palmblättern. Das vergangene nächtliche Tropengewitter hat seine Spuren hinterlassen. Die dünnen Halme wiegen sich leicht im Wind. Über der Wiese liegt feiner Morgennebel. Kräuselnd steigt Rauch über den Hütten der Eingeborenen auf.

Hier am Rande des Dorfes, nahe dem Seeufer gelegen, hatten wir gestern unser Zeltlager aufgeschlagen. So primitiv dies auch sein mag, es ist zweckmäßig. Langsam beginnt reges Leben und Treiben im Dorf. Frauen in ihren bunt bedruckten Tüchern, barfüßig, mit beschwingtem, leicht einwärts gedrehtem Gang, schlendern zum Ufer. Neugierige Blicke treffen uns. Blitzweiße Zähne in einem offenen, schwarzen Gesicht lachen uns freundlich entgegen. Einige Männer kommen vom Fischfang zurück. Knirschend bohren sich die Boote in den Ufersand. Die meisten von ihnen sind leck, und das Wasser steht knöcheltief. Die Fischer werfen ihre Beute ans Ufer. Die glitzernden Leiber zucken noch. Ein junger Bursche in zerrissenen Shorts und einer wollenen Strickmütze beginnt sie auszuwaiden und zu schuppen.

Mücken schwirren über dem Wasser. Zwei Mädchen kommen mit großen Kanistern ans Ufer. Dort, wo das Wasser von unzähligen Fußpaaren aufgewühlt ist, tauchen sie diese unter. Der Mpanga-See bietet Speis und Trank. Dann legen sich die jungen Frauen ein aus Bananenblättern gebundenes Kränzchen auf das Haupt und heben nun geschickt den Behälter darauf. Grazil und kerzengerade geht es zurück zu den Hütten. Zwei semmelgelbe, dünne Hunde balgen sich im Sand.

Bevor die aufsteigende Sonne noch ihre ganze Kraft entfalten kann, sind mein Mann und ich fertig zum Aufbruch. Sein Gewehr, ein Mannlicher-Schönauer Kal. .458 Win.Mag., und meine Kamera liegen griffbereit. In wenigen Minuten geht es los auf Flusspferdjagd. Noch warten wir auf unseren erfahrenen, alten Fährtensucher, der uns schon auf so vielen

Flusspferdjagd — verbunden mit einer Fahrt in einem schwankenden Boot

Jagden in Ruanda begleitet hat. Die Träger und ein ortskundiger Führer haben sich bereits eingefunden. Dann ist es so weit. Die kleine Karawane setzt sich in Bewegung.
Nur wenige Meter hinter dem Dorf liegt unberührter Sekundärurwald. Auf tief ausgetretenen Trampelpfaden der Flusspferde marschieren wir dahin. Kurze, offene Grasflächen wechseln mit Baum- und Buschgruppen. Dazwischen recken hohe, schlanke Palmen ihre Kronen in den dunstigen Himmel. Der feuchte Atem des Dschungels lässt die Konturen der Umgebung wie ein Aquarell verblassen. Manchmal trägt der Wind das leise Plätschern des Sees an unser Ohr, während unsere Füße zeitweilig schlürfend im Morast versinken. Ein riesiger, abgestorbener Baum reckt seine nackten Arme aus dem Busch empor. Mit mächtigen Flügelschlägen lässt sich eine Schar Geier auf ihm nieder. Auch die unförmigen Marabus, ein paar Meter weiter, lassen sich durch uns nicht stören.
Vorsichtig weist uns der Einheimische den Weg. Ein nun immer wieder ertönendes Schnauben und Blasen zeigt uns an, dass wir näher an das Wasser herangekommen sind. Die ersten Flusspferde melden sich. Hin und wieder gibt der Papyrus den Blick auf den See frei. Der Ruf des Schreiseeadlers begleitet uns.
Wir befinden uns nun im Urwald. Ein unbeschreibliches Gefühl bemächtigt sich unser. Umgeben von Palmen, Lianen und Blütenzweigen bahnen wir uns einen Weg. Der morsche Stamm eines umgestürzten Baumes versperrt den Durchgang. Der Boden ist modrig und gibt unter unseren Tritten nach. Spinnen und anderes Getier krabbeln darin umher. Doch wir haben nur Augen für das wundervolle Licht- und Schattenspiel. Wo auch immer unser Blick hinfällt, entsteht ein Bild romantischer Schönheit. Die Kombination zwischen absterbendem, moderndem Zerfall und aufkeimendem, neu erblühendem Leben ergibt die völlige Harmonie einer restlos intakten Umwelt.
Vorsichtig pirschen wir am Seeufer dahin. Immer häufiger tauchen aus der blauen, spiegelnden Wasserfläche die Flusspferde kurz empor, um dann sofort wieder unter kraftvollem Schnauben unterzutauchen. Jetzt wird es schwierig, den besten Platz für die ideale Schussposition zu finden. Die Stelle soll einen möglichst freien Ausblick auf den See und doch genug Deckung bieten. Danach heißt es warten und hoffen, dass auch ein recht guter Bulle ins Blickfeld gerät. Aus Berichten der Dorfbewohner wissen wir, dass in dieser Lagune ein kapitaler Bulle seinen Einstand haben soll, welcher die Fischer in ihren Booten schon öfter attackiert hatte. Erst wenige Tage zuvor sind drei Männer beim Fischfang ums Leben gekommen.
Nun beginnt einer der Schwarzen eigentümliche, hohe Lockrufe auszustoßen. Und wirklich! Noch hören wir das Flusspferd weit draußen im offenen Wasser. Doch mit jedem Auftauchen kommt es allmählich näher. Mein Mann macht sich bereit. Sein Gewehr liegt schussbereit an einer Sumpfpalme angestrichen. Er wird nur ganz kurz Zeit finden, das kleine Ziel zu erfassen und zu schießen. Gespannt blicken wir aufs Wasser. Leicht kräuseln sich die feinen Wellen.
Da teilt sich mit einem Mal das Wasser, und ein graues, massiges Haupt mit kleinen Augen und Ohren hebt sich heraus, kaum 50 Meter vom Ufer entfernt. Das Blasen des Flusspferdes, das Zischen der Wasserfontäne geht unter im Donner des Schusses! Wo der Koloss im Nass versinkt, steigen Luftblasen zur Wasseroberfläche. Noch einmal taucht er für Sekunden empor, schlegelt und versinkt dann endgültig in der Tiefe.
Die spiegelnde Wasseroberfläche ist ruhig wie zuvor. Im Gegensatz zu unseren Schwarzen, die sich nun wie wild gebärden. Das gibt ein Händeschütteln und Schulterklopfen. Mit Freudengeschrei wird der Tod eines ihrer schlimmsten Feinde zur Kenntnis genommen.
Nachdem sich die Aufregung ein wenig gelegt hat, machen wir uns auf den Rückweg. Wir können hier nichts weiter tun, da es nun ungefähr ein bis zwei Stunden dauern wird, bis das Flusspferd durch die Gärgase im drei-

teiligen Magen wieder an die Wasseroberfläche getrieben wird. Dann wollen auch wir in einem Boot auf den See hinausfahren, um bei der Bergung des Tieres dabei zu sein.

Auf dem Weg zum Dorf genießen wir noch einmal den Reiz der Umgebung und lauschen den Stimmen des Urwaldes. Als wir aus dem Schatten der urweltlichen Riesen treten, empfängt uns gleißendes Sonnenlicht. Unter lautem Gekreische verschwindet eine Horde Affen zwischen den Büschen. Wieder im Dorf angekommen werden wir auch dort mit großer Freude empfangen.

Nachdem wir uns mit einigen Schlucken aus dem entkeimten Wasservorrat ein wenig erfrischt haben, lassen wir uns im Schatten eines großen Baumes nieder und beobachten das bunte Treiben der Eingeborenen. Mit viel Geschick verhandelt einer unserer schwarzen Freunde mit den Besitzern des Bootes. Wieder einmal werden wir Zeuge eines typisch afrikanischen Geschäftsrituals, bei dem es wie üblich laut und hektisch zugeht. Im Endeffekt sind jedoch beide Parteien zufrieden, und da nun auch fast zwei Stunden vorüber sind, steht unserer Bootsfahrt nichts mehr im Wege. Rasch werden noch die zerbrochenen, morschen Sitzbänke gegen halbwegs intakte Bretter ausgetauscht, und dann stoßen die Boote vom Ufer ab.

Langsam gleiten wir entlang der Papyruspflanzen aufs offene Wasser hinaus. Die Ruder der Bootsleute tauchen gleichmäßig ruhig in die schimmernden Fluten. Hinter jedem Boot bildet sich ein silberner Schweif im Wasser. Wir gleiten nun schneller dahin. Die Männer feuern einander durch wilde Zurufe an. Als wir uns der Stelle nähern, an der mein Mann das Flusspferd geschossen hat, werden die Boote wieder langsamer, und im Zick-Zack-Kurs beginnen die Schwarzen, das Ufer anzusteuern.

Mal nah, mal fern tauchen immer öfter graue Häupter aus dem See, um im nächsten Augenblick wieder unter einer Wasserfontäne in die Tiefe zu verschwinden.

Plötzlich, wie von Geisterhand getrieben, steigt der tote Flusspferdkörper an die Oberfläche.

Nach längerem Warten konnten wir mein Flusspferd aus der Nähe betrachten.

Während wir mit unserem Boot zurückbleiben, versuchen nun die Eingeborenen, das tote Flusspferd mit ihren Bootsleibern einzukeilen und vorwärts zu schieben. Vorsichtig beobachten sie dabei die umliegende Wasserfläche. Wo auch immer Luftblasen auftauchen, versuchen sie, dieser Stelle auszuweichen. Die Blasen zeigen an, dass sich dort ein Flusspferd unter Wasser befindet. Wir alle hoffen, dass wir das erlegte Stück ohne ernstliche Zwischenfälle bergen können.

Es ist fast nicht möglich, die Euphorie der schwarzen Menschen zu schildern, als dann endlich das verendete Flusspferd am Ufer liegt. Das ganze Dorf hat sich wie zu einem großen Fest versammelt. Auch aus den benachbarten Dörfern haben sich Schaulustige eingefunden. Bald machen sich einige Männer daran, das Tier zu zerwirken. Was sich uns daraufhin als Schauspiel bietet, entbehr

Die Bergung des Flusspferdes ist für die Bewohner der umliegenden Dörfer eine willkommene Gelegenheit, frisches Fleisch zu erhalten.

wohl jeder denkmöglichen Vorstellung. Jeder möchte ein Stück davon haben, kaum einer ist mit dem ihm zufallenden Teil zufrieden. Eine unheimliche Spannung liegt in der Luft. Aber nicht nur das! Alsbald auch penetranter Geruch. In der prallen Sonne beginnt das Fleisch rasch zu verwesen.

Da die fortgeschrittene Stunde des Tages ohnehin mahnt, an einen raschen Aufbruch zu denken, machen wir uns daran, das Zelt abzubrechen und unser Gepäck im Wagen zu verstauen. Vor uns liegt noch eine lange und anstrengende Fahrt. Inzwischen haben die Eingeborenen das massige Haupt des Flusspferdes vom Rumpf abgetrennt, und wir bewundern alle die kapitalen Zähne des alten Flusspferd-Bullen.

Dann heißt es Abschied nehmen. Hinter uns liegt ein aufregendes und unvergessliches Abenteuer. Wieder einmal nehmen wir ein wundervolles Stück Afrika-Erinnerung in unseren Herzen mit nach Hause. Wenn in wenigen Stunden die Sonne im See versinkt, werden wir schon viele Kilometer von hier entfernt sein. Das Leben im Dorf wird morgen seinen gewohnten Lauf nehmen. Unser Leben aber wird geprägt sein von all den wundervollen Eindrücken, die wir dem schwarzen Erdteil, seinen Menschen, Tieren und Pflanzen abgewinnen konnten.

EXPEDITION ZU DEN BERG-GORILLAS IM RUHENGERI-NATIONALPARK

Ein langer Tag anstrengender Fahrt und interessanter Ereignisse liegt hinter uns. Die Bilder der abwechslungsreichen Landschaft, die Eindrücke und Erfahrungen mit den Eingeborenen haben sich tief in unseren Herzen festgesetzt. Noch liegt der betäubende Duft von Eukalyptus in unseren Nasen, doch nun haben wir bald das Ziel unserer Reise erreicht.

Die Schatten werden immer länger, die Temperatur beginnt merklich zu sinken. Wir verlassen die Hauptstraße, und der Wagen rumpelt über eine holprige Sandpiste dahin. Von dicken Wolkendecken verhangen, bietet sich uns plötzlich zum ersten Mal der Blick auf die Vulkanberge des Ruhengeri-Nationalparks. Vor zwei Millionen Jahren erloschen, übermitteln uns die mächtigen Lavariesen einen schaurig-überwältigenden Eindruck.

Das plötzliche Grau in Grau der Umgebung, die flimmernde Luft, die förmlich dem kommenden Regen entgegenzittert, lässt uns rasch nach einem Lagerplatz Ausschau halten. Unser Fahrer hat auch bald den am Fuße des Karisimbi gelegenen Campingplatz erreicht. Hier im Nationalpark ist es uns leider nicht gestattet, inmitten der unberührten Natur zu campieren.

Da bereits die ersten Regentropfen fallen, nehmen wir das notwendige Übel jedoch gerne in Kauf. Die Zeltplätze sind rundum überdacht, und so können wir sicher sein, dass unser Tropenzelt vor den afrikanischen Wassermassen gut geschützt ist.

Wir sind von den vergangenen Tagen her sommerliche Temperaturen gewöhnt, daher fährt uns die zunehmende Kälte beträchtlich in die Glieder. Die dicken Pullover, die wir vorsorglich immer in unserer Ausrüstung haben, leisten uns alsbald gute Dienste. Ein tiefer Schluck aus der Kognak-Flasche trägt rasch dazu bei, dass uns auch von innen her eine wohlige Wärme durchrieselt. Schlimmer ist Viktor, unser schwarzer Fahrer, dran. Seine dunkle Haut verträgt solche niedrigen Temperaturen offensichtlich bei weitem

Im Kreis der rauchenden Frauen wird Trennendes auf unsichtbare Weise verdrängt.

schlechter. Er hat sich schlotternd vor Kälte in das sogenannte Klubhaus des Camps zurückgezogen und ertränkt seinen frierenden Kummer in einer Flasche Bier nach der anderen.

Als wir nach geraumer Zeit zu ihm stoßen, sind seine Augen schon ziemlich trübe, und sein Mundwerk geht wie geschmiert. Wir bestellen uns Fleisch am Spieß und aus Solidaritätsgründen jeder eine Flasche Bier, der jedoch im Laufe des Abends noch einige folgen sollten.

In meinen wenigen verbleibenden lichten Augenblicken denke ich mit Schrecken an den morgigen Tag und an den eigentlichen Zweck unseres Aufenthaltes im Camp. Wie wir gehört haben, soll der Aufstieg zu den hier im Nationalpark lebenden Berggorillas sehr anstrengend und kraftraubend sein. Mir bleibt nur die Hoffnung, dass der feuchtfröhliche Abend nicht allzu viel Energie von uns gefordert hat, sodass wir das kommende Abenteuer in voller Frische genießen können. Auch ein alkoholumwölktes Gehirn gibt einmal den Befehl zum Schlafen an den dazugehörigen Körper weiter. So tapsen wir in tiefschwarzer Nacht zu unserem Zelt, nachdem wir Viktor noch ein paarmal darüber hinweggetröstet haben, dass er heute ohne zu duschen in sein Bett im Gästebungalow kriechen muss. Wahrscheinlich hätte er den Kälteschock nicht überlebt.

In unserem Zelt ist es ungemütlich kalt, der Boden ist schief, und spät ankommende Gäste im Lager lassen uns lange keinen Schlaf finden.

Der folgende Morgen macht alles wieder gut. Der Himmel strahlt in tiefstem Blau, die Sonne lässt die Tautropfen im Grase leuchten, und die Luft ist erfüllt von Vogelgezwitscher. Zwar steht die Quecksilbersäule noch immer recht tief, doch der fortschreitende Morgen lässt uns die baldige Wärme erahnen.

Der 4507 Meter hohe Karisimbi zeigt sich von seiner schönsten Seite. Noch liegen Teile von ihm in tiefem Schatten, sein Gipfel jedoch nimmt voll die frühen Strahlen der Sonne entgegen. Ein paar weiße Flockenwölkchen durchstreifen den Himmel. In bester Stimmung machen wir uns fertig zum Aufbruch. Noch einmal kontrolliere ich meine Kamera und vergewissere mich, dass ich auch genügend Filmmaterial in der Jackentasche habe. Da wir für den unwegsamen Aufstieg sicher beide Hände brauchen werden, möchte ich mich nicht mit unnötigem Gepäck belasten. Pünktlich ist Viktor, der den gestrigen Abend erstaunlich gut überstanden hat, zur Stelle. Er bringt uns mit dem Wagen zum vereinbarten Treffpunkt, wo Eingeborene unsere Führung zu den Berggorillas übernehmen.

Jede Expeditionsgruppe muss sich streng nach den geltenden Vorschriften richten, wenn sie in das Naturschutzgebiet eindringt. Der Nationalpark ist 18.000 ha groß und besteht bereits seit dem Jahre 1925. In ihm haben die letzten bekannten Berggorillas ihre Zufluchtstätte gefunden. Man schätzt ihr Vorkommen auf ca. 400 Stück. Die Tiere ernähren sich ausschließlich von Pflanzen, die Männchen werden bis zu einem Meter siebzig groß und erreichen ein Gewicht bis über 200 kg.

Unter ortskundiger Leitung der einheimischen Schwarzen ist es erlaubt, in kleinen Gruppen die Tiere aufzuspüren und eine Zeit lang — rund eine Stunde — zu beobachten. Wir bekommen genaue Informationen, wie wir uns beim Zusammentreffen mit den Gorillas zu verhalten haben. Dann sind alle Vorbereitungen getroffen, und für uns beginnt eines der größten Abenteuer unter Afrikas Sonne.

Während unseres Aufenthaltes im Virunga-Gebiet haben wir vom gewaltsamen Tod einer engagierten Forscherin namens Dian Fossey gehört. Mit den näheren Umständen nicht vertraut, maßen wir der Mitteilung keine besondere Bedeutung zu.

Erst Jahre später, durch den erfolgreichen Film „Gorillas im Nebel" über eben diese Primatenforscherin, wurden wir uns der Tatsache bewusst, dass damals ein „Stückchen Filmgeschichte" in unserer Anwesenheit geschrieben wurde. Die Umstände um den mysteriösen Tod der jungen Frau sind eigentlich bis heute nicht ganz geklärt.

Die hautnahe Begegnung mit den Riesen des Regenwaldes hat bei uns nachhaltige Eindrücke hinterlassen.

Der Aufstieg zu den am Fuße der Vulkane gelegenen Bambusurwäldern erfolgt über dunkles, lavahältiges Felsgestein. Vorüber an runden Strohhütten der Eingeborenen, begleitet vom freundlichen Lächeln der Kinder und gereiztem Kläffen der Hunde marschieren wir bergan.

Auf den Mais- und Kartoffelfeldern arbeiten die Frauen aus den umliegenden Hütten. Der Wind zeichnet sanfte Wellen in die großen Felder einer weißen, margaritenähnlichen Pflanze, genannt Pyrethrum, aus der ein in der Natur abbaubares Insektenschutzmittel erzeugt wird.

Die letzten Hütten liegen nun weit zurück, die grüne Wildnis hat uns eingefangen. Die Luft ist erfüllt vom Summen der Insekten, das starke Licht der Sonne brennt in unseren Augen. Keuchend kämpfen wir uns über Erde und Geröll bergan, bis uns eine undurchdringlich scheinende Blätterwand den Blick versperrt. Ein Hieb mit der Machete gibt den Weg frei, und wir tauchen ein in die dahinterliegenden dunklen Tiefen des Urwaldes. Der plötzliche Übergang von grellem Tageslicht in die matte Dämmrigkeit schockiert unser Auge. Wir brauchen Sekunden, um uns an die diffusen Lichtverhältnisse zu gewöhnen. Die auffallende Stille bringt unsere Erregung zum Steigen. Dumpf klingen unsere Schritte auf dem weichen Waldboden.

War bis jetzt unser Weg schon steil und der Marsch beschwerlich, so beginnt nun ein Aufstieg unter allergrößten körperlichen Anstrengungen und Qualen. Unsere Lungen, die ein Atmen in solchen Höhen und unter derartigen Belastungen nicht gewohnt sind, arbeiten auf Hochtouren. Der Schweiß rinnt in unsere Augen, und die Kleider kleben förmlich am Leibe. Auf allen Vieren schlagen wir uns weiter durch die Büsche. Mit den Händen, die bald Spuren der unbarmherzigen Behandlung zeigen, ziehen wir uns an Lianen und Ästen weiter. Unsere Füße berühren kaum mehr den Boden. Über verschlungenes Astwerk und ineinandergeflochtene Lianen führt unser Weg. Schaukelnd und schwankend mühen wir uns weiter, manches Mal ist der Waldboden einen Meter unter uns. Dornen zerreißen unsere Kleider, und eine drückende Schwüle belastet unseren Kreislauf. Klatschend arbeitet sich die Machete des Schwarzen durch die Büsche. Ich bin fast am Ende meiner Kräfte, und auch meinem Mann und seinem Freund steht die Erschöpfung ins Gesicht geschrieben.

Als ich schon fast glaube, jetzt könnte ich keinen Schritt mehr weiter, erreichen wir eine kaum 20 Quadratmeter große Lichtung, wo wir uns ermattet auf den Boden fallen lassen. Ich bin im Moment gar nicht fähig, irgendetwas in der Umgebung wahrzunehmen. All meine Sinne sind abgeschaltet, und ich habe nur den einen Wunsch, ruhig und kräftig Luft schöpfen zu können. Dank meiner guten Kondition verlangsamt sich mein Pulsschlag allmählich wieder.

Der umliegende dichte Bambusurwald gibt einen kleinen Blick frei hinunter ins Tal. Wie Spielzeug sehen die Häuser der Eingeborenen aus, und wie Pünktchen die Menschen. Unsere Führer reißen mich aus meinen Betrachtungen. Wir seien ganz knapp an die Gorillas herangekommen, und wir müssen versuchen, sie bald einzuholen, da die Tiere rasch weiterwandern und das Gebiet immer unwegsamer wird. Einer hinter dem anderen verschwinden wir zwischen den Bambusstämmen, und die Lichtung liegt wiederum einsam und verlassen da.

Die angekündigte Nähe der Tiere macht uns wachsam und lässt uns angespannt nach den Gorillas Ausschau halten. Wir haben alle keine bestimmte Vorstellung davon, unter welchen Umständen wir die Affen antreffen werden. Doch als dann das Ereignis eintritt, ist es so unerwartet und plötzlich, dass es uns keine Zeit zum Überlegen lässt.

Wieder haben wir eine lichtere Stelle im Urwald erreicht. In schwacher Form sickert das Tageslicht durch die Baumkronen. Der Boden ist voll von Gorillalosung, und mit einem Mal hören wir ein kräftiges Knacken in den Ästen. Magisch angezogen richten wir unsere Blicke nach oben. Da hängt zum Greifen nahe ein junger Gorilla an einem Ast. Völlig zwanglos schaukelt das Affenkind, sich nur mit einem Arm festhaltend, ober unseren Köpfen in den Blättern. Neugierig äugt das Kleine zu uns und zeigt weder Furcht noch Scheu.

Sekunden später haben wir den nächsten Artgenossen im Bild. Zwei schwarze, haarige Arme teilen die Büsche, und ein fragender Blick aus zwei dunklen Augen trifft uns. Wir starren gebannt auf den Gorilla, der da kaum zwei Meter von uns entfernt am Boden steht. Den Instruktionen der Schwarzen folgend, ducken wir uns eng zusammengekauert ins Gras und versuchen, jede auffällige Bewegung zu vermeiden. Der Affe hat jedoch bereits sein Interesse an uns verloren und verschwindet aus unserem Gesichtsfeld.

Den Eingeborenen auf den Fersen machen wir uns an die Verfolgung. Das Knacken und Brechen in den Büschen wird wieder lauter. Die Blattwand öffnet sich abermals, und inmitten strahlenden Sonnenscheines haben wir eine Gruppe von sechs Gorillas vor uns. Die Tiere hocken oder liegen arglos im Blattwerk und fressen die jungen Bambussprossen. Wir amüsieren uns köstlich über die Art und Weise, wie sie sich dabei anstellen.

Die eine Hand bricht den Zweig mit den Blättern ab und führt ihn zum Maul. Die andere Hand packt ihn und zieht ihn zwischen den Zähnen durch, um ihn sodann als blattlosen Stängel achtlos fallen zu lassen. Dasselbe Spiel wiederholt sich pausenlos, und während sich die kleinen Äuglein fallweise genießerisch schließen, furzen sie laut und ungeniert, was das Zeug hergibt.

Hingebungsvoll lausen einander zwei erwachsene Gorillas gegenseitig ihr schönes, glänzendes Fell, und einige Junge spielen und toben zwischen den ausgewachsenen Tieren umher. In hockender Stellung bringen uns die

Führer bis auf Reichweite an die Gorillas heran, wo wir uns sodann niederkauern. Die Affen scheinen gar keine Notiz von uns zu nehmen. Der Eingeborene gibt ab und zu kehlige Laute von sich und macht somit den Tieren wahrscheinlich verständlich, dass wir in friedlicher Absicht gekommen sind.

Man kann kaum das Gefühl beschreiben, welches man empfindet, wenn Mensch, Tier und Natur so eins geworden sind, wie hier in diesem Augenblick.

Wie auf ein unhörbares Kommando kommt mit einem Mal Unruhe in die Gruppe. Ein Gorillababy erhebt sich schwankend auf seine Hinterbeine und macht mit den Armen die typischen Trommelbewegungen auf seiner Brust, wobei es das Gleichgewicht verliert und tollpatschig ins Blattwerk taumelt. Die anderen Tiere verlassen nun langsam ihre Ruheplätze. Mühelos überklimmen sie eine hohe Blätterwand und sind bald unseren Blicken entschwunden.

Was für Affen eine Kleinigkeit ist, muss dem Menschen jedoch erst gelingen. Auch wir wollen über die Büsche hinüber, doch nur mit gegenseitigem Heben, Ziehen und Schieben schaffen wir den Übergang. Ziemlich erschöpft falle ich auf der anderen Seite auf ein Gewirr aus Blättern und Ästen und tappe mit den Händen auch gleich voll in eine Gorillalosung hinein.

Dann stockt mir der Atem. Zum Greifen nahe habe ich den riesigen Rücken eines männlichen Gorillas vor mir. Der breite, silberne Streifen zeigt mir, dass es sich um ein altes Tier handeln muss. Der Gefahr in diesem schaurig-schönen Augenblick gar nicht bewusst, hocke ich mich auf den Boden und versinke ganz in den Genuss dieses herrlichen Erlebnisses.

Der Schwarze gibt wieder seine kehligen Laute von sich, und diesmal gibt ihm der alte Silberrücken Kontra. Tief und grollend kommt die Antwort aus seinem mächtigen Brustkorb. Nie wieder werde ich den Augenblick vergessen, als sich dieses herrliche Tier umdreht und nur in voller Größe, Angesicht zu Angesicht, vor mir steht. Ein solcher Anblick lässt allzu deutlich erkennen, wie klein und hilflos der Mensch sein kann. Doch der Riese ist friedlich. Genüsslich frisst er weiter und lässt sich — wie alle seine Artgenossen — von uns nicht stören.

Um mich versinken Zeit und Raum, und ich genieße voll den Zauber der Stunde. Kein Wunder, dass die Zeit so schnell vergeht, und als der Silberrücken nach einem kurzen Blick in unsere Richtung in undurchdringlichem Dickicht verschwindet, wird mir schmerzlich das Ende unseres Abenteuers bewusst.

Der Abstieg geht rasch vor sich. Keiner von uns spricht auch nur ein Wort. Nur langsam finden wir wieder in die Wirklichkeit zurück. Mir wird klar, dass mit Ende dieses Erlebnisses auch unser Aufenthalt in Ruanda seinen Abschluss gefunden hat.

Afrika hat seit jeher schon seine Anziehungskraft auf uns ausgeübt. Ein solches Erlebnis jedoch, wie es jetzt hinter uns liegt, vertieft unsere Liebe nur noch mehr, und es ist eines ganz gewiss, dass es immer wieder ein nächstes „Abenteuer Afrika" geben wird.

Genussvoll werden die Blätter verzehrt.

Verlorenes Paradies!

Wie schnell vergeht doch die Zeit. Meine Frau, mein alter Jagdkamerad Günter und ich bestiegen die SABENA-Maschine nach Ruanda, um unsere bisher schönste und aufregendste Safari zu erleben. Mir kommt es vor, als wäre es gestern gewesen. Jeden Tag habe ich noch genau in Erinnerung, obwohl noch weit mehr als ein Dutzend Afrikareisen dieser viele Jahre zurückliegenden gefolgt sind. Damals war Ruanda den meisten Menschen unbekannt, und auch ich habe diesen „Geheimtip" von meinem verstorbenen Freund Prof. Ernst A. Zwilling nur durch Zufall erhalten, weil eine geplante Kamerunreise geplatzt war. Heute kennt Ruanda jedes Kind, leider, denn die Umstände, die es bekannt gemacht haben, sind sehr traurig. Ein grausamer Bürgerkrieg hat Ruanda in die Schlagzeilen gebracht. Menschen, die vielleicht einmal Freunde waren, schlachten einander ab wie Vieh, tausende Flüchtlinge, Hunger, Angst, Seuchen, all dieses Elend überschattet heute das einstige Kleinod im Herzen Ostafrikas.

Was ist wohl aus meinen treuen Freunden geworden? Meinen unermüdlichen Trackern, die dem Stamme der Hutus angehörten, oder Viktor, unserem jungen Chauffeur und Dolmetscher, einem sympathischen Tutsi, der uns allabendlich mit seinen Aufklärungen über die landesüblichen Sexualpraktiken beglückte? Vielleicht sind sie alle schon tot. In unseren Erinnerungen werden sie aber ewig leben, so wie die Erlebnisse mit Büffeln, Berggorillas und Flusspferden.

Ich hatte damals zwei Lizenzen gekauft und war somit berechtigt, auch zwei Büffel zu erlegen.

Es war am frühen Morgen, wir standen auf einer kleinen Bergkuppe und beobachteten, wie eine gut 100 Kopf zählende Büffelherde langsam in Richtung ihrer Tageseinstände, dem nahegelegenen Akagera-Nationalpark, zog.

Endlos breitete sich die tiefergelegene Ebene vor uns aus. Kleine Nebelfetzen lagen noch über dem nassen Riedgras. Den Feldstecher an meine Augen gepresst, musterte ich jedes Stück, bis ich den mir am größten erscheinenden Bullen erspäht hatte. Ein schussbarer, alter Recke, der am Ende dieser Herde äsend dahinzog. Die Entfernung betrug ca. 300 Meter. Die einzige brauchbare Deckung war eine Akazie mit Sträuchern, die sich ungefähr auf halbem Wege befand. Diese versuchten wir nun unbemerkt zu erreichen. Voran ging mein Tracker, dann folgte ich, und das Schlusslicht bildete Günter.

Mir erschien es endlos, bis wir die Deckung erreichten, doch es klappte. Noch immer war die Formation der Büffel unverändert. Der Wind stand gut, und sie hatten unser Näherkommen nicht bemerkt. Vorsichtig spreizte ich meine bewährte Schussgabel, um das Gewehr aufzulegen, doch da tippte mir Günter auf die Schulter und bot mir an, doch seine Waffe zu benützen.

Normalerweise bin ich kein Freund von solchen Experimenten, doch in diesem Fall nahm ich dankend an. Der Grund für diesen Tausch ist einfach erklärt. Ich führte damals einen Mannlicher Schönauer Kal. .458 Win. Mag. ohne Glas und mein Freund eine 9,3 x 64 mit 8fachem Zielfernrohr. Dies würde meine Chancen erheblich verbessern. Gesagt, getan. Ich legte die 9,3 auf die Gabel, und das Fadenkreuz suchte den Büffel. Doch noch bevor es das Blatt erreichte, brach der Schuss. Schuld an diesem Unglück war der Stecher, den meine Afrikagewehre alle nicht besitzen. Ich bekam einen ordentlichen Schlag und sah nur noch die hochflüchtig abgehende Herde. Meine Freunde meinten, gefehlt, aber das wollte ich nicht so recht glauben, denn wenn auch schlecht, aber ich war bereits drauf.

Und ich sollte Recht behalten, denn schon bald setzte sich der beschossene Bulle mit sechs weiteren von der Herde ab und zog in

In dem mittlerweile zerstörten Paradies Ruanda hatten wir traumhafte Erlebnisse.

einen tiefergelegenen Akazienwald. Gott sei Dank in die entgegengesetzte Richtung, denn wäre er noch weiter mit der Herde gezogen und in den Nationalpark gewechselt, wäre er für immer verloren gewesen und elend verendet. Also folgten wir rasch der kleinen Gruppe und schnitten ihr den Weg ab. Im Laufschritt hatten wir sie bald eingeholt.

Nun hockten wir völlig deckungslos im Riedgras ungefähr 50 m vor den Akazien und wussten eigentlich nicht recht, was wir tun sollten. Die ganze Angelegenheit war nicht ungefährlich, denn gegen sieben Büffel hätten wir keine große Chance gehabt.

Die Lage verschärfte sich, als ein einzelner Bulle heraustrat und prüfend zu uns verhoffte. Doch das Glück war auf unserer Seite. Er drehte ab und flüchtete mit seinen fünf Kameraden aus dem Wald.

Der angeschweißte Büffel aber blieb zurück. Nun, es blieb mir nichts anderes übrig, als vorsichtig in den Wald zu gehen, wenn er mir schon nicht den Gefallen tat, herauszukommen. Nun stand ich hinter einem Busch und hörte den Büffel schnauben, sehen konnte ich ihn nicht. Ich überlegte, wie ich die Sache am besten angehen sollte, doch diese Entscheidung wurde mir abgenommen. Ich hörte ein Knacken und sprang aus meiner Deckung. Jetzt sah ich den Büffel, keine 20 Schritt vor mir. Ich riss die .458 hoch und schoss auf den Trägeransatz. Augenblicklich sackte der Recke zusammen und verendete an Ort und Stelle mit einem langgezogenen Todesschrei, ein Augenblick besonderen Erlebens für jeden Büffeljäger.

Jetzt kam auch Günter mit unseren schwarzen Trackern nach. Gemeinsam betrachteten wir die stattliche Trophäe des alten Bullen und freuten uns, dass die Sache gut ausgegangen war.

Nun, wer weiß! Vielleicht kommen die Menschen in Ruanda wieder einmal zur Vernunft und begraben ihre Waffen. Dann wird auch der Tag kommen, wo es wieder einen guten Wildstand gibt, und neue Jäger werden aufbrechen in das Land der grünen Hügel, in das verlorene Paradies Ruanda.

AUF WILDSCHWEINJAGD IN TUNESIEN

Stürmisch donnert die Brandung ans Ufer. Der Wind klatscht die letzten Regentropfen der vergangenen Nacht an die Scheiben. Ein blassgelber Streifen am Horizont kündigt den frühen Morgen an, und der in der Bucht von Bizerta vor Anker liegende Hochseedampfer beginnt sich aus dem Dunkel abzuheben.

Das Frühstück ist nur eine Angelegenheit von wenigen Minuten, und kurze Zeit später werden wir vom Direktor des Hotels „Club Dido" und dessen Freund, einem Geschäftsmann aus Bizerta, mit freundlichem Handschlag begrüßt. Ein Landrover und ein Suzuki warten abfahrtbereit und mit laufendem Motor in der Einfahrt, und nachdem die Herren ihre Schrotflinten und Jagdausrüstung verstaut hatten, kann es losgehen zur Wildschweinjagd.

Leider muss ich erwähnen, dass es anfänglich Schwierigkeiten mit der Einhaltung und Durchführung der von uns bereits in Wien gebuchten und bezahlten Jagdtage gegeben hat. Dem persönlichen Einsatz des Hoteldirektors ist es zu verdanken, dass dann doch noch zwei schöne und interessante Jagdtage möglich waren.

In Tunesien ist es Vorschrift, dass bei Drückjagden mindestens sechs Personen beteiligt sind. Da außer meinem Mann und einem befreundeten Jäger jedoch kein Jagdgast anwesend war, hätte die Jagd ins Wasser fallen müssen, und wir wären mit der nächstmöglichen Maschine nach Wien zurückgeflogen, was für das uns vermittelnde Reisebüro nicht ohne Folgen geblieben wäre.

So aber wurden wir vom Direktor des Hotels persönlich zu einer Jagd in ganz privatem Rahmen eingeladen. Da die Tunesier sich gerne dem Waidwerk widmen, war es für ihn nicht schwierig, einheimische Geschäftsleute zum Mitmachen zu gewinnen.

Wir verbrachten somit den Neujahrstag und den darauffolgenden Samstag in wirklich bester Gesellschaft. (Einheimische dürfen nur an Feiertagen und Wochenenden jagen.) Als den Jägern auch noch eine finanzielle Rückvergütung garantiert wurde, war somit aller Ärger bald vergessen.

Heute, am zweiten Jagdtag, verlassen wir die unmittelbare Umgebung von Bizerta, und unser Weg führt uns das stürmische Meer entlang ca. 25 Kilometer in Richtung Tunis. Noch verdunkeln schwere Regenwolken den Himmel, doch vereinzelt blinzelt schon die blaue Farbe hervor.

Unterwegs halten wir kurz an einem Lebensmittelladen, wo unsere beiden tunesischen Begleiter die Verpflegung für die Treiber besorgen. Das „herrschaftliche Menü" wurde vom Direktor bereits im Hotel zusammengestellt und in Frischhalteboxen verwahrt.

Nach dieser kurzen Unterbrechung setzen wir die Fahrt fort, um bald darauf in einen Seitenweg einzubiegen. Über tiefe Schlaglöcher geht es rumpelnd ins Gelände hinein. Ein alter Karren mit „Pferdeantrieb" und einer zerlumpten Gestalt als Kutscher kommt uns entgegen. Schreiend spielen einige Kinder am Straßenrand, zwei Frauen in knöchellangen, schwarzen Mänteln stehen an einem verfallenen Haus und beobachten uns neugierig. In weiten Kurven geht es langsam zwischen Pinienblumen bergauf.

Noch bevor wir die Treiber sehen, hören wir ihre Hunde bellen. 20 verwegen aussehende Männer haben sich um ein Lagerfeuer versammelt. Nachdem sie unser ansichtig werden, erhebt sich einer der Ihren und kommt auf uns zu. Höflich begrüßt er die Jagdherren. Bald darauf beginnt ein gestenreiches Palaver. Wie es scheint, geht es nur um die Durchführung der einzelnen Triebe. Nach wenigen Minuten löschen die Männer das Feuer und dringen mit ihren Hunden, ungefähr zehn an der Zahl, in den Wald ein. Bald ist nichts mehr von ihnen zu sehen.

Inzwischen ist noch ein drittes Auto samt Insaßen zu uns gestoßen. Herzliches Händeschütteln ist wieder einmal die Folge. Die Einheimischen umarmen einander dabei, wie es hier so der Brauch ist. Die angekommenen drei Männer sind ebenfalls höhergestellte Persönlichkeiten aus Bizerta. In ihrer wilden Jagdkleidung wirken sie dabei gar nicht so nobel. Die Patronengurte hängen vornüber, die bärtigen Gesichter sind in die Mantelkrägen vergraben und die Schirmmützen tief in die Stirn gezogen.

Wir begeben uns noch einmal kurz in die Fahrzeuge und sind schließlich nach wenigen Minuten am endgültigen Ausgangspunkt der Jagd. In alle Richtungen erstrecken sich die hügeligen Weiten. Die Pinienwälder mit teilweise sehr starkem Unterholz sind in Abständen durch sandige, ca. 30 bis 40 Meter breite Rinnen unterteilt. Gedrungenes Buschwerk und Gräser bilden den Bewuchs. Im weichen Boden sind viele Saufährten zu erkennen. Ansonsten ist der Sand häufig von Ziegen-, Schafen- und Rinderhufen aufgewühlt.

Inzwischen hat der düstere Himmel einem strahlenden, tiefen Blau Platz gemacht. Es ist zwar kühl und noch recht windig, doch die frische Luft ist angenehm und macht so richtig munter. Hin und wieder dringt das weit entfernte Kläffen eines Hundes an unser Ohr. Die Jagdgruppe marschiert flott einen dieser erwähnten Sandstreifen entlang. Die Flinten sind geschultert oder werden lässig in der Hand getragen. Mein Mann führt einen Remington-Automaten im Kaliber 12.

Unsere Gruppe besteht also aus sechs Jägern, und außer mir sind noch zwei Begleitpersonen anwesend, die französische Freundin eines der Tunesier und der 10-jährige Sohn des Hoteldirektors. Der Kleine marschiert munter drauf los, in der Hand trägt er ein Luftdruckgewehr und im begeisterten Gesicht die Freude über das Dabeisein.

Dann geht es zum Anstellen der Jäger. Wir spüren, dass alles sehr ruhig und routiniert vor sich geht. Jeder Schütze erhält seinen Stand, wobei zwischen den einzelnen Plätzen jeweils ca. 30 Meter Abstand gelassen wird. Diesmal wird meinem Mann der vorletzte Stand zugewiesen. Den Blick unverwandt in den Wald gerichtet und das Gewehr schussbereit mit Brennecke geladen heißt es nun, der Dinge harren, die da kommen mögen. Leider ist das Buschwerk so dicht, dass er keinen Einblick — nicht einmal ein paar Meter weit — hat. Auch zaust der Wind so in den

Ein für tunesische Verhältnisse erfolgreicher Jagdtag

Blättern, dass ein aufmerksames Horchen kaum Erfolg verspricht.

Nun ertönt das Signal zum Beginn der Jagd. Ein Feuerwerkskörper explodiert, und deutlich sind die Laute der Hunde zu vernehmen. Gespannt verfolge ich das Geschehen. Nichts tut sich. Unsere Nachbarn starren ebenso ergebnislos zwischen die Stämme. Langsam kommen die Hunde näher. Auch das Schreien der Treiber wird immer lauter. Die Spannung steigt. Jetzt detonieren rasch hintereinander die „Kracher". Der Hetzlaut der Hunde wird intensiver. Ein weißer, zottiger Vierbeiner zieht kläffend aus dem Unterholz, macht einen Bogen und verschwindet wieder zwischen den Bäumen.

Die Unruhe wird immer stärker. Da fällt in einiger Entfernung der erste Schuss. Na also, leider kann ich nichts Genaues sehen. Plötzlich ein dunkler Fleck, der rasch zwischen den Blättern hervorbricht und flüchtig den freien Streifen überqueren will. Doch leider ist die Sau viel zu weit entfernt. Im selben Moment, als mein Mann die Flinte wieder sinken lässt, kracht neben uns ein Schuss. Der tunesische Nachbar konnte seine Chance wahrnehmen, und mit einem letzten Quieker liegt die Sau im Feuer.

Es dauert noch geraume Zeit, bis die ersten Treiber in den Reihen der Jäger erscheinen. In der Zwischenzeit ist auch kein Schuss mehr gefallen.

Als das Signal „Trieb aus" gegeben wird, kommt das geordnete Bild durcheinander. Von allen Seiten kommen die Treiber, die Hunde laufen mit hängender Zunge umher, und die einzelnen Jäger suchen den jeweiligen Nachbarn, um zu berichten und zu erfahren. Zwei Überläufer sind gefallen. Für den ersten Trieb am Tag gar kein schlechtes Ergebnis.

Doch die Pause währt nur kurz. Da und dort rauchen noch ein paar Zigaretten, man berät sich, wie es weiter geht, und dann folgt auch schon der Abmarsch der Treiber, voraus zum nächsten Revierteil.

Die Jagdgesellschaft folgt in einigem Abstand, und bald haben wir den nächsten Sandstreifen erreicht, wo der Jagdleiter den einzelnen Schützen die Plätze zuweist. Analog wie beim ersten Mal ertönt das Signal zum Start, und nach ungefähr einer Viertelstunde hören wir die ersten Hetzlaute der Hunde.

Mit ihrem Näherkommen steigt auch wieder die Spannung. Obwohl es in den Büschen im Umkreis meines Mannes oft raschelt, kommt er auch diesmal nicht zu Schuss. Die Wildschweine suchen sich in den benachbarten Linien der anderen Jäger ihren Durchschlupf, und das Ergebnis dieses Triebes sind wieder zwei Sauen.

Da jeder Trieb ca. eine Stunde dauert, ist es jetzt schon später Vormittag. Gott sei Dank hat der Wind nachgelassen, der Himmel strahlt durchwegs in reinem Blau, und die Sonne wärmt auch schon ein wenig.

Kurze Zeit später beginnt der dritte Trieb. Es ist erstaunlich, wie müde man nur allein vom Stehen sein kann. Das ruhige Verharren am selben Fleck ist anstrengend und geht ganz schön ins Kreuz.

Die Rufe der Treiber kommen langsam näher, deutlich ist der Laut der Hunde zu hören. Plötzlich in meinem Rücken ein Geräusch, ich fahre herum, und da glotzt mich eine neugierige Kuh vom gegenüberliegenden Waldrand an. Ein mehrmaliges Brechen von Ästen und dann steht die ganze Herde im Freien. Erst als einige Jäger mit Ästen und Steinen nach ihnen werfen, bequemen sich die Rinder, wieder im Dickicht zu verschwinden.

Diese kurze, ungewollte Unterbrechung konnte jedoch die Aufmerksamkeit meines Mannes nicht mindern. Mit anschlagbereiter Flinte versucht er, mit den Augen das Dickicht vor sich zu durchdringen. Irgendwo zwischen den Büschen muss die Sau stecken. Immer wieder raschelt es. Die Hunde sind ihr dicht auf der Fährte, die Hetzlaute ganz nah. Die Spannung hat ihren Höhepunkt erreicht, und da wird es der Sau in ihrer Deckung zu viel. Wie der Blitz schießt sie etwa 20 Meter rechts von meinem Mann aus dem Wald und sucht ihr Heil in der Flucht.

Der Schuss kracht. Die Sau zeichnet, geht

aber flüchtig ab. Der zweite Schuss meines Mannes geht leider ins Leere, die Entfernung war jetzt doch schon zu groß. Der braune Wuz verschwindet zwischen den gegenüberliegenden Pinien.

Eine Minute später sind die Hunde da. Sie ziehen geradewegs auf der frischen Fährte, und wenig später hören wir sie Standlaut geben. Da der Jäger seinen Stand nicht verlassen darf, können wir nur unruhig auf das Bellen der Hunde vertrauen. Jetzt fällt auch noch etwa 100 Meter weiter ein Schuss und kurz darauf noch einer.

Da die Hunde wie verrückt bellen, läuft der Jagdleiter mit schussbereiter Waffe in den betreffenden Waldteil. Die Hunde geben unentwegt Standlaut, da plötzlich kommt aus der Richtung ein Schuss.

Was ist passiert? Nach einigen Minuten sind die Hunde still. Die Ruhe ist unheimlich. Wo ist der Jagdleiter geblieben?

Kurz darauf kommt das Signal „Trieb aus". Auch die Hunde versammeln sich nunmehr bei ihren Besitzern. Mit hängender Zunge und zitternden Lefzen liegen sie zu ihren Füßen. Einer der Vierbeiner hat auch eine Verletzung abbekommen. Sein weißes Fell ist ganz schweißig. Ob ihn eine Sau angenommen hat? Doch was ist nun mit dem Jagdleiter und dem Wildschwein meines Mannes geschehen. Nach endlos währenden Minuten bekommen wir Gewissheit.

Als der Tunesier zu den Hunden gekommen war, lag die Sau bereits. Gerade wollte er die Hunde daran hindern, diese anzuschneiden, als er hinter sich ein lautes Grunzen hörte. Blitzartig drehte er sich um und hatte einen angreifenden Keiler vor sich. Der rasche Schuss ging fehl, die Sau jedoch machte darauf kehrt und zog ab. Trotz rascher Verfolgung konnte er sie leider nicht mehr erwischen.

Inzwischen ist die Mittagszeit herangekommen. Wir sind müde und hungrig, und jeder freut sich auf die verdiente Rast. Langsam marschieren wir zurück zu den Autos. Unterwegs wird eifrig diskutiert, und alle sind über den guten Jagderfolg froh.

Unkonventionelle Bringung des Wildes

Bei den Fahrzeugen angekommen, werden die Frischhalteboxen geöffnet und die vielen leckeren Dinge ganz ungezwungen auf den Motorhauben ausgebreitet. Da gibt es kaltes Hühnchen und herrlichen französischen Käse, gebratenes Fleisch, Baguettes, gekochte Eier, Obst und hervorragenden Wein zum Hinunterspülen.

Die Mannschaft ist ausgelassen und in fröhlicher Stimmung. Ein besonderes Hallo gibt die Ankunft des mit der Jagdbeute beladenen Landrovers. Die erlegten Schweine türmen sich auf der Kühlerhaube, und selbstverständlich lässt man die Gläser klingen.

Zum Abschluss der Mittagspause gibt es noch ein lustiges Zielschießen auf aufgestellte Flaschen.

Die Treiber mit ihren Hunden lagern um ein Feuer, genießen nach der ihnen reichlich gebotenen Verpflegung die Verdauungszigaretten und sammeln Kraft für die kommenden Triebe.

Leider ist diese Jagd bis heute unsere einzige im nördlichen Afrika geblieben. Aber wer weiß? Vielleicht stehen wir wieder einmal in den Sanddünen und blicken auf das tosende Meer, wenn es heißt „Jagd frei"!

ZIMBABWE, LAND AM ZAMBESI

Das Land zwischen „Mosi oa Tunya" (tosender Randi), so nannten die hier lebenden Eingeborenen das Naturwunder, das uns heute unter dem Begriff „Victoria Falls" bekannt ist, und dem Limpopo Fluss im Süden, der die Grenze zu Südafrika bildet. Dieser afrikanische Staat, der bis 1980 Rhodesien hieß, benannt nach dem Führer der British South Africa Company, Cecil Rhodes, der 1889/90 mit Siedlern und Truppen das Land eroberte, Zimbabwe, gehört heute zu den interessantesten Jagdländern Afrikas. Allein deswegen, weil der Jäger hier die Möglichkeit hat, die „Großen Fünf/Vier" zu bejagen. Diese klassischen Großwildsafaris finden meist im Norden bzw. Westen des Landes statt.

Aber auch Jäger, die sich für eine Farmjagd entscheiden, werden nicht enttäuscht sein. Die viele tausend Hektar großen Gebiete beinhalten oft eine bunte Palette an Plains Game, besonders hervorzuheben ist der oft gute Bestand an Sable-Antilopen. Aber auch Großwild kann unter Umständen erfolgreich bejagt werden.

Gerade auf Leopard hat der Jäger in manchen Gegenden hervorragende Chancen.

Und wer sich vor oder nach der Jagd noch etwas Zeit nimmt, sollte nicht versäumen, die grandiosen Victoria Falls, den Lake Kariba oder die 1000 Jahre alten Zimbabwe Ruins zu besuchen.

Auch wir richteten es immer so ein, dass wir einige Tage „ohne Gewehr" durch das Land reisten. Und ich muss sagen: Es war jedesmal wieder schön.

So fuhren wir in den späten achtziger Jahren gemeinsam mit Kurt Z. und seiner Frau Hanni das erste Mal nach Zimbabwe. Kurt ist seit vielen Jahren in Tanzania als Berufsjäger tätig, und als wir uns einmal in Wien zufällig bei meinem Präparator trafen, erzählte er mir, dass er für die kommende Saison einen Partner in Zimbabwe habe, dessen Gebiet bekannt für gute Sables sei. Die Entscheidung war rasch gefallen, und so kam es, dass wir einander einige Monate später am Flughafen in Harare zur Begrüßung die Hände schüttelten.

Nach einem gemütlichen Abend im Hotel Cresta fuhren wir am nächsten Morgen in unser Jagdgebiet. Die dreistündige Fahrt in Richtung Nord-Westen auf der guten Straße verging im Nu.

Im Camp wurden wir bereits von unserer Crew erwartet. Dixon, unser Koch, servierte einen Begrüßungsdrink, den wir unter der strohgedeckten Veranda in vollen Zügen genossen.

Es war ein herrlicher Platz. Das Camp, bestehend aus einigen Strohhütten, einer Dusche und einem gemütlichen Feuerplatz, war auf einem Berg gelegen, inmitten üppiger Mopanewälder. Von dort blickte man weit ins Land über endlose grüne Hügelketten, die sich am Horizont verloren.

Wir waren mitten im Jagdgebiet, und ich brannte schon darauf, die Gegend zu erkunden. In diesem Revier gab es nahezu keine Wege für das Auto, und so marschierten wir jeden Tag direkt von unseren Hütten aus los. Es war eine herrliche, sportliche Jagd, und ich genoss sie in vollen Zügen.

Jeden Tag durchstreiften wir stundenlang die Mopanewälder, und so manches Jagderlebnis wird mir immer in Erinnerung bleiben. So auch das folgende.

Es war früher Morgen, die Sonne stand noch tief, gerade hatten wir das Camp verlassen. Unser Weg führte uns bergab in Richtung Osten. In der Talsohle angekommen durchquerten wir ein ausgetrocknetes Flussbett, in dessen Sand noch frische Fährten von Kudu, Pavian und sogar von einem mächtigen Leoparden zu sehen waren.

Dieser Kerl schlich jede Nacht um unser Lager, und sein heiseres Brüllen war zum Greifen nahe. Doch, was wir auch taten, er

In den Urwäldern am Mwenezi River konnte ich den lange ersehnten Nyala nach anstrengender Pirsch erlegen.

wollte mich nicht. Die feinsten Leckerbissen von Affe bis Schwein wurden seinerseits „nicht einmal ignoriert". Obwohl Kurt ein erfahrener Katzenjäger ist, konnte auch er sich dieses Verhalten nicht erklären.

Ich hatte schon viele erfüllte Jagdtage hinter mir. Ein Sable, eine uralte Elandkuh mit gewaltigen Hörnern, ein Duiker, Schakal und vieles mehr waren schon mein. Und so glich unsere Pirsch eher einem unverbindlichen Spaziergang mit jagdlichen Ambitionen.

Ich genoss diese Wanderungen, die uns immer wieder durch größere Graseinschlüsse führten. Plötzlich blieb Kurt stehen. Jetzt sahen wir es alle: Neben uns im Gras, keine 50 Schritte entfernt, bewegten sich vier rotbraune Rücken äsend auf die Büsche zu. Buschschweine. Kein Zweifel.

Ich nahm meine .375er langsam von der Schulter, entsicherte leise und backte an. Das Fadenkreuz auf das größte Stück gerichtet, machte ich den Finger krumm. Kaum hatte die Kugel den Lauf verlassen, war die nächste Patrone in der Kammer, und abermals krachte mein Mauser.

Jetzt kam Bewegung in die Szene. Die beiden unbeschossenen Stücke gingen hochflüchtig ab, die anderen zwei lagen im Feuer. Meine Freude war riesig. Vor mir lagen ein kapitaler Keiler und eine Bache.

Cambo und Jannuary, meine schwarzen Begleiter, waren außer sich vor Freude. Auch Kurt gratulierte mir zu meinem nicht alltäglichen Waidmannsheil.

Einige Tage später, es war so gegen 9 Uhr, und wir hatten bereits einige Kilometer hinter uns, überquerte unsere kleine Karawane eine abgebrannte Grasfläche, auf der schon wieder frisches Grün zu sprießen begann. Mitten auf diesem völlig deckungslosen Berghang blieb Cambo, der als erster ging, wie versteinert stehen und zeigte zu dem dicht verwachsenen Flusslauf im Tal. Und wirklich, dort bewegte sich ein rotbrauner, gut rehgroßer Fleck in Richtung Schilf. Der Blick durchs Fernglas gab Gewissheit: eine Buschbock-Geiß. Völlig vertraut äste sie langsam ziehend von uns weg. Doch da waren noch zwei weiße Punkte, nicht weit von der Geiß entfernt, die nicht zur Landschaft gehörten. Der Bock — fast nicht zu erkennen, nur die zwei weißen Flecken in seinem Gesicht hatten ihn verraten. Die gläsernen Enden seines gedrehten Gehörns ließen auf ein reifes Alter schließen. Ein prachtvolles Wild, das schon durch seine heimliche Lebensweise fasziniert.

Irgendwie hatte er etwas spitz gekriegt und begann, in das Schilf einzuziehen. Die Chancen standen schlecht, aber einen Versuch war es wert. Jetzt musste es schnell gehen, noch wenige Sekunden, und der Buschbock würde verschwunden sein. Ich legte meinen .375er bei Kurts Schulter auf, die Entfernung betrug knappe 100 Meter, und betete, dass der Bock kurz still stehen möge.

Jetzt — ich trug dem Wild schräg von hinten die Kugel an. Noch im Augenblick des Schusses wusste ich, dass ich eine Spur zu weit hinten abgekommen war. Diese wenigen Zentimeter genügten, um anstatt ins Leben in den Pansen zu treffen. Verflucht, hätte ich doch nicht geschossen!

Aber zu spät, jetzt hieß es handeln. Bock und Geiß verschwanden blitzartig in dem Schilfdschungel. Sofort waren wir am Anschuss, und da war auch schon der erste Schweiß. Schritt für Schritt bahnten wir uns einen Weg durch das scharfe und harte Schilfgras. Nach kurzer Zeit waren unsere Hände zerschnitten, bei jedem Schritt blieb man irgendwo hängen, ja oft war es notwendig, Halt zu machen, sich zu entwirren, um wieder vorwärts zu kommen.

So konnten wir nicht weitermachen. Das hatte keinen Sinn, wir standen uns nur gegenseitig im Weg. Also beschlossen wir, getrennt zu gehen. Kurt und Cambo umschlugen den Platz von rechts, Jannuary und ich folgten der Schweißspur. In regelmäßigen Abständen verständigten wir uns durch Pfiffe, denn das Spiel war nicht ungefährlich.

Hoffentlich geht unsere Rechnung auf, dass der Bock in Kurts Richtung flüchten würde. Endlos erschien mir diese Prozedur, und wie eine Erlösung vernahm ich den dumpfen Knall aus Kurts Doppelbüchse und danach seinen lauten Pfiff.

Da bemerkte ich erst, dass wir bestenfalls 20 m voneinander getrennt waren! So schnell ich konnte, eilte ich zu ihm.

Kurt hatte aus der Hüfte auf 1 m Entfernung geschossen.

Er freute sich über den Bock und vor allem, dass die Sache gut ausgegangen war. Wir setzten uns neben das erlegte Wild und machten eine Verschnaufpause. Cambo und Jannuary fertigten einstweilen aus Baumrinde Streifen an, um den Bock in alter afrikanischer Manier über einen Stock gebunden abzutransportieren.

Am Abend im Camp saßen wir noch lange um das Lagerfeuer bei unserer letzten Flasche Rotwein.

So ging die Jagd zu Ende, und wir konnten auf schöne und erfüllte Wochen mit unseren Freunden zurückblicken.

Anschließend besuchten wir im Norden des Landes den Mana-Pools-Nationalpark, wo wir Gelegenheit hatten, unzählige Elefanten zu beobachten und natürlich auch zu fotografieren. Das Schöne an diesen Parks ist, dass man sich frei bewegen kann, nicht so wie im Touristenparadies Kenia. Wir campierten zum Beispiel am Ufer des Zambesi, wo ich mich auch als Fischer versuchte. Aber leider ohne Erfolg. Im Gegenteil, fast hätte ich ein unfreiwilliges Bad genommen.

Ich stand am Ufer und hielt inbrünstig meine Angel in der Hand in der Hoffnung, dass sich die Rute bald unter der Schwerlast eines Riesenfisches biegen würde. Brav hatte ich alle Ratschläge der Einheimischen befolgt, was den Köder betraf: von frischer Leber bis zur Seife. Aber nichts tat sich.

Da rief mir plötzlich Kurt zu, der ca. 40 m rechts neben mir auf einer Erhöhung stand: „Hinter dir steht ein Elefant!" Ein blöder Witz, dachte ich und drehte mich mehr aus Höflichkeit um. Aber es war kein Witz. Ich stand in einer Senke, die offensichtlich ein Elefantenwechsel war. Jetzt war guter Rat teuer. Vor mir ein krokodilverdächtiger Fluss, und keine 30 Schritte hinter mir ein mächtiger Elefantenbulle.

Ich fuchtelte mit der Angelrute und schrie den Elefanten an. Der — sichtlich verwundert über das kleine, hässliche Wesen, das ihm den Weg versperrte — betrachtete mich noch einige Sekunden, um dann gelangweilt kehrt zu machen und im Busch zu verschwinden.

Aber anstatt mir Beistand zu leisten, bogen sich meine lieben Freunde vor Lachen und klopften sich vor Schadenfreude auf die Schenkel. Na ja, wie heißt es so schön: Wenn du solche Freunde hast, brauchst du keine Feinde mehr.

Zwei Jahre später lernte ich Chris kennen. Einen sympatischen Südafrikaner, der mit einer Österreicherin verheiratet ist und die Hälfte des Jahres in Österreich lebt. Die andere Zeit arbeitet er als Berufsjäger und Outfitter auf seiner eigenen Farm in Südafrika. Heute sind wir nicht nur sehr gute Freunde, sondern auch jagdliche Partner. Wenn es meine Zeit erlaubt, helfe ich ihm manchmal bei der Betreuung von Jagdgästen und betätige mich als Fremdenführer.

Damals aber hatte er noch keine eigene Farm und jagte mit seinen Gästen auf einer großen Farm (30.000 ha) in Zimbabwe.

Das Jagdrevier lag am Mwenezi River. Dieser Fluss führt zwar in der Trockenzeit kein Wasser, jedoch ist der Boden feucht genug, sodass breite Streifen dichter Urwaldvegetation die Ufer säumen. Und genau diese sollten das jagdliche Betätigungsfeld der nächsten Wochen für mich werden.

Hier hatte viel interessantes Wild, wie Buschbock, Wasserbock, Leopard, Ducker und — was mich besonders reizte — der Nyala, seinen Einstand. Ein Nyala stand

Die Erlegung eines Buschschweines ist meist vom Zufall abhängig.

schon lange auf meiner jagdlichen Wunschliste, aber der kommt eben nur in gewissen Gebieten vor. Und das war eines davon.

Jeden Tag durchstreiften meine Frau, mein Fährtensucher Leviers und ich die Urwälder am Mwenezi River. Die Urwaldjagd ist eine anspruchsvolle Jagd, die viel Schweiß kostet, aber unvergessliche Eindrücke hinterlässt. Diese Art der Jagd muss man mögen, sonst wird sie zur Qual, denn die jagdliche Ausbeute ist eher gering, es ist vielmehr die Spannung, jeden Moment auf Wild zu stoßen, die den Reiz ausmacht.

Eines Morgens, es war 5 Uhr 30 Früh, stand Chris mit seinem LandCruiser vor unserem Baumhaus. Diese Unterkunft bestand aus einer großen, geräumigen Hütte, die am Flussufer in einen mächtigen Baumriesen hineingebaut war. Über eine Holztreppe erreichte man die Räume, die nach allen Seiten offen waren und nur durch ein Netz vor unliebsamen Besuchern geschützt waren. Es war sicher die originellste und schönste Unterkunft, die wir je in Afrika bewohnt hatten. Es verlieh einem das Gefühl, mit der

Natur zu verschmelzen, denn auch die wilden Tiere hatten sich längst an das Holzgebilde in der Baumkrone gewöhnt, und so gehörten Besuche von Affen, Geckos und allerlei Vögeln zum normalen Alltag.

Der Rucksack mit Proviant, Fotoausrüstung und Kleinigkeiten sowie die Waffen wurden am Auto verstaut, und es konnte losgehen in einen von einem Fluss durchzogenen, entlegenen Revierteil, den wir zu Fuß durchpirschen wollten.

Wie immer verabredeten wir mit Chris einen Treffpunkt, wo er uns am Nachmittag wieder abholen sollte.

Kaum war das Auto hinter der nächsten Flussbiegung verschwunden, waren wir schon eingetaucht in das diffuse Licht des Urwaldes. Armdicke Lianen, die sich an riesigen Bäumen emporrankten sowie eine Vielzahl exotischer Pflanzen boten lohnende Motive für Irenes Kamera. Hin und wieder wurde der Wald auch etwas lichter, wo dann Borassus-Palmen und Schilf das Landschaftsbild prägten. Sie war märchenhaft schön, diese urweltliche Umgebung so fern der Zivilisation.

Ganz in Gedanken versunken, rannte ich förmlich auf Leviers auf, der vor mir ging und unverhofft stehen blieb. Er sagte nur leise: „Mister, Nyala, big bull!" Ja, ich sah ihn auch. Durch die dichte Vegetation konnte man das Wild immer nur für Augenblicke erkennen.

Der Nyala zog auf ca. 80 m nach rechts in den Hochwald, wo der Unterwuchs nicht so stark war. Ich machte mich bereit, und wenig später stand er frei. Das 19,4 Gramm KS-Geschoss tat ganze Arbeit. Die Schweißfährte war leicht zu halten, und bald standen wir vor dem bereits verendeten Nyalabullen. Überglücklich befühlte ich das gedrehte Horn mit seinen hellen Enden, das eine stattliche Länge aufwies.

Nachdem wir unsere Erinnerungsfotos gemacht hatten, versorgten wir das Wild. Die restliche Zeit nutzten wir nach einer gemütlichen Jause für eine Siesta und eine kleine Pirsch, bis uns Chris wieder abholte.

In den nächsten Tagen verlagerte ich meine Jagdgründe in eine andere Gegend, wo ich neben Warzenschweinen, Impalas und anderem Kleinwild noch Waidmannsheil auf einen uralten Elandbullen hatte. Ich glaube, dieser Bulle wäre, hätte ich ihn nicht erlegt, eine Stunde später an Altersschwäche gestorben. Es war ein riesiges Tier, aber völlig abgemagert. Auch das dicke, wuchtige Horn war einmal wesentlich länger, was mich aber in keiner Weise störte. Im Gegenteil, so ein Stück bekommt man nicht alle Tage. Es ist schon irgendwie komisch. Bei manchen Wildarten hat man einfach einen Segen, und bei anderen wiederum ist man vom Pech verfolgt. Ich habe bis jetzt drei Elands geschossen, und alle drei waren uralt und kapital. Ebenso habe ich bis jetzt drei Sables erlegt, die alle weit unter den Erwartungen blieben. Aber so ist die Jagd.

Nach Beendigung der Jagd am Mwenezi besuchten wir noch die Great Zimbabwe Ruins. Diese 1000 Jahre alten Steinzeugen sollte man gesehen haben, wenn es sich irgendwie einrichten lässt. Diese Ruinenstätte befindet sich in der Savannenebene südöstlich von Msvingo und ist sicher nach den Pyramiden Ägyptens die interessanteste archäologische Stätte Afrikas. Auf über 40 ha verstreut liegen die steinernen Reste einer ehemaligen Hochkultur.

Übrigens der Name „Zimbabwe" stammt aus der Shona-Sprache und bedeutet so viel wie Steinhäuser bzw. ehrwürdige Häuser. Und wer es liebt, bei Straßenhändlern verschiedene Skulpturen und Kunstgegenstände zu kaufen, kommt bei Reisen durch Zimbabwe voll auf seine Rechnung. Wir jedenfalls hatten bei der Heimreise stets mit Übergepäck zu kämpfen.

Im darauffolgenden Jahr entschlossen wir uns, abermals das Jagdgebiet am Mwenezi River aufzusuchen, ohne jedoch ein besonderes jagdliches Ziel vor Augen zu haben. Gleich bei unserer Ankunft auf der Farm erzählte mir Mannie, dass hier ein einzelnes Flusspferd sein Unwesen treibe, und ich

Der Inbegriff Afrikas!

solle es doch schießen. Dieses sei nämlich mit dem letzten Hochwasser heruntergetrieben worden und war von seinen Artgenossen seither getrennt. Es gab auch keine natürliche Möglichkeit, dass es wieder zurückfinden würde.

Zu einem baldigen Abschuss drängten ihn auch seine schwarzen Farmarbeiter, denn sie hatten jeden Tag Angst, wenn sie durch den Busch gehen mussten. So ganz unbegründet war diese Angst sicherlich nicht, jedoch wurde dieses Thema nach afrikanischer Art maßlos hochgespielt.

Eines war jedenfalls klar, Überlebenschance hatte das Flusspferd sowieso keine, da es ja kein Wasser mehr gab, und es wäre schade um das viele Wildpret, wenn es irgendwo verenden sollte.

Mannie hielt mir noch Vorträge über die Gefährlichkeit des Monsters, aber nachdem ich schon Flusspferde unter anderen Umständen geschossen hatte, horchte ich ihm einfach gar nicht zu. Ergriffen nickte ich nur alle fünf Minuten und dachte mir meinen Teil.

Am nächsten Morgen schnappte ich meine .458er, lud sie mit Vollmantel und ging mit Mannie zu dem ausgetrockneten Fluss. Bald stießen wir auf deutliche Trittsiegel, die landeinwärts in dichtesten Busch führten. Leicht konnten wir die Fährte halten, und es dauerte nicht lange, und wir standen vor einem Loch, das in das grüne Dickicht führte.

Jetzt begann ich die Sache doch ein wenig ernst zu nehmen, denn in diesem Terrain ist mit einem Flusspferd nicht zu spaßen. Inzwischen wartete meine Frau mit einem Schwarzen außerhalb dieser riesigen Buschinsel.

Ich montierte das Glas von meiner Büchse ab und kroch vorsichtig auf allen Vieren in den Grastunnel, gefolgt von Mannie, der unbewaffnet mehr moralischen Schutz bot. Meter um Meter krabbelte ich wie ein Kleinkind diesen Schlauch entlang.

Nach vielleicht 50 m vernahm ich ein lautes Rascheln, worauf ich mich niederkniete, um genau zu horchen.

Doch ich musste nicht lange warten. Wie eine Lokomotive wälzte sich das Flusspferd durch den schmalen Tunnel auf mich zu. Ich riss meinen Mannlicher hoch, zielte zwischen die Augen und schoss.

Mit einer unglaublichen Behändigkeit drehte das Flusspferd um und flüchtete in lichteren Bestand.

Wir brauchten wesentlich länger, um wieder ins Freie zu gelangen. Und was sah ich da? Meine Frau Irene und den Schwarzen auf einem Baum. Höchstens drei Meter vor ihnen führte die Todesflucht des Flusspferdes vorbei und in die nächste Buschinsel, in der wir es in kurzer Zeit bereits verendet fanden.

Die Bergung des Tieres war relativ einfach, da es sich auf Farmgelände befand und bald viele schwarze Hilfskräfte zur Stelle waren.

Mannie verarbeitete das gesamte Wildpret zu Biltong (Trockenfleisch). Am Ende der Safari hatten wir sogar noch die Möglichkeit, dieses zu kosten. Obwohl Irene und ich ausgesprochene Biltongliebhaber sind, hat uns dieses nicht geschmeckt, da Fleisch mit Fischgeschmack nicht auf unserer Linie liegt.

Ich habe mir als Andenken drei schöne Flusspferdpeitschen machen lassen, die jetzt im Vorraum unseres Hauses hängen. Daneben befinden sich auf einem Brett montiert die imposanten Zähne des „Trockenhippos".

Bei dieser Safari führte ich zwei Gewehre, einen .458er Steyr Mannlicher mit Schaftmagazin und einen .30-06 Mannlicher Schönauer, zwei herrliche Gewehre mit großer Geschichte. Sie gehörten einmal meinem Freund Prof. Zwilling, der sie mir schon zu Lebzeiten überließ.

Besonders die .30-06 war eines seiner Lieblingsgewehre, das ihn über viele Jahre in Kamerun begleitet hat. Nach langer Zeit der afrikanischen Abstinenz war es nun in meiner Hand, und wieder durchstreifte es den afrikanischen Busch, mit einem neuen Besitzer.

Es war der letzte Jagdtag, und wir beschlossen, noch eine ausgedehnte Morgenpirsch zu unternehmen. Über eine Stunde waren wir schon unterwegs, langsam fuhren wir das Flussufer des Mwenezi ab, um einen geeigneten Platz zu finden, wo wir unsere Fußpirsch starten konnten. Die Zeit war gut, denn jetzt wechselte das Wild vom ausgetrockneten Flussbett in den dahinterliegenden Busch, um sich von der Morgensonne wärmen zu lassen.

Gerade hatten ein starker Keiler und eine kleine Gruppe Impalas unseren Weg gekreuzt. Doch dahinter war noch etwas. Mannie stellte sofort den Motor ab, und bevor wir noch unsere Ferngläser zur Hand nahmen, ertönte von hinten leise die Stimme unseres schwarzen Fährtensuchers: „Big Waterbock!"

Mit einer Selbstverständlichkeit konnte er das sehen, was wir kurz darauf mit unseren Gläsern bestätigten.

Also los, der Wind passte, und die Tatsache, dass der Bock allein zog, ließ den Schluss zu, dass es sich um einen alten Einzelgänger handelte. Wasserböcke sind Herdentiere und Rudel von 20 Stück sind durchaus keine Seltenheit.

Wir verließen das Fahrzeug und versuchten, dem Wasserbock den Weg abzuschneiden. Doch es gelang nicht. Der Bulle zog, immer die Richtung wechselnd, durch den Busch. Wir hingegen liefen gebückt, so rasch es ging, von Baum zu Baum, in der Hoffnung, einmal einigermaßen freies Schussfeld zu bekommen.

Jetzt war schon gut eine halbe Stunde vergangen, und noch immer war es nicht möglich, einen sauberen Schuss anzubringen. Endlich zog der Bock auf eine freiere Fläche. Die Entfernung betrug gut 150 m. Ich strich an einem Baum an und ließ das 160-Grain-Silvertip-Geschoss aus dem Lauf.

Für meinen Geschmack war dies ein Grenzbereich für dieses Kaliber, auf dieses Wild, auf diese Entfernung. Der Bock zeichnete nur schwach. Im nächsten Augenblick quittierte er die zweite Kugel. Am Anschuss an-

Nach anstrengender Jagd genießt man die Abenddämmerung am Lagerfeuer.

gekommen zeigte sich viel Schweiß. Ein Blinder hätte die Schweißfährte gehalten, und doch dauerte es noch 45 Minuten, bis ich vor dem verendeten Wild stand. Beide Schüsse saßen gut im Leben, waren aber doch nicht sofort tödlich, was mich wieder darin bestärkte, ein Kaliber lieber eine Nummer größer als im Grenzbereich zu wählen, speziell auf das schussharte afrikanische Wild. Jedenfalls konnte ich zufrieden sein. Er stand meinem Wasserbock aus Ruanda nicht viel nach — und das war ein Bock der Spitzenklasse.

Zimbabwe in der Regenzeit

Es war unsere vorläufig letzte Reise nach Zimbabwe. Immer schon wollten wir dieses Land einmal auch während der Regenzeit bereisen. Außerdem war es uns somit möglich, drei Wochen der kalten Heimat zu entfliehen und diese gegen tropische Gefilde einzutauschen.

Mit von der Partie waren diesmal unser Freund Peter und Geschäftspartner Franz samt Frau und Tochter.

Von Wien-Schwechat ging es ab nach Harare und von dort anschließend weiter mit einem Buschflieger nach Masvingo. Natürlich mit Verspätung, wie könnte es auch anders sein in Afrika. Der Flug mit der einmotorigen Cessna über grünen, teilweise blühenden Busch war ein tolles Erlebnis, und der Anblick der ungewohnten Landschaft aus der Luft machte uns Appetit auf die kommenden Tage am Boden.

Wie abgemacht, erwartete Chris uns am Flughafen, und mit dem Auto ging es dann weiter auf die Farm von Mannie. Wie die Sardinen machten wir fünf es uns auf der mit Matratzen ausgelegten Pritsche des Toyotas gemütlich, nicht ohne vorher wohlweislich Peter, den Kettenraucher, nach vorne, an die Seite von Chris zu verbannen. Wir schwitzten ganz schön in unserer Blechkajüte. Ob von der Temperatur oder vom Whisky, den wir uns als Reisebegleiter auserkoren hatten, lässt sich heute nicht mehr sagen.

Die uns vertraute Gegend von Edenvale-Ranch am Mwenezi empfing uns in saftigem grünen Kleid, und sogar im sonst trockenen Flussbett stand abschnittsweise Wasser. Franz und seiner Familie überließen wir natürlich das uns schon einmal als Unterkunft dienende Baumhaus, und wir, mein Mann und ich, machten es uns im „Chita-Haus" gemütlich. Peter wurde in der „Leoparden-Höhle" einquartiert.

Bei einer gemeinsamen Rundfahrt durch das Revier erkannten wir bald, dass in diesem dichten grünen Busch die Pirsch weit schwieriger als in der Trockenzeit sein würde. Nur Franz, der ja noch nie in Afrika unterwegs war, hatte die Aufgabe, sein jagdliches Können unter Beweis zu stellen.

Peter verbrachte seine Tage meist mit sich alleine in der Wildnis an irgendeinem Ansitz, mit einer Stange Zigaretten als Verpflegung, und mein Mann begleitete entweder Franz auf seinen Jagden oder wir machten „bewaffnete Spaziergänge" durch die Gegend. Ausgerüstet mit einem Schrotgewehr erbeutete er an einem Vormittag einige Tauben für die Küche.

Was der dichte Blätterwald an großem Wild verbarg, das trat nun in der Regenzeit in Form von allem möglichen Kleingetier zutage. Skorpione, Riesentausendfüßler, Chamäleons, 10 cm lange Gottesanbeterinnen, Spinnen und sogar einmal eine Schlange kreuzten unsere Wege. Schmetterlinge in allen Farben und Größen umflatterten die unzähligen Blüten. Der Gegensatz zum ausgedörrten, trockenen Mopanebusch im Winter konnte größer nicht sein. Selbstverständlich hatten wir uns mit Impfungen und einer entsprechenden Malariaprophylaxe auf die Situation eingestellt.

Da Chris wusste, dass mein Mann an einer „gewöhnlichen Jagd" auf Impala, Warzenschwein und Co. nicht mehr viel Interesse hatte, war er bemüht, etwas Besonderes auf die Beine zu stellen.

Dies bot sich ihm in Form einer Möglichkeit zur Gepardenjagd auf einer angrenzenden Farm von Mannie. Der Besitzer hatte die Erlaubnis, acht Katzen auf seinem Terrain zu bejagen. Da mein Mann die Fallenjagd strikt ablehnt, war seine erste Frage, wie denn die Pirsch auf Gepard vor sich gehen sollte. Die Antwort war so, dass es auf dieser Farm einen Schwarzen gäbe, der mit seinen Hunden die Spur der Großkatzen aufnehmen und diese dann in Begleitung des Jägers verfolgen würde. Da die Hetzjagd mit Hunden etwas Neues für meinen Gatten war, stimmte er dem Angebot zu, und wir verabredeten uns für den nächsten Morgen.

Das war überaus günstig gewählt, denn es schüttete in Strömen. Dabei war es so heiß, dass uns Wasser und Schweiß gleichermaßen von den Stirnen tropfte. Die Freunde ließen es sich nicht nehmen, uns zu begleiten, noch dazu, wo auch Peter vorhatte, eventuell einer Tag später auf Gepardenjagd zu gehen.

So zwängten wir uns wieder in die „Sardinenbüchse", und ab ging es zeitig vor Tagesanbruch. Gerade als der Morgen graute und die Sonne sich anschickte, aus ihrer nächtlichen Versenkung zu erscheinen, erreichten wir das Farmhaus.

Die grauen Wolken lichteten sich, und ein in allen Farben schillernder Regenbogen überspannte das weite Land. Das Haus befand sich auf einer Bergkuppe, und so konnten wir das Schauspiel in vollen Zügen genießen.

Nach dem Genuss von Cool-Drinks und Kaffee, welche wir gastfreundlich, wie es überall auf den Farmen so üblich ist, angeboten bekamen, trennten sich unsere Wege. Während Familie P. und Peter eine nahegelegene Krokodilfarm ansehen wollten, machten sich mein Mann und ich auf, den Schwarzen mit seinen Jagdhelfern zu besuchen.

Dieser wohnte abgelegen inmitten der grünen Wildnis in einem primitiven Steinbau, umgeben von lärmenden Kindern, gackernden Hühnern und in diesem speziellen Fall von bellenden Hunden, die sich in einem Zwinger befanden. Nach einem kurzen und gestenreichen Palaver zwischen Chris und dem Einheimischen erfolgte der Abmarsch in den vor Feuchtigkeit dunstenden Busch. Vier Hunde, Marke Afrikanischer Mischling, begleiteten uns, oder noch besser gesagt, wir begleiteten die Vierbeiner auf der Fährte des Geparden.

Das saftige, grüne Gras triefte vor Nässe, und von den Büschen tropfte es unentwegt auf und an uns herab. Binnen kürzester Zeit waren wir nass bis auf die Haut. Noch dazu begann es wieder leicht zu regnen. Die Hunde streiften lautlos kreuz und quer durch den Bewuchs, nur manchmal von ihrem Herrn durch einen scharfen Pfiff ermahnt. Unentwegt zogen wir weiter. Nicht ein einziges Brechen in den Büschen zeigte uns das Abgehen von irgendwelchen Tieren an. Die Gegend schien komplett wildleer zu sein. Schön langsam hatte ich das Gefühl, wahllos im Kreis zu laufen. Aber die Hunde ließen nicht locker. Unermüdlich stöberten sie mit tiefen Nasen durch das Dickicht und wir hinterdrein.

Plötzlich deutete uns der Schwarze „Vorsicht", und wir verharrten für einen Moment. Am Verhalten eines seiner Hunde hatte er erkannt, dass dieser auf einer frischen Fährte war. Das Gelände bot sich hier aus-

Ein Straßenmusikant: Pygmäe mit Geige

nahmsweise offener dar, und so konnten wir ein bisschen mehr in die Runde sehen. Von den Hunden aber keine Spur.

Da begann unvermittelt einer zu bellen, und sofort fielen auch die anderen in den Hetzlaut ein. Rundum schien die rasende Jagd zu gehen. Nur einmal konnte ich kurz einen gelben Streifen zwischen den Büschen erkennen. Mal näher, mal weiter weg ertönten die Laute. Da plötzlich, Stille!

Wir lauschten angespannt in die Umgebung. Im nächsten Moment ertönte wieder das Bellen, diesmal jedoch nur von einem Hund, aber das ganz in unserer Nähe. Das lichtere Terrain ermöglichte einen besseren Ausblick, und so war es großes Glück, dass wir uns gerade hier an jener Stelle befanden, wo mit einem Mal der Gepard aus den Büschen brach. In weiten Fluchten versuchte er, der Hundemeute zu entkommen. Blitzschnell reagierte mein Mann auf die Situation, legte an, fuhr mit, und im Schuss rollierte die gefleckte Katze. Die .375er hatte wieder einmal ganze Arbeit geleistet. Sekunden später waren die Hunde zur Stelle, und nun hatte der Schwarze große Mühe, seine „Jäger" zur Raison zu zwingen. Normalerweise würde die Meute die Großkatze so lange hetzen, bis diese auf einem Baum Zuflucht fände. Gott sei Dank bot das offene Gelände eine waidmännischere Art zum Schuss, was meinem Mann nur allzu gelegen kam.

Wir betrachteten das wundervolle Tier, es war ein ungewöhnlich großer Kuder mit stattlichen Maßen. Sein Ganzpräparat erinnert uns zu Hause vor unserem offenen Kamin stets an die spannende Jagd.

Mit fortschreitenden Stunden neigte sich nicht nur ein Tag, sondern auch ein Jahr seinem Ende entgegen. Auf Mannies großem Grillplatz vor seinem Haus verbrachten wir müde und schläfrig den Silvesterabend. Chris bemühte sich redlich, einen heiteren Abend zu gestalten, was ihm trotz Herstellung von spitzen, „lustigen" Papiermützen nicht ganz gelang. Franz ist sogar mehrmals dabei eingeschlafen.

Um Mitternacht gab das schwarze Hauspersonal eine folkloristische Vorstellung, und die Familie von Mannie sang gekonnt einige Lieder. Trotz stilvollem Jahresende waren wir froh, in die Betten zu kommen. Dazu aber musste uns noch jemand über den Fluss zu unserer „Baumhaussiedlung" bringen.

Diesmal quetschten wir uns ausnahmsweise in einen Suzuki, und Mannie machte sich auf den 10 Minuten langen Weg. Beim Mwenezi blieb er kurz stehen, und wir sahen, dass das Rinnsal in der Flussmitte etwas breiter geworden war. „Hoffentlich kommt nicht noch mehr Wasser", sagte er nur, und dann überqueren wir mit Allrad das Sandbett.

In unserem Lager angekommen, verabschiedeten wir uns von ihm, und er machte sich auf den Heimweg, während wir noch ein wenig vor den Hütten plauderten. Gerade wollten wir wirklich in die Federn hüpfen, als wir den Motor des Suzukis vernahmen und Mannie wieder auf der Bildfläche erschien. Erstaunt fragten wir ihn, was denn los sei, aber er deutete nur zum Fluss und meinte: „Habt ihr das Rauschen nicht gehört, der Mwenezi ist voll Wasser, und ich kann mit dem Auto nicht mehr auf die andere Seite!"

Wirklich wahr und kaum zu glauben. Binnen zehn Minuten hatte sich das Flussbett mit tosenden Wassermassen gefüllt und das auf einer Breite von 50 bis 100 Metern. Da saßen wir also ganz schön auf dem Trockenen. All unsere Wertsachen, Papiere und Pässe befanden sich im Farmhaus. Morgen mussten wir rüber, ob wir wollten oder nicht!

Was die Natur hier so eindrucksvoll inszenierte, machte uns zu flussdurchquerenden Statisten. Aber lustig war es doch, als wir uns am nächsten Tag in die Fluten stürzten. Je nach Körpergröße standen wir oft bis zur Brust im gelbbraunen Wasser. Die Strömung machte uns manchmal ganz schön zu schaffen, und ich musste unwillkürlich daran denken, dass ich noch vor zwei Tagen einen langen „sandigen" Spaziergang im Fluss gemacht hatte. Auf der von Mannie angelegten Schaukel von einem Ufer zum anderen, würde man jetzt wohl übers Wasser surfen können.

Das Frühstück bei Velett, der Frau des Farmers, genossen wir in nassen Badeanzügen mit Ausblick auf den rasch dahinströmenden Mwenezi. Der zahme Gepard der Familie rekelte sich genüsslich zu unseren Füßen und der freundliche Bullterrier lag, alle Viere von sich gestreckt, im Sand.

Doch die Gemütlichkeit war alsbald vorüber, als Mannie aufgeregt erschien und uns zur Eile mahnte. Der einzige noch trockene Flussübergang nämlich, der zur Hauptstraße führte, begann sich mit Wasser zu füllen, und da wir uns heute noch in Richtung Viktoria Falls aufmachen wollten, drängte die Situation zum Aufbruch. Wir alle hetzten wie die aufgeschreckten Hühner durch die Gegend. Die letzten Bissen hinunterwürgen, Wertsachen in ein wasserdichtes Plastiksackerl stecken, Abschied von Velett und ab ging's wieder zum anderen Ufer. Der Toyota wurde schließlich in Rekordzeit von uns beladen. Franz hat später erzählt, dass seine Tochter die patschnassen Badeanzüge obenauf in die Koffer verfrachtet hatte. Ich brauche wohl kaum zu bemerken, dass er dieses nicht in extrem vornehm gewählten Ausdrücken tat.

Peter, unser Ignorant, tat einmal mehr, als würde ihn all das nicht berühren. Eine nach der anderen pofelnd hockte er bartstoppelbehaftet beim Auto und las irgendeine seiner fünf Wochen alten Zeitungen, die er reichlich in der einzigen, ihm gehörenden Reisetasche mit sich führte.

Wie durch ein Wunder schafften wir wirklich noch mit Mühe und Not die Überfahrt durch die Furt und machten uns auf den Weg zu den Viktoria Falls, die wir schon lange einmal besuchen wollten.

In der Zwischenzeit würde Mannie alles zur Jagd auf einer Farm in der Nähe des Hwangwe-Nationalparkes vorbereiten. Dort erwarteten die Jäger unter anderem gute Chancen auf Büffel und Rappenantilopen.

Auf der Fahrt zu den Wasserfällen erleichterten wir dutzende Straßenhändler um ihre Waren. Masken, Skulpturen, Ketten und vielerlei Krims-Krams wechselten den Besitzer. Unter anderem ersteigerte Peter ein Nashorn aus Stein, besonders schön, groß und schwer, und platzierte dieses Ungetüm bei uns im Laderaum, worauf die Achsen des Toyotas zu stöhnen begannen. Sein Hang zu handlichen Souvenirs war wirklich beeindruckend.

Beeindruckend aber auch war der erste Blick auf die tosenden Wassermassen, die schäumend in die Tiefe stürzten. Da standen wir also am Zambesi und genossen den Anblick der Viktoria Falls in all den gewaltigen Bildern, die diese Landschaft zu bieten hatte. Oder besser gesagt, nur in halb so gewaltigen Bildern, denn ausgerechnet in jenem Jahr gab es so schwache Regenfälle, dass durch das wenige Wasser im Zambesi somit auch einige Steilwände trocken blieben. Trotzdem war es für uns ein großes Erlebnis, und wir standen wieder einmal an einem Platz, wo Vergangenheit und Gegenwart zu einer Einheit verschmolzen.

Den Abend bei Steaks und kühlen Getränken genossen wir noch in vollen Zügen. Die Nacht in einem Hotel mit nicht schließbaren Fenstern und ohne Moskitonetz hatte weniger zu unserer Erbauung beigetragen. Auf der Fahrt Richtung Hwangwe-Nationalpark begann ich mich nicht wohl zu fühlen. Auf Anraten eines bekannten Arztes aus Deutschland hatte ich Paludrine und Resochin als Malariaprophylaxe genommen. Die Dosis war, wie wir nachher feststellten, viel zu hoch bemessen, und ich litt zunehmend unter Sehstörungen und Übelkeit. Gegen Abend kam noch Fieber dazu, und ich war froh, endlich die „Sardinenbüchse" mit einem Bett vertauschen zu können. (Nach Reduzierung der Dosis ging es mir aber bald wieder besser.)

Wie schon am Beginn meiner Geschichte erwähnt, war es immer unser Wunsch, Afrika in der Regenzeit zu erleben. Die Erfüllung unserer Träume jedoch übertraf bei weitem alles, was man sich nur so unter Regen, Nässe und Feuchtigkeit vorstellen kann. Die Schleusen des Himmels öffneten sich unentwegt, und es schüttete in Strömen. Der Regen war so dicht, dass wahrscheinlich kaum ein Blatt Papier zwischen die einzelnen Wasserstrahlen gepasst hätte. Die grauen Wolken drückten sich feuchtigkeitsschwer auf den Boden, und Schlamm und Morast waren überall, wo man stand und hintrat. Die Vegetation war unvorstellbar dicht, und die Jagd überaus schwierig. Wahrscheinlich wirkten sich Wetter und jagdliche Misserfolge von Franz und Peter auf die Psyche der beiden negativ aus. Jedenfalls kam es hin und wieder zu Unstimmigkeiten, und der Haussegen zwischen Franz und seinen beiden Frauen hing manchmal bedrohlich schief. Peter ertränkte seinen Kummer mangels Whisky in einem entsetzlichen einheimischen Fusel, und unterstützt von Franz verzapften die beiden unheimlichen Blödsinn.

Ich kann das ruhig hier schreiben, denn trotz allem sind mein Mann und ich mit beiden heute noch befreundet. Jedenfalls werden wir alle nicht vergessen, als Peter eines Abends, nachdem nicht nur Regen, sondern auch Alkohol in Mengen geflossen war, einfach aufstand, sagte, dass er nun auf sein Zimmer schlafen ginge, sich umdrehte ... und krachend in die Wand marschierte. Natürlich befand sich sein Zimmer hinter jener, doch die dazugehörige Türe lag ums Eck, einige Meter weiter. „Na, so etwas", war sein lakonischer Kommentar, und kurz darauf fand er ohne Zwischenfälle den richtigen Weg.

Negatives zieht meist auch solches nach sich, und so begann das folgende Übel mit einem bedrohlichen Dahinschmelzen der essbaren Vorräte. Der nächste Ort, bestehend aus einer Tankstelle, einem 20 Quadratmeter großen Laden und einem 10-Betten-Hotel, bot kaum Gelegenheit, für Nachschub zu sorgen. Es gab nichts, manchmal wenig, und dann war das Geschäft wieder geschlossen.

Gott sei Dank residierten im Camp einige magere Hühner, und so versorgten wenigstens diese uns mit frischen Eiern. Worauf wir jedoch am 3. Tag zu gackern begannen. Als auch die von uns verhasste „Burewurst" und der „Millipapp" zu Ende gingen, rutschte das Stimmungsbarometer bedrohlich auf „Tief". Ein Loch im Magen und kein Wild im Visier. So konnte es nun doch nicht weitergehen.

Peter und Franz verschrieben sich der jagdlichen Abstinenz, und so blieb es meinem Mann vorbehalten, für Nachschub zu sorgen. Am nächsten Morgen machten sich Chris, mein Mann und ich in Begleitung zweier Tracker auf, der Notsituation ein Ende zu bereiten. Ca. 30 km entfernt vom Hauptcamp lag ein Gebiet, wo laut Aussage eines Schwarzen, unheimlich gute Sables zu finden wären.

Es regnete wieder einmal, nein falsch ... noch immer! Die Straße war eine einzige schmierige Piste, und wir schlingerten den Weg entlang. Im Jagdgebiet angekommen, versuchten Chris und mein Mann fürs erste durch Autopirsch entlang eines Flusses auf Wild zu stoßen. Weder ein Schwanz noch Horn war zu entdecken. Unentwegt trommelte es aufs Autodach, und der Scheibenwischer arbeitete sinnlos auf Hochtouren.

Gerade als der Fahrweg zu Ende war, ließ auch der Regen nach, und die Sonne kam ein wenig zum Vorschein. So entschloss ich mich, trotz anderer Vorsätze, meinen Mann auf der Pirsch zu begleiten, was ich aber schon bald bereuen sollte. Zuerst fanden unsere Tracker eine frische Büffelfährte, doch die führte leider über die Reviergrenze. Wenig später kamen wir auf Fährten von Rappenantilopen. Die Größe der Trittsiegel versprach zumindest zwei gute Bullen. Die Trittsiegel waren gut und scharfkantig zu sehen, und so war klar, dass die Herde erst vor kurzem hier vorbeigekommen war. Ansonsten hätte der immer wie-

Regenstimmung über dem Camp. Alles deutet auf einen folgenden Ruhetag hin!

der neu einsetzende Regen die Kanten im Sand verschwinden lassen. Stundenlang folgten wir der Fährte, ohne auf das begehrte Wild zu stoßen. Noch dazu setzte nun ein Tropengewitter ein, das uns Hören und Sehen vergehen ließ. Die Tracker verirrten sich zu allem Überfluss, und so erreichten wir erst nach fünf Stunden, nass bis auf die Haut, das Auto. In Unterwäsche machten wir uns auf den Heimweg, und da musste mein Mann sozusagen noch als Draufgabe feststellen, dass sowohl im Zielfernrohr seiner .375er als auch in seinem Feldstecher Wasser stand.

Im Camp angekommen, behandelte er sofort vorsorglich seine Ausrüstung, aber die Gläser waren leider völlig unbrauchbar geworden. Wir hatten noch ein Reservefaltglas dabei, aber mit der Büchse musste er ab nun über Kimme und Korn schießen. Mein Mann trainiert regelmäßig diese Art des Schießens, daher stellte das kein allzu großes Problem dar.

Nachdem wir uns einigermaßen trocken gelegt hatten, brachen wir wieder auf. Es war zwar schon fast sechs Uhr abends, aber in der Nähe unseres Lagers trieben sich laut Aussage der Schwarzen Sables durch die Gegend, die konnten nicht ungeschoren bleiben. Schon nach einem halben Kilometer trafen wir auf die Tiere. Mein Mann versuchte sofort, mit seinem Tracker an die Herde heranzupirschen. In dem dichten Urwald war leider keine Möglichkeit, auf Schussdistanz nahe zu kommen. Diesmal aber hatte Diana ein Einsehen, und so lenkte sie die Sables auf offenes Buschgelände. Dies bot meinem Mann die Chance, einen Bullen auf ca. 120 Meter ins Visier zu nehmen. Über die Schulter seines schwarzen Begleiters schoss er, und wir konnten deutlich den Kugelschlag hören. Jetzt war Eile geboten, es wurde bereits dunkel. Die Fluchtfährte wäre am nächsten Tag durch den Regen nicht mehr zu finden gewesen. Am Anschuss stellte mein Mann einen Lungenschuss fest, und deshalb war die Fährte leicht zu halten. Nach ca. 80 Metern stand er vor seinem heißersehnten Sable, der zwar keine übermäßig starke Trophäe hatte, aber dessen Jagd vom Erlebnis her großartig war. Im Camp erwarteten uns die Freunde und ein bescheidenes Nachtmahl aus Resten. Doch in der Euphorie des jagdlichen Erfolges und in Erwartung des morgigen Sable-Steaks nahmen wir das Nahrungsdesaster auf die leichte Schulter und auch die ein wenig wortkarge Anwesenheit unseres Freundes Chris nicht so tragisch. Mannie blieb unserer Runde diesmal fern. Nun gut, wir überstanden die Nacht, quälten uns durch das Frühstück, die Männer jagten erfolglos den Vormittag über, und alle fieberten mit knurrendem Magen dem Mittagssteak entgegen. Doch welche Überraschung. Es gab wieder einmal Ham and Eggs, ohne Ham versteht sich. Das war nun doch zu viel des Guten, und meinem Mann platzte endgültig der Kragen. Er stellte Mannie zur Rede, und dieser erklärte, er hätte das Wild, aus welchem Grund auch immer, verkauft.

Wir verstanden die Welt nicht mehr. Da standen wir vor leeren Vorratskammern, und der Mann, der immerhin von allen gutes Geld für die Verpflegung kassierte, verkaufte unsere Steaks. Wir zweifelten an seinem Verstand.

So schnappten wir uns Chris und ließen uns von ihm in den Ort bringen, in der Hoffnung, dort etwas Essbares aufzutreiben. Im Laden fanden wir Waschmittel und Zahnpasta, kleine Größen Shorts und jede Menge Plastiksandalen. Von Essbarem leider keine Spur.

Wir marschierten geschlossen ins Hotel, um an der Bar wenigstens einen Drink zu uns zu nehmen. Dort erzählte uns der Manager, dass er heute zufällig von einem Jäger einen Sable erstanden habe und somit seine mageren Vorräte aufbessern konnte. Der Mann war leider nicht zu bewegen, uns wenigstens einen kleinen Teil dieses Schatzes zu verkaufen.

Wir verfluchten Mannie bis in alle Ewigkeit. Jetzt fiel uns auch wieder auf, dass Chris immer wortkarger wurde. Seiner glühenden Gesichtsfarbe und seinen glasigen Augen zufolge hatte er hohes Fieber. Bitte nur das nicht! Rasch fuhren wir wieder ins Camp, wo sich Chris matt und k.o. in sein Bett verzog.

Am späten Nachmittag konnte mein Mann mit seinem Tracker noch einen Büffel und ein Warzenschwein erlegen. Den Abend verbrachten wir in etwas gedrückter Stimmung. Mannie sonderte sich komplett ab, wir hatten verständlicherweise sowieso kein Interesse an seiner Gesellschaft. Chris lag stöhnend statt in seinem Bett auf einer Matratze im Auto. Anscheinend waren wirklich alle verrückt geworden.

In der Nacht regnete es wieder einmal stark, und es war so heiß, dass man kaum schlafen konnte. Es prasselte unaufhörlich auf das Blechdach, und ich war froh, als der Morgen graute. Gott sei Dank war Chris ohne Fieber, und es schien ihm deutlich besser zu gehen. Deshalb schlug er uns vor, den Hwangwe-Nationalpark zu besuchen. Da auch das Wetter ein wenig freundlicher war, nahmen wir seinen Vorschlag dankend an. Zumindest alle, bis auf Peter und Franz, die beiden wollten eventuell noch einmal jagen. So trennten sich also unsere Wege, und wir fünf verbrachten ein paar gemütliche Stunden im Wildpark zwischen Elefanten, Giraffen, Warzenschweinen und anderem Wild.

Am Nachmittag jedoch erlitt Chris einen Rückfall, und er begann zu fiebern. So übernahm mein Mann das Steuer, und früher als geplant erreichten wir die Jagdfarm. Dort erwarteten uns zwei frustrierte und gereizte Männer. Mannie war bald nach unserer Abfahrt überstürzt aufgebrochen und hatte die beiden ihrem Schicksal überlassen. Da saßen wir also alle beisammen und widerten uns gegenseitig maßlos an.

Chris lag ermattet auf seiner Matratze und glühte. Die Situation war sicher alles andere als lustig, noch dazu, wo hier in Zimbabwe die ärztliche Versorgung nicht zu empfehlen und auch nicht gegeben war.

Chris musste dringend in ein Spital nach Südafrika und wir nach Harare, wo in drei Tagen unser Flugzeug starten sollte.

Am nächsten Morgen packten wir unsere Siebensachen, um die wenigen Trophäen hatte sich wenigstens Mannie noch gekümmert. Und dann erfolgte die Abfahrt. Ich kann wirklich nicht behaupten, dass mir der Abschied schwer gefallen ist. Am Nachmittag erreichten wir ein Drive-in-Hotel, wo wir uns einquartierten.

Der Zustand von Chris war einmal besser, einmal schlechter, trotzdem versprach er, uns rechtzeitig nach Harare zu bringen. Nach dem Nachtmahl jedoch entschloss er sich, trotz Sorge um unsere Weiterreise, die Fahrt nach Südafrika in ein Spital zu machen. In seinem Urin hatte er Blut entdeckt, und sein ganzer Körper schmerzte. Er wollte die Nacht über fahren und sodann gegen Morgen des nächsten Tages über der Grenze sein. Auch wenn der Plan in seinem Zustand kaum durchführbar schien, so war es doch die einzige Lösung, um in ärztliche Behandlung zu kommen. Es fiel uns nicht leicht, Chris seinem Schicksal zu überlassen. Er hat aber die Fahrt unbeschadet überstanden. Die Ärzte in Messina erreichten bald eine Besserung seiner körperlichen Verfassung. Wahrscheinlich hatte ihn die Malaria so zugerichtet.

Wer da nun glaubt, dass diese Reise genug des Schlechten zu bieten hatte, den muss ich enttäuschen. In der folgenden Nacht begann mein Mann zu fiebern. Hitzewellen durchzogen seinen Körper, und wir verbrachten unruhige Stunden. Nach dem Frühstück versuchten wir, eine Transportmöglichkeit nach Harare zu organisieren, was äußerst schwierig war. Fünf Leute mit Gewehren, Gepäck und diversen afrikanischen Kunstgegenständen in einem Fahrzeug unterzubringen, stellte eine fast unlösbare Aufgabe dar. Endlich fand sich ein Kombi mit Fahrer, der gegen ein Schweinegeld bereit war, uns in der 200 km weit entfernten Hauptstadt abzuliefern. Zusammengepfercht und mit gekrümmten Rücken (vor allem die Männer) ließen wir die Fahrt rumpelnd und rüttelnd über uns ergehen. Meinen Mann durchzogen noch dazu immer wieder Fieberwellen (in Wien im Tropeninstitut stell-

Hauptverkehrsmittel zur Überbrückung großer Distanzen ist das Flugzeug.

te man Zeckenfieber fest). Oft dachten wir auch an Chris. Die Ungewissheit seines Schicksals kostete ebenso Nerven wie die lange und heiße Autofahrt.

In Harare angekommen ließen wir uns sofort in unser Stammhotel, das Cresta, bringen. Nach all den Strapazen, Wetterkapriolen und Aufregungen erschien uns die Ankunft hier wie der Einstieg ins Paradies. Wieder einmal richtig duschen, gepflegt essen und gemütliche Gin-Tonics genießen, Herz, was willst du mehr?

Morgen um diese Zeit wären wir schon längst über den Wolken Richtung Heimat. So kamen die letzte Nacht und der nächste Morgen. In guter Stimmung genossen wir das reichhaltige Frühstück, und wir Frauen vertrieben uns mit Würfelpoker die Zeit, während Franz und mein Mann sich wie immer über die Jagd unterhielten. Da trat ein Mann vom Nebentisch zu unserer Gruppe und fragte, ob wir vielleicht Geld umtauschen wollten. Wir lehnten dankend ab und meinten: „Die Reise ist zu Ende, in drei Stunden geht unser Flug heimwärts." Da aber schüttelte der freundliche Mensch seinen Kopf und konfrontierte uns mit der Tatsache, dass die Zambia-Airlines, also die Linie, mit der wir fliegen sollten, bereits seit einigen Tagen streikte. Am Flughafen herrsche Chaos, und er wünsche uns noch alles Gute und viel Glück.

Wir saßen da wie die begossenen Pudel. Peter blickte von seiner Zeitung auf und sagte, so als würde ihn alles nichts angehen: „Das habe ich gestern Nachmittag bereits gelesen, der Mann hat Recht." Wir starrten entgeistert auf das rauchende Wesen vor uns und begriffen die Welt nicht mehr. Sollte das nun die Krönung der Reise werden, hatten wir nicht schon genug Unangenehmes hinter uns? Und dann noch das? Franz hatte dringende geschäftliche Termine, seine Tochter musste zur Schule, und auch wir anderen wären nicht froh über eine unfreiwillige Verlängerung des Urlaubs gewesen. Peter musste sich zornige Ergüsse unsererseits gefallen lassen, dann machten sich die Männer auf den Weg ins Touristen-Office, welches sie knapp vor dem Zusperren erreichten. Mit viel Bauchreden und allen möglichen Tricks eroberten sie endlich die Buchung von vier Plätzen in einer Ersatzmaschine nach Frankfurt. Das letzte Ticket blieb unbestätigt, und die Dame am Schalter empfahl uns, direkt am Flughafen unser Glück zu versuchen.

Wieder einmal gab es einen überstürzten Aufbruch. In der Zwischenzeit hatten wir uns schon eine gewisse Routine zugelegt. Zu unserem Leidwesen waren wir gezwungen, einige Kunstgegenstände im Hotel zurückzulassen. Auch Peters 10 Kilo schwere „Steinsau" musste daran glauben. Wir durften in dieser Situation kein Übergepäck haben.

Am Flughafen erwartete uns Chaos. Wir standen stundenlang vor der Abflughalle, die zahlreichen Menschen diskutierten lebhaft miteinander. Beim Einchecken wurde aus dem Chaos Krieg, und jeder versuchte, der Erste am Schalter zu sein. Unsere Männer überlegten, wie sie es am besten regeln könnten, wenn wirklich kein fünfter Platz aufzutreiben wäre. Voraussichtlich würden sie losen. Uns Frauen wollten sie das natürlich ersparen. Immer wieder verhandelten sie mit dem Bodenpersonal, und wir glaubten schon nicht mehr an eine positive Lösung.

Endlich aber hatte eines der vielen „Schmiergeldangebote" doch Erfolg, und fünf Bordkarten wanderten über den Schalter. Mit diesem Schatz in Händen lungerten wir noch mindestens zwei Stunden in der Halle herum, bis endlich der Aufruf zum Einsteigen erfolgte. Erst als wir starteten und die Lichter von Harare zu Punkten in der Dunkelheit verschwammen, löste sich unsere Anspannung, und wir sanken erschöpft in die Polster.

Wir erreichten unbeschadet den Heimatflughafen, ohne Terroristen, ohne Absturz oder sonst irgendwelche nebulosen Schwierigkeiten. Aber man kann auch wirklich nicht von allem etwas haben.

JAGDABENTEUER IN TANZANIA

Es war vor etlichen Jahren, als wir zum ersten Mal nach Tanzania reisten, das herrliche Land am Kilimandscharo mit seiner unvergleichlichen Schönheit, das Wild- und Jagdparadies Ostafrikas.

Meine Frau und ich wurden damals von unserem Freund Peter begleitet, der seinen ersten Löwen erlegen wollte, und mein Hauptziel war es, meine Büffelkollektion zu erweitern. Meine Frau Irene widmete sich wie immer voll und ganz der Fotografie.

Peter musste allerdings nach drei Wochen das Land verlassen und seinen Geschäften nachgehen, während wir noch bleiben wollten.

Nun sollte unser Abenteuer beginnen.

Und dieses begann schon sehr früh, eigentlich früher als wir erwartet hatten.

Es war nämlich so: Mein Freund, der Leiter eines renommierten Jagdreisebüros, schickte mich nach Tanzania als Testjäger zu einem neuen und jungen Outfitter, dafür bekam ich einige kleine Vergünstigungen.

Doch wie heißt es so schön: Nichts im Leben ist geschenkt.

Nun, unser junger Outfitter Rainer erwartete uns am Flughafen von Arusha und brachte uns ins New Arusha Hotel. Dieses in Wahrheit alte Hotel hat eine lange Tradition und Geschichte. Von unserem Fenster aus konnten wir das Geschäft sehen, wo in dem bekannten Afrikafilm „Hatari" mit Hardy Krüger und John Wayne der kleine Elefant den Laden zertrümmerte.

Bei einem kühlen Drink an der Bar eröffnete uns Rainer, dass er leichte Probleme mit seinem alten LandCruiser hat. Nachdem ich das Auto schon gesehen hatte, glaubte ich ihm das sofort. Er meinte, es gäbe Schwierigkeiten beim Starten, und auch die Lenkung ist irgendwie ... na ja, nicht so absolut ... und so. Aber morgen geht es sicher weiter, und das ist alles kein Problem.

Also gut, am nächsten Morgen, nach dem Frühstück, beluden wir das Auto-Fossil. Es war kalt zu dieser frühen Stunde, und ein Schluck Whisky aus Peters Vorrat tat wahre Wunder.

Wir fuhren durch Arusha, wo sich noch wenig Leben zeigte. Dann führte uns die Straße Richtung Ngorongoro-Krater.

Doch die Fahrt dauerte nicht lange, denn unser Wagen streikte. Diesmal war es der Kühler, dieser hinterhältige Kerl, der ohne Vorwarnung zu lecken begann. Nachdem wir Wasser nachgefüllt hatten, war jetzt unser Ziel eine kleine Werkstätte am Fuße des Kraters.

Wir erreichten tatsächlich dieses Dorf und nutzten den Aufenthalt für Fotos und Einkäufe von Lebensmitteln, Kunsthandwerk und Autoersatzteilen. Es hätte nicht viel gefehlt, und wir hätten die Ehrenbürgerschaft in diesem Dorf bekommen, denn der kleine Aufenthalt entpuppte sich als stundenlange Prozedur.

Dann ging es weiter, den Krater hinauf. Bei einer Steinpyramide, die an Bernhard Czimek und seinen Sohn erinnert, machten wir kurz Halt, um einige Fotos von der grandiosen Landschaft zu knipsen. Der Blick in den Krater ist wirklich überwältigend.

Hier sahen wir auch die ersten Büffel. Danach führte uns die Straße wieder bergab.

Wir ließen die regenverhangenen Bergwälder des Kraterrandes hinter uns und fuhren in Richtung Serengeti.

Gleich zu Beginn des Serengeti-Nationalparks hatten wir ein schönes Erlebnis mit einer Löwin und ihren Jungen. Diese lagen neben der Straße auf einem Felsen und genossen die letzte Sonne. Wir blieben stehen und machten Bilder auf wenige Meter, natürlich mit laufendem Motor, denn ohne Waffe auf einem offenen Auto, das kann unangenehm werden.

Doch die Tatsache, dass es bald dunkel werden würde und wir noch einen sehr langen Weg auf schlimmster Piste vor uns hatten, beflügelte uns ein wenig.

Zu allem Überfluss verfehlte Rainer auch eine Abzweigung, die zu unserem Camp führen sollte. Und so war es lange nach Mitternacht, bis wir endlich unser Lager fanden. Dabei hatten wir noch Glück, denn um ein Haar hätten uns Buschbrände den Weg versperrt.

Todmüde brachten wir nur noch unser Gepäck in die Zelte, mit der einzigen Vision, eventuell einige Stunden zu schlafen.

Der nächste Tag begrüßte uns freundlich, die Safarimannschaft wurde uns vorgestellt, und das Frühstück in dem strohgedeckten, nach allen Seiten hin offenen Ess-Bungalow erwies sich als Balsam für Körper und Seele.

Es war überhaupt ein schöner Platz, wo unser Camp stand. Hinter uns, also Richtung Norden, befanden sich einige kleine Berge, auch Kopjes genannt, wo sich Paviane tummelten, und vor uns, Richtung Süden, erstreckte sich eine endlose Savannenlandschaft mit Akazien und sanften Hügeln. Manchmal konnte man in der Ferne Zebras und Topis beobachten, auch Impalas waren hin und wieder zu sehen.

Wir fuhren täglich viele Kilometer mit dem Geländeauto — so es nicht gerade in Reparatur war — pirschten zu Fuß stundenlang durch den Busch, immer auf der Suche nach Büffel oder Löwe. Doch es war wie verhext. Man hätte glauben können, dass es diese Tiere hier nicht gibt.

Unsere Trophäenausbeute nach 14 Tagen war bereits beachtlich, aber mit dem Großwild wollte es einfach nicht klappen. Die feinsten *baits* blieben unberührt, und auch die Büffel schienen ausgewandert zu sein.

Langsam begannen sich Spannungen im Camp breit zu machen. Unstimmigkeiten unter den Schwarzen wirkten sich unangenehm aus, und auch bei uns sank das Stimmungsbarometer zunehmend. Speziell bei Peter, der ja nur mehr eine Woche Zeit und noch immer keinen Anblick auf Löwen hatte.

Als Krönung streikte dann noch unsere schwarze Crew. Und das kam so.

Fast täglich kamen Leute in unser Camp und beschwerten sich, dass der junge Hilfskoch sie bedrohe. Ja, er sei eine ernste Gefahr für

Reparaturen am Geländefahrzeug gehören in Afrika beinahe zum alltäglichen Geschehen.

unser Lager. Mit einem Messer bewaffnet terrorisiere er die Mannschaft, und die Leute hätten Angst vor ihm. So weit, so gut.

Eines schönen Abends, wir saßen gerade beim Lagerfeuer und ließen den Tag ausklingen, stürmte ein Mann zu uns ans Feuer und bat inbrünstig um Hilfe, denn der Hilfskoch drehe wieder durch. Also erhob sich Rainer und ging in die Küche, um nach dem Rechten zu sehen. Doch auch dieser wurde von dem Wahnsinnigen bedroht, und so blieb ihm auch nichts anderes übrig, als reißaus zu nehmen.

Jedoch in Richtung Zelt. Dort holte Rainer seine .458er, lud durch und betrat neuerlich die Küche. Dieses Argument in seinen Händen war natürlich überzeugend.

Rainer jagte den jungen Mann aus dem Camp und versicherte ihm, sollte er sich je wieder blicken lassen, bekomme er eine Kugel in den Hintern.

Der Kerl verschwand, und für uns war die Sache erledigt. Nicht so für die schwarze Mannschaft. Am nächsten Tag, als es nämlich zeitig zur Jagd losgehen sollte, war kein Schwarzer zu sehen, kein Frühstück gerichtet, kein Weckruf — nichts.

Nun gingen wir den Dingen auf den Grund und marschierten zum Häuteplatz, der auch zugleich Wohnort unserer Schwarzen war. Der Skinner, auch Dorfältester, saß mit seinen Leuten um ein kleines Feuer vor seiner Hütte und palaverte unaufhörlich. Wir gesellten uns dazu und stellten ihn zur Rede. Woraufuns dieser Mann erklärte, dass es für ihn und seine „Brüder" unmöglich sei, für so einen bösen *Bwana* zu arbeiten, der den armen Hilfskoch so brutal in die Wildnis verbannt habe, wo er jetzt wahrscheinlich verhungern müsse. (Das war natürlich völliger Blödsinn, da sich sein Dorf ungefähr zwei Kilometer von unserem Camp entfernt befand.)

Aber gut, das war eben die Situation. Nun begannen die Verhandlungen. Es stellte sich sehr schnell heraus, dass nicht alle auf seiner Seite waren und von den 18 Mann ungefähr ein Drittel zu uns hielt. Ich schlug vor, sofort alle Abtrünnigen zu entlassen und notfalls die Arbeit selbst zu machen. Rainer war da gutmütiger und versuchte, die Angelegenheit friedlich zu lösen.

Nach gut einer Stunde war ein Kompromiss gefunden. Rainer erklärte sich bereit, in Zukunft nicht mehr so garstig zu sein und dem jungen Mann, wenn er sich ordentlich verhält, wieder eine Anstellung zu geben, worauf die Schwarzen bereit waren, wieder für uns zu arbeiten.

Aber so einfach war die Sache nicht, irgendetwas lag in der Luft. Das konnte man spüren. Wir nahmen dann in Ruhe unser Frühstück ein, denn die beste Jagdzeit war sowieso vorbei, und besprachen einen neuen Jagdplan. Da erschien plötzlich unser Tracker und erzählte uns, dass in seinem Dorf ein Mann lebe, der ein ausgesprochener Löwenspezialist sei und er uns helfen könne, wenn wir wollten. Nun, da gab es nicht viel zu überlegen, her mit dem Wunderknaben!

Dieser kam auch tatsächlich und beteuerte, ein Gebiet zu kennen, ca. eine Tagesreise von unserem Camp entfernt, wo wir sicher einen Löwen bekommen würden.

Abgesehen davon, dass diese ausgemergelte Figur mit ihrem dicken Rollkragenpullover und langen Staubmantel, ihrer zerlumpten Hose und ihrem ständigen Husten nicht gerade den besten Eindruck auf mich machte, messe ich im Normalfall solchen Aussagen wenig Bedeutung bei. Doch in dieser Situation konnten wir nichts verlieren. Wir verabredeten uns für den nächsten Morgen und planten, zwei bis drei Tage in dieses sagenumwobene Gebiet am Semu River zu fahren. Wir nutzten noch die restliche Zeit für kleine Pirschgänge auf Antilopen und die Vorbereitungen für die kommenden Tage. Da sich der Zustand unseres LandCruisers täglich verschlechterte, beschlossen wir, sicherheitshalber den Reservewagen, einen noch älteren Landrover, mitzunehmen. Dieses Fahrzeug war zwar auch nicht besser, aber es gab moralischen Halt. Also sollte unserer Reise nichts mehr im Wege stehen.

Doch kurz vor der Abfahrt kam ein Schwarzer zu uns geschlichen und beschwor uns, nicht zu fahren. Er habe gesehen, wie an unserem Fahrzeug etwas manipuliert wurde. In diesem Falle war es der Landrover, dem wir, obwohl nur Reserveauto, doch noch mehr vertrauten. Na fein, Sabotage, das haben wir zu unserem Glück gerade noch gebraucht.

Doch auf Grund dieser Information hatten die Burschen die Rechnung ohne den Wirt gemacht. Wir gingen zu unseren Fahrzeugen, so als wäre nichts geschehen, doch kurz vor dem Einsteigen sagte Rainer, dass wir doch die Fahrzeuge wechseln. Das gab staunende und lange Gesichter. (Also dürfte der junge Mann Recht gehabt haben.)

Langsam fuhren wir durch die Steppe Richtung Semu River, doch siehe da, nach kaum drei Kilometern hauchte der Landrover seinen Geist aus, wir jedoch fuhren weiter, als sei rein gar nichts passiert. Was auf dem zurückgelassenen Auto los war, bedarf wohl keiner näheren Erklärung, noch dazu, wo alles Wichtige auf unserem Fahrzeug verstaut war.

Am Abend erreichten wir das alte, verlassene Jagdlager am Semu River. Von dem einstigen Lager war nicht mehr viel zu sehen, außer einer verfallenen Strohhütte mit einem gerodeten Platz davor.

Jürgen, unser Koch, machte sich sofort daran, eine Thompson Gazelle, die ich nachmittags geschossen hatte, für das Abendessen herzurichten. Wir entluden unterdessen das Fahrzeug. Danach errichteten wir unser Nachtlager, in dem wir Moskitonetze über die am Boden liegenden Matratzen spannten. Anschließend gesellten wir uns zum Lagerfeuer.

Ich hatte mir dabei einen besonders bequemen „Sessel" ausgesucht. Es war der Schädel eines Nashorns. Natürlich ohne Horn!

Die Anrichte für unseren Koch bestand aus einer Kiste, diese war gefüllt mit einigen Grundnahrungsmitteln, Gewürzen und dem notwendigsten Geschirr.

Wir saßen im Kreis um das Feuer, unsere Mägen knurrten im Dreivierteltakt, und jeder von uns konnte kaum erwarten, etwas von dem duftenden Wildpret zu bekommen.

Doch der erste Bissen war ernüchternd. Eine alte Schuhsohle hatte vergleichsweise die Konsistenz eines Puddings. Dieses Tier war einfach unessbar. Dabei möchte ich aber unseren Koch wahrhaftig in Schutz nehmen, der konnte nichts dafür. Vielmehr lag es an anderen Umständen, dass unter diesen primitiven Bedingungen so auf die Schnelle die Sache voll danebenging.

Nun gut — wie auch immer — daran ließ sich jetzt nichts mehr ändern, und so begnügten wir uns eben mit einer Dose Bier. Hauptsache der Magen war etwas gefüllt und knurrte nicht mehr so laut.

Inzwischen war die Scheibe des Mondes über unser Camp gestiegen, und es hatte den Anschein, als würde das muntere Geschwatze unserer Mannschaft, die sich ihr Lager etwas abseits errichtet hatte, kein Ende nehmen. Das ist in Afrika so üblich, sie wollen einfach unter sich sein, wo sie sich genauso wie wir endlos alte Geschichten erzählen, bis die Lagerfeuer verglimmen.

Auch wir verkrochen uns unter die Moskitonetze, um noch ein wenig Schlaf zu finden, bevor es am nächsten Tag auf Jagd gehen sollte. Die Kühle des Morgens weckte uns, es war noch zeitig, aber Jürgen, unsere gute Seele, hatte bereits Kaffee aufgesetzt, dessen Duft uns zum Aufstehen mahnte.

Na gut, dann raus aus den nicht vorhandenen Federn. Die Nacht war sowieso nicht erholsam, da immer wieder Mäuse auf unsere Moskitonetze sprangen und uns aus dem Schlaf rissen. Also aufstehen, fertigmachen, noch einige Bissen alten Kuchen, eine Tasse Kaffee und ab in den Busch.

Langsam tuckerte unser LandCruiser durch das Gras. Wir waren vielleicht drei bis vier Kilometer vom Camp entfernt, als plötzlich einer unserer Tracker auf das Wagendach klopfte und auf die frischen Büffelfährten verwies. Eine ganze Herde war hier durchgezogen. Also los!

Wir verließen das Fahrzeug und gingen im Gänsemarsch auf der Fährte. Nach gut einer Stunde hatten wir das Wild eingeholt. Das Gelände, bestehend aus kniehohem Gras und relativ dichtem Akazienwald, bot gute

Völlig deckungslos, breit stehend bot sich der Büffel für einen Schuss an.

Deckung, und so konnten wir unbemerkt dicht an die Herde herankommen.

Wir hockten im Gras und versuchten, einen schussbaren Bullen auszumachen. Doch diese Entscheidung wurde uns abgenommen. Ein uralter Bulle zog äsend auf ca. 50 m an uns vorbei. Bedingt durch sein hohes Alter war die Trophäe abgeschliffen und abgenützt, die Decke grau und zum Teil kahl. Der hatte schon lange den Zenit seines Lebens überschritten. Dieser Büffel war eigentlich ein klassischer Hegeabschuss.

Es war Peters erster Büffel. Aufgeregt kroch er mit Rainer zum nächsten größeren Baum, wo er anstrich und den Recken anvisierte. Ich blieb mit dem Gamescout ungedeckt im Gras sitzen und beobachtete das Schauspiel.

Der Büffel bewegte sich direkt auf Peter zu, und auf halber Höhe, also gerade 30 m vor mir, blieb er stehen und windete in meine Richtung. Hat der Wind kurz gedreht oder habe ich mich bewegt? Ich weiß es nicht, ich weiß nur, dass ich mir dachte, wenn Peter jetzt schießt, denkt der Bulle vielleicht, ich wäre der Bösewicht und nimmt mich an. Also drehte ich den Sicherungsflügel meiner Büchse nach links und wartete.

Nach einigen Sekunden senkte der Büffel das Haupt und zog äsend weiter. Die Situation war entspannt. Da krachte auch schon der Schuss aus Peters Büchse. Der Büffel drehte ab und flüchtete mit einem etwas zu weit hinten sitzenden Schuss. Da Peter in seiner Aufregung zu repetieren und nochmals zu schießen vergaß, was leider bei vielen Jägern passiert, reagierte Rainer völlig richtig, indem er dem angeschweißten Büffel eine Vollmantel aus seiner .458er nachwarf, worauf der Bulle verendet zusammenbrach.

Langsam löste sich die Spannung, und vorsichtig gingen wir zu dem gestreckten Wild. Wir freuten uns alle und beglückwünschten Peter zu seinem ersten Stück Großwild.

Da es schon etwas warm geworden war, entledigten wir uns unserer Jacken, hängten unsere Hüte ins Geäst und plauderten zwanglos über das soeben Erlebte. Und siehe da, ich traute meinen Augen nicht, marschierte doch völlig unbekümmert eine riesige Büffelkuh keine 40 Schritte an uns vorbei.

Mir war sofort klar, dass die Herde diese ganze Aktion nicht registriert hatte und einfach langsam weitergezogen war. Also los, Franz, dachte ich, das ist jetzt deine Chance. In dieser Herde muss doch noch ein guter Bulle dabei sein, darauf möchte ich wetten. Dazu gab es in diesem Wald auch noch viele Hügel und mein Plan war, rasch einen zu erklimmen, von dem aus ich leicht und sicher schießen könnte.

Doch da hatte ich mich total verkalkuliert. Was ich sah, waren nur Kühe und Kälber. Also wieder runter und vorsichtig weiter, hier muss es ja auch noch etwas anderes geben.

Rainer und ich bewegten uns von unserer Mannschaft, die mit Peter beim Büffel geblieben war, immer weiter weg. Es war schon 11 Uhr 30. Die Herde verlangsamte ihr Tempo, bis sie zum Stillstand kam. Wir befanden uns jetzt mitten drin, was naturgemäß ungünstig ist, da ja der Wind in irgendeine Richtung bläst und man sich dadurch verrät. Ich bleibe stehen und horche. Da knackst etwas rechts neben uns im Busch. Ja, es kommt näher, ein Büffelkalb marschiert schnurstracks auf uns zu. Das ist zwar ein netter Anblick, aber wo ist die Mama? Gott sei Dank verschwindet das „Kleine" genauso schnell, wie es gekommen ist. Doch wir sind auf der Hut.

Kniend schieben wir uns zu einem Termitenhügel, wo wir etwas Deckung finden. Genau suchen wir mit unseren Gläsern die Gegend ab. Da sehen wir sie! Die Herde hat sich bereits niedergetan, nur wenige Stücke stehen. Vorsichtig sprechen wir eins nach dem anderen an. Nichts dabei.

Wir kriechen weiter, da bohrt sich ein hässlicher Dorn in mein Knie, und ich darf nicht einmal fluchen!

Bei einer lächerlich dünnen Akazie angelangt, deutet Rainer auf einen mächtigen Büffel keine 30 m von uns entfernt. Er ist wahrhaftig großartig, aber leider viel zu jung. Rainer war damals erst ganz kurz Berufsjäger, und ich habe eben schon viel mehr Büffel gesehen und auch geschossen als er, das hat er auch gleich zu Beginn unserer Safari zugegeben. So gibt es keine Diskussionen. Er überlässt es mir, einen richtigen Bullen auszusuchen, was mich natürlich doppelt freut.

Doch da, vor uns, ein Bulle ist hochgeworden, und dieser passt. Schwarz wie der Teufel mit einem mächtigen Helm und tiefen Hörnern steht er da, brettelbreit auf 18 m Entfernung. Das ist nicht weit, da ist der Spaß vorbei. Ich überlege kurz, ob ich das Risiko eingehen sollte. Rainer ist mir noch zu unerfahren, der war keine große Hilfe. Aber so eine Chance, die muss ich nutzen. Ich entsichere vorsichtig meine .375er, ziele ganz ruhig auf das Schulterblatt und lasse das 19,4 g schwere Vollmantelgeschoss aus dem Lauf.

Auf den Knall reißt es den Büffel von den Läufen. Ich repetiere, springe einige Schritte zur Seite, damit ich durch das Gras den Träger sehe und sofort einen zweiten Schuss auf diesen abgebe. Da erklingt das langgezogene Brüllen des verendenden Büffels. Vorsichtig nähern wir uns dem schwarzen Koloss, doch es ist kein Leben mehr in ihm.

Meine Freude ist groß. Vor mir liegt ein stattlicher Vertreter des Syncerus caffer caffer. Nachdem wir das erlegte Wild genau begutachtet haben, suche ich mir einen schattigen Platz unter einer Akazie, und Rainer macht sich auf den Rückweg, um Mannschaft und Auto zu holen.

Ich genoss die Ruhe und das Alleinsein bei meiner Beute. Immer wieder ging mir das Erlebte durch den Kopf, und große Dankbarkeit, so ein herrliches Abenteuer in einem so schönen Land erleben zu dürfen, ergriff mich tief. Es mochten vielleicht zwei Stunden vergangen sein, als ich in der Ferne, noch lange nicht sichtbar, Stimmen und das leise Tuckern unseres LandCruisers hörte.

Es war nicht einfach, einen Weg durch diese Wildnis zu finden, immer wieder musste der Weg freigehackt werden, um Meter für Meter vorwärts zu kommen. Doch dann war es geschafft. Alle begrüßten und beglückwünschten mich herzlich, und meine Frau, dieser gute Engel, hatte auch nicht vergessen,

Begegnungen mit Giraffen gehören mit zu den lange ersehnten Anblicken. Die Anmut und Schnelligkeit der Tiere beim Flüchten überrascht.

mir Tabak und meine Pfeife mitzubringen. Selbst die ersten paar Schluck Wasser aus meiner verbeulten Aluminiumflasche waren besser als der feinste Champagner. Es wurde fotografiert, anschließend machte sich die Crew ans Zerwirken und Verladen des Wildprets. Danach fuhren wir zurück ins Lager. Jagdlich war mit dem Tag nichts mehr anzufangen, und so nutzten wir die Zeit für Erkundungsspaziergänge an den Ufern des Semu Rivers, wo Irene und ich Gelegenheit hatten, viele interessante Beobachtungen und natürlich auch Fotos zu machen.

Während unserer Jagdzüge war auch der liebe Freund und Koch nicht untätig gewesen und erlegte mit einem Bravourschuss durch den Stingel mit seiner .30-06 eine Nilgans. Diese war, wie sich am abendlichen Lagerfeuer herausstellte, zwar nicht wesentlich weicher als unsere Thompson Gazelle vom Vortag, aber dennoch genießbar. Und bekanntlich ist ja Hunger der beste Koch.

Die Stunde war schon fortgeschritten, wir nuckelten sparsam an unserem Whiskyvorrat, da erschien bei uns am Lagerfeuer der „Löwenexperte" Koshiba.

Mit ernster Miene und über jeden Zweifel erhaben begann er zu erzählen. Mit einem gigantischen Redeschwall afrikanischer Art gab er uns zu verstehen, dass er genau spüre, dass hier Löwen seien. Ja, es kam noch dicker. Er zeigte in die Richtung, in die wir morgen gehen werden, um dort unseren Löwen zu finden. Wir lauschten ergriffen seiner Darbietung, obwohl wir ihm natürlich nicht ein Wort glaubten. Denn woher sollte er das wirklich wissen, eine Tagesreise mit dem Auto von seinem Dorf entfernt kann er doch unmöglich dieses Gebiet so gut kennen, um diese Behauptung aufzustellen.

Doch wir ließen uns nichts anmerken und nickten ehrfurchtsvoll, worauf er wohlwollend unsere Reaktion zur Kenntnis nahm und wieder zu seinen Freunden zurückging. Wir witzelten noch eine Weile über die Showeinlage unseres schwarzen Freundes, bis uns die Müdigkeit überkam und wir unsere Schlafstätten aufsuchten.

Auch in dieser Nacht bekamen wir von Mäusen und anderem lästigen Getier ungebetenen Besuch, und auch diesmal fanden wir nur sehr oberflächlichen Schlaf.

In den frühen Morgenstunden, kurz bevor es zu grauen begann, drang plötzlich dumpfes Löwengebrüll aus der Ferne an unser Ohr. Gespannt lauschten wir in die Finsternis. Ja, kein Zweifel, weit draußen in der Steppe meldeten Löwen, und ob Sie es glauben oder nicht, das heisere Grollen kam tatsächlich aus der Richtung, die uns am Abend zuvor Koshiba prophezeit hatte.

Nichts konnte uns halten, rasch waren wir fertig, die Müdigkeit aus den steifen Gliedern war verschwunden. Wir schlürften den heißen Kaffee, kontrollierten wir noch einmal unsere Ausrüstung und fuhren los.

Immer weiter führte uns der Weg im ersten Morgengrauen vom Lager weg. Ab und zu blieben wir eine Weile stehen, bis der Löwe wieder meldete. Ungefähr zwei Stunden folgten wir den Lauten, die sich in fast regelmäßigen Abständen wiederholten. Es war ungeheuer spannend, und ich konnte es kaum erwarten, vielleicht schon bald einem Löwen gegenüberzustehen.

Der Weg führte uns meist durch trockenen Akazienwald, dann wieder über Grasflächen, bis wir zu felsigem Gelände kamen, wo die Aussicht besser wurde.

Jetzt war es bereits heller Tag, und die Landschaft war grandios. So leise es ging, in vollster Konzentration, pirschten wir weiter. Wir bewegten uns jetzt recht vorsichtig, immer in Deckung. Aufmerksam suchten wir das Gelände ab, aber es war nichts zu sehen. Doch plötzlich blieb Koshiba stehen, wie zu einer Salzsäule erstarrt deutete er auf einen dunklen Schatten im Dickicht. Wir sahen noch immer nichts. Er drehte sich langsam zu uns um und sagte nur: „Simba!"

Tatsächlich, der Schatten schien sich zu bewegen. Leise entsicherte ich meine Büchse, ging vorsichtig in die Hocke und harrte der Dinge.

Peter war der glückliche Besitzer einer Löwenlizenz, und so lag es nun an ihm, die Gunst der Stunde zu nutzen. Doch was war das? Zwei entzückende kleine Löwenbabies stolzierten neugierig aus dem Gebüsch, geradewegs auf uns zu. Sie hatten uns bemerkt und wollten einfach wissen, was das ist. Aber jetzt erschien Mama auf der Bildfläche, und die Situation wurde ernst. Die Löwin in Notwehr erschießen zu müssen, wäre ein Drama gewesen. Klarerweise hatte auch sie uns bemerkt. Wenige Meter von uns entfernt ent-

Zebras im Grasland sind für zahlreiches Raubwild willkommene Beute.

schied sie sich aber nicht für die Menschen, sondern für die Sicherheit ihrer Jungen. Sie fauchte und drehte mit ihren Jungen rechts in den Busch ab.

Nun erschien der Pascha. Ein ausgewachsener männlicher Löwe reifen Alters. Seine Mähne war nicht beeindruckend, doch sein Erscheinungsbild imposant.

Langsam brachte Peter seinen Mannlicher 8 x 68 S in Anschlag. Ein Donner zerbrach das Szenario, und ein sauberer Blattschuss bannte den Löwen keine 30 Meter vor uns am Platze. Als auch von der Löwin und ihren Jungen nichts mehr zu sehen war, bewegten wir uns vorsichtig und schussbereit auf den im Grase liegenden Löwen zu. Sicher ist sicher. Doch dieser war längst verendet.

Jetzt lag er da vor uns, der König der afrikanischen Tiere. Irgendwie überkam mich ein Gefühl der Bewunderung und Trauer zugleich. Das ist natürlich sentimentaler Blödsinn, denn ein Skorpion stirbt genauso wenig gern wie ein Löwe oder ein anderes Tier, und trotzdem machen Menschen eben Unterschiede.

Man denke nur an das Bambisyndrom mancher Tierschützer.

Aber so hat eben jeder Jäger Wildarten, die ihm mehr oder weniger liegen. Einen Büffel könnte ich jeden Tag erlegen und das mit der gleichen Begeisterung.

Doch zurück zu unserem Löwen.

Nachdem wir Peter zu seiner heiß ersehnten Trophäe beglückwünscht hatten und viele Erinnerungsfotos gemacht wurden, war es höchst an der Zeit, das erlegte Tier ins Lager zu bringen und aus der Decke zu schlagen, damit das wertvolle Fell nicht verdirbt. Der in der Zwischenzeit herbeigeholte LandCruiser wurde beladen, um uns danach ins Camp zurückzubringen.

Dort machte sich Jürgen, der vom Koch zum Oberskinner ernannt wurde, sofort an die Arbeit. Mit großer Sorgfalt wurde der Löwe gehäutet, dabei zeigte sich eine schwere Verletzung an der Hinterprante, verursacht durch eine Drahtschlinge von Wilderern.

Die Stimmung war gelöst, das Hauptziel unserer Reise erreicht. Lange brannten an diesem Abend noch die Lagerfeuer, und so weit es unsere bescheidenen Vorräte zuließen, haben wir auch gefeiert.

Am nächsten Tag, nach dem Frühstück, wurde das Lager abgebrochen und alles auf den

Diese Löwin hält mit ihrem Jungen gerade Siesta, beide sind wohl satt!

LandCruiser verladen. Das Auto war zum Bersten voll. Trophäen, Ausrüstung, Menschen, alles musste untergebracht werden. Noch ein letzter Blick auf die Asche der erloschenen Lagerfeuer, auf die verfallene Strohhütte und auf das Ufer des Semu River, der uns in den letzten Tagen mit Wasser versorgt hatte.

Alle waren aufgesessen, Rainer stieg ein und startete. Das heißt, er wollte starten, denn dieses Vehikel zeigte nicht die geringste Anstalt, auch anzuspringen.

Also alles wieder runter und anschieben. Dies war aber gar nicht so einfach, da nur ein kurzer, gerader Weg dazu auch geeignet war. Zuerst standen wir Weißen noch daneben und warteten darauf, dass unsere Mannschaft dies allein zu Wege brachte. Doch es sah nicht gut aus.

Bis zu diesem Zeitpunkt hatte unser Freund Peter nur abfällige Worte über die Schwarzen, das Auto und Rainer parat. Doch dann wurde es mir zu bunt, und ich machte ihm den Vorschlag, nachdem er doch zweifacher Doktor und vortragender Professor in technischen — u.a. KFZ-technischen — Gebieten war, sich herabzulassen und vielleicht selbst unter die Motorhaube des Blechhaufens zu schauen. Widerwillig, aber doch, tat er es. Bilder zeigen von dem ernsten, über alles erhabenen fachmännischen Blick auf Vergaser, Zündspule, Verteiler etc.

Doch dabei blieb es, denn er konnte auch nicht mehr erkennen als der unqualifizierte Rest der Welt. Also überlegten wir, wo wir Hilfe herbekommen könnten.

Unser Gamescout meinte, dass ca. sechs oder mehr Stunden von hier ein anderes Jagdlager sei. Das war aber auch nicht ganz sicher, abgesehen davon hatte er keine Ahnung, ob es auch bewirtschaftet ist. Also blieb uns nichts übrig, als die Motorhaube zu schließen und nochmals zu schieben, diesmal alle Mann ran. Der Schweiß floss in Strömen, immer wieder schoben wir das Vehikel den Weg entlang. Es war zum Verzweifeln. Nichts rührte sich.

Wir saßen nun da, am Wegesrand, und überlegten ernsthaft, zu Fuß ins Hauptlager zu gehen. Doch ehe wir dies taten, wollten wir noch einen letzten Versuch wagen, bevor wir uns geschlagen gaben. Alles, was lebte und sich bewegen konnte, stand hinter dem Fahrzeug, dann folgte das Kommando, und wir schoben aus Leibeskräften — alle, auch der Herr Professor.

Es war kaum zu glauben, nach etwa 40 m plopste und hustete der Blechhaufen, dann begann er zu stottern und letztendlich schüchtern zu tuckern. Jetzt nur nicht absterben, bleib so, nur weiter! Der Motor lief, warum auch immer, er lief. Also rauf auf das Gefährt und weg von hier — heim zu Muttern in das Hauptcamp — so dieses noch existiert.

Und es hat existiert, wir wurden sogar freudig begrüßt und Peter nach alter Sitte mit Blättern geschmückt auf den Schultern der Eingeborenen ins Lager getragen.

Unsere Tage in Maswa gingen zu Ende, und mit Schaudern dachten wir an den langen Weg zurück nach Arusha. Das Auto hatte in der Zwischenzeit lebensbedrohende Mängel. An beiden Seiten der Vorderräder hatten wir von vier Schraubbolzen, die das Lenkgestänge mit der Halbachse verbinden, nur mehr je einen. Es klingt zwar wie eine Erzählung von Münchhausen, aber es ist wahr, Fotos können es bezeugen.

Die fehlenden Verbindungsteile wurden durch Gummibänder ersetzt, die aus alten Gummischläuchen geschnitten waren. Und so, mit schräg stehenden Rädern, voll bepackt, fuhren wir los, Stunde um Stunde, und das immer schneller in Richtung Seronera Wildlife Lodge. Diese erreichten wir auch tatsächlich vor Mitternacht.

Während wir uns um Essen und ein Zimmer kümmerten, lag Rainer mit Jürgen und einem Schwarzen unter dem Auto und flickte wieder.

Zeitig in der Früh ging es weiter, das nächste Ziel hieß Ngorongoro-Krater. Wenn wir diese Lodge erreichen, haben wir es geschafft — ja, wenn!

Und wir fuhren, diesmal mit wenig Sinn für die schöne Landschaft der Serengeti. Am

Ausklang eines ereignisreichen Jagdtages. Die angeregten Gespräche am Lagerfeuer sind für die meisten Afrikajäger bleibende Erinnerung!

Nachmittag hatten wir den Krater erreicht. Wieder quälte sich das Fahrzeug durch den Wald, bis wir endlich, oben angelangt, die Gebäude der Kraterlodge erblickten.

Und das Finale könnte einem billigen Hollywood-Schinken entspringen. Wir rollten gerade langsam auf die Häuser zu, da brach rund 200 m von diesen entfernt das Auto zusammen. Diesmal war es nicht mehr zu flicken.

Rasch organisierten wir ein Ersatzauto, natürlich zu einem horrenden Preis, luden um und fuhren so schnell wie möglich nach Arusha. Jürgen und ein Schwarzer blieben zurück bei der Autoleiche, denn selbst diese hat noch unglaubliche Anziehungskraft für so manchen Tunichtgut.

Wir erreichten Arusha und Peter noch in wahrlich letzter Minute seine Maschine.

Irene und ich nutzten die verbleibende Woche für einen Ausflug auf die Momella Lodge, die ja das Hauptquartier in dem Film „Hatari" darstellte. Momella hat eine lange Geschichte, darüber wurden schon etliche Bücher geschrieben: über die Familie Trappe, die einmal diese Farm bewirtschaftete, bis in die Neuzeit, wo Touristen bei einem gemütlichen Drink das grandiose Panorama am Fuße des Mount Meru bis hin zum Kilimandscharo genießen können.

Auch wir taten es. Und so lange ich lebe, werde ich die Abendstimmung mit dem in Rosarot getauchten höchsten Berg Afrikas nicht vergessen.

Eine „Wilderer"-Geschichte

Wenn man über Afrika spricht, kommt sicher irgendwann auch das Thema Wilderei zur Sprache. Leider haben die zurückliegenden Jahre gezeigt, dass in vielen Ländern des schwarzen Kontinents, ganz speziell in solchen, wo die Jagd nicht konventionell betrieben wird, der Wilddiebstahl zur Tagesordnung gehört.

Viele Male wurden mein Mann und ich Zeugen von Tiertragödien, welche sich uns als traurige Bilanz der Wilderei offenbarten. Viele verwesende Kadaver in Stahlschlingen, unzählige in der Sonne bleichende Knochen, waren die offenkundigen Spuren der Täter. Etliche erlegte Stücke hatten zum Teil noch eiternde Wunden von Schlingen, welche sich tief ins Fleisch geschnitten hatten.

Auch der König der Steppe, ein stattlicher Mähnenlöwe, war in die Falle gegangen. Dies stellte sich jedoch erst heraus, als die Großkatze nach erfolgreicher Jagd durch einen guten Schuss zur Strecke gebracht war. Beim anschließenden Aus-der-Decke-Schlagen und dem Auslösen der Pranken quoll stinkendes Sekret aus einer alten Wunde. Das Seil war tief in das Fleisch bis auf den Knochen gedrungen.

Damals waren wir in Tanzania unterwegs, und mein Mann jagte mit seinem Freund Peter in einem wildreichen Gebiet, angrenzend an die Serengeti, welches kurz vorher für die Jagd geöffnet worden war.

Einheimischen Schwarzen war es nicht erlaubt, sich in diesem Terrain bewaffnet aufzuhalten.

Zeitig am Morgen hatten wir das Zeltcamp verlassen und waren mit dem LandCruiser in ein, so hofften wir, erfolgversprechendes Büffelrevier unterwegs. Unsere Mannschaft bestand aus dem Jagdführer, einem einheimischen staatlichen Gamescout, dem schwarzen Fährtensucher, meinem Mann, seinem Freund Peter und mir.

In diesem Teil des Jagdgebietes stand das trockene Gras sehr hoch. Wir bewegten uns langsam auf kaum sichtbaren Pfaden vorwärts. Gleichmäßig tuckerte der LandCruiser vor sich hin, was wir alle wohlwollend und mit Erstaunen zur Kenntnis nahmen, da dieses Wunderauto während unserer dreiwöchigen Safari durch alle möglichen und unmöglichen Defekte mehr Steh- als Fahrstunden aufzuweisen hatte.

Aufmerksam beobachteten wir die Umgebung, rechts von uns stieg das Gelände leicht an, ein etwas tieferer Graben, wahrscheinlich ein trockener Flusslauf, lag zwischen uns und der Hügelkette.

Plötzlich deutete unser Gamescout aufgeregt in eine Richtung und stieß förmlich das Wort „*poachers*", also „Wilderer", hervor. Und wirklich, geduckt zwischen Büschen und Felsen schlich eine Gruppe von schwarzen Gestalten dahin, ganz mit sich und der scheinbaren Verfolgung von irgend jemand oder irgend etwas beschäftigt. Offensichtlich hatten sie uns jedoch noch nicht entdecken können. „Die holen wir uns", zischte der Gamescout, jetzt ganz auf Gesetzeshüter und Steppensheriff eingestellt. „Auf und mir nach!"

Die Mannschaft sprang vom Wagen, und mein Mann stieß mich von der Sitzfläche und drückte mich unter den LandCruiser, wo ich mit ziemlich gemischten Gefühlen verharrte. Urplötzlich sahen wir uns einer Situation gegenüber, welche man eigentlich nur aus Filmen kennt. Die Schritte der davoneilenden Männer verloren sich im Gras, und die folgenden Minuten schienen für mich kein Ende zu nehmen. Vorsichtig und neugierig zugleich schob ich mich nun doch etwas höher, um wenigstens irgend etwas zu entdecken, mit dem Ergebnis, dass mich der Knall eines Schusses fast umgeworfen hätte.

Mit klopfendem Herzen und schweißnassen Händen hoffte ich, dass kein Unglück geschehen war. Dann hörte ich aufgeregte Stimmen, gedämpftes Murmeln und das ärgerliche Brüllen unserer schwarzen Begleiter. Ich konnte mich nun nicht mehr länger halten und sprang auf den Wagen, von wo ich ein buntes Schauspiel verfolgen konnte.

Ein Dutzend Eingeborene in bunter, zerlumpter Aufmachung, erschien im Gänsemarsch, angetrieben von unserer schwarzen Crew. Das Häufchen, zum Teil noch sehr junger Männer, gebärdete sich sichtlich verängstigt und blickte mit scheuer Ehrfurcht auf die großkalibrigen Waffen der Weißen. Der Gamescout hatte die Gruppe durch einen Schuss in die Luft aus seiner alten Mauser zum Stehen gebracht. Unser Fährtensucher, ein glutäugiger Yul-Brunner-Typ, spielte sich besonders groß auf. Mitleidslos stieß er seine schwarzen „Brüder" unter furchteinflößenden Grimassen vor sich her.

Meinem Mann und seinem Freund war die ganze Sache deutlich suspekt und sichtlich auch unangenehm. Angesichts der eingeschüchterten, barfüßigen Wesen, bewaffnet mit ein paar Speeren und handgefertigten Pfeilen und Bögen, wirkte die entstandene Situation eher grotesk als gefährlich.

Wie sich nun herausstellte, war das Manöver nach Aussagen der „gefangen genommenen Wilderer" eine Sache, die sich, übersetzt, kurz so abgespielt haben soll: Die Eingeborenen waren hinter einer Gruppe von Viehdieben her, die aus ihrem Dorf einige Rinder gestohlen hatten. Da für diese Schwarzen so ein Stück Vieh ein beträchtliches Vermögen darstellt, waren sie schon Tage unterwegs, um die Missetäter zu stellen und so eben auch in unser Jagdrevier gelangt. Was war mit den „üblen Verbrechern" zu tun?

Unser Gamescout versuchte, die nun doch nicht mehr so ganz heldenhafte Situation zu retten. Wahrscheinlich in dem Gefühl, eine autoritäre Tat setzen zu müssen, verfügte er kurzerhand die Beschlagnahme aller mitgeführten Waffen. Die so ungefährlich gewordenen Eingeborenen entließ er mangels genügender Plätze auf dem LandCruiser in die Weiten des afrikanischen Busches. Zurück blieb ein Berg von Bögen, Speeren, Pfeilen und Taschen mit Klingen und Fetischen. Die

Die Jagd auf Wasserwild bereichert den Speisezettel im Camp ungemein!

gesamte Beute wurde ins Auto verladen, und wir machten uns auf den Heimweg, da der Zwischenfall die gute Jagdzeit auf Büffel zunichte gemacht hatte.

Obwohl meinem Mann und Peter die Schwarzen am Ende wirklich leid getan hatten, so konnten sie nicht umhin, begehrliche Blicke auf das handgefertigte „Waffenarsenal" zu werfen. Wer weiß, vielleicht konnte man doch berechtigte Ansprüche auf einen kleinen Teil der Beute erheben? Im Geiste sah ich meinen Mann schon mit dem Anbringen von Pfeil und Bogen an unseren heimischen Wohnwänden beschäftigt.

Ohne Zweifel hatten wir ein aufregendes Abenteuer hinter uns, welches jedoch, wie sich herausstellen sollte, noch lange nicht zu Ende war. Kurz vor unserem Camp trafen wir abermals auf eine Reihe von Eingeborenen,

Die Bewaffnung der heimischen Wilderer ist urtümlich. Dennoch sind die Wilderer eine Bedrohung wegen ihrer unkontrollierten Jagd. Wilderei wird streng verfolgt!

gekleidet in bunte Tücher, malerisch anzusehen, wieder mit Pfeil und Bogen und blitzenden Speeren bewaffnet. Nach strenger Befragung durch unsere „Amtsperson" ergab sich erneut die Geschichte mit den Viehdieben, die fällige Konfiszierung des Kriegsmaterials musste aus gegebenem Platzmangel am LandCruiser entfallen.

Am nächsten Vormittag, ich war alleine im Lager, fand das begonnene Erlebnis seine Fortsetzung. Lautlos, unheimlich und drohend anzusehen, erschienen mit grimmiger Miene ca. 40 Angehörige des Stammes unter Anführung ihres Häuptlings im Lager und forderten die Waffen ihrer Brüder heraus. Der anwesende Campmanager, ebenfalls ein Schwarzer, versuchte die Leute zu beruhigen. Unter beschwichtigenden Gesten forderte er die Angekommenen zu einem versöhnlichen Mahle auf. Dazu opferte er einen bereits drei Tage in praller Sonne abgehangenen Impalakadaver, der übelstriechend und von Hunderten von Fliegen übersät auch wirklich angenommen wurde. Nach dem Braten auf offenem Feuer verzehrten ihn die Eingeborenen mit sichtlichem Appetit und unter lautem Schmatzen. Drei Stunden später war die bunte Delegation unverrichteter Dinge im endlosen Busch verschwunden.

Wieder ging ein neuer Tag ins Land, und als wir an diesem Abend nach anstrengender Jagd im Messezelt zusammenkamen, fiel unser Blick sofort auf den gähnend leeren Fleck, wo am Morgen noch die diversen Waffen der Eingeborenen lagen. Alles weg, dahin! Was war geschehen?

Nun, das Ende der langen Geschichte war, dass wieder Leute ins Lager gekommen waren, um die Gegenstände zurückzufordern, diesmal jedoch mit mehr Nachdruck in Form von Maschinengewehr und Militär. Bei so viel Überzeugungskraft wurde alles wieder in die Hände der rechtmäßigen Eigentümer zurückgegeben. Ob diese damit die Viehdiebe endlich einholen konnten oder nicht, ist uns leider nicht bekannt. Sicher ist nur eines, dass wenige Tage später unser Gamescout durch einen anderen Kollegen abgelöst wurde.

An unserer Wand jedoch hängen seit damals vier sehr hübsche, handgearbeitete Pfeile in Erinnerung an jene „Wildererepisode". Ich frage mich heute noch immer, wie die wohl dort hingekommen sind?

IM SELOUS GAME RESERVE

Etliche Jahre sollten vergehen, genauer gesagt sieben, bis es wieder so weit war, und die KLM-Maschine zur Landung in Dar Es Salaam ansetzte. Diesmal wollten meine Frau, Freund Walter, den ich schon aus meinen frühesten Kindertagen kenne, und ich den Süden Tanzanias bereisen.

Walter ist — wie man so schön sagt — ein Spätberufener. Es ist erst wenige Jahre her, dass er seine Jagdprüfung gemacht hatte. Im Vorjahr waren wir gemeinsam in Südafrika, dort hat ihn leider das Afrikavirus aufs Schlimmste erwischt, und so konnten wir ihm nur eine ordentliche Kur namens Selous verschreiben. Walter ist ein ausgesprochen passionierter und talentierter Jäger, der heute bereits weit mehr an Erfahrung mitbringt, als so mancher Altgediente. Und so stand seiner ersten Großwildjagd nichts mehr im Wege.

Wir wollten aber nicht einfach nur mit dem Buschflieger rasch ins Camp. Nein, wir wollten diesen Landstrich richtig kennen lernen. Und so kam ich auf die Idee, mit der Eisenbahn von Dar Es Salaam durch den Selous zu reisen.

Pünktlich wurden wir am Flughafen von unserem schwarzen Jagdführer, Mr. Shawa, und John Teri, der mit der Organisation von Hotel usw. in Dar Es Salaam betraut war, empfangen. Es klappte alles wie am Schnürchen, eine Wohltat in Schwarzafrika.

Diese beiden waren ein witziges Duo: John Teri, ein großer, kräftiger Schwarzer, und daneben unser Mr. Shawa, ein zierlicher kleiner Mann mit Kinderstatur, elegant gekleidet mit dunkelgrünem Jagdanzug, schwarzen Lederschuhen und einem weißen Strohhut.

Vom Flughafen, nachdem der lästige Papierkram erledigt war, fuhren wir in unser Hotel mit dem klingenden Namen Kilimandjaro. Von unserem Zimmer hatten wir einen schönen Ausblick auf die Bucht, wo viele Schiffe vor Anker lagen. Ganz besonders malerisch waren die arabischen Daus anzusehen. Beim Anblick dieser Segelschiffe konnte man meinen, die Zeit wäre hier stehen geblieben.

Längst hatten wir das makabre Schauspiel vergessen, wo wir im Flughafen von Nairobi bei unserer Zwischenlandung Zeugen einer Leichenüberführung wurden. Wir hatten nämlich in unserer Maschine einen Sarg, in dem vermutlich eine hohe afrikanische Persönlichkeit überstellt werden sollte. Es spielte die Blasmusik, und Militär war aufgefahren — mit allen Unzulänglichkeiten, die es eben in Afrika gibt: Da wurden noch rasch die Mützen bzw. Kappen ausgetauscht, die Blasinstrumente geputzt und die Schnürriemen nachgebunden. Das Bild entbehrte nicht einer gewissen Komik.

Was wir nicht wissen konnten, war, dass sich Begräbnisse und Leichenüberführungen zu einer Art roter Faden bei dieser Tanzania-reise entwickeln sollten.

Am nächsten Morgen um sechs Uhr wartete bereits unser Freund Shawa in der Eingangshalle bei der Rezeption, und so konnten wir zeitgerecht am Bahnhof sein. Eigentlich waren wir überpünktlich, denn die Tore zum Bahnhof waren noch geschlossen. Also fuhren wir über einen Feldweg zu den Gleisen, wo wir unser Gepäck abluden. Es war viel Gepäck. Wir hatten ja nicht nur unsere persönliche Ausrüstung, sondern auch noch Säcke mit Obst und anderen Nahrungsmitteln mit, die für das Camp bestimmt waren.

Und wie wir so im Morgengrauen auf dem Bahnsteig saßen, beobachteten wir eine Ansammlung schwarzer Männlein und Weiblein, die verlassen bei einem einzelnen Güterwaggon standen. Zuerst hatten wir dieser Menschengruppe nicht viel Bedeutung beigemessen, bis, ja bis ein alter Lastwagen

Eine Bahnfahrt in Tanzania gehört in die Kategorie Abenteuer pur!

kam und — wie sollte es anders sein — ein Sarg abgeladen wurde. Dieser wurde, so weit es die Umstände zuließen, feierlich zu der kleinen Menschenmenge gebracht, um anschließend in den Güterwaggon gehievt zu werden.

Wie die Zeremonie weiterging, wissen wir nicht, da sich für uns die Pforten der Eingangshalle öffneten und wir jetzt in den eigentlichen Wartesaal gehen konnten.

Die Bahnhofshalle füllte sich binnen einer Stunde mit unglaublich vielen Menschen, die alle auf den Zug warteten, der nur zweimal in der Woche von Dar Es Salaam in das Landesinnere fährt. Inmitten dieser schwarzen Gesellschaft sah man drei weiße Gesichter, nämlich unsere, die dementsprechend bestaunt wurden.

Sobald der Zug am Bahnsteig einlief, drängte alles in die Waggons. Wir nicht. Wir hatten ja erste Klasse gekauft und somit reservierte Plätze. Ein Wagen erster Klasse heißt in solchen Ländern so viel wie bei uns ein Güterwaggon mit gepolsterten Sitzbänken. Aber immerhin saßen wir in einem Abteil alleine, ohne Ziegen, Hühner oder gar Särge.

Monoton ratterte der Zug durch die tropische Landschaft, und irgendwie, ob man wollte oder nicht, fühlte man sich in die Zeit des alten Afrikas versetzt, wo Wörter wie Hektik und Stress noch nicht zum alltäglichen Vokabular gehörten. In eine Zeit, wo es sogar möglich war, einen Zug anzuhalten, um von einem Herrn namens Dennis Finchhatton das Elfenbein der letzten Jagd entgegenzunehmen, um dann weiter in die Stadt zu fahren.

Auch unser Zug hielt fast bei jedem Misthaufen. Dabei nutzten Kinder die Gelegenheit, ihre Waren zu verkaufen. Es wurde gefeilscht, und Früchte oder einfaches Kunsthandwerk wechselte den Besitzer. Auch wir kauften, was das Zeug hielt: Bananen, Orangen, Figuren und sonst noch allerlei Krimskrams.

Zwischendurch stärkten wir uns mit einem kleinen Imbiss, der aus Huhn und Reis bestand, und danach kam ein kleiner Whisky zur Verdauung.

Es war wundervoll, und die achtstündige Fahrt verflog im Nu.

Am Nachmittag fuhr unser Zug in dem kleinen Bahnhof im Selous ein. Wir wurden bereits erwartet. Eine unglaubliche Menschenmenge stand am Bahnsteig und wartete auf die drei Weißen, die da angeblich mit dem Zug kommen sollten.

Wir wurden wie Staatsgäste begrüßt. Alles hatte sich eingefunden: Erwachsene, Alte, Kinder, der Häuptling des Dorfes sowie zwei Gamescouts, die uns für die nächsten Wochen zugeteilt wurden.

Rasch beluden wir den bereitstehenden LandCruiser, dann erledigten wir noch den unvermeidlichen Papierkram am Kontrollposten des Jagdgebietes, und ab ging es Richtung Süden in unser Camp, das am Luhombero River lag. Genauer gesagt trafen sich hier drei Flüsse: der soeben erwähnte

Ohne die Buschbrände — teils von selbst entstanden, teils von den Einheimischen gelegt — wäre erfolgreiche Jagd fast unmöglich!

Luhombero, der Rufiji und der Msolwa, der zugleich die westliche Grenze unseres Jagdreviers bildete.

Wir erreichten das Camp noch vor Einbruch der Dunkelheit. Der erste Eindruck von unserem Jagdlager war wie aus dem Bilderbuch. Geräumige Manjarazelte standen hinter der steil abfallenden Uferböschung und die sinkende Sonne glitzerte im träge dahinfließenden Gewässer.

In der Mitte des Flusses, auf einer Sandbank, lag faul ein Krokodil, und daneben, halb im Wasser, standen Flusspferde, die immer wieder untertauchten. Das tiefe Grunzen der Flusspferde mit dem darauffolgenden Blasen beim Auftauchen war so die richtige akustische Untermalung für einen afrikanischen Sonnenuntergang.

In der Zwischenzeit bezogen wir unsere Zelte und bereiteten alles für die morgen beginnende Jagd vor. Noch ein kurzer Drink am Lagerfeuer nach dem vorzüglichen Abendessen, und dann ging es ab in die Federn.

Das berühmte Selous Game Reserve, mit seinen 54.490 km² etwas größer als die Schweiz, ist noch ein echtes Natur- und auch Jagdparadies. Benannt wurde es nach dem legendären Großwildjäger Frederick Courtenay Selous, der 1909 auch Theodor Roosevelt auf seiner Jagdexpedition durch Ostafrika begleitet hatte.

Nachdem Walter noch nie zuvor einen Büffel geschossen bzw. gesehen hatte, wollte er, dass ich beginne. Also gut, auch recht. Jeden Tag durchstreiften wir die Uferwälder der Flüsse und die anschließenden Savannen. Wir fanden viele Fährten von Löwen, Büffeln, Flusspferden und Antilopen. Die Jagd hingegen erwies sich als ungemein schwierig, da das drei bis vier Meter hohe Gras noch nicht abgebrannt war. Wir kreuzten zwar des öfteren Flächen mit niedrigerem Graswuchs, aber das war eben zu wenig. Unsere schwarzen Gamescouts entzündeten daher immer wieder das trockene, hohe Gras, um erstens Sicht und zweitens — was noch wichtiger war —

Das elektrisierende Wort „Mbogo" — Büffel — löst in jedem passionierten Afrikajäger unerhörte Spannung aus!

frische Nahrung für alle Pflanzenfresser zu schaffen. Jagdlichen Nutzen daraus konnten natürlich erst unsere Nachfolger ziehen. Es war gleich in den ersten Tagen, wir waren gerade nach mehrstündigem Marsch zurück zum LandCruiser unterwegs, und wie immer hinterließen wir verbrannte Erde. Das Feuer bewegte sich zwar mit uns in die gleiche Richtung, aber es war nahezu windstill, und wir waren ja ohnehin bald beim Auto. Da zuckte unser Fährtensucher, der mit seiner Grasfackel etwas hinten geblieben war und somit auch einen anderen Ausblick hatte als wir, zusammen und zeigte auf einen schwarzen Punkt in ca. 300 m Entfernung. Dazu flüsterte er nur: „Mbogo!", also Büffel.

Na dann los. Wir konnten uns unbemerkt und problemlos durch eine Grasinsel von der rechten Seite auf etwa 120 m an die Büffel heranpirschen. Auch der Wind war diesmal unser Freund.

Bei genauerem Hinsehen tauchten noch fünf weitere Büffel auf. Es waren alles Bullen. Ich suchte mir den stärksten aus, der noch dazu schön breit stand, erfasste das Blatt und ließ fliegen.

Ich erwischte jedoch nicht die Blattschaufel, sondern war einige Zentimeter zu weit hinten abgekommen. Der Büffel zeichnete stark, drehte um und verschwand im hohen Gras.

Vorsichtig gingen wir der leicht zu haltenden Schweißfährte nach. Jetzt mussten wir bald auf den Büffel stoßen, dachte ich und erklärte meinem kleinen Mr. Shawa, er sollte hinter mir gehen, denn eine Büffelnachsuche sei nicht ungefährlich.

Er schaute mich ruhig an und meinte nur: „Ja, ich weiß", und machte Platz.

Und wirklich, nach kaum 20 Metern lag der Bulle bereits im Wundbett. Ich feuerte noch rasch zwei Schüsse aus meiner .375er auf den Träger, und der schwarze Koloss war verendet.

Eigentlich war diese Büffeljagd unspekta-

Die Erlegung eines Kaffernbüffels ist vorab der Traum jedes europäischen Jägers, der sich mit der Jagd am schwarzen Kontinent einmal befasst hat!

kulär und für Walter nicht lehrreicher, als hätte ich einen Oryx geschossen. Wesentlich aufregender hingegen war das Feuer, auf das wir völlig vergessen hatten, und das jetzt voll entfacht bedrohlich näher kam. Wir mussten rasch handeln, sonst würden uns die Flammen überrollen. Sofort legten wir ein Gegenfeuer. Wir konnten kaum atmen, eingeschlossen in der Flammenhölle, die Situation war alles andere als lustig. Doch es funktionierte, und das Feuer raste über uns hinweg, ohne uns zu schaden. Zurück blieben verbrannte Erde, ein noch immer aschgrauer Himmel, ein paar Menschen und ein toter Büffel.
Am Abend im Camp, die Stühle um das knacksende Lagerfeuer waren schon gerichtet, genossen wir unseren Sundowner ganz besonders. Unser junger Messeboy stand, wie aus dem Ei gepellt, mit schwarzer Hose und blitzweißem Sakko, neben der Buschbar und erwartete unsere Wünsche. Dazu hörten wir das wohlige Grunzen der Flusspferde. Ehrlich gesagt, so könnte ich mir das Paradies vorstellen.
Jetzt gesellte sich auch Mr. Shawa dazu. Nun, Sie werden sich vielleicht fragen, warum wir unseren schwarzen Freund immer „Mister" Shawa nannten: Der kleine Mann mit seinen 52 Lenzen war eine Persönlichkeit. Mit seinem herrlichen englischen Humor und der ruhigen Ausstrahlung wirkte er eben wie ein Herr und nicht wie irgendein Fährtensucher. Mir gefiel dieser Mann, nicht nur, weil er ein guter Jäger war, nein, wir verstanden uns einfach auf Anhieb prächtig.
Und an diesem Abend, ich wollte einfach mehr über ihn wissen, fragte ich ihn nach seiner jagdlichen Vergangenheit und seinem Leben. Da begann er zu erzählen: von alten Zeiten in Tanzania, wie er noch unter dem alten Jösch, der heute in Südafrika zu Hause ist, als Berufsjäger gearbeitet hat, und was er alles so im Auftrag der Regierung zu erlegen hatte. Ich fragte ihn natür-

lich auch nach den Stückzahlen des von ihm erlegten Wildes. Und so ganz nebenbei, als sei es die natürlichste Sache der Welt, erzählte er von 300 Flusspferden, hunderten Elefanten und Löwen und gut über 1000 Büffeln.

Na gut, dachte ich mir, die Belehrung im Busch über die Gefährlichkeit des Büffels hätte ich mir sparen können. Aber umso höher rechnete ich ihm an, dass er mir das Gefühl gab, ich hätte die Büffeljagd erfunden. Es wurde noch ein gemütlicher Abend, und es war spät, als wir endlich unsere Zelte aufsuchten.

Die Tage vergingen, und Walter, der Glückliche, konnte noch aus dem Vollen schöpfen, erlegte neben Wasserbock, Liechtenstein Hartebeest, Gnu und Warzenschwein die übliche Palette an Plains Game. Nur mit den Büffeln wollte es — bedingt durch das hohe Gras — nicht klappen.

Aber wir hatten ja noch Zeit, und die galt es zu nutzen, um ein großes, wirklich großes Krokodil zu erlegen. Und Krokodile gab es genug, wenn auch immer in unerreichbarer Entfernung. Aber sie waren da. Mr. Shawa erzählte mir von 4,5 ja 6 m großen Riesenechsen, die es hier geben sollte. So eine möchte ich haben. Unter vier Metern schieße ich sicher keines, denn so etwas habe ich ja schon.

Zuerst versuchten wir es mit einem von mir erlegten Flusspferd als Köder. Dieser war zwar nach wenigen Tagen völlig aufgefressen, aber leider nicht von Krokodilen, sondern von Geiern und Hyänen.

Da hatte einer unserer Gamescouts die Idee, sich über Mittag an den Ufern eines Seitenarmes des Flusses auf die Lauer zu legen, wo er riesige Krokodile kenne.

Nachdem der Urwald bis an die Uferböschung reichte, schien die Idee nicht schlecht. Gut getarnt und ungesehen konnte man der Dinge harren.

Am nächsten Tag lagen wir alle versteckt im Wald und glotzten in die Gegend. Es war so spannend, dass meine Frau nach zehn Minuten einschlief, auch Walter schloss genüsslich seine Äuglein. Nur der Gamescout, Mr. Shawa und ich beobachteten mit Argusaugen die Wasseroberfläche. Auf einmal, ganz langsam, kroch ein Krokodil aus den Fluten und legte sich auf einen riesigen Stein. Genau wurde es gemustert und im Geiste vermessen. Das Urteil war einstimmig. Es war zu klein, höchstens 3,5 m und nicht mehr. Nachdem auch mir schon langweilig war, studierte ich es immer wieder, aber es wurde nicht größer.

In der Zwischenzeit hatte sich unser Gamescout vorsichtig von uns entfernt, um einen anderen Seitenarm des Flusses zu kontrollieren. Kurz darauf kam er zurück, auf allen Vieren, um nur ja nichts zu vermasseln, und deutete uns wild gestikulierend, dass er ein Monster, ja ein wahres Ungeheuer von einem Krokodil gesehen habe. Es liege auf einer Steinplatte und warte nur darauf, von mir erlegt zu werden.

Das machte mich neugierig. So kroch auch ich auf allen Vieren, immer das Gewehr vor mir herschiebend, zu dem auf der anderen Seite des Waldes gelegenen Auslug, gefolgt von Mr. Shawa, der meinen Schießstock, besser gesagt mein Zweibein, dabei hatte. Und wirklich, dort lag der Urvater aller Krokodile. Eigentlich sah ich nur den Kopf von vorne, denn es lag spitz zu mir. Und verdammt weit war es auch. Sicher 150 m. Also nur die Ruhe bewahren. Ich suchte mir einen geeigneten Platz, setzte mich im Türkensitz nieder, legte das Gewehr in die Gabel meines Zweibeins und zielte ganz ruhig zwischen die Augen des Reptils. Langsam krümmte sich der Finger, und die Kugel verließ den Lauf.

Im Büchsenknall durchzuckte es das Urtier, das furchterregende Maul öffnete sich ein letztes Mal, und alles Leben entschwand aus der Echse. Ich war zufrieden. Ein sauberer Schuss auf so ein kleines Ziel, noch dazu so weit, das hast du gut gemacht, dachte ich mir, so wie es sich gehört.

Es war auch eine richtige Lektion für Walter, da konnte er von seinem Freund, dem alten Großwildjäger, etwas lernen.

Die „gewaltige" Echse erwies sich bei näherem Hinsehen als ein 2,4 Meter langes „Echslein".

Wir sprangen auf, ich voran, rannten die Uferböschung entlang zum vermeintlichen Anschuss. Bedingt durch den dichten Bewuchs konnte ich das Tier nicht sehen, aber gefühlsmäßig musste ich jetzt die halbe Strecke, also ca. 80 m, zurückgelegt haben, als sich eine freie Stelle bot, die ich nutzte, um zu kontrollieren, wie weit es noch war. Doch was war das? 30 m unter mir lag ein Krokodil, ein totes Krokodil, mein Krokodil. Es war unheimlich tot und es war unheimlich klein. Es war, wie sich später herausstellte, 2,40 Meter. Fassungslos gafften wir alle hinunter. In dem Moment wusste ich nicht, sollte ich lachen, sollte ich weinen oder einfach davonlaufen.

Ich entschied mich für keine der Möglichkeiten und kletterte zu dem erlegten Reptil, gefolgt von meinen Leuten, die, und das war mir ein Trost, ein genauso blödes Gesicht machten. Ich suchte nach einer Erklärung, doch aus welchem Grund auch immer, in der Hitze des Gefechtes haben wir uns eben alle geirrt, auch unser Mr. Shawa, der sicher schon mehr dieser Echsen gesehen hatte als ich.

Und wer den Schaden hat, braucht ja bekanntlich für den Spott nicht zu sorgen. Walter, meine liebe Frau und auch Mr. Shawa versäumten bei keiner Gelegenheit, mich an den „Kindermord" zu erinnern.

Doch die Jagd ging weiter! Nach einigen Tagen, ich war schon ein wenig beunruhigt, weil Walter noch immer keinen Büffel hatte, durchstreiften wir wieder die Flussufer des Luhomberos und die angrenzenden Grassavannen. Und das stundenlang.

Es war später Nachmittag geworden, die Sonne brannte nicht mehr so heiß, da betraten wir eine riesige abgebrannte Fläche, in deren Mitte befand sich eine annähernd 10.000 m² große Schilfinsel mit hohem Gras. Und wie konnte es anders sein, einer unserer Fährtensucher sah darin einen Büffel, der sich gerade niedertat.

Wir hatten natürlich keine Ahnung, was es war, ob Kuh oder Bulle, groß oder klein. Aber es war ein Büffel, und so wie es aussah, ein einzelner. Das konnte interessant werden.

Die Sonne sank immer tiefer, und wir mussten rasch einen Plan schmieden. Der Wind war günstig, und wir beschlossen, diese Insel eiligst zu umgehen. Sobald wir dann die gegenüberliegende Seite erreicht hatten, sollten zwei Leute die Grasfläche durchdrücken. Was gar nicht so ungefährlich war, da niemand wusste, wie viele Büffel sich tatsächlich dort befanden, noch dazu waren die Schwarzen ja unbewaffnet.

Leise und vorsichtig bezogen wir Stellung. Wir postierten uns 20 m vor dem Gras, völlig deckungslos. Es gab weder Strauch noch Baum oder sonst irgendetwas, wo man sich hätte verstecken können. Ich kniete mich links außen nieder, hinter mir meine Frau, damit ich mit der Waffe ungestört ausschwingen konnte. Rechts neben mir stand Walter und neben ihm ein Gamescout mit Gewehr, das allerdings nicht funktionierte. Die Schwarzen begannen, die Schilfinsel durchzudrücken. Unangenehm war jetzt die tiefe Sonne, die uns blendete. (Mich weniger, denn ich hatte ja kein Glas auf der Büchse!)

Die Zeit verging im Schneckentempo. Da hörte ich ein leises Rauschen, das immer näher kam. Und das Bild, das ich jetzt zu beschreiben versuche, werde ich mein ganzes Leben nicht vergessen: Ganz langsam teilte sich das Grasmeer. Ein gewaltiger Büffel mit riesigem Horn schob sich gemächlich heraus. Er bemerkte uns nicht, obwohl wir wie im Theater in der ersten Reihe saßen.

Riesig, imposant und beeindruckend stand er da auf 20 Meter. Längst hatte ich die Flügelsicherung umgedreht. Er stellte sich breit, und ich wartete auf den erlösenden Knall aus Walters .458er.

Doch es war still, hässlich still, Walter schoss nicht. Ich versuchte mir einzureden, dass mir das Ganze sowieso egal sei, es ist ja Walters Büffel, doch dem war nicht so. Nachdem der Bulle verhofft hatte, setzte er sich langsam in Bewegung. Schritt für Schritt zog er nach links weg, und Walter schoss noch immer nicht. Aber worauf um Gottes Willen wartete er, besser konnte es doch nicht mehr werden!

In diesem Augenblick verlor unser Gamescout offenbar die Nerven und schrie aus Leibeskräften: „Shoot, shoot!"

Jetzt wurde es ernst. Der Büffel drehte blitzartig zu uns und setzte sich in Bewegung. Doch da krachten die Büchsen. Rollierend wie ein Hase brach der Bulle vor uns tot zusammen. Walter hatte seinen ersten Büffel gestreckt. Und was für einen! Ich umarmte ihn und beglückwünschte ihn zu diesem Prachtexemplar.

Staub lag noch in der Luft, dahinter stand die dunkelrote Sonne und spiegelte sich in dem mächtigen Helm. Es war alles gut gegangen. Walter war noch immer ganz benommen, und die Schwarzen freuten sich wie kleine Kinder.

Rasch lief einer unserer Leute, den Land-Cruiser zu holen, der gar nicht mehr weit von uns weg abgestellt worden war.

Die Stimmung war herrlich. Wir genehmigten uns ein Bier, ein Tusker-Lager, aus der Kühlbox, und genossen den Sonnenuntergang in vollen Zügen.

Doch jetzt musste ich Walter fragen, warum er so lange nicht geschossen hatte. Die Erklärung war denkbar einfach. Als Walter durch das Zielfernrohr schaute, sah er im Hintergrund — zwar weit weg — einen unserer „Treiber". Und da wagte er den Schuss eben nicht, was völlig o.k. war.

Schnell verging die Zeit, viel zu schnell, und das Ende unserer Jagd war gekommen. Der letzte Tag war angebrochen, und den nutzten wir, um ein noch unbejagtes Gebiet im Norden aufzusuchen. Die Gegend wirkte jungfräulich und unterschied sich deutlich von dem bisher bejagten Areal. Der Fluss mit seiner signifikanten Uferlandschaft war viele Kilometer von uns entfernt und somit die Vegetation nicht die gleiche. Hier gab es zwar auch Savannen, aber in erster Linie den typischen Miombowald.

Warum wir diese Gegend nicht schon früher aufgesucht haben, weiß ich nicht. Wie auch immer, wir ließen unser Fahrzeug zurück und durchwanderten einmal mehr unser geliebtes Afrika. Doch diesmal gar

Die Abendstimmung lässt immer wieder elegische Gedanken aufkommen.
Afrika — Sehnsucht nach unserer Urheimat?

nicht so lange. Nach knapp einer Stunde kamen wir zu einem großen Savanneneinschluss, in dem einer unserer Tracker einen Büffel entdeckte.

So schnell wir konnten, unter Ausnützung des Geländes und des Windes, trachteten wir, näher zu kommen. Eile war geboten, denn die kleine Büffelgruppe bewegte sich langsam äsend in Richtung Wald.

Uns trennten noch gut 100 m. Hinter einem dünnen Baum hielten wir inne und versuchten, den Leitbullen herauszufinden. Es waren zwar alle gut, aber für mich war der Zweite von links der Beste. Das sagte ich auch meinem Freund Shawa, der nur meinte: „Wenn du ihn siehst und dir sicher bist, dann schieß!"

Mein lieber Begleiter hatte nämlich das Problem, nachdem er fast einen halben Meter kleiner war als ich, dass er nicht über das hohe Gras hinwegsah, und mir somit einfach vertraute.

Auch ich sah nur Haupt und Widerrist des Büffels, aber das reichte. Auf den Schuss riss es den Recken schlagartig von den Läufen. Rasch montierte ich mein Zielfern-

Gemeinsame Jagderlebnisse prägen Freundschaften über Jahre hinaus!

rohr ab und rannte zu dem Bullen, jetzt gefolgt von allen. Ich sah ihn im Gras liegen, kaum 20 Schritte vor mir. Er konnte nicht mehr auf, aber Leben war noch in ihm. Dieses wurde durch einen Fangschuss beendet.

Als ich repetierte und mich dabei zur Seite drehte, schaute ich einem nicht viel weniger guten Büffel auf 30 m in die Augen. Spitz stand er zu mir, und ich wäre fast versucht gewesen, auch ihn zu schießen. Aber da war Walter, und er sollte die Chance nutzen.

Mein Freund befand sich zu diesem Zeitpunkt vielleicht 20 oder 30 Schritte hinter mir. Ich deutete ihm, rasch zu kommen. Doch es dauerte zu lange. Der Büffel drehte ab und war im Wald verschwunden.

So ein Jammer. Schnell verblendeten wir meinen Büffel, um nicht Hyänen oder sonstiges Getier anzulocken, und verfolgten die Fährte. Zuerst konnte wir diese halten, aber gegen Mittag mussten wir aufgeben, sie verlor sich in anderen Fährten, und die Zeit mahnte zur Umkehr.

Am nächsten Tag holte uns ein kleiner Buschflieger aus dem Camp und brachte uns nach Dar Es Salaam. Dort nutzen wir die verbleibende Zeit zur Besichtigung der historischen Plätze. Unser Freund Teri zeigte uns alles, was man gesehen haben sollte: die kleine Kapelle, die Dr. Livingstone betrat, den Platz, wo Burton und Speke an Land gingen, sowie die Steinreste der ersten Arabersiedlung; und auf dem Heimweg, wie konnte es anders sein, ein richtiges afrikanisches Begräbnis.

Bilder aus Südafrika

Zweifelsohne gehört SA mit seinen insgesamt 10 Provinzen, eingebettet zwischen Atlantik und Indischem Ozean, zu den beliebtesten Jagdländern am schwarzen Kontinent. Die unterschiedlichen Landschaftsformen und die große Vielfalt an Wildtieren bieten sicher für jeden jagdbegeisterten Afrikafreund das Richtige. Die außergewöhnlichen Schönheiten der touristischen Anziehungspunkte sollten es wert sein, zusätzlich zur Jagd noch ein paar Tage mit Sightseeing zu verbringen. Jede Provinz bietet ihre speziellen, landestypischen Eigenheiten wie z.B. die Augrabiesfälle in der nördlichen Kapprovinz. Die Urgewalten des Oranje-Flusses stürzen hier an Millionen Jahren alten Granitmauern schäumend und tosend in die Tiefe. Diese Wasserfälle, von den Hottentotten „Ort des großen Lärms" genannt, gehören zu den sechs größten der Erde.

Die Drakensberge in der Provinz Natal, man nennt sie auch die Gartenprovinz, sind sicher sogar dem Afrikaneuling ein Begriff. Vor Millionen Jahren entstanden, erheben sich die 3000 und mehr Meter hohen Basaltwände über das übrige Land. Die darunter liegenden Täler bieten alleine im Wandel der Jahreszeiten eine enorme Vielfalt an Eindrücken.

Der Affenbrotbaum mit Ästen, die sich wie umgedrehte Wurzeln in den Himmel recken, ist im nördlichen Transvaal beheimatet. Sein Bild beherrscht die Savannen dieser Provinz.

Das östliche Transvaal ist bestimmt am bekanntesten durch den Krüger-Nationalpark. Zwischen Limpopo-Fluss im Norden und Crocodile-River im Süden erstreckt sich auf 350 km ein Paradies für Elefanten, Großkatzen und -zigtausende Antilopen. Einstmals war dies das Land der Pioniere, Schatzsu-

Das „Big Hole" nahe Kimberley sollte man auch als Jäger gesehen haben!

cher und Großwildjäger. Vom flachen, subtropischen Lowveld ansteigend zum Hochveld-Plateau, bietet diese Provinz den Charakter des wirklich ursprünglichen Afrikas. Es würde zu umfangreich und sicher nicht vollständig sein, all die beachtenswerten Schönheiten Südafrikas aufzuzählen.

Natürlich steht bei den meisten Afrikareisenden die Jagd an erster Stelle, aber gerade auf den Farmen sind auch nichtjagende Begleiter und Begleiterinnen gerne gesehen. Ein Alternativprogramm lässt sich stets organisieren. Binnenflüge sind nicht teuer, und eine sehenswerte Tour ist bald zusammengestellt.

Mit ein bisschen Englisch und einer guten Landkarte kommt man sicher durchs Land. Südafrika ist ideal für sogenannte Einsteiger-Safaris. Um sich mit ungewohnten und neuartigen Situationen vertraut zu machen, bietet der Aufenthalt auf den Jagdfarmen beste Voraussetzungen.

In Afrika ist doch vieles anders als bei der Ausübung des heimischen Waidwerkes. Beginnend bei der fremdartigen Landschaft und dem Ausmachen des unbekannten Wildes in dieser neuen Umgebung; weiters dem Jagen während des ganzen Tages und nicht nur in den Morgen- und Abendstunden und bei den oft doch recht weiten Schussdistanzen.

Auch das rasche Ansprechen des Wildes bzw. eines einzelnen Stückes aus der Herde heraus und danach der schnelle und sichere Schuss sind Dinge, die einiger Übung bedürfen. Man soll nicht glauben, wie eingefleischte und erfolgreiche „Schalenwildjäger heimischer Gefilde" oft in der neuen, ungewohnten Umgebung unsicher und nervös und somit auch bei den ersten Schüssen nicht sehr treffsicher sind.

Ich habe schon eine Menge frustrierter und enttäuschter Jäger erlebt. Nach ein oder zwei Tagen hat sich die Situation meistens entspannt, und einer guten Jagd steht nichts mehr im Wege. Darum glaube ich auch, dass sich ein kurzer Aufenthalt zum Jagen nicht allzu ideal auf die Erfolgschancen auswirken wird. Wer sich und seinem Körper eine größere Gewöhnungsphase lässt, wird auch mehr von der Safari haben.

Mit Hilfe des Jagdführers erhält der Neuling bald das nötige Wissen über das zu bejagende Wild. Er kann sich in der Regel auf die gute Auswahl des ihm zum Schuss freigegebenen Tieres verlassen. Die im Schnitt 5000 bis 10.000 ha großen Jagdfarmen machen es notwendig, dass Pirschfahrten mit dem Auto durchgeführt werden. Der Illusion, ohne den fahrbaren Untersatz auszukommen, braucht man sich erst gar nicht hinzugeben.

Ich habe schon oft gehört: „Also, mit dem Auto nie." Natürlich, der Schuss vom Auto ist verpönt und wird in der Regel auch nicht praktiziert, aber das „Angehen bzw. Anfahren" ist ohne „Kilometerschlucker" nicht möglich. An Herden gewisser Tierarten könnte man so gar nicht nahe genug herankommen, da die Fluchtdistanzen oft recht groß sind.

Ich erinnere mich an eine Jagd meines Mannes auf den Schwarzen Springbock in der nördlichen Kap-Provinz. Es war schon später Nachmittag, als wir in dem betreffendem Gebiet erstmals auf eine Herde dieser seltenen Art trafen. Die Gruppe, zwei bis drei Böcke darunter, graste inmitten einer fast baum- und buschlosen Landschaft in ca. 500 Metern Entfernung. Gelbbraun und dürr lag das endlose Grasmeer vor unseren Blicken. Das wird schwierig, dachte ich bei mir, und so war es auch. Mein Mann auf der Ladefläche des Cruisers richtete seine Waffe, einen Steyr Mannlicher .300 H&H, und machte sich fertig zum Absprung. Langsam tuckerten wir näher an die Herde, doch da! Kaum hatten wir 100 Meter hinter uns, setzte sich das Rudel in Bewegung. Also weiter, wieder heran. Doch unmöglich! Kaum hatten wir eine gewisse Distanz hinter uns, machten auch die Springböcke, dass sie wieder außer Reichweite kamen. Mehr als 250 Meter ließen sie uns nicht heran. Die Sonne fiel immer tiefer und tauchte die Ebene in rotgoldenes Licht.

Endlich konnten wir unsere Entfernung so weit verringern, dass es Sinn hatte, wenn mein Mann vom Auto sprang und in Deckung der wenigen Büsche auf Schussdistanz versuchte, an die Herde heranzukommen. Kaum war er abgesprungen, fuhren wir wieder gleichmäßig weiter! Wieder starteten die Springböcke eine Flucht. Also nochmals retour und den Jäger aufs Auto. Dreimaliges Auf und Ab war die Folge, bis unser Trick endlich funktionierte. Während wir in die entgegensetzte Richtung abzogen, pirschte mein Mann vorsichtig näher an die Herde heran und suchte den besten Bock aus der Gruppe. Auf 200 Meter trug er ihm den Schuss aufs Blatt an und das Stück lag sofort im Feuer. Wie man sieht, kann eine Jagd mit dem Auto ebenfalls anstrengend sein.

Natürlich lassen sich auch in Südafrika weite Fußmärsche zurücklegen. Bei einer Pirsch auf Bergriedbock in einer Geröll- und Steinwüste büßten wir unsere Sünden ab. Die Sonne nützte die Mittagsstunden, um uns gehörig einzuheizen. Vier Stunden lang folgten wir der Fährte über Berge, durch Schluchten und Täler. Der Bergriedbock ist überaus scheu und wie alle Riedbockarten selten zu Gesicht zu bekommen.

Wir durchqueren das Einstandsgebiet des Burschen in der Hoffnung auf Erfolg, welcher meinem Mann dann auch endlich beschieden war.

Vorsichtig, zwischen Geröllhaufen gedeckt, spähten wir in das darunterliegende Tal. Am gegenüberliegenden Hang, ebenfalls zwischen Felsen, Grasbüschel und durch Licht und Schatten getarnt, lag ein Riedbock, Entfernung ca. 250 Meter.

Mein Mann nutzte die Ruhelage des Tieres um wieder einigermaßen zu Atem zu kommen. Wie so oft, drehte natürlich der Wind, und als wir einen Luftzug im Nacken spürten, stand auch schon der Riedbock auf den Läufen. Ohne eine Möglichkeit zum Schuss zu bieten, setzte sich das Tier in Fluchten aus unserem Blickfeld ab. Mein Mann packte sein Gewehr, sprintete den Hügel hin-

Schwarzer Springbock aus Südafrika

unter, zwischen den Steinen gegenüber wieder hinauf, und als drüben der Bock am dahinterliegenden Hang auf ca. 180 Meter verhoffte, drückte mein Mann ab. Der Riedbock war sein.

Für ältere Menschen bietet gerade Südafrika die Möglichkeit, ebenfalls zu Jagderfolgen zu kommen. Aus gesundheitlichen oder konditionellen Gründen nicht mehr so in Form, lassen sich weniger anstrengende Jagden organisieren. Beim Ansitz an Wasserlöchern ist vor allem die Chance auf Warzenschwein, ein überaus beliebtes Wild bei Europäern, gegeben.

Das Klima im Land ist äußerst verträglich, (beste Jagdmonate April bis Oktober) und die Insektenplage, wie in so vielen anderen Ländern, ist praktisch nicht gegeben. Es sind auch keine Impfungen notwendig. Wer also beim Fliegen keine Schwierigkeiten hat, der hat sie beim Aufenthalt im Land schon gar nicht. Außerdem haben in Südafrika Ärzte und Krankenhäuser einen guten Ruf, die Versorgung im Notfall ist gegeben. Noch einen anderen Vorteil sollte man nicht vergessen. Viele Jäger wollen im Freundeskreis jagen und auch die Ruhestunden im geselligen Beisammensein nützen. Gerade in Südafrika sind Gruppenreisen keine Seltenheit und bei der Pirsch auf fast alle Wildarten auch nicht von Nachteil. Die Jäger, zumeist 2:1 unterwegs, wechseln untereinander ab, und die Menge des Wildes sichert jedem Schützen eine gleich gute Qualität der Trophäen zu. Bei nicht so gängigem und schwerer erlegbarem Wild wird sich bestimmt eine vernünftige Lösung finden.

Die wunderbaren Abende bei knisterndem Lagerfeuer und Austausch der Erlebnisse sind ein echter „afrikanischer Genuss". Wenn Schakale heulen, wenn das Kudu-Steak brutzelt und der ausgezeichnete Rotwein aus dem Kapland in den Gläsern funkelt, dann ist das Entspannung pur für die Seele.

Für viele bedeutet Südafrika nur ein Sprungbrett in die afrikanische Welt des Jagens. Andere aber sind diesem Land verfallen und kommen immer wieder. Die problemlose Einreise mit der Waffe, die unkomplizierte Handhabe der erlegten Trophäen und das Bemühen der Veranstalter, den Gast zufriedenzustellen, sind Gründe für die Wiederkehr. Natürlich darf man auch den Preis nicht vergessen. Von Tagessätzen um die US $ 1.000,— wie sie in Ostafrika z.B. üblich sind, liegen die Südafrikaner Gott sei Dank weit entfernt. Büffel, Großkatzen und Elefant haben eben ihren Preis.

Zum Abschluss möchte ich noch von einer Jagd berichten, durch die mein Mann zu einem wirklich seltenen Waidmannsheil gekommen ist.

Eines Morgens, diese frühen Pirschen liebe ich besonders, streiften wir durch dichten Akazienbusch. Gelbes, trockenes Gras raschelte unter unseren Tritten. Im Sand zeichneten sich viele Fährten der unterschiedlichsten Tierarten ab. Ein Blaufalke strich nahe an uns vorüber, und einige Perlhühner flüchteten rasch, nachdem sie uns bemerkten. Eigentlich galt die Jagd einem Blessbock, doch in Afrika lässt sich das nicht so programmieren. Deshalb überraschte uns das Auftauchen eines Duckers im Dickicht auf ca. 50 Schritt nicht sonderlich. Als mein Mann die Hörner blitzen sah und spürte, dass dieser Bock da vor ihm ein kapitaler sein musste, nahm er das Blatt ins Visier und drückte ab. Die Kugel im Leben bannte den Ducker auf den Platz und ließ ihn verenden. Als wir die Hörner betrachteten, war meinem Mann klar: „Der hier ist wirklich etwas Besonderes!" Wie aber staunten wir, als wir erkennen mussten, dass der DER eine DIE war. Eine Geiß nämlich, noch dazu trächtig. Und wie man weiß, haben weibliche Stücke in der Regel kein Horn. Also war nicht nur das Maß der Trophäe (die genaue Vermessung durch einen Experten ergab trotz der relativ dünnen Schläuche, bedingt durch die Höhe mit jeweils 5 2/8 Inches den Platz 24 im SCI-Buch), sondern auch das Wild im Ganzen gesehen eine ausgefallene Spielart der Natur. Es handelte sich übrigens um einen Southern Bush Ducker (Sylvicapra grimmia grimmia).

Wir haben viele Freunde, die den Aufenthalt und die Jagd in Südafrika nicht missen möchten. Man wird sehen, was die nahe politische Zukunft in diesem Land bringen wird, und ob sich Änderungen auf den Tourismus auswirken können.

In Afrika ist es leider oft heute so und morgen schon wieder ganz anders. Eine absolute Sicherheit und Stabilität ist nirgends gegeben, wie die Erfahrung zeigt. In der Hoffnung liegt der Glaube. Und so glaube ich auch daran, dass sich Schwierigkeiten meistern lassen werden, und hoffe für mich und alle Südafrika-Fans, dass uns das Land mit seiner Schönheit, seinem Wildreichtum und seiner Möglichkeit, Träume von Safaris und Abenteuern zu verwirklichen, erhalten bleibt.

ABENTEUER IN MOSAMBIK

Wieder einmal stehen wir am Flughafen in Johannesburg. Die Einreiseformalitäten sind rasch erledigt, und das Gefühl, in einem fremden Land zu sein, kommt uns dabei erst gar nicht in den Sinn. Zu oft haben wir in den vergangenen Jahren südafrikanischen Boden betreten. Fast sind wir versucht, bei den „Residents" durch die Passkontrolle zu marschieren. Wer weiß, vielleicht irgendwann einmal?!

Glen, ein junger Südafrikaner, erwartet uns. Noch ein Drink im Coffee-Shop und ab gehts durch die Mitte. Wir verlassen Johannesburg. Hier hält uns nichts. Auch besser so. Man hört kaum Gutes.

Über altbekannte Straßen geht es ins Landesinnere, Richtung Pietersburg. Walter, ein österreichischer Freund, ist auch wieder dabei, bereits zum dritten Mal. Auch ihn hat es erwischt. Aber diesmal soll Südafrika nur Zwischenstation sein.

Wir haben geplant, nach kurzem Aufenthalt anschließend nach Mosambik zu fahren. Es soll dort ein gutes, unerforschtes Büffelrevier geben. Aber wer weiß? Das Land befand sich nach einem Krieg. Wie sieht es aus, was wird uns erwarten? So steht am Beginn dieser Reise das große Fragezeichen. Hoffentlich haben unsere hiesigen Bekannten einigermaßen vorgearbeitet. Denn das ist wichtig.

Glen versichert, dass fast alles in Butter ist! Wir sind uns nicht so sicher, doch das Abenteuer lockt.

Im Haus von Glen werden wir schon erwartet. Martha, die schwarze Perle, begrüßt uns freudig und auch das andere Hauspersonal. Wir kennen einander bereits viele Jahre. Der schwarze Bullterrier wirft mich fast aus den Schuhen, und auch das braune Steffordsen-Terrier-Weibchen wedelt freudig mit dem Schwanz. Vier herzige Welpen der beiden, knapp acht Wochen alt, verbeißen sich wohlwollend in unsere Schnürsenkel und Hosenbeine. Da fühlt man sich gleich zu Hause.

Alles soweit okay, aber was ist mit Mosambik? Nun, das könnte noch dauern. Denn die Einfuhr der Gewehre ist leider vorerst nicht geregelt. Und der schwarze Kontaktmann im Nachbarland ist im Moment auch nicht greifbar! Und überhaupt und sowieso! Eigentlich ist noch gar nichts, wie es sein sollte. Aber wir haben ja Zeit. Extra dafür genommen. Morgen ist auch noch ein Tag. Daran muss man sich gewöhnen.

Nichts funktioniert in Afrika pünktlich, und trotzdem geht alles meist zeitgerecht über die Bühne. Ein Phänomen, dem man sich anpassen muss, was aber für uns Europäer

Die Bevölkerung in Mosambik ist auf die Ressourcen der Natur angewiesen!

Gestrandete, verrottende Schiffe zeugen von einst blühender Fischereitätigkeit.

und bei unserer Einstellung zur „Zeit" meist nicht so leicht möglich ist. Es ist halt alles ein Frage des Umfeldes und der Gewöhnung. Aber es wird schon werden, da sind wir uns sicher.

So vergehen zwei, drei Tage. Nur nicht ungeduldig werden. Es wird telefoniert, besprochen, gewartet, telefoniert, und dann endlich ist es so weit! Jawohl, der Schwarze in Mosambik erwartet uns in Maputo, der Hauptstadt des Landes. Also packen, es geht los!

Aber erst morgen. Denn für heute ist es nun doch zu spät geworden. Wir kennen das ja. No problem! Am nächsten Morgen ist das Auto kaputt, halt so, von einem Tag auf den anderen. Leider etwas ganz Normales in Afrika. Also muss repariert werden, ein Ersatzteil ist nicht aufzutreiben. Es ist später Vormittag, als wir endlich aufbrechen, ca. 350 km bis zur Grenze. Ob wir das noch schaffen?

Haben wir genug Proviant? Alles okay, sagt Glen. Wir fahren. Aber jetzt wirklich. Wir sind neugierig, was nun auf uns zukommt und ob es mit der Jagd auch klappen wird, denn die Gewehre sind leider nicht dabei. Nick, der Bruder von Glen, soll diese eine Woche später ins Jagdgebiet bringen. Bis dahin werden wir Hochseefischen. Auch nicht schlecht. Kann man ja alles einmal probieren.

Im Auto ist es heiß. So lasse ich mir den afrikanischen Winter (Ende Juli) gefallen. Nach einer kurzen Rast bei Cola und Fast-Food in Nelspruit fahren wir durch eine wunderschöne, bergige Landschaft. An einem Fluss, dessen Wasser durch einen schwarzen Guru „ewiges Leben" verspricht, machen wir Halt. Ein paar Spritzer auf die Haut können ja wohl nicht schaden. Im halsbrecherischen Eilzugstempo geht es weiter. Hoffentlich hat der Guru mit seiner Weissagung auch Recht, denke ich bei mir. Glen fährt wie ein Verrückter, um 18 Uhr sperrt die Grenze zu. Wegen der Wegelagerer wäre es wahrlich nicht gut, vor dem Balken oder im Niemandsland danach die Nacht verbringen zu müssen. Nach einer langgezogenen Kurve sehen wir endlich

Hochseefischen war die Ersatz-Beschäftigung, weil die Waffen nicht ins Land kamen.

Mosambik unter und eine Kolonne von wartenden Autos vor uns liegen. Na bravo! Das wird knapp. Ich habe es immer besonders gerne, wenn ein Urlaub so richtig entspannend beginnt.

Rascher als erwartet sind wir aus Südafrika heraußen. Jenseits des Balkens schaut die Sache schon etwas anders aus. Die Beamten haben Zeit, viel Zeit. Und wir werden nervös. Wir müssen unbedingt heute noch hinüber. Ein Zollbeamter kontrolliert unsere Ladung am Auto. Zu viel Getränke! Woher will der wissen, was wir so trinken? Ach so! Nach einer entsprechenden Zollgebühr für überzählige Getränkedosen ist alles in Ordnung, und wir erhalten die nötigen Stempel in unsere Pässe.

Zerlumpte und zudringliche Burschen belagern unser Auto. Die Bettelei wird lästig, und keiner von uns lässt sein Gepäck aus den Augen. Endlich ist auch die letzte Formalität beendet, und erleichtert lassen wir den sich schließenden Grenzbalken hinter uns. Rasch setzt nun die Dämmerung ein, und wir haben leider noch ca. 100 km bis Maputo vor uns. Links und rechts der Straße liegen ausgebombte und verbrannte Fahrzeuge in den ehemaligen Minenfeldern. Kein besonders einladendes Entree in ein Land, das einst in seiner Blüte ein Eldorado der reichen und feinen Herrschaften war.

Während der Fahrt ins Landesinnere werden wir öfter an Straßensperren von verwegen bis kriminell aussehenden Schwarzen angehalten. Unser portugiesischer Wortschatz beschränkt sich auf das Nennen von Ortsnamen, und so bestehen also einige Verständigungsschwierigkeiten. Die „Kontrollorgane" geben sich erstaunlicherweise trotzdem zufrieden, und wir können passieren. Glen fährt nach wie vor wie ein Gestörter. In der Dunkelheit und mit den vielen Schwarzen am Straßenrand, ist das ein Spiel mit dem Teufel. Schon aus weiter Entfernung können wir einen Feuerschein entdecken. Beim Näherkommen sehen wir einen brennenden Lastwagen im Graben und eine Menge aufgeregter Schwarzer dabei. Wir machen uns so schnell wir können aus dem Staub. Eine Fahrt bei Nacht in einer unbekannten Umgebung gehört sicher nicht zu meinen liebsten Beschäftigungen.

Dann endlich, Maputo! Die Stadt ist nur schlecht beleuchtet. Massenweise Schwarze in den Straßen. Es dauert einige Zeit, bis wir das Hotel, das als Treffpunkt mit dem Kontaktmann ausgemacht war, finden. Glen, der bereits einigermaßen erschöpft wirkt, lässt uns im Auto zurück. „Ich komme gleich wieder", sagt er und verschwindet Richtung Hotel im Dunkeln. Mein Mann und Walter steigen aus und halten die Ladefläche des Wagens im Blickfeld. An der nächsten Straßenecke lungern ein paar ungute Gestalten an der Häuserwand herum. Die Gegend ist unheimlich. Die Zeit verstreicht. Ich versuche, ein bisschen zu dösen. Eine Gruppe grölender Schwarzer kommt am Auto vorbei. Wo ist Glen? Wir warten bereits länger als eine Stunde. Eine Flasche mit Whisky macht die Runde. Immer wieder. Dann geht Walter ins Hotel. Hoffentlich kommt er wenigstens wieder. Nach 10 Minuten ist er da. „Es gibt Probleme", sagt er. Der Vertragspartner ist nicht zu erreichen, die Telefonverbindungen sind schlecht, Glen versucht gerade, mit der Frau des Schwarzen zu kommunizieren. Wir sollen noch warten.

Es vergeht wieder eine Stunde. Als Glen kommt, ist er sauer. Der Herr Sowieso hat sich anscheinend irgendwo versoffen, und die Leitung nach Pietersburg ist nicht zu Stande gekommen. Traumhaft! Da stehst du in einem fremden Land, kennst niemanden, kannst die Sprache nicht, und alles geht schon von Anfang an schief.

Also, dann ab nach Xai-Xai, nochmals runde 200 km. Dort gibt es ein Camp, und Glen sagt, dass Bekannte von ihm dort auf uns warten. Vielleicht können wir morgen telefonieren. Mir ist alles egal, ich möchte nur schlafen. Glen setzt sich wieder hinters Steuer, und wir verlassen Maputo. Walter und mein Mann sind trotz der späten Stunde unheimlich gesprächig. Als mein Blick auf die Whiskyflasche fällt, wird mir alles klar. Diese ist fast leer. Ich hoffe, dass wir bald beim Campingplatz sind. Wieder haben wir eine Straßensperre, und ein mieser Schwarzer mit Maschinengewehr kontrolliert unser Fahrzeug. Dann weiter. Glen macht Pause. Fährt zwei Kilometer und macht wieder Halt. Er kann nicht mehr! Das ist heiter! Und verfahren haben wir uns auch noch dazu. Mein Mann ist schlagartig nüchtern. Er wird chauffieren müssen, da Walter noch nie links gesteuert hat und Glen am Ende ist. Anhand einer Straßenkarte geht es weiter. Trotz der mitternächtlichen Stunde herrscht viel Verkehr, und der ist kriminell. Autos mit nur einem Scheinwerfer oder sogar ohne Licht, ausrangierte Blechkübel und eine Fahrweise der Schwarzen, dass einem übel wird.

Trotzdem erreichen wir ohne Zwischenfälle Xai-Xai. Hundemüde, aber heilfroh, alles gut überstanden zu haben, fährt Glen die letzten wenigen Kilometer zum Campingplatz wieder selber. In einer Strohhütte finden wir Platz. Rasch das Moskitonetz übers Bett, und halb angezogen fallen wir todmüde auf die Lager.

Der Geruch salziger Meeresluft und Wellenrauschen wecken mich auf. Zwischen den Ritzen der Hütte bricht die Morgendämmerung herein. Stimmen und das Scheppern von Geschirr dringen zu uns herüber. Jetzt werden auch die anderen wach, alle sind hungrig, und eine Dusche wäre nicht schlecht. Gott sei Dank lässt sich zumindest dies gleich organisieren. Ein paar Abenteurertypen verlassen das Lager zum Hochseefischen. In einem heruntergekommenen Hotel, verfallen und traurig anzusehen in all dem verblassten Glanz längst vergangener Zeiten, versucht Glen, ein Frühstück für uns aufzutreiben. Da es sowieso keine Auswahl gibt, sind wir mit gekochten Eiern, Toast und Tee zufrieden. Anschließend kaufen wir den Kindern vor dem Hotel Ketten aus Muscheln ab und freuen uns über die glänzenden Augen der Kleinen.

Starker Wind peitscht das aufgewühlte Meer, und der Indische Ozean wirkt schwarz und unfreundlich. Hoffentlich ist das Wetter dort, wo wir dann fischen, besser. Mit dem feudalen Frühstück im Magen, hebt sich auch unsere Laune, und der Ärger über das verpatzte Meeting mit dem Schwarzen ist schon nur mehr halb so groß. Irgendwie wird sich die Sache wohl regeln. Leider haben auch die in Xai-Xai kein funktionierendes Telefon, und Glen kann seinen Bruder wieder nicht erreichen. Die Infrastruktur in diesem Land ist gleich null, wie wir feststellen müssen.

Also auf in das etwa 500 km entfernte Inhassoro, der nächsten Station unserer Reise. Die Fahrt, zum Großteil an der Küste des Meeres entlang, ist recht reizvoll. Tropische Palmenlandschaft, kilometerlange leere Sandstrände und verträumte Eingeborenenhütten prägen das idyllische Bild. Am Straßenrand bieten kleine Kinder in bunten Tüchern ihre mageren, nur mehr schwach flügelschlagenden Hühner an. Ein Stück weiter gibt es große Getreidemörser aus Holz zu kaufen. Wir nutzen die Gunst der Stunde für Fotos und Einkauf der schönen Gefäße sowie einiger Zitrusfrüchte. Die Bevölkerung ist außergewöhnlich scheu und unaufdringlich, was sicher auf den nicht existierenden Tourismus zurückzuführen ist.

Am frühen Abend erreichen wir endlich Inhassoro am Indischen Ozean. Das Camp liegt inmitten einer zerfallenen Hotelanlage direkt am Meer. Der mit Glen befreundete Südafrikaner ist begeisterter Hochseefischer und verbringt hier mit seiner Familie die Ferienzeit. Vom Flaschenöffner bis zum Motorboot hat er sich jedes Stück, ob Proviant oder Ausrüstung, selbst aus Südafrika mitgebracht. In Mosambik gibt es außer Cola, Orangen, Meeresfrüchten und Fischen nichts zu kaufen.

Obwohl die Temperatur des Wassers und der Luft nicht allzu einladend ist, lässt Walter sich ein kühles Bad im Meer nicht entgehen. Während mein Mann und ich in Hose und Pullover am wärmenden Lagerfeuer sitzen, stürzt er sich in die eisigen Fluten, so nach dem Motto, was dich nicht umbringt, das macht dich hart.

Eine Stunde später ergötzten wir uns alle gemeinsam an köstlichen Krabben und Hummer und schmatzen wie die Kannibalen um die Wette. Die stets fangfrischen und billigen Meeresfrüchte sind in Mosambik einfach ein Gedicht. Bevor noch der Mond am Himmel steht, sind wir schon in den Federn. Ein langer, anstrengender Tag liegt hinter uns, und wir freuen uns auf den morgigen. Auch wenn die Tatsache, dass es hier in Inhassoro kein Telefon gibt, die Stimmung etwas trübt.

Am nächsten Morgen herrscht strahlender Sonnenschein. Das Meer liegt glatt und einladend da, und neugierig auf das uns unbekannte Abenteuer „Hochseefischen" können wir den Aufbruch kaum erwarten. Direkt vor der Haustür besteigen wir das Boot, und mit dem Auto als Schubfahrzeug fahren wir Richtung Strand. Bei einem Hohlweg steil bergab beginnt es mir erstmals leicht kribbelig in der Magengegend zu werden. Das Abdockmanöver ist nicht unkompliziert, und mit Schwung setzt das Boot endlich, durch eine Seilzugwinde mit dem Auto verbunden, auf der Wasseroberfläche, auf. Ich klammere mich an der Reeling fest, und einen breiten Gischtschweif hinter uns lassend, brausen wir bald aufs offene Meer hinaus.

Salziger Beschlag liegt binnen Minuten auf meinen Brillen, und die Kleidung ist durch und durch feucht. Der harte Aufschlag des Bootes auf den Wellen geht ganz schön in die Knie, und ohne richtiges Mitfedern ist die Fahrt kein Vergnügen. Rasch entschwindet die Küste meinen Blicken. Die sich hebenden und senkenden Wellen, der tanzende Horizont und der schwankende Boden schlagen sich mir blitzartig auf den Magen. Unbemerkt von den anderen beginnt sich meine Gesichtsfarbe auf „Grün" umzustellen, und die Lust aufs Angeln hat es mir gründlich verdorben. Nach Drosseln

des Motors bekommen die Fische mein bereits vorverdautes Frühstück, und auf Anraten des Kapitäns ziehe ich mich in die Kajüte zurück. Ein kleines Pülverchen soll meinen Zustand bald bessern. Ich aber fühle mich sterbenselend und habe kein Interesse an all dem Geschehen. Benebelt und dumpf kriege ich die ersten Auswürfe der Angeln mit, habe aber wahrlich keinen Bedarf an eigener Aktivität. Nur halb bekomme ich die Fänge der Fischer mit, und mit jedem Augenaufschlag macht mein Magen eine Drehung um die eigene Achse.
Eigentlich verfluche ich Mosambik, die Jagd und vor allem die Fischerei. Warum bin ich nicht daheim bei meinen Blumen geblieben?
Mein Zustand bessert sich von Minute zu Minute, und schön langsam weiß ich wieder, warum ich auf der Welt bin. Das Boot dumpelt leicht vor sich hin. Die Auslegerleinen bewegen sich sanft mit den Wellen, und die Sonne, das dunkelblaue Meer und die salzige Luft machen Urlaubsstimmung. Im Rumpf liegen bereits einige Fische, und die Mannschaft ist bei bester Laune. Das Piepsen des Bordcomputers zeigt an, dass gerade in 15 Meter Tiefe ein größerer Fisch vorüber schwimmt. Ich bin erstaunt, was die heutige Technik so alles zu bieten hat. Ein paar weiße Wölkchen zeigen sich am Himmel, und in einiger Entfernung tuckert ein Fangboot der Eingeborenen vorüber. Ein mächtiger Albatros streicht durch die Lüfte, kommt nahe ran und verschwindet wieder über den Wellen in der Ferne. Es ist warm und friedlich.
Minuten später zaubert leichter Wind Schaumkronen auf die Meeresoberfläche. Das Wasser wird schwarz und wirkt tief und unheimlich. Während Piet das Motorboot startet, holen sein Sohn und Walter die Leinen ein. Binnen kürzester Zeit hat sich der Himmel verdunkelt und aufkeimender Sturm peitscht das Wasser. Es ist unvorstellbar, wie rasch sich das Wetter verändert hat. Der Motor heult auf, und in riesigen Sprüngen jagen wir übers Wasser. Das Funkgerät krächzt und „Bitte kommen — hier My Girl (der Name des Bootes) — Bitte kommen!" hallt durch den Äther. Die ersten Regentropfen trommeln auf die Kajüte, nur langsam kommt die Küste näher.
So wie der Spuk begonnen hat, so hört er auch wieder auf. Ein schmaler, heller Sonnenstreif durchdringt die dunklen Wolken, und mit einem Mal hat sich die Situation verändert. Der Regen hört auf, der Wind legt sich, und das Meer wird zusehends grün. Delphine springen plötzlich aus dem Wasser und begleiten uns zum Ufer, wo die Frau von Piet bereits mit dem Auto wartet. Während mein Mann, Walter und ich ins seichte Wasser springen, wird von dem Ehepaar das Boot mittels Seilzugwinde an das Fahrzeug angedockt. Wir drei marschieren dann am Strand entlang und genießen den lauen Abend.
So verbringen wir also einige Tage auf hoher See, und eine stattliche Anzahl von Fischen wird unsere Beute. Ein so richtig „Großer" aber hat leider nicht an die Angel gewollt. Nur einmal ist ein kapitaler „Sailfish" ans Boot gekommen und hat sich in die „Wobbler" verbissen. Piet und seine Kinder haben dabei fast einen Herzinfarkt bekommen. Uns selber ist die Sache nicht so an die Nieren gegangen, denn wer ein echter Jäger ist, hat halt doch mit Fischen nicht so viel am Hut. Zumindest meinem Mann liegen die Büffel weit mehr am Herzen.
Was uns jedoch zu schaffen macht, ist die Tatsache, dass wir noch immer keinen Kontakt zur Außenwelt haben. Nick sollte schon längst hier bei uns im Camp sein und mit ihm natürlich die Gewehre. Piet und seine Familie wollen das Lager morgen verlassen. Nun ist guter Rat teuer und das nächste Telefon wahrscheinlich 500 km weit entfernt. Es ist zum Verzweifeln. Wir entschließen uns schließlich zum Rückzug, denn ohne Waffen hat es keinen Sinn, ins Jagdgebiet zu fahren. Vorher besuchen wir noch einen Portugiesen und seine Frau, die in der Einsamkeit von Sand, Meer und Muscheln ein Einsiedlerleben führen. Die vielen leeren Ginfla-

*Die Strände von Mosambik laden zum Verweilen ein.
Die beeindruckenden Stimmungen sind unvergesslich.*

schen zeugen vom Trost in flüssiger Form. Und ich verstehe, dass es ohne diesen hier nicht ein Leben lang auszuhalten wäre, so schön und romantisch auch alles auf den Fremden wirkt. Ohne Nachbarn, ohne Telefon, ohne Arzt, da kann die schönste Idylle zum Alptraum werden.

Am nächsten Morgen ist alles gepackt und zur Rückfahrt fertig. Wir sind nun doch einigermaßen sauer, dass es nicht so läuft, wie es sollte. Schließlich sind wir die vielen Kilometer vergebens gefahren, da das Ziel der Reise, die Jagd, ins Wasser fallen muss. Das Schlimme daran ist, dass eigentlich keiner weiß, warum. So verabschieden wir uns von Piet, seiner Frau, seinen Kindern und machen uns auf den Weg. Irgendwie liegt vom Start an schon ein unangenehmes Omen über dieser Fahrt. Glen ist gereizt und fährt schnell und unkonzentriert. Dass die Tour nicht geklappt hat, diesbezüglich sind wir uns keiner Schuld bewusst. Glen und Nick haben dafür alleine die Organisation und somit auch die Verantwortung übernommen. Schließlich gelingt Glen dann doch ein Telefonat nach Hause, und er teilt uns mit, dass leider alles fehlgelaufen ist. Nick sei an der Grenze gewesen und auch der schwarze Kontaktmann, aber letztendlich war wegen irgendeiner Formalität die Einfuhr der Waffen nicht möglich und anscheinend auch das bezahlte Schmiergeld zu niedrig gewesen. Kurz und gut, wir fahren zurück nach Südafrika.

So traurig die Tatsachen auch sind, wir müssen uns damit abfinden. Glen ist frustriert und wütend. Es hat wenig Sinn, ihn beruhigen zu wollen. Das Gaspedal muss seine Launen ertragen. Mit hoher Geschwindigkeit preschen wir über die staubigen Straßen. Auch in den Dörfern vermindert er kaum sein Tempo. Am Straßenrand wimmelt es von Schwarzen. Zu Fuß oder auf Fahrrädern oder hupend in zerbeulten Autos bewegen sich die Menschen vorwärts. Da meckert eine Ziege, dort gackert ein Huhn. Ein Hund läuft über die Straße. Der Verkehr wird dicht, die Menschen immer mehr. Da ist eine Polizeikontrolle und da ein Stückchen weiter ein Marktplatz. Wogende bunte Gestalten um uns.

„Pass, auf", schreit Walter. Bremsen quietschen und . . . zu spät! Das Kind läuft direkt ins Auto. Sekunden später sind wir von einer wütenden Menschenmasse umzingelt. Wir schließen die Fenster. Die Leute trommeln an die Scheiben. Frauen kreischen. Zornige und aufgebrachte Gesichter rund um uns. Männer rütteln an den Türen. Brüllen uns an. Es ist zum Verzweifeln, was sollen wir tun. Glen wendet das Auto und sagt, dass er zu der Polizeistation zurückfahren will. Wir kommen fast nicht durch die Menge, wir haben kein gutes Gefühl. Glen deutet immer wieder nach vorne: Polizei, Polizei! Ein paar Männer springen hinten auf die Ladefläche auf unser Gepäck. Dann sehen wir endlich die Polizisten. Aber die Menschenmenge tobt. Wir kommen kaum vorwärts. Endlich, geschafft!

Glen versucht, mit der Polizei zu sprechen. Die können aber nicht gut Englisch und er nicht portugiesisch, hervorragend! Wir sind verzweifelt. Wie wird das weitergehen? Zurück zum Unfallort! Ein Polizist begleitet uns. Der andere kommt mit dem Auto nach. Die Papiere haben sie Glen abgenommen. Ein Haufen aufgeregter, wogender Leiber erwartet uns. Die Menschen haben aus allen möglichen Sachen Fahnen konstruiert und schwenken die Stöcke. Was ist mit dem Kind geschehen? Es ist schrecklich! Da, die Autotür geht auf. Eine Frau mit dem Kind steigt bei mir ein, es ist blutverschmiert und röchelt. Aber es lebt! Noch! Wir fahren ins Spital. Einer der Polizisten fährt wieder mit, Walter muss auf die Ladefläche, da oben sind noch zwei Schwarze. Die Minute hat noch nie so viele Sekunden gehabt! Vor dem Spital warten, endlos. Dann weiter in ein anderes Spital. Wieder warten. Hoffentlich geht alles gut! Dann muss Glen mit der Polizei erneut zurück ins Dorf. Wir warten alleine weiter, gottlob hat uns wenigstens niemand die Pässe abgenommen. Die Stunden vergehen. Es ist schlimm, wenn man die Sprache nicht versteht und noch schlimmer ist, wenn die anderen im Endeffekt uns nicht verstehen wollen.

Und dass eigentlich die ganze Sache nur dazu diente, um Geld zu kassieren. Im Grund genommen hat sich außer der Mutter niemand um das arme Kind gekümmert. Wichtig war nur Geld, Geld und wieder Geld! Der Großvater wollte etwas, der Vater, der Onkel und vor allem die Polizei! Glen hat uns nachher unglaubliche Schauergeschichten erzählt. Das Kind hat mit einer Gehirnerschütterung und Prellungen überlebt, was der Zähigkeit der Schwarzen zu verdanken ist, sicher nicht der Kunst der Ärzte oder dem Aufenthalt im Spital.

Während unserer Wartezeit musste ich notgedrungen die Toilette aufsuchen, wobei ich irrtümlicherweise die des Krankenhauses erwählte. Diese unhygienischen Verhältnisse werde ich zeitlebens nicht vergessen.

Es ist kurz nach 17 Uhr, als uns die Polizei endlich fahren lässt, genau wissend, dass wir die Grenze nicht mehr erreichen können. Trotzdem sind wir froh, heil aus der Sache heraußen zu sein. Noch aber ist nicht aller Tage Abend. Wir müssen ein Quartier für die Nacht besorgen, und das kann schwierig werden. Und ist es auch! Denn, als wir am Stadtrand von Maputo langsam in eine Kurve biegen, sieht mein Mann plötzlich einen Schatten, und gleich darauf spüren wir alle eine Bewegung auf dem Auto. Glen bremst und Walter und mein Mann springen mit gezückten Messern aus dem Wagen. Auf der Ladefläche hockt ein Schwarzer und ist schon dabei, die Verschnürung der Plane zu lösen. Aber nicht mit meinen Begleitern! Der Bursche macht sich mit einem Satz aus dem Staub, als die beiden Männer ihn attackieren.

Wir überlegen zuerst, alle im Auto zu schlafen, aber das ist doch nicht das Wahre. Kein Hotel mit Parkplatz ist aufzutreiben. Glen schimpft und flucht auf alles, was schwarze Hautfarbe hat.

Endlich, in einem Vorort von Maputo ist ein Zimmer zu kriegen und ein bewachter

Fahrten in unwegsamem Gelände belasten nicht nur die Autos!

Parkplatz anbei. Trotzdem beschließen Glen und Walter im Auto zu schlafen und meinem Mann und mir das Zimmer zu überlassen. Sicher ist sicher!

Das Fahrzeug im Blickfeld, vergönnen wir uns ein erstaunlich gutes Nachtmahl und einige Gin-Tonics. Wir wollen alle nur mehr raus aus dem Land und Mosambik so schnell wie möglich vergessen.

Wir sind dann ohne weitere Zwischenfälle in Pietersburg gelandet. Als Nick dort meinte, jetzt wäre mit den Papieren alles in Ordnung, und wir könnten, wenn wir wollten, am nächsten Tag ins Jagdgebiet fliegen, . . . beschlossen wir, unseren Urlaub abzubrechen und nach Hause zu fahren.

Denn die Papiere wären, so Nick, in Mosambik, und ein Schwarzer würde uns dort erwarten! Wahrscheinlich! Oder auch nicht! Ich wollte es gar nicht mehr wissen!

AUF ELEFANTENJAGD IM REGENWALD

Eine Safari auf eigene Faust zu unternehmen, also wirklich allein (nur mit einer kleinen Trägerkarawane) jagend durch den Urwald zu ziehen, so wie es die ersten weißen Jäger in Afrika getan haben, war schon lange mein ersehntes Ziel, genauer gesagt seit mehr als einem Jahrzehnt.

Damals las ich von so einer Expedition in der Fachpresse. Verfasst wurde dieser Artikel von meinem inzwischen recht guten Freund Dr. R. v. Meurers. Er schrieb diesen Bericht so aufregend und spannend, dass ich mir dachte, dort — nämlich in den Südkameruner Urwald — musst du hin.

Es war auch das Jahr, in dem mein väterlicher Freund Prof. Zwilling mir eine Jagd im „echten" Urwald so richtig schmackhaft machte. Beide versorgten mich mit guten Ratschlägen und dem nötigen Know-How. Nach Abschluss der Vorbereitungen — genaue Route, Reisetermin usw. standen fest — besorgte ich die Tickets.

Jetzt benötigte ich nur mehr mein Visum und die Waffeneinfuhrgenehmigung.

Doch wie heißt das schöne Sprichwort: Der Hund liegt im Detail begraben. Ich bekam nämlich keine Waffeneinfuhrgenehmigung. Die Kameruner Botschaft in Bonn wollte — nach deutschem Muster — einen Waffenschein für meine Gewehre sehen. Mit dem konnte ich leider nicht dienen, denn all meine Bemühungen, diese Angelegenheit in Österreich zu klären, blieben erfolglos. Man konnte oder wollte mein Problem nicht verstehen, alle Erklärungen waren sinnlos.

Wie auch immer, daran scheiterte letztendlich meine Kamerunexpedition. In dieser Situation riet mir mein Freund Zwilling, doch nach Ruanda zu reisen, was ich auch getan habe und was — nachträglich betrachtet — zu den absoluten Höhepunkten meiner afrikanischen Reisetätigkeit zu zählen ist.

Und so verging ein Jahr nach dem anderen. Nie wollte es passen. Irgendetwas kam immer dazwischen. Erst jetzt, viele Jahre später, nachdem ich mich selbstständig gemacht habe, war es mir möglich, diese Safari durchzuführen.

Die Planung so einer Reise ist eine heikle und schwierige Angelegenheit. Nichts darf man vergessen, trotzdem muss das Gepäck so gering wie möglich gehalten werden, da ja alles durch den Urwald getragen wird und jedes Kilogramm eine zusätzliche Belastung darstellt.

Immer wieder habe ich den Tagesablauf vom Erwachen bis zum Schlafengehen geistig durchgespielt und mir Notizen gemacht. Danach habe ich begonnen, meine Ausrüstung Stück für Stück zusammenzutragen und übersichtlich im Keller zu deponieren um zu sehen, wie viel es wirklich ist.

Im Mai war der Tag der Wahrheit gekommen, es ging ans Packen. Ich musste zwar einige Abstriche machen, aber im Großen und Ganzen hatte ich mein Ziel — wenig Gepäck mit viel Inhalt — erreicht.

In meinem Gewehrkoffer befanden sich zwei Waffen: ein Steyr Mannlicher, Kal. .458 Win.Mag., mit Schaftmagazin und eine 12er Doppelflinte, Marke Hubertus (ein brasilianisches Fabrikat). Diese Flinte hat eine Klappkimme und ein Leuchtkorn, das sich im düsteren Urwald gut bewährte. Ein weiterer Vorteil dieser billigen und robusten Jagdwaffe ist, dass sie mit Brenneke praktisch Loch in Loch schießt, was oft nicht einmal teure Doppelflinten können.

Dazu kamen noch 30 Stück 4-mm-Schrotpatronen, 20 Brenneke sowie für die .458er 20 Teil- und 20 Vollmantelpatronen von Remington mit in den Koffer.

Anstatt der .458er wollte ich auf Anraten eines Freundes eine .460er Weatherby verwenden, doch war zu diesem Zeitpunkt leider keine aufzutreiben. Und eines gleich

Die Lastenverteilung an die Träger war eine fast unüberwindliche Aufgabe.

vorweg genommen, wer eine .460er als Overkill-Patrone bezeichnet, der hat ganz sicher noch nie im Leben einem Elefanten allein auf acht Meter in die „Äuglein" geschaut.

Neben dem Waffenkoffer bildete meine seit Jahren bewährte Alubox das Herzstück. In dieser Kiste verstaute ich Medikamente, Filme, optische Geräte, Messer, Bekleidung, Pfeifen, Tabak, Kompass, mein Navigationsgerät und sonst noch allerlei Krimskrams, wie Nägel, Schrauben, Klebebänder, Schnüre und Draht, für die nächsten Wochen in der Wildnis.

Als drittes verwendete ich eine verschließ- und versperrbare Kunststofftonne. Diese war gefüllt mit einem Zelt, Moskitonetz, Plastikplanen, Geschirr und einer Decke.

Zu guter Letzt hatte ich noch mein Handgepäck. Darin verstaute ich mein zerlegbares Militärbett, Lebensmittel, eine Teekanne und noch einige Kleidungsstücke. Die kleine Bananentasche um den Bauch enthielt alle wichtigen Papiere und Geld, und den restlichen Kleinkram wie Fotoapparat, Tagebuch ect. verstaute ich in einer Umhängetasche aus Leinen, die ich in einem Army-Shop erstanden hatte.

Pünktlich brachte mich die AUA-Maschine von Schwechat nach Paris. Dort traf ich meinen Freund Reinald und Brian, der den weiten Weg von Neuseeland, wo er als Berufsjäger arbeitet, angereist war, um mit Reinald auf Elefantenjagd zu gehen. Er war ein Afrikaneuling und ließ bei den Vorbereitungen kaum einen Fehler aus. Einer hätte ihn fast das Leben gekostet, aber dazu später.

Gegen Mittag bestiegen wir ein Flugzeug der Camerun-Airlines, und ab ging es Richtung Jaunde. Brian ging es schlecht, und auf meine Frage erklärte er mir, dass er seine Lariam-Malariatabletten nicht verträgt. Er litt unter Schwindel, Herzflattern,

Flussüberquerungen mittels Baumstamm waren an der Tagesordnung.

Übelkeit, Depressionen und sonst noch allem (Un)Möglichen.
Endlich war es so weit, die Maschine setzte zur Landung an. Beim Aussteigen empfing uns ein Schwall heißer, feuchter Luft. Doch wenn man gesund ist, gewöhnt man sich rasch daran.
Wir standen am Förderband und erwarteten unsere Gepäcksstücke. Was nicht kam, war meine Plastiktonne. Gott sei Dank waren darin Gegenstände, die man im Großen und Ganzen auch hier besorgen konnte. Es war zwar schwierig, da am nächsten Tag Sonntag war, aber wir schafften es. Mit guten Beziehungen geht fast alles.
Die Nacht verbrachten wir in einem kleinen Hotel. Es war eine furchtbare Nacht. An Schlaf war nur wenig zu denken, da meine Hauptaufgabe im Erschlagen von Moskitos bestand.

Am nächsten Morgen begannen wir mit dem Verladen der Expeditionsausrüstung: Reissäcke, Öl, Salz, nichts durfte vergessen werden, bis zum Toilettenpapier, denn dort, wo wir hin wollten, gab es nichts — kein Dorf, keine Straße, nur tausende Quadratkilometer Urwald.
Um 11 Uhr war der Isuzu Pritschenwagen mit Doppelkabine fertig. Unglaublich, was man alles unterbringt, wenn es sein muss. Wir fuhren nach Süden, hunderte Kilometer Richtung Kongogrenze. Brian ging es noch immer nicht besser, er schlief die meiste Zeit.
Um Mitternacht erreichten wir ein kleines Eingeborenendorf mitten im Urwald. Längst hatten wir die Asphaltstraße bzw. die gute Sandpiste verlassen und bewegten uns seit Stunden nur sehr mühsam auf Urwaldpfaden vorwärts.
Notdürftig errichteten wir uns Schlafstätten in einer Lehmhütte, die noch zuvor von Hühnern und allerlei anderem Getier bewohnt war.
Als ich am Morgen vor die Hütte trat, war ich tief beeindruckt. Dichter Nebel lag in der Luft, schemenhaft zeigten sich die Konturen der tropischen Bäume, und erstes Leben regte sich im Dorf. Kinder krochen aus ihren Hütten, Frauen brachten Wasser vom naheliegenden Fluss, und ein jüngerer Eingeborener versäumte es nicht, sofort Reinald seine wertvolle Ware anzubieten.
Es war ein riesengroßer, toter, schwarzer Skorpion. In Tunesien und Marokko hatte ich viele dieser Tiere gesehen, aber so ein Monster war mir noch nicht untergekommen. Leider war die Verwesung schon zu weit fortgeschritten, was ihn für eine Präparation unbrauchbar machte.
Nach dem Frühstück (einige Bissen Weißbrot mit ein paar Schluck Wasser) übersetzten wir mit einer primitiven Fähre den Fluss. Danach quälte sich der Geländewagen noch eine Stunde durch Schlamm und Dreck, bis wir wieder ein kleines Dorf erreichten.
Das Auto hielt, Reinald stieg aus, entlud

mein Gepäck, wechselte einige Worte mit dem Häuptling, klopfte mir auf die Schulter, wünschte mir noch ein kräftiges Waidmannsheil und war verschwunden.

Es war 10 Uhr, die Sonne brannte unbarmherzig auf den kleinen Dorfplatz, und ich war umringt von Schwarzen. Da keiner dieser Menschen Englisch oder Deutsch sprach, beschränkte sich die Kommunikation auf die Zeichensprache.

In diesem Moment — ich gestehe es ehrlich — zweifelte ich an meinem Geisteszustand. Das Einzige, was ich hatte, war die Landkarte mit eingezeichnetem Navigationspunkt, wo wir uns in einigen Wochen treffen sollten.

Also gut. Ich begann, meine eigene Ausrüstung fertig zu machen, tat so, als wäre ich alleine und ignorierte die neugierigen Gesichter.

Als erstes lud ich meine Gewehre. Das beeindruckte die Pygmäen ungemein, speziell, als ich das Reservemagazin aus dem Schaft nahm und auffüllte. Danach spielte ich ein wenig mit dem Kompass und dem GPS. Als ich dann noch meine Certisil Tropfen zur Hand nahm, die ich für die Wasserentkeimung brauchte, und die Tropfen geheimnisvoll in die Wasserflasche tat, war die Show perfekt. Ich glaube, jetzt kam ich in der Hierarchie gleich nach dem lieben Gott. Um 12 Uhr waren wir abmarschbereit: vier Bantus, sieben Pygmäen und ich. Die Trägerkarawane setzte sich in Bewegung.

An der Spitze ging Jak, er trug meine Flinte und schlug den Weg frei. Tragen brauchte er nichts, denn er war der Anführer der Gruppe und wurde daher auch liebevoll „General" genannt. Dann kam ich, der „Patron", gefolgt vom Häuptlingssohn Jano, einem Bantu, hinter diesen gesellten sich Kombo, mein Zeltboy, der meine wichtigsten persönlichen Sachen trug, und die restlichen Träger.

Ich schleppte die .458er, meine Wasserflasche, Fotoapparat, Jagdmesser sowie den Kompass und die Entkeimungstropfen.

Wir verließen das Dorf und kämpften uns

Meine Mannschaft sieht neben diesem Urwaldriesen klein aus, oder?

jetzt mühselig Schritt für Schritt durch die grüne Hölle. Es war mörderisch. Wir durchwateten Flüsse und Sümpfe, und jeder Schritt war eine Qual.

Nach vierstündigem Marsch, ich war am Ende meiner Kräfte, ließ ich bei einem Bach das Lager errichten.

Ein kleiner Platz wurde freigeschlagen. Ich legte meine Plastikplane auf, montierte mein Feldbett zusammen und spannte darüber das Moskitonetz. Den Abschluss bildete eine hauchdünne Plastikfolie in Zeltform, die den Regen abhalten sollte. Diesmal musste ich noch alles allein machen, da meine Leute den genauen Ablauf nicht kannten.

Am Abend war ich selbst für eine Dusche zu müde. Ich aß einen Schokoriegel, trank dazu ungesüßten Tee, schrieb anschließend in das Tagebuch und legte mich schlafen.

Eine Bereicherung unserer Speisekarte —
Honig von wilden Bienen

Um halb 8 Uhr ging es am nächsten Morgen wieder los. Ungewohnt und unangenehm war anfangs das Anziehen der noch immer feuchten Kleidung, und auch die Schuhe wurden nie trocken. Doch man gewöhnt sich an vieles!
Wie am Vortag quälten wir uns durch dornige Lianen, über querliegende Baumriesen, durch Schlamm, Sümpfe und Bäche. Manchmal hatte wir Glück, und ein umgestürzter Baum bildete ein natürliche Brücke. Der Flüssigkeitsverlust in den ersten Tagen war enorm. Ich benötigte pro Tag ca. 5 l Wasser und hatte nie den Drang zu urinieren.
Gegen Mittag erreichten wir einen Fluss, an dessen Ufer eine Laubhütte stand. Vor einem glosenden Lagerfeuer saßen drei Pygmäen, die uns mit ihren Pirogen (Einbäumen) übersetzten.
Um 16 Uhr 30 errichteten wir wieder ein Lager. Um meine Schlafstätte brauchte ich mich nicht mehr zu kümmern. Kombo erledigte das zu meiner vollsten Zufriedenheit. Er war überhaupt rührend um mich besorgt, brachte mir meine Schale Reis, meinen Tee und wich nicht von meiner Seite, bis ich ihn entließ.
Heute fühlte ich mich schon besser. Ich erledigte meine GPS-Messungen und die Tagebucheintragung, dabei rauchte ich meine Pfeife und trank Tee.
Meine Schlafstätte war etwas abseits von den Schwarzen gelegen. Der Patron sollte ungestört bleiben, und die Eingeborenen wollten unter sich sein. Das war nicht meine Idee, das war so Sitte. Ich wollte diese Gepflogenheit nicht ändern, obwohl es mir wenig Spaß machte, so allein vor dem Feldbett zu sitzen. Ich konnte mit niemandem reden oder gar lachen. So starrte ich in die Finsternis, rüber zu dem flackernden Lagerfeuer meiner Leute, die da vergnügt schwatzten.
Der einzige Vorteil, den diese Dunkelheit brachte, war, dass die Insektenqual nachließ. Ich hatte noch nie in meinem Leben so viele Bienen, die Gott sei Dank nicht besonders aggressiv waren, gesehen. Man glaubte zeitweise, in einem Imkerhaus zu sitzen. Natürlich bekam man auch Stiche ab, aber wenn man nicht allergisch ist, vergehen die Schmerzen schnell.
Und wenn man so allein vor sich hin sinniert, kommen einem so mancherlei Gedanken. Man denkt an zu Hause, an die hier lächerlich erscheinenden Probleme der Zivilisation, und natürlich kommen auch Überlegungen wie, was wäre, wenn mir etwas passiert, z.B. ein gebrochener Fuß oder gar Schlimmeres. Man wird sich bewusst, dass es in Wahrheit hier keine Hilfe gibt. Ja, es wäre in dem Terrain nicht einmal möglich, einen Menschen zu tragen.
Also, weg mit den Gedanken und Blick nach vorne!
So verging Tag für Tag. Immer tiefer drangen wir in den unberührten Urwald ein. Meine Kondition wuchs, obwohl ich nicht genügend Nahrung zur Verfügung hatte. Ich bemerkte, dass ich an Gewicht verlor —

wie sich später herausstellte, waren es neun Kilogramm.

Was mir auch noch zu schaffen machte, waren abends meine Fußsohlen, die durch die ewige Nässe so aufgeweicht waren, als hätte ich zu lange in der Badewanne gelegen. Ich behandelte sie mit viel Fett, und bis zum nächsten Morgen hatte sich die Haut einigermaßen regeneriert.

Schlimm waren auch die winzigen Stechmücken in Bodennähe. Man konnte sie nicht sehen, nur spüren. Noch Wochen nach meinem Aufenthalt in Afrika hatte ich unter den Stichen zu leiden. Später habe ich von Leuten gehört, die sogar bleibende Schäden der Haut davongetragen haben.

Eines Tages, wir hatten wieder einen achtstündigen Marsch hinter uns, drängte mich Jak, Fleisch zu machen. Und während unsere Leute das Lager aufstellten, gingen wir mit zwei Pygmäen auf Duckerjagd.

Die Duckerjagd im Urwald ist eine Rufjagd. Durch nasale Laute versucht ein Pygmäe, diese Antilopen anzulocken, während der Jäger schussbereit und gut gedeckt auf seine Chance wartet. Es klappte. Ein Blauducker sprang mir vor die Flinte. Das Wildpret dieses nur hasengroßen Tieres sicherte sich natürlich der Patron.

Also pirschten wir weiter. Wieder versuchte es mein Fährtensucher mit dem Lockruf. Aber diesmal hörten wir es in den Baumkronen rauschen. Neugierige Affen bewegten sich ober uns im Geäst. Schnell schoss ich zwei dieser Tiere. Ich tat es nicht gerne, aber meine Leute wollten auch Fleisch haben.

So traten wir den Rückmarsch zum Lager an, dabei begann es zu donnern. Wir beeilten uns, um noch vor dem einsetzenden Regen das Camp zu erreichen und hatten Glück, denn kaum waren wir im Lager, öffnete der Himmel seine Schleusen. Wassermassen strömten hernieder und auf Blitz folgte Donner.

Ein plötzlich aufkommender Orkan rauschte durch das Blätterdach. Keine 15 m neben uns krachte ein Urwaldriese entwurzelt

Diese Abwechslung auf der Speisekarte konnte ich mir für mich durchaus ersparen!

über den Fluss. Die Erde bebte, und noch bevor ich mich von diesem Schrecken erholt hatte, stürzte ein zweiter riesiger Baum direkt hinter unserer Laubhütte nieder.

Das Unwetter zog weiter, und wir zogen Bilanz. Das Lager war verwüstet, es glich einem Schlachtfeld. Mein Bett, meine Decke, meine Gewehre, alles lag unter Wasser. Alles, was nicht verschlossen war, war nass. Wir machten uns daran, das Camp neu aufzubauen. Feuer wurde gemacht, um wenigstens einigermaßen die Ausrüstung zu trocknen. Den Waffen verpasste ich eine Spezialreinigung mit ausreichender Ölkur. Nachdem alles wieder so halbwegs in Ordnung war, aßen wir unseren Reis, diesmal sogar mit Fleisch: Ich speiste meinen Ducker, die Schwarzen ihren Affen. Der zweite Affe wurde geräuchert und auf diese Weise haltbar gemacht.

Sobald ich mit meinen täglichen Aufzeichnungen fertig war, legte ich mich schlafen.

Während die einen für ihr leibliches Wohl sorgen und großen Palaver abhalten ...

Blitze zuckten immer wieder über den nächtlichen Himmel, und die Dunkelheit gab einem noch mehr das Gefühl der unendlichen Machtlosigkeit gegenüber solchen Naturgewalten.

Richtig gut geschlafen hatte niemand von uns, und wir waren froh, als der Morgen graute und wir die Nacht heil überstanden hatten.

Ich spürte, dass jeder meiner Leute nur den Wunsch hegte, dieses Lager rasch zu verlassen. Doch vorher musste ich noch Buschdoktor spielen. Einige Träger kamen in meine „Praxis" und zeigten mit sehr anschaulichen Gesten, akustisch untermalt, dass sie an Durchfall bzw. Kopfschmerzen litten.

Ich versorgte also meine Urwaldkinder mit den richtigen Pillen, so hoffte ich zumindest, und nach kurzer Kontrolle der Lagerstätte — ob wir auch nichts vergessen hatten — setzten wir uns in Bewegung.

Nun zeigte sich wieder einmal, dass jede schlechte Seite auch eine gute hat, denn wir konnten den gestern umgestürzten Baum als Brücke über den kleinen Fluss nutzen. Zügig ging es voran. Wir marschierten auf dem Bergrücken einer Hügelkette und hatten so nur wenige Bäche zu überqueren. Besonders angenehm empfand ich, dass wir nicht so häufig durch Sümpfe waten mussten, denn gleichgültig, wie sehr man sich bemüht, man versinkt unweigerlich bis über die Knie im Schlamm, und will man sich an einer Palme hochziehen, sticht man sich die Hände wund, denn die Blätter sind mit Stacheln übersät, so wie auch viele Lianenarten im Urwald. (Daher habe ich schon am zweiten Tag den Rat von Reinald befolgt und Handschuhe angezogen.)

Wenn Pygmäen im Urwald unterwegs sind, schauen sie immer wieder an den Bäumen entlang zum Himmel. Zuerst wusste ich

... sorgen die anderen für ihr körperliches Wohlbefinden durch ein naturverbundenes Bad!

nicht, was das zu bedeuten hat, bis ich des Rätsels Lösung entdeckte. Sie suchten nach Bienen.

Und wird so ein Honigbaum entdeckt, dann wird er gnadenlos geplündert. Das kann auf verschiedene Weise über die Bühne gehen. Entweder, er ist leicht zu erklimmen, dann wird zum Schutz gegen Bienenstiche aus Blättern und Gras eine Räucherfackel gemacht, hochgeklettert und ein Loch ausgehackt, um sodann die von Honig triefenden Bienenwaben zu entnehmen, oder der Baum wird einfach umgehauen.

Ich habe einmal mit der Uhr gestoppt, wie zwei Pygmäen mit einer lächerlichen Axt in 50 Minuten einen Baum mit gut 70 cm Durchmesser fällten.

Anzumerken wäre noch, dass der Honig wundervoll schmeckt, besonders der von den stachellosen Bienen.

Solche Bäume entdeckten wir fast jeden Tag. Als es wieder einmal so weit war, wurde sofort Halt gemacht. Die Träger entledigten sich ihrer Lasten, und auch mir tat eine Pause gut. Neben mir stand Sameti, ein Pygmäe. Er streifte sich gerade das Tragegestell vom Rücken, als er plötzlich auf die Seite sprang, um gleichzeitig mit seiner Machete auf den Boden zu schlagen. Eine Schlange, noch dazu eine hochgiftige Gabunviper, hatte sich in seinem Tragegestell versteckt und war beim Abladen herausgekrochen. Sie war zwar klein, aber genauso giftig wie eine große. Doch bevor sie noch Unheil anrichten konnte, war sie zweigeteilt.

Im Urwald heißt es natürlich immer, auf der Hut zu sein. So z. B. auch beim Freischlagen des Lagerplatzes, wo eine Mamba Opfer der Machete wurde. Aber man gewöhnt sich mit der Zeit an derartige Zwischenfälle.

Reinald überraschte mich immer wieder durch seine außergewöhnlichen Aktionen!

Wir schreiben den 27. Mai. Laut meiner GPS-Messungen müssten wir heute oder morgen unser Endziel, einen größeren Flusslauf erreichen, je nachdem wie gut wir vorankommen. Dort sollte ich in den nächsten Tagen meinen Freund Reinald und Brian treffen.
Dieser Gedanke gab mir unheimliche Kraft, denn sobald ich den Fluss erreicht hatte, war mehr als die halbe Wegstrecke zurückgelegt, und sollte Reinald noch nicht da sein, gehe ich voraus, immer dem Flusslauf folgend. Ist er aber vor mir dagewesen, marschiere ich ihm nach, bis ich ihn eingeholt habe.
Körperlich war ich jetzt in Topform, und so konnten wir ein ordentliches Tempo halten. Meine Pygmäen schwatzten ununterbrochen, und ich dachte in diesem Moment an alles andere als an die Jagd.
Da drang ein tiefes, lautes Grollen durch die Blätterwand, keine 40 Schritte von uns entfernt. Elefanten! Sehen konnte man sie nicht, aber hören, und wie!
Sofort verstummte das Geschnatter meiner Leute, die Lasten wurden abgelegt, jetzt wurde es ernst.
Jak und ich sowie zwei Pygmäen schlichen ganz langsam, ohne die Machete zu benutzen, da uns der Lärm verraten hätte, auf die grauen Riesen zu. Bald hatten wir sie erreicht. Jetzt krochen nur mehr Jak und ich weiter und kamen auf eine kleine Lichtung, die zwar auch verwachsen war, aber doch einigen Durchblick zuließ. Danach wurde die Blätterwand wieder undurchschaubar. Plötzlich begannen sich die Büsche zu bewegen. Es war leider unmöglich, einen Elefanten anzusprechen, und das, obwohl die Entfernung nicht mehr als 10 Meter betrug. Meine Nerven waren zum Zerreißen angespannt.
Auf einmal war die Hölle los. Ein ohrenbetäubendes Trompeten, die grüne Wand teilte sich, und ein wütender Bulle brach heraus, direkt auf uns zu. Noch bevor ich die Büchse in Anschlag bringen konnte, erfasste Jak die Panik. Blind vor Angst drehte er sich um und rannte mich dabei über den Haufen.
Nun wurde die Situation für mich kritisch. An ein Schießen war nicht mehr zu denken. So rannte auch ich um mein Leben. Dabei strauchelte ich, verhängte mich mit dem Gewehrriemen (den ich sonst nie in Afrika benütze), versuchte hochzukommen und stolperte weiter. Als ich mich einmal kurz umdrehte, sah ich einem wütenden Elefanten auf 4 Meter in die Augen. In diesem Moment hatte ich mit meinem Leben abgeschlossen. Ich rollte mich instinktiv zur Seite ab, und der Koloss preschte an mir vorbei hinein in das Dickicht.
So schnell ich konnte lief ich zum nächsten größeren Baum und erwartete — Gewehr im Anschlag — einen neuerlichen Angriff. Doch der blieb aus. Gott sei Dank!
Vermutlich wollte mich der Riese gar nicht töten, vielleicht war es nur reiner Zufall,

dass er gerade in meine Richtung davonstürmte. Wie auch immer, ich hatte überlebt, meine Zeit war eben noch nicht abgelaufen.

Die Pygmäen waren inzwischen von den Bäumen heruntergeklettert und schnatterten, was das Zeug hielt. Ich setzte mich auf einen Wurzelstock, trank aus der Wasserflasche, stopfte mir eine Pfeife und schwor mir, an diesem Tag keinem Elefanten mehr nachzustellen.

Doch als ich nach einer Erholungspause vorschlug, den Marsch fortzusetzen, meinte Jak, wir sollten unbedingt der Herde folgen. Nur zögernd ließ ich mich dazu überreden und stapfte lustlos den frischen Fährten nach.

Da meine Jagdpassion verständlicherweise ein wenig abgeebbt war, mahnte ich Jak jedoch schon nach kurzer Zeit zur Umkehr. Dieser kleine Bursche war aber ungemein hartnäckig, und versuchte es mit einem kleinen Trick, auf den ich prompt hereinfiel. Durch das Plattdrücken seiner Nase gab er mir zu verstehen, dass wir es wenigstens auf Ducker versuchen sollten. Also gut, diese Idee ist nicht schlecht, frisches Fleisch wäre schon etwas Feines für das Abendessen.

Immer weiter entfernten wir uns von den zurückgebliebenen Trägern. Jak ging wie immer voraus, um den Weg freizuschlagen, gefolgt von mir und zwei Pygmäen.

Unser Weg führte uns zu einer größeren Sumpffläche. Schritt für Schritt kämpften wir uns, bis über die Knie im Wasser versinkend, durch das gut einen halben Meter hohe Gras. Das Donnern in der Ferne registrierten wir nur am Rande.

Endlich fand Jak eine Stelle mit schütterem Unterwuchs, wo er sich Erfolg versprach. Ich versteckte mich in den Bretterwurzeln eines Baumes, die anderen setzten sich auf den Boden, und mein Begleiter begann mit dem Locken. Wie ein Rehbock in der Blattzeit schoss ein Blauducker aus dem grünen Dickicht, und mein Schrotschuss ließ ihn verenden.

Ich freute mich schon im Voraus riesig über den herrlichen Braten, doch in der Zwischenzeit war das Unwetter herangekommen. Es blitzte und donnerte, was das Zeug hielt. Schwerer Tropenregen setzte ein. Wir kauerten uns zwischen die Wurzeln und ließen phlegmatisch das Gewitter über uns ergehen.

Nach 20 Minuten war der Spuk vorbei. Völlig durchnässt setzten wir unseren Weg fort. Wenn nichts dazwischen kommt, müssten wir in ca. einer Stunde bei unseren Leuten sein, die hoffentlich schon ein Lager gemacht haben, dachte ich, und setzte zufrieden einen Fuß vor den anderen.

Es dauerte nicht lange, da standen wir wieder vor einem Bachlauf, den es zu durchwaten galt. Jak und ich rutschten den lehmigen Hang hinunter, durchquerten das Wasser und hantelten uns am gegenüberliegenden Ufer die Böschung hinauf. Die zwei Pygmäen, die auch den Ducker zu tragen hatten, waren vielleicht 50 m hinter uns.

Da zerriss ein ohrenbetäubendes Trompeten und Brechen in nächster Nähe die Stille. Wieder war nichts zu erkennen, und Jak

Mein bescheidenes Nachtlager

machte Anzeichen, genauso panisch zu reagieren wie am Vormittag. Doch diesmal war ich klüger. Ich hatte mein Lehrgeld bezahlt. Ich packte den Kerl bei den Schultern und stelle ihn einfach weg. Er hatte begriffen und nahm mir meine rüde Geste auch nicht krumm — was mir übrigens auch egal gewesen wäre.

Jetzt stand ich da, alleine und ganz ruhig. Jede Nervosität war von mir gewichen. Wieder teilte sich die Blätterwand, aber diesmal war ich bereit. Ein Elefantenhaupt mit herrlich dunklem Elfenbein schob sich heraus. Starr fixierten mich die kleinen Augen. Ruhig hob ich die Büchse: Kimme, Korn, Rüsselansatz. Der Finger krümmte sich, und im Schuss brach der Elefant zusammen.

Sofort repetierte ich und war wieder im Anschlag. Das Trompeten und Brechen der abgehenden Herde hatte ich nur im Unterbewusstsein vernommen. Da wurde der Riese hoch — die zweite Kugel verließ den Lauf, gefolgt von einer dritten und vierten. Nochmals stürzte der Bulle zu Boden. Blitzartig wechselte ich das Magazin und war wieder feuerbereit.

Der Koloss rührte sich nicht mehr. Zur Sicherheit wartete ich noch eine Weile, erst dann bewegte ich mich mit äußerster Vorsicht auf den Elefanten zu, doch es war kein Leben mehr in ihm. Die Jagd war vorbei.

Ich stand vor meinem Elefanten und betrachtete ihn mit Ehrfurcht. Mein Ziel war erreicht, und trotzdem wollte in mir keine rechte Freude aufkommen. Im Gegenteil, es machte sich eher eine gewisse Betroffenheit breit. So ein Gefühl hatte ich noch bei keinem anderen Wild.

Als ich wieder einigermaßen zu mir kam, bemerkte ich erst meine Leute, die neben mir standen und sich über den Fleischsegen freuten.

Während des Rückmarsches beschäftigte ich mich in Gedanken ausschließlich mit meinem Elefanten. Immer und immer wieder zog das Erlebte wie ein Film an mir vorbei, so lange, bis mich aufgeregte Stimmen in die Realität zurückholten. Wir waren im Lager angelangt. Es herrschte Freudenstimmung! Die Schwarzen hatten einen wunderbaren Platz für das Camp ausgesucht. Es lag wieder nahe an einem Bach, doch bot es einen herrlichen Ausblick auf den Wasserlauf mit seiner tropischen Vegetation, die mir zum ersten Mal faszinierend schön erschien. Tiefe Dankbarkeit machte sich in mir breit, und ein ungemein wohlig-angenehmes Gefühl durchfloss meinen Körper.

Ich legte meine Ausrüstung ab, und in überschäumender Freude stürzte ich mich mit voller Montur in die Fluten. Sobald ich der Meinung war, dass die Wäsche sauber genug sei, entledigte ich mich dieser und nahm ein ausgiebiges Bad. Bald folgten mir auch meine Leute, und wir benahmen uns ausgelassen wie kleine Kinder.

Besonders beeindruckt waren die Pygmäen von meiner für sie besonders gut riechenden Seife, die noch dazu so schön weiß auf ihrer dunklen Haut leuchtete.

Doch nicht alle nutzten dieses erfrischende Bad. Der Koch und sein Helfer kümmerten sich um das Abendessen — und auch mein Zeltboy verzichtete auf das nasse Vergnügen. Mir war schon längst aufgefallen, dass er irgendwie von seinen Kameraden gemieden wurde. Es war mir auch nicht entgangen, dass er ständig unter Juckreiz zu leiden hatte und dass sein Körper übersät war von hässlichen Krätzen. Ich muss zugeben, dass ich nicht besonders glücklich war darüber, da gerade er für mein Essen, mein Bett usw. zuständig war. Doch ich wollte ihn nicht kränken, und so überging ich die Sache und erledigte einige Dinge selbst.

Jedenfalls genoss ich diesen Abend und meinen Ducker sehr, danach schrieb ich noch lange Tagebuch und war mit mir und der Welt zufrieden.

Am nächsten Morgen wurde das Lager schon zeitig abgebrochen, und um 9 Uhr waren wir bereits bei meinem Elefanten. Ein Teil der Mannschaft begann sofort mit dem Zerwirken, die anderen machten sich

Letztlich habe ich meinen Waldelefanten — und wegen dieser Spezies kam ich ja hierher — doch bekommen. Es war eine anstrengende, alles fordernde Jagd, die ich in meinem Jägerleben nicht missen möchte! Die (sichtbare) Anstrengung hat sich gelohnt.

daran, einen großen Platz zu roden, um das neue Lager aufzubauen. Es wurden Holzgestelle für das Räuchern des Fleisches gebaut, und überall brannten kleine Feuer. Gierig hackten die Schwarzen Stücke aus dem erlegten Wild, schnitten es in Würfel und steckten diese auf Holzspieße, um es über dem Feuer zu braten. Das roch gar nicht schlecht, und so gesellte auch ich mich dazu und briet mir einen Spieß. Das Fleisch war grobfasrig und schmeckte mittelmäßig. Aber wenn man Hunger hat, isst man alles — oder fast alles. Dazu gab es Yams-Wurzeln, die gekocht wie Kartoffeln schmecken. Nachdem ich wusste, dass der Aufenthalt hier mindestens zwei Tag dauern würde — so lange braucht man nämlich, um die Stoßzähne zu bergen — beschloss ich, mit vier Leuten noch einen Tag Richtung Süden zu gehen. Vielleicht ergab sich eine interessante Jagdmöglichkeit.

Sollte Reinald inzwischen hier vorbeikommen, kann er mir ja Nachricht hinterlassen. Denn, wie sich herausstellte, nachdem ich meine letzte GPS-Messung gemacht hatte, waren wir fast an dem Platz, wo ich ihn und seine Mannschaft treffen sollte.

Wir hatten auf unserem kleinen Trip keinerlei jagdlichen Erfolg, und als wir am nächsten Tag nachmittags wieder in unser Lager kamen, fand ich eine Botschaft von Reinald vor, dass er weiter Richtung Osten gehe und wir ihn sicher einholen werden, da er ja bereits den Weg freigeschlagen hat; auch gratulierte er mir zu meinem Waidmannsheil.

Tags darauf, nachdem alle Lasten verteilt waren, setzte sich meine Karawane in Bewegung. Wir folgten der Fährte von Reinald, und es gelang uns, schon um 11 Uhr dessen Lager zu erreichen.

Reinald und Brian waren gerade auf Jagd.

Um 16 Uhr kam Brian zurück. Er hatte Waidmannsheil auf einen hochkapitalen Peters Ducker — ein Prachtstück. Sofort erzählten wir einander alle Erlebnisse bei einer Tasse Tee, den ich sehr genoss, da ich seit zwei Tagen keinen mehr hatte.
Um 17 Uhr kam Reinald. Die Begrüßung war herzlich, und während er die übliche Routinearbeit durchführte, saß ich daneben und erzählte. Er ließ sich bei seiner Arbeit nicht stören, hörte aber aufmerksam zu.
Inzwischen war es dunkel geworden, und auf einmal stand er vor mir: ein hagerer Mann mit knapp zwei Metern Länge, hohe schwarze Bergschuhe an den Füßen, kahlgeschoren, aber mit einem dichten Schnurrbart, ein Gummiband auf der Stirn, an dem eine Taschenlampe befestigt war, einen Skistock in der Hand und sonst — splitternackt. Am liebsten hätte ich gebrüllt vor Lachen. Wenn ich nicht Angst gehabt hätte, ihn zu beleidigen, wäre ich sofort um den Fotoapparat gelaufen. Er hingegen meinte nur: „Jetzt gehe ich duschen!"
An diesem Abend plauderten wir noch lange, und es wurde spät, bis wir unter unsere Moskitonetze krochen.
Am Morgen gab es eine böse Überraschung. Brian hatte schwere Malaria bekommen. Da er die Lariam Tabletten nicht vertrug, wechselte er auf Resochin, und das war nicht wirkungsvoll genug. Reinald hatte zwar für Notfälle noch andere Mittel in seiner Apotheke, aber kein Medikament zeigte die gewünschte Wirkung. Wir überlegten, wie wir ihn am schnellsten aus dem Urwald hinausbringen konnten, doch es half nichts, er musste laufen.
In täglichen Gewaltmärschen eilten wir zum Dja, dem großen Fluss, wo wir wieder auf Fischer trafen, die uns mit Pirogen übersetzten.
Der letzte Marschtag war der härteste. Wir legten eine Strecke von 25 km zurück. Brian vollbrachte eine übermenschliche Leistung, denn sein Zustand wollte sich nicht bessern. Sobald wir eine Pause einlegten, brach er zusammen und musste sich übergeben. Wahrscheinlich war es blanke Todesangst, die seine letzten Kräfte mobilisierte.
Anfang Juni erreichten wir unser Dorf. Dort warteten wir auf einen Freund von Reinald, der uns mit einem schrottreifen LKW nach Jaunde brachte.
Die Fahrt dauerte 36 Stunden. Da hatte ich viel Zeit, um mit Reinald zu plaudern. Unter anderem fragte ich ihn, was er bei meinem Zeltboy diagnostizierte. Er war sich nicht sicher, meinte nur lakonisch, dass es durchaus möglich wäre, dass es Lepra sei. Eine für mich nicht gerade beglückende Mitteilung!
In Jaunde mussten wir zwei Tage auf unser Flugzeug warten. Leider waren inzwischen Unruhen im Lande ausgebrochen. So konnten wir nichts unternehmen, da jeder Trip zu riskant gewesen wäre.
Mit noch etlichen Zwischenfällen ging dieses große Abenteuer zu Ende.
Übrigens, in Neuseeland angekommen, brach Brian bewusstlos am Flughafen zusammen. Man brachte ihn sofort ins Krankenhaus, wo er eine Woche bleiben musste. Danach erholte er sich Gott sei Dank wieder, wie Reinald mir später berichtete.
Wie schon erwähnt, war Kamerun eines der aufregendsten Abenteuer meines bisherigen Lebens. Die insgesamt 1000 km mit dem Auto, gut 160 km zu Fuß alleine mit elf Trägern durch den Regenwald, der Kampf gegen Naturgewalten und wilde Tiere wird unvergessen bleiben.
Vor allem aber der Kampf mit sich selbst, den inneren Schweinehund zu besiegen, seine Grenzen physisch und psychisch kennen zu lernen und nicht zuletzt die Freundschaft mit Reinald, einem wirklich großen Abenteurer, mit dem ich mich prächtig verstand, weil wir eben dieselbe Sprache sprechen — all das war für mich ein Gewinn, den es für kein Geld der Welt zu kaufen gibt.
Und ich freue mich schon jetzt auf das nächste große Abenteuer mit dem Namen „Afrika"!

WILDTIERE AFRIKAS

Die Aufzählung erhebt keinen Anspruch auf artenmäßige oder zoologische Vollständigkeit, die Reihenfolge wurde nach persönlichen Kriterien getroffen. Allfällige nicht angeführte Tiere sind mit großer Wahrscheinlichkeit jagdlich nicht von Interesse.

Die Abkürzungen stehen für:
E = Englisch
F = Französisch
A = Africaans
S = Swahili
G = Gewicht
SH = Schulterhöhe
KL = Körperlänge (ohne allfälligen Schwanz)
GG = Geburtsgewicht
w = weiblich
m = männlich
xxxx = keine Bezeichnung in dieser Sprache

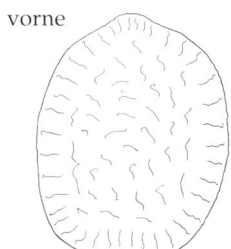

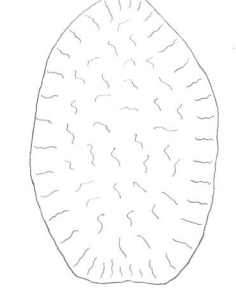

Steppenelefant

vorne

hinten

Steppenelefant (Loxodonta africana)
E — African elephant, F — Eléphant d´Afrique, A — Afrikaanse Clifant, S — Tembo, Ndovu

Größtes Landsäugetier, beide Geschlechter tragen Stoßzähne, bei manchen Populationen fehlen sie bei den Kühen.
SH bis 4 m, G 3,5 t (w) bis 6,5 t (m)
Lebensraum: bewaldete, offene Savanne, Regen- und Bergwald bis zur Halbwüste; wichtige Voraussetzungen sind Wasser, Schatten und reichliches Nahrungsangebot.

Nahrung: Gras, verschiedene Pflanzenteile; tägliche Menge 150 — 250 kg
Lebensweise: Herdenbildung (Familienverbände), alte Bullen sind Einzelgänger oder mit jungen zusammen; Tragzeit: 22 — 24 Monate, meist 1 Kalb alle 4 Jahre mit einem GG von ca. 140 kg und einer SH bis max. 90 cm. Lebenserwartung bis etwa 70 Jahre oder auch mehr.

Waldelefant (Loxodonta cyclotis)
Kleinere, rundere Ohren; dünnere, geradere und kürzere Stoßzähne, SH bis 270 cm

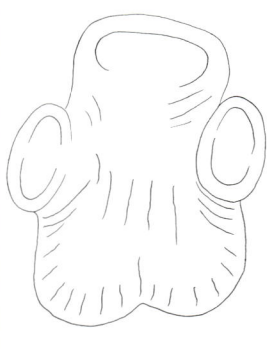

Spitzmaulnashorn, Schwarzes Nashorn (Diceros bicornis)
E — Black rhinoceros, Hook-lipped rhinoceros, F — Rhinocéros noir, A — Swartrenoster, S — Faru
Dunkle Schwarte, zugespitzte Oberlippe; beide Geschlechter tragen Hörner, bei den Weibchen schlanker und länger.
SH bis 160 cm, G 800 (w) bis 1500 kg (m)
Lebensraum: dichte Dornbusch- und Baumsavanne
Nahrung: Blätter und Zweige, Rinde
Lebensweise: Einzelgänger, angriffslustig, regelmäßig begangene Wechsel zwischen Nahrungsplätzen und Wasserstellen; dämmerungsaktiv; Tragzeit ca. 16 Monate, 1 Junges mit ca. 40 kg GG; Lebenserwartung ca. 40 Jahre

Breitmaulnashorn, Weißes Nashorn (Ceratotherium simum)
E — White rhinoceros, Square-lipped rhinoceros, F — Rhinocéros blanc, Rhinoceros de Burchell, A — Witrenoster, S — Faru
Schiefergraue Schwarte, breites, eckiges Maul
SH bis 180 cm, G bis über 1400 kg
Lebensraum: Busch- und Grassavanne
Nahrung: Gras
Lebensweise: in kleinen Gruppen, lieben Schlamm- und Sandböden, Wechsel werden regelmäßig begangen, morgens und abends aktiv.

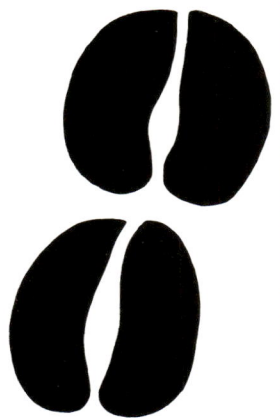

Kaffernbüffel
(Afrikanischer Büffel, Syncerus caffer)
E — African Buffalo, F — Buffle d´Afrique, A — Afrikaanse Buffel, S — Nyati, Mbogo
Beide Geschlechter tragen Hörner, Kühe schwächer behornt.
SH bis 170 cm, G 700 kg (w) bis 800 kg (m), KL etwa 270 cm
Lebensraum: von dichtem Wald bis Baum- und Buschsteppen mit Flüssen, Seen und Sümpfen
Nahrung: Gras und Kräuter
Lebensweise: sehr gesellig, große Herden, alte Bullen Einzelgänger oder in „Herrengesellschaften", während der heißen Stunden in dichter Vegetation. Tragzeit ca. 10 Monate, meist wird 1 Kalb in der Regenzeit geboren.

Waldbüffel (Rotbüffel, Syncerus c. nanus)
E — Red buffalo (Forest b.), F — Buffle rain (B. de foret), A — xxxx, S — xxxx
Rötliche Decke, Gehörn spitz, kurz und nach hinten gerichtet, „boss" fehlt.
SH bis 125 cm, G bis 350 kg
Lebensraum: Wälder und Randgebiete
Nahrung: Junglaub, Triebe und Blätter
Lebensweise: Einzelgänger oder Kleinstherden, äußerst aggressiv

Löwe (Panthera leo)
E — Lion, F — Lion, A — Leeu, S — Simba
Größte afrikanische Katze, nur Männchen haben Mähne (ausgebildet nach 4 — 5 Jahren).
SH ca. 100 cm, G 150 kg (w) bis über 200 kg (m), KL bis 2,5 m

Löwe

Lebensraum: von offenem Busch- und Grasland bis in Höhen von 3000 m; nicht in dichten Wäldern oder ausgesprochenen Wüsten.
Nahrung: Säugetiere, Vögel etc.; bevorzugte Beutetiere regional verschieden.
Lebensweise: Großfamilien bis 30 Tiere, auch Junggesellengruppen; hauptsächlich dämmerungs- und nachtaktiv, selten tagsüber; Tragzeit ca. 3 Monate, 1 — 4 Junge mit 1,5 kg GG. Lebenserwartung in freier Wildbahn ca. 15 Jahre (bis 30 Jahre).

Leopard (Panthera pardus)
E — Leopard, F — Léopard, A — Liuperd, S — Chui

Männchen stärker als Weibchen; Färbung der Decke sehr unterschiedlich, auch schwarze Tiere möglich.
SH 50 — 60 cm, G 30 — 80 kg, KL bis 130 cm.
Lebensraum: sehr verbreitet, da er sich allen möglichen Biotopen anpasst, ausreichendes Nahrungsangebot und genügend Wasser sind Voraussetzungen.
Nahrung: Insekten, Reptilien und Vögel, Antilopen; bevorzugt Paviane
Lebensweise: außerhalb der Paarungszeit Einzelgänger, gelegentlich Gruppen bis 6 Tiere, gewandter Kletterer, Nachtjäger
Tragzeit ca. 3 1/2 Monate, meist 2 bis 3 Junge, GG etwa 1/2 kg; Lebenserwartung ca. 20 Jahre.

Leopard

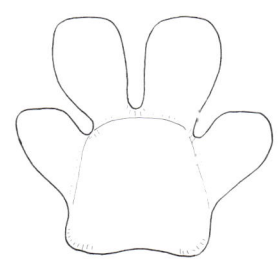

Flusspferd (Hippopotamus amphibius)
E — Hippopotamus, F — Hippopotame amphibie, A — Seekoei, S — Kiboko
Lebt größtenteils im Wasser, Zehen durch Schwimmhäute verbunden, Nasenlöcher verschließbar.
SH max. 165 cm, KL bis 4,5 m, G bis über 2 t
Lebensraum: Flüsse, Seen, Sümpfe, von Grasland umgeben
Nahrung: Wasserpflanzen, Gräser, Laub, Früchte
Lebensweise: sehr gesellig, Herden mit 10 — 15 Tieren; tagsüber im Wasser (auf Sandbänken), nachts auf Weidegebieten am Land; Tragzeit bis 240 Tage, 1 Kalb mit etwa 40 kg GG; Lebenserwartung bis ca. 45 Jahre.

Zwergflusspferd (Choeropsis liberiensis)
E — Pygmy hippopotamus, F — Hippopotame pygmée
Hochläufiger, weniger an Wasser gebunden.
SH ca. 75 cm, G max. 270 kg
Lebensraum: Sumpfwälder und Waldungen an Flussläufen
Lebensweise: einzeln oder paarweise, niemals in Herden

Giraffe (Giraffa camelopardalis)
E — Giraffe, F — Girafe, A — Giraf, Kameelperd, S — Twiga
Größtes Säugetier der Welt; beide Geschlechter tragen Hornzapfen.
SH 3 bis 3,5 m, G 950 kg (w) bis 1300 kg (m), Scheitelhöhe bis über 5 m.
Lebensraum: trockene, lichte Wald- und Buschsavannen
Nahrung: Blätter, Zweige (auch bedornte)
Lebensweise: 4 — 30 Tiere in gemischten Herden, auch Bullenherden möglich, alte Bullen

meist Einzelgänger; hauptsächlich tagaktiv; Tragzeit 15 Monate, 1 (2) Kalb, GG 100 kg; Lebenserwartung fast 30 Jahre.

Viele Unterarten, die sich regional in Färbung, Netzmuster, Anzahl und Art der Hornzapfen unterscheiden.

Okapi (Okapia johnstoni)
E — Okapi, F — Okapi, A — Okapi, S — Paa wa Afrika kati
Viel kürzerer Hals, größere Ohren, Gesamtfärbung dunkelbraun
Weibchen hornlos
SH 160 cm, G 225 kg
Lebensraum: dichter Regenwald mit Unterwuchs in Flussnähe
Nahrung: Blätter, Zweige, Früchte
Lebensweise: Einzelgänger, sehr scheu, nachtaktiv; 1 Kalb

Steppenzebra (Equus burchellii)
E — Burchell´s zebra, F — Zébre de Burchell, A — Bontkwagga, Bontsebra, S — Punda milia
SH 1,3 m bis 1,4 m, G 225 kg bis 320 kg,
Lebensraum: offene Grassteppen und bewaldete Savannen mit Wasserstellen
Nahrung: Gras, Buschwerk
Lebensweise: kleine Familientrupps (5 — 20 Tiere), Junggesellenherden, tagaktiv, oft Vergesellschaftung mit anderen Huftieren; Tragzeit 1 Jahr, 1 Junges mit ca. 30 kg GG, meist in der Regenzeit geboren; Lebenserwartung etwa 20 Jahre.

Bergzebra (Equus zebra zebra)
E — Mountain Zebra, F — Zébre de montagne, A — Kaapse Bergsebra, S — Punda milia
SH bis 1,3 m, G ca. 250 kg
Lebensraum: felsige, mit Büschen und Gras bewachsene Berg- und Hügellandschaft mit viel Wasser
Nahrung: Gräser
Lebensweise: junge Hengste in eigenen Trupps, kleine Familien von 7 — 12 Tieren, morgens und abends aktiv, gute Kletterer.

Grevy Zebra (Equus grevyi)
E — Grevy´s Zebra, F — Zébre de Grévy, A — Grevy Zebra , S — Punda milia
SH 1,50 m, G 350 kg bis 430 kg
Lebensraum: Halbwüste und trockenes Buschland
Nahrung: Gras, Blätter
Lebensweise: Junge zu Beginn der Regenzeit

Elenantilope (Taurotragus oryx)
E — Common eland, F — Eland du Cap, A — Eland, S — Pofu, Mbunju
Beide Geschlechter tragen Drehgehörn.
SH 1,5 m bis 1,7 m, G 700 kg (w) bis max. 900 kg (m), KL etwa 125 cm.

Steppenzebra

Elenantilope

Lebensraum: offene Buschregion, Waldsavannen, Mopanewälder
Nahrung: Bäume, Büsche, Gras, Wurzeln
Lebensweise: 25 bis zu 60 Tiere bilden eine Herde, in der Regenzeit größere Gruppen, alte Bullen sind Einzelgänger; großes Sprungvermögen; Tragzeit ca. 8 1/2 Monate, 1 (2) Kalb, zumeist in der Regenzeit.
Mehrere Unterarten nach Färbung und Zeichnung.

Riesen-Elenantilope (Taurotragus derbianus)
E — Giant eland, F — Eland de Derby, A — Lord Derby Eland, S — Pofu mkubwa
SH bis zu 1,9 m, KL bis 2 m
Lebensraum: lichte Waldregionen, Wassernähe

Großer Kudu (Tragelaphus strepsiceros)
E — Greater kudu, F — Grand koudou, A — Koedoe, S — Tandala mkubwa
Nur Bullen sind Hornträger, deutliche Rücken- und Halsmähne.
SH bis 1,50 m, G 200 kg (w) bis über 300 kg (m).
Lebensraum: hügelige, auch felsige Landschaft mit Mopane- und Dornakazienwäldern entlang von Flussläufen, Buschsavanne
Nahrung: Gräser, Kräuter, Laub, Triebe; regelmäßige Wasseraufnahme
Lebensweise: kleine Herden, alte Bullen Einzelgänger, exzellente Springer, vorwiegend nachtaktiv, in ungestörten Regionen auch tagsüber; Tragzeit ca. 7 Monate, 1 Kalb wird meist in der Regenzeit geboren; Lebenserwartung etwa 15 Jahre.

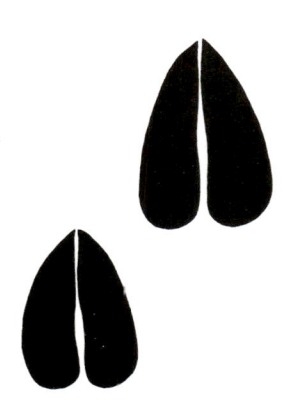

Großer Kudu

Kleiner Kudu (Tragelaphus imberis)
E — Lesser kudu, F — Petit koudou, A — Koedoe, S — Tandala ndogo
Kürzere Rückenmähne, keine Halsmähne
SH 1 m, G 60 kg (w) bis 100 kg (m)
Lebensraum: Akazienwälder, dichter Busch im Flachland, niemals in offener Grassteppe
Nahrung: Gräser, Sträucher, weniger Wasserbedarf
Lebensweise: paarweise oder in kleinen Gruppen, dämmerungsaktiv und in den kühleren Stunden; Tragzeit 7 Monate, meist 1 (2) Junges, Geburten gehäuft in bevorzugten Regionen.

Bergnyala (Tragelaphus buxtoni)
E — Mountain nyala, F — Nyala de montagne, A — Bergnjala, S — Nyala wa milimani
Kürzere Mähne, undeutlichere Zeichnung
SH bis ca. 130 cm, G bis 300 kg (m), Kühe geringer
Lebensraum: Bergwälder und -heiden bis 3000 m Höhe, in der Trockenzeit in tieferen Regionen, meidet offene Landschaften
Nahrung: Blätter, Gras, Kräuter
Lebensweise: einzeln oder in kleinen Herden bis zu 15 Tieren, alte Männchen Einzelgänger, vorwiegend nachtaktiv, Nahrungsaufnahme aber auch morgens und abends.

Tieflandnyala

Tieflandnyala (Tragelaphus angasi)
E — Nyala, F — Nyala, A — Nyalabosbok, Njala, S — Nyala
Nur Bullen sind Hornträger, besitzen ausgeprägte Mähne am Hals und an der Körperunterseite.
SH ca. 1 m, G 70 kg (w) bis 130 kg (m)
Lebensraum: Busch- und Grassteppe im Flachland, Wassernähe
Nahrung: Blätter, Zweige, Früchte, Gras
Lebensweise: kleine (auch gemischte) Gruppen bis zu 30 Tieren, alte Bullen oft Einzelgänger, aber auch bei Junggesellenherden, nachts und in der Dämmerung aktiv; Tragzeit etwa 7 Monate, 1 Junges; Lebenserwartung ca. 15 Jahre.

Sitatunga, Wasserkudu oder Sumpfbock (Tragelaphus spekei)
E — Sitatunga, F — Sitatunga, A — Waterkoedoe, S — Nzohe
Spreizbare, lange Schalen (18 cm)
SH über 1 m, G um 100 kg (m), Weibchen geringer
Lebensraum: Sumpflandschaften mit dichten Schilf- und Papyrusgürteln
Nahrung: Schilfgräser, Zweige, auch einzelne Wasserpflanzen
Lebensweise: paarweise oder in kleinen Gruppen, nachtaktiv, in ungestörten Regionen tagaktiv, in den heißen Stunden in Schilfbetten, ans Wasser gebunden, schwimmt gerne, flieht bei Gefahr ins Wasser, taucht; Trag-

zeit ca. 220 Tage, 1 Kalb wird in der Trockenzeit geboren.

**Buschbock, Schirrantilope
(Tragelaphus scriptus)**
E — Bushbuck, F — Guib harnaché, A — Bosbok, S — Mbawala, Pongo
Nur Männchen tragen Hörner.
SH bis 80 cm (m), bis 60 cm (w), G 40 kg bis 50 kg
Lebensraum: Wald und dichtes Buschwerk in Wassernähe
Nahrung: Blätter, Triebe, Knollen
Lebensweise: Einzelgänger, sehr scheu, auch Paare, führende Geißen in kleinen Gruppen, dämmerungsaktiv; Tragzeit etwa 6 Monate, 1 (2) Kitz; Lebenserwartung ca. 12 Jahre.
Viele Unterarten nach ihrem regionalen Vorkommen benannt, unterschiedliche Zeichnung und Färbung.

Bongo (Boocerus euryceros)
E — Bongo, F — Bongo
Stärkste Waldantilope, auch Weibchen tragen Hörner (schlanker und kürzer).
SH 1,30 m, G 230 kg bis 250 kg.
Lebensraum: dichte Waldungen, auch in bergigen Bambus- und Regenwäldern
Nahrung: Gras, Laub

Lebensweise: paarweise oder in kleinen Gruppen, reife Böcke meist Einzelgänger, vorwiegend nachtaktiv, während der Tageshitze in dichten Einständen, sehr scheu; Tragzeit 284 Tage, 1 Junges.

Spießbock (Oryx gazella)
E — Gemsbok, F — Gemsbok, A — Gemsbok, Gensbok, S — Tandala
Sehr wehrhaft, beide Geschlechter tragen Hörner, bei Weibchen meist länger und schlanker; Decke gelblich graubraun.
SH 1,20 m, G bis 210 kg
Lebensraum: offenes, trockenes Waldland, Grassteppen, Halbwüsten
Nahrung: vorwiegend Gras, Wurzeln, Früchte
Lebensweise: Herden von 15 Tieren und mehr, alte Böcke auch Einzelgänger, nomadisch, Salzlecken werden gerne angenommen; Tragzeit 8 1/2 bis 9 Monate, 1 (2) Junges wird meist in der Regenzeit geboren; Lebenserwartung etwa 20 Jahre.

Eritrea-Spießbock (Oryx beisa)
E — Beisa oryx, F — Oryx beisa, A — Beisa Gemsbock, S — Choroa
Decke grau
Lebensraum: Grassavanne, trockenes, offenes Buschland, oft weit vom Wasser entfernt
Nahrung: harte Gräser, auch Dorngebüsch
Lebensweise: in größeren Herden (bis 40 Tiere), angriffslustig, können lange ohne Wasser auskommen; oft mit Grant Gazellen und Zebras vergesellschaftet.

Büschelohr-Spießbock (Oryx callotis)
E — Fringe-eared oryx, F — Oryx de frange-oreille

Ohren mit deutlichem schwarzen Haarbüschel, Hörner stärker, Decke dunkelbraun

Pferdeantilope (Hippotragus equinus)
E — Roan antelop, F — Hippotrague, Antilope cheval, Antilope rouanne, A — Bastergemsbok, S — Sorongo
Beide Geschlechter tragen Hörner, bei den Weibchen weniger geringelt und schwächer.
SH bis 160 cm, G bis 280 kg
Lebensraum: lichte Baumsavanne, offenes Buschland mit Wasserstellen
Nahrung: Gras (Laub)
Lebensweise: kleine Trupps von 5 — 12 (20) Tieren, alte Bullen auch Einzelgänger, junge Bullen bilden Herden, aggressiv; Tragzeit et-

Rappenantilope

wa 9 — 9 1/2 Monate, 1 Junges; Lebenserwartung ca. 17 Jahre.

Rappenantilope (Hippotragus niger)
E — Sable antelope, F — Hippotrague noir, A — Swartwitpens, S — Palahala, Mbarapi

Kühe auch horntragend, Hörner aber schwächer, gerader und kürzer.
SH bis 140 cm, G zwischen 200 kg und 250 kg
Lebensraum: lichte Waldbestände, Busch- und Grasland, wichtig sind permanente Wasserstellen.
Nahrung: vorwiegend Gras, gelegentlich Zweige

Lebensweise: 10 bis 30 Tiere in einer Herde, Bullen einzeln oder in Junggesellengruppen; Tragzeit ca. 8 Monate, 1 Kalb wird zumeist in der Regenzeit geboren; Lebenserwartung etwa 17 Jahre.

Ellipsenwasserbock
(Kobus ellipsiprymnus ellipsiprymnus)
E — Defassa waterbuck, F — Cobe á croissant, A — Waterbok, Kringgat, S — Kuru

Überaus wehrhaft, nur Männchen tragen Hörner; ellipsenförmiger Ring auf dem Hinterteil; Sekret aus Hautdrüsen macht die Behaarung wasserabstoßend.

Ellipsenwasserbock

SH 1,3 m, G über 200 kg
Lebensraum: immer in Wassernähe, bewachsene Flussufer und offenes Waldland
Nahrung: fast ausschließlich Gras
Lebensweise: tagaktiv, Männchen in Junggesellenherden, alte auch Einzelgänger, Herden von 5 — 10 Tieren; fliehen bei Gefahr ins Wasser; Tragzeit ca. 9 Monate, 1 (2) Junges wird meist in der Regenzeit geboren; Lebenserwartung etwa 17 Jahre.
Viele Unterarten in den verschiedenen Ländern, variieren in der Färbung.

Defassa Wasserbock (Kobus e. defassa)
E — Defassa waterbuck, F — Cobe defassa, Cobe ontueux, A — Tropiese Waterbok, S — Kuru

Großer weißer Fleck am Hinterteil (Keulenfleck)
SH 120 cm bis 135 cm, G 160 kg bis 270 kg
Lebensraum: lichte Waldungen, überflutete Gebiete, steiniges Hügelland
Nahrung: Gras, Triebe, trinken häufig
Lebensweise: meist in Wassernähe, gesellig, Herden bis zu 25 Tieren (oder mehr)
Ähnliche Arten in Zeichnung und Größe nach örtlichem Vorkommen verschieden.

(Litschi-)Moorantilope (Kobus leche)
E — Lechwe, F — Cobe lechwe, A — Basterwaterbok, S — xxxx

Weibchen hornlos
SH 100 cm, G 75 kg (w) bis zu 125 kg (m)
Lebensraum: Sümpfe, feuchte, grasige Niederungen
Nahrung: Gräser und Wasserpflanzen
Lebensweise: gesellig, große Herden, fliehen bei Gefahr ins Wasser, schwimmen gut.

Gelbfuß-Moorantilope (Kobus vardoni)
E — Puku, F — Puku, A — Poekoe, S — xxxx

Fehlende schwarze Beinzeichnung, kürzere Hörner
SH 80 cm, G bis 90 kg
Lebensraum: nie weit vom Wasser entfernte offene Regionen
Nahrung: Gras
Lebensweise: 3 — 10 Tiere in Trupps, manchmal auch mehr; Männchen oft einzeln oder in Junggesellenherden; Junge werden hauptsächlich in der Trockenzeit geboren.

Schwarzfuß-Moorantilope (Kobus kob)
E — Kob, F — Cobe de Buffon, A — Kob, S — xxxx

SH um 100 cm, G 70 bis 90 kg
Weibchen unbehornt, Decke gelbbraun bis dunkelbraun, Vorderseite der Läufe mit schwarzer Zeichnung
Lebensraum: überschwemmte Gebiete, in Wassernähe

Moorantilope

Nahrung: Gras
Lebensweise: in großen Herden, tag- und nachtaktiv
Färbung bei Unterarten sehr variabel.

Großriedbock (Redunca arundinum)
E — Common reedbuck, F — Cobe des roseaux, A — Rietbok, S — Tohe

Weibchen hornlos
SH 80 cm bis 95 cm, G 60 kg bis 80 kg
Lebensraum: baumlose oder dünn bestandene Gebiete, Flussebenen
Nahrung: Gras
Lebensweise: kleine Familienverbände, einzeln oder paarweise, tag- und nachtaktiv.

Bergriedbock (Redunca fulvorufula)
E — Mountain reedbuck, F — Redunca de montagne, A — Rooiribbok, S — Tohe

SH 60 cm bis 75 cm, G 20 kg bis 30 kg
Lebensraum: steiniges Hügelland und Gebirge mit Büschen und Gras bestanden, Wasserstellen sind wichtig.
Nahrung: Gras, Blätter, Zweige
Lebensweise: Junggesellenherden, nachtaktiv; Nahrungsaufnahme morgens und abends; 1 Junges

Riedbock oder Isabellenantilope (Redunca redunca)
E — Bohor reedbuck, F — Redunca (Nagor), A — Rietbok Bohor, S — Tohe

SH 80 cm bis 95 cm, G 60 kg bis 80 kg
Lebensraum: grasbestandene Gebiete in Wassernähe
Nahrung: Gras
Lebensweise: kleine Familienverbände oder paarweise, Trupps junger Männchen, dämmerungsaktiv; Tragzeit ca. 8 Monate, 1 (2) Junges; Lebenserwartung etwa 10 Jahre

Rehbok (Pelea capreolus)
E — Vaal Rhebuck, F — Rhebuck, Pelea, A — Vaalribbok, S — xxxx
SH 75 cm, G um 20 kg

Lebensraum: grasige und buschbestandene Berghänge, Hochebenen
Nahrung: Gras, Blätter
Lebensweise: Familienverbände, manchmal bis zu 30 Tieren, alte Männchen Einzelgänger, tagaktiv; Tragzeit 8 1/2 Monate, 1 (2) Junges; Lebenserwartung ca. 9 Jahre

Kuhantilope (Alcelaphus buselaphus)
E — Hartebeest, F — Bubale, A — Rooihartbees, S — Kongoni

Beide Geschlechter tragen Hörner. Decke goldbraun mit schwarzer Zeichnung an Haupt und Läufen
SH ca. 130 cm, G bis über 180 kg (m), bis 140 kg (w)
Lebensraum: offene Savanne, lichtes Buschwerk
Nahrung: Gras
Lebensweise: sehr gesellig, Herden von 20 bis 100 Tieren, große Wanderungen in der

Kuhantilope

Trockenzeit; Tragzeit 8 Monate, 1 Kalb wird meist zu Beginn der Regenzeit geboren; Lebenserwartung ca. 15 Jahre.

Lichtensteins-Kuhantilope, Konzi (Alcelaphus lichtensteinii, Sigmoceros lichtensteinii)
E — Lichtenstein´s hartebeest, F — Bubale de Lichtenstein, A — Mofhartbees, S — Kongoni

Kontrastreichere Färbung
SH 125 cm, G 130 kg

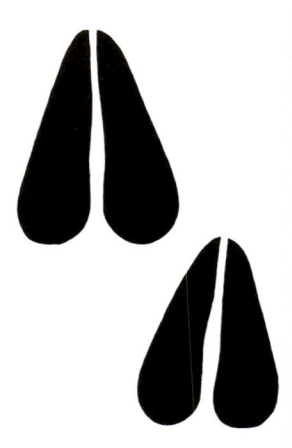

Lebensraum: Feuchtsavanne, Waldland
Lebensweise: Tragzeit 240 Tage, 1 Kalb mit ca. 15 kg GG wird meist zwischen Juli und Oktober geboren, obwohl die Brunft regional variiert.

Südafrikanische Kuhantilope (Alcelaphus caama)
E — Red oder Cape Hartebeest, F — Bubale caama, A — Rooihartbees, S — Kongoni wa Afrika kusini

Intensive Färbung
SH 125 cm, G 160 kg bis 180 kg
Lebensraum: Grasland und Savanne, Bergland

Halbmondantilope (Damaliscus l. lunatus)
E — Sassaby, Tsessebe, F — Sassaby, A — Basterhartbees, S — xxxx

Schnellste Antilope im südlichen Afrika, beide Geschlechter tragen leierförmige Hörner.
SH ca. 125 cm, G 120 kg (w), bis 150 kg (m)
Lebensraum: locker bestandene offene Landschaft, Überschwemmungsgebiete
Nahrung: Gräser und Kräuter
Lebensweise: Herden von 6 bis über 30 Stück, äußerst standorttreu; Tragzeit 8 Monate, 1 Junges wird meist zwischen Oktober und Dezember geboren; Lebenserwartung ca. 15 Jahre.

Halbmondantilope

Leierantilope (Damalicus l. korrigum)
E — Korrigum, F — Damalisque, Topi, A — Topi, S — Nyamera

SH 100 cm bis 130 cm, G 90 kg bis 135 kg
Lebensraum: offene Savanne, auch in trockenen Gebieten
Nahrung: Gras
Lebensweise: sehr gesellig, oft mit anderen Herdentieren zusammen (Plains Game, Gnus, Zebras).

Mehrere Unterarten nach Größe, Färbung und Hornstärke.

Topi (Damaliscus l. jimela)
E — Topi, F — Topi, A — Topi, S — Nyamera

Auch Weibchen tragen Hörner

SH etwa 150 cm, G 115 bis 120 kg
Lebensraum: offene Waldsavanne
Nahrung: Gras
Lebensweise: Herden von 15 — 30 Tieren (auch mehr möglich); nach der Brunft männliche und weibliche Tiere in eigenen Gruppen, vergesellschaften sich gerne.

Lebensraum: offenes Grasland mit zahlreichen Wasserstellen
Nahrung: Gras
Lebensweise: reife Böcke Einzelgänger, sonst in Herden von 6 — 30 Tieren, größte Aktivität morgens und am späten Nachmittag; Tragzeit ca. 6 Monate, 1 Junges wird zwischen November und Jänner geboren; Lebenserwartung ca. 15 Jahre.

Blessbock (Damaliscus dorcas phillipsi)
E — Blesbok, F — Blesbok, A — Blesbok, S — Kungulu

Breite, weiße Gesichtsblesse, beide Geschlechter tragen Hörner, die der Weibchen sind dünner, aber oft länger.
SH 95 cm, G 60 kg (w) bis 75 kg (m)

Buntbock (Damaliscus dorcas dorcas)
E — Bontebok, F — Bontebok, A — Bontbok, S — Kungulu

Eng verwandt mit dem Blessbock, größere

171

Farbkontraste, weiße Blesse nicht durch dunkles Band zwischen den Augen unterbrochen, großer, weißer Spiegel
SH 90 cm, G ca. 60 kg
Lebensweise: Brunft zwischen Jänner/März; 1 Junges wird September/Oktober geboren.

Lebensweise: sehr gesellig, während der Wanderungen tausende Tiere, Junggesellenherden; tagaktiv, mit Zebras (und auch anderen Huftieren) vergesellschaftet; ziehen täglich zu Wasserstellen; Tragzeit 8 — 8 1/2 Monate, 1 Kalb; Lebenserwartung ca. 18 Jahre.

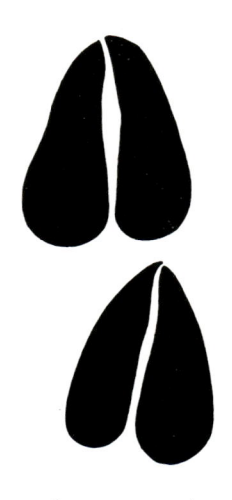

Streifengnu (Connochaetes t. taurinus)
E — Blue wildebeest, F — Gnou à bleu, A — Blouwildebees, S — Nyumbu ya montu

Beide Geschlechter tragen Hörner.
SH 1,4 m, G bis 270 kg (m), bis ca. 200 kg (w)
Lebensraum: offenes Grasland mit Büschen bestanden, Waldsavannen
Nahrung: Gras

Weißschwanzgnu (Connochaetes gnou)
E — White-tailed gnu, Black wildebeest, F — Gnou à queue blanche, A — Swartwildebees, S — Nyumbu

Besonders lebhaft (Clowns der Savanne)
SH 1,2 m, G bis 180 kg (m), bis 140 kg (w)
Lebensraum: offenes Grasland, Dornsavanne mit Wasserstellen

Nahrung: Gras, Zweige, Laub
Lebensweise: Junggesellenherden, auch Einzelgänger, morgens und am späten Nachmittag aktiv, Herden bis zu 20 — 30 Tieren; Tragzeit 8 Monate, 1 Junges wird meist in der Sommermitte geboren; Lebenserwartung 20 Jahre.

Giraffengazelle (Litocranius walleri)
E — Gerenuk, Giraffe gazelle, F — Gazelle de Waller, Gazelle girafe, A — Gerenuk, S — Swala twiga
Extrem langer Hals, nur Männchen tragen Gehörn, richten sich bei der Nahrungsaufnahme auf den Hinterläufen auf.
SH 95 cm, G 50 kg
Lebensraum: trockener Dornbusch, mit Akazien bewachsene Halbwüsten
Nahrung: Blätter, Triebe
Lebensweise: Einzelgänger, kleine Trupps möglich; Tragzeit fast 7 Monate, 1 Junges meist zur Regenzeit.

Impala, Schwarzfersenantilope (Aepyceros melampus)
E — Impala, F — Impala, A — Rooibok, S — Swala pala

Am häufigsten vorkommende Wildart; nur Männchen tragen Hörner.
SH 90 cm, G 40 kg (w), 70 kg (m)
Lebensraum: lichte Wälder, Akaziensavanne
Nahrung: Gras, Blätter, Früchte
Lebensweise: gesellig, bis zu 15 — 20 Tieren, Junggesellenherden außerhalb der Brunft; wasserliebend; Tragzeit ca. 6 1/2 Monate, 1 (2) Junges; Lebenserwartung etwa 12 Jahre.

Schwarznasen-Impala (Aepyceros melampus petersi)
E — Black-faced Impala, F — Impala de angola, A — Swartneusrooibok, S — Swala pala

Schwarzer, senkrechter Strich auf der Nase
Lebensraum: entlang von ausgetrockneten Flüssen mit dicht bewachsenen Ufern
Weitere Unterarten weisen regional abweichende Farbe und Hornlänge auf.

Lamagazelle (Ammodorcas clarkei)
E — Dibatag, Clark´s gazelle, F — Dibatag, Gazelle de Clark, A — xxxx, S — xxxx

Langer, schlanker Hals
SH bis 90 cm, G um 30 kg
Lebensraum: niedriger Dornbusch mit freien Grasstellen
Nahrung: junge Triebe, Beeren, Laub

Damagazelle (Gazella dama)
E — Dama gazelle, Red-necked gazelle, F — Gazelle dama, A — Dama Gasel, S — xxxx

Größte echte Gazelle, auch Weibchen tragen Hörner (kürzer, dünner).

SH bis 110 cm, G 70 kg
Lebensraum: Wüsten und Randgebiete der Dornsavanne
Nahrung: Wüstensträucher, Akazien, Wüstengräser
Lebensweise: einzeln oder in kleinen Herden (10 — 15 Tiere), auf Wanderungen bis zu 600 und mehr; können lange ohne Wasser auskommen.
Färbung in den verschiedenen Regionen oft sehr unterschiedlich.

Sömmering Gazelle (Gazella soemmeringi)
E — Soemmering´s gazelle, F — Gazelle de Soemmering, A — Sömmering Gasel, S — Swala

Weibchen haben dünnere Hörner.
SH bis 90 cm, G 45 kg
Lebensraum: offene Grassteppe, Akaziengebüsch
Nahrung: Gräser, Blätter
Lebensweise: Familienverbände oder große Herden; kommen lange ohne Wasser aus.

Lebensraum: Halbwüste bis offene Steppe mit Buschwerk, meidet langes Gras
Nahrung: Gräser, Blätter
Lebensweise: Herden von 6 — 30 Tieren; kommt lange ohne Wasser aus
Viele Unterarten nach Hornform, Größe und Färbung bekannt.

Dorcas Gazelle (Gazella dorcas)
E — Dorcas gazelle, F — Gazelle dorcas, A — Dorcas Gasel, S — Swala

Weibchen haben kürzere und geradere Hörner.
Breite Hufe verhindern Einsinken im Sand.
SH bis 65 cm, G bis über 20 kg
Lebensraum: Halbwüsten, Sanddünen, Steinwüsten
Nahrung: Wüstenpflanzen, Akazien, Heuschrecken
Lebensweise: Trupps bis zu 20 und mehr Tieren, Junggesellenherden, alte Männchen auch Einzelgänger; jahreszeitliche Wanderungen.

Grant Gazelle

Grant Gazelle (Gazella granti)
E — Grant´s gazelle, F — Gazelle de Grant, A — Grant's Gasel, S — Swala granti

Weibchen besitzen ebenfalls (kleinere) Hörner.
SH bis 90 cm, G bis 80 kg

Atlas Gazelle (Gazella cuvieri)
E — Edmi, Atlas gazelle, F — Gazelle de curvier, Gazelle de l'Atlas, A — Atlas gasel, S — Swala wa Afrika kaskazini

Sehr selten. Ähnlich der Dorcas Gazelle, aber

größer, schwerer, dunkler gefärbt und kontrastreicher gezeichnet, kürzere, dickere Hörner; beide Arten kommen gemeinsam in Nordafrika (Atlas-Gebirge) vor.

Thomson Gazelle

Thomson Gazelle (Gazella thomsoni)
E — Thomson´s gazelle, F — Gazelle de Thomson, A — Thomson Gasel, S — Swala tomi, lala

Weibchen tragen (manchmal kleine) Hörner.
SH 65 cm, G bis 30 kg
Lebensraum: Grasland und offene Steppe
Nahrung: Gras, weniger Zweige und Blätter
Lebensweise: Herden bis zu 60 Tieren; Junge werden meist am Ende der Regenzeit geboren.

Dünen Gazelle (Gazella leptoceros)
E — Rhim oder Loder´s gazelle, Slender-horned gazelle, F — Gazelle leptocère, Rhim, A — Duin Gasel, S — Swala

Weibchen haben schlankere Hörner.
SH 65 cm, G 27 kg
Lebensraum: echte Wüsten, Bergland, sandige Ebenen
Nahrung: Wüstenpflanzen
Lebensweise: Nomaden, in kleinen Gruppen; nur gelegentliche Wasseraufnahme

Springbock (Antidorcas marsupialis)
E — Springbuck, F — Springbok, A — Springbok, S — Paa wa Afrika kusini

Einzige Gazelle südlich des Zambesis, Rückentasche mit weißer Mähne, Weibchen hat schwächere Hörner.
SH ca. 75 cm, G um 35 kg
Lebensraum: offene, trockene Steppe
Nahrung: Gräser, Blätter, Knollen
Lebensweise: sehr gesellig, Männchen oft Einzelgänger, häufig Junggesellenherden; frühmorgens und am späten Nachmittag aktiv; relativ unabhängig vom Wasser; Tragzeit

Springbock

ca. 6 Monate, 1 (2) Junges wird in der Sommer-Regenzeit geboren; Hauptbrunft im Mai; Lebenserwartung ca. 10 Jahre.

Klippspringer (Oreotragus oreotragus)
E — Klipspringer, F — Oréotrague, A — Klipbokkie, Klipspringer, S — Mbzuzi maywe, ngurunguru

Lebensweise: paarweise oder in kleinen Familien, sehr standorttreu, morgens und abends aktiv, gute Kletterer; Tragzeit ca. 7 1/2 Monate, 1 Junges mit etwa 1 kg GG

Steinböckchen oder Steinantilope (Raphicerus campestris)
E — Steenbok, F — Steenbok, A — Vlakbok, Steenbok, S — Dondoro

Nur Männchen tragen Hörner, geht auf den Schalenspitzen, Felsbewohner.
SH bis 60 cm, G 12 — 18 kg, Weibchen stärker als Männchen
Lebensraum: Bergbereich
Nahrung: Blätter, Sträucher, Kräuter

Schwarzes Dreieck auf dem Windfang; weit verbreitet
SH ca. 50 cm, G ca. 12 kg
Lebensraum: offene, ebene Regionen mit Büschen und Bäumen
Nahrung: Pflanzen und Knollen, Laub, Gras

Lebensweise: einzeln oder paarweise, tagaktiv; Tragzeit 6 Monate, 1 (2) Junges, ca. 90 dag GG, wird im Sommer geboren.

Oribi oder Bleichböckchen (Ourebia ourebi)
E — Oribi, F — Ourébi, A — Oorbietjie, S — Taya
Dunkle Hautstellen (Drüsen) unterhalb des Lauscheransatzes; nur Männchen tragen Hörner.
SH bis 60 cm, G bis 20 kg, Weibchen schwerer als Männchen
Lebensraum: offenes Land mit Grasbewuchs und einigen höheren Grasinseln als Deckung
Nahrung: Gras
Lebensweise: tagaktiv, Einzelgänger oder Paare; Tragzeit 7 Monate, 1 Junges wird zumeist in den Sommermonaten geboren.

Kap-Greisbock (Raphicerus melanotis)
E — Cape Grysbok, F — Grysbok, A — Grysbok, S — Dondoro wa Afrika kusini
Nur Männchen tragen Hörner.

Sharpes-Greisbock (Raphicerus sharpei)
E — Sharpes grysbok, F — Rhapicére de Sharpe, A — Tropiese Grysbok, S — Dondoro

SH bis 50 cm, G ca. 10 kg.
Lebensraum: flussdurchzogene Waldlandschaft mit Unterwuchs, (felsige) Hügellandschaft mit Dornbusch und Gras bestanden
Nahrung: Gras, Laub
Lebensweise: meist nachtaktiv, Einzelgänger

Moschusböckchen (Neotragus moschatus)
E — Suni, F — Suni, A — Soenie, S — Paa

SH 35 cm, G ca. 5 kg
Lebensraum: Dickbusch, flussdurchzogenes Waldland, Schilfgürtel
Nahrung: Blätter, Wurzeln, Triebe
Lebensweise: meist nachtaktiv, einzeln oder paarweise; 1 Junges wird im Sommer geboren.

Kirk-Dikdik oder Zwergrüsselantilope (Madoqua kirki)

Greisbock

SH ca. 54 cm, G um 10 kg
Lebensraum: mit dichtem Buschwerk und Gras bestandene Gebiete
Lebensweise: meist nachtaktiv, 1 Junges
Nahrung: Gras, Blätter, Kräuter, Wurzeln, Früchte

E — Kirks dik-dik, F — Dik-dik de Kirk, A — Damaralandse Bloubokkie, S — Dikidikik Suguya

Sehr zierlich, Oberlippe rüsselartig verlängert, große Augen, weiß umrandet, deutlicher

Stirnschopf
SH 35 — 40 cm, G zwischen 3 — 5 kg, Weibchen stärker als Männchen
Lebensraum: trockene (felsige) Busch- und Walddickungen
Nahrung: Laub, Früchte, Blüten, Knospen, Gras, Wurzeln
Lebensweise: einzeln, in Paaren oder kleinen Gruppen, dämmerungs-/nachtaktiv; Tragzeit ca. 6 Monate, 1 Junges mit ca. 650 g GG wird in den Sommermonaten geboren; Lebenserwartung etwa 15 Jahre.

Kronenducker (Sylvicapra g. grimmia)
E — Southern bush duiker, Grey Duiker, F — Céphalope de grimm, C. Couronné, A — Gewone Duiker, Duikerbok, S — Nsya

Meist verbreitete Duckerart, einziger Ducker in offenen Lebensräumen; Haarbüschel zwischen den Hörnern; Voraugendrüse
SH zwischen 50 und 60 cm, G ca. 20 kg.
Lebensraum: in fast allen Landschaften mit Deckung, bevorzugt lichte Waldungen und Buschregionen, oft nahe menschlicher Siedlungen
Nahrung: Blätter, Triebe, selten Gräser
Lebensweise: außerhalb der Paarungszeit Einzelgänger, nacht-/dämmerungsaktiv, kommt lange ohne Wasser aus; Tragzeit ca. 8 Monate, 1 Junges mit ca. 1,5 kg GG; Lebenserwartung etwa 11 Jahre.

Blauducker (Philantomba monticola)
E — Blue duiker, F — Céphalophe bleu, A — Bloubokkie, S — Paa

Beide Geschlechter tragen Hörner, Weibchen stärker; Voraugendrüse gebogen, kurzer Stirnschopf.
SH 35 cm, G bis 9 kg
Lebensraum: dichter Busch, Wälder mit kleinen Äsungsflächen
Nahrung: Kräuter, Früchte
Lebensweise: sowohl tag- als auch nachtaktiv, sehr heimlich; Tragzeit ca. 3 Monate, 1 (2) Junges mit ca. 40 dag GG; Lebenserwartung: ca. 7 Jahre.

Rotducker (Cephalophus natalensis)
E — Red forest duiker, F — Céphalophe du natal, A — Rooiduiker, S — Funo

Beide Geschlechter tragen Hörner, langer Stirnschopf, Voraugendrüse.
SH 45 cm, G bis etwa 14 kg
Lebensraum: dichtes Buschwerk, Wälder mit Unterwuchs
Nahrung: Kräuter, Früchte
Lebensweise: Einzelgänger oder in Paaren, scheu; Tragzeit ca. 3 Monate, 1 (2) Junges; Lebenserwartung etwa 7 Jahre.

Gelbrückenducker (Cephalophus silvicultor)
E — Yellow-backed duiker, F — Céphalophe

Kronenducker

á dos jaune, A — Geelrugduiker, S — Minde mdomo njano

Größter Ducker, gelbbrauner Fleck auf der Kruppe, Voraugendrüse
SH bis 85 cm, G bis 70 kg
Lebensraum: zusammenhängende Wälder und angrenzende Regionen
Nahrung: Früchte, Beeren, Pilze und verschiedene Pflanzen

Schwarzstirnducker
(Cephalophus nigrifrons)
E — Black fronted duiker, F — Céphalophe à front noir, C. rouge, A — Swartgesigduiker, S — Minde kichwa nyeusi

Dunkle Läufe und schwarze Linie auf dem Rücken
SH 55 cm, G max. 30 kg
Lebensraum: Mischwälder, Dickicht und deren Ränder
Nahrung: hauptsächlich Früchte
Weitere Duckerarten werden regional vor allem durch die Färbung unterschieden.

Zwergmoschustier oder Hirschferkel
(Hyemoschus aquaticus)
E — Water chevrotain, F — Chebrotain aquatique, A — Water chevrotain, S — xxxx
Männchen bildet lange, obere Eckzähne aus; keine Hörner.

SH 35 cm, G 14 kg
Lebensraum: dichte Regen- und Galeriewälder an Gewässern
Nahrung: Früchte, Blätter, Wasserkräuter; Fische, Insekten, Aas
Lebensweise: sehr scheu, einzeln oder paarweise; nachtaktiv; schwimmt sehr gut, flieht bei Gefahr ins Wasser.

Steinbock, Abessinischer und Nubischer
(Capra ibex wallie/Capra ibex nubiana)
E — Abyssinian/Nubian ibex, F — Bouquetin d´Abyssinie, B. de Nubie, A — Ibex Abessiniese/Nubiese, S — Mbuzi mwitu/Kondoo mwitu

Weibchen trägt keinen Bart, hat kürzere Hörner
SH 70 — 110 cm, G 80 — 120 kg
Lebensraum: Abessinischer Steinbock im Hochgebirge; Nubischer Steinbock von 200 bis 2000 m Seehöhe, trockene Wüstengebirge
Nahrung: Wüstensträucher und Gräser (N. Stb.), vielfältiger (A. Stb.)
Lebensweise: kleine Herden, Männchen oft Einzelgänger

Mähnenschaf, Afrikanischer Tur
(Ammotragus lervia)
E — Barbary sheep, F — Moufflon à Manchettes, A — Bergskaap, S — xxxx

Mähnenschaf

Üppige Brustmähne (Vlies), beide Geschlechter tragen Hörner, Weibchen haben kürzere Hörner und eine schwächere Mähne.
SH 100 cm, G bis 120 kg
Lebensraum: schwer zugängliche Felsregionen in der Sahara
Nahrung: Gras, Wüstenpflanzen, Flechten
Lebensweise: Familienverbände (3 — 6 Tiere), alte Böcke und trächtige Geißen oft Einzelgänger, sehr geschickte Kletterer, dämmerungs- und nachtaktiv.

Wildschwein (Sus scrofa)
E — Wild boar, F — Sanglier, A — Bosvark, S — Nguruwe mwitu

SH 80 cm, G bis über 90 kg
Lebensraum: Wälder mit dichtem Unterwuchs
Nahrung: Pflanzenteile, Früchte, kleine Tiere, Aas
Lebensweise: sehr gesellig, in kleinen Rotten, alte Keiler Einzelgänger, nachtaktiv; 8 — 10 Junge

Bachen zwei weniger ausgeprägte.
SH 60 cm (w), max. 80 cm (m); G bis 70 kg (w), bis max. 100 kg (m); KL bis 200 cm
Lebensraum: Savannen und offenes Waldland, Busch- und Grassteppen mit Wasserstellen und Suhlen
Nahrung: hauptsächlich Wurzeln, Knollen, Kleintiere, Gräser und Kräuter
Lebensweise: kleine Rotten, alte Keiler Einzelgänger, meist tagaktiv, besuchen regelmäßig Wasserstellen; Tragzeit 5 1/2 Monate, 2 — 4 Frischlinge werden zumeist in den Sommermonaten geboren; Lebenserwartung etwa 18 Jahre.

Riesen-Waldschwein (Hylochoerus meinertzhageni)
E — Giant forest hog, F — Hylochère, A — Reuse-Bosvark, S — Nguruwe mwitu mkubwa
Größtes afrikanisches Wildschwein, Hautwülste unterhalb der Augen
SH bis 110 cm, G bis 230 kg (m), Weibchen etwas kleiner

Warzenschwein (Phaccoheroerus aethiopicus)
E — Wart hog, F — Phacochère, A — Vlakvark, S — Ngiri

Baubewohner; Haderer und Hauer extrem lang; Keiler tragen 4 Hautwarzen am Haupt,

Lebensraum: dichte Wälder im Flach- und Hochland
Nahrung: Pflanzenfresser (graben kaum)
Lebensweise: lebenslang bestehende Rotten von 4 bis 12 Tieren, alte Keiler Einzelgänger, tag- und nachtaktiv, feste Wechsel; 2 — 10 Frischlinge zu jeder Jahreszeit

Buschschwein, Pinselohrschwein (Potamochoerus porcus)
E — Bush pig, F — Potamochére de l'Afrique, A — Bosvark, S — Nguruwe

Starkes Gewaff
SH ca. 75 cm, G max. 80 kg
Lebensraum: dichter Busch, Regen-/Bergwald entlang von Flussläufen
Nahrung: Allesfresser; Wurzelstöcke, Maiskolben, Kleintiere, Aas
Lebensweise: Rauschzeit ganzjährig, vorwiegend nachtaktiv, 4 — 10 Tiere in der Rotte, ältere Keiler auch Einzelgänger, Junggesellentrupps; Tragzeit ca. 4 Monate, 3 — 6 Frischlinge; Lebenserwartung etwa 15 Jahre

Schabrackenschakal (Canis adustus)
E — Black backed jackal, F — Chacal à chabraque, A — Rooijakkals, S — Bocha

SH ca. 40 cm, G um 10 kg, dunkle Schabracke
Lebensraum: offene Savanne und Wälder
Nahrung: Nagetiere, Vögel, Reptilien, Insekten, Eier, Früchte; kleine Antilopen und junge Gazellen, eventuell auch kleine Haustiere
Lebensweise: paarweise und einzeln, auch in kleinen Rudeln, meist nachtaktiv; 6 und mehr Junge in Höhlen zwischen Juli und Oktober

Goldschakal (Canis aureus)
E — Common jackal, F — Chacal commun, A — Gewone jakkals, S — Bweha

Sehr anpassungsfähig
SH 40 — 50 cm, G ca. 9 kg
Lebenraum: offenes Land mit verstreuten Büschen und Bäumen
Nahrung: Kleinwild, junge Antilopen, Vögel, Reptilien, Insekten, Aas; Früchte
Lebensweise: paarweise oder einzeln, auch kleine Rudel, jagen zu zweit oder in kleinen Verbänden, hauptsächlich nachtaktiv; 5 — 6 Welpen im Jänner/Februar (in dieser Zeit werden die Jungen der Thomson Gazellen gesetzt!).

Wüstenfuchs, Fenneke (Fennecus zerda)
E — Fennec, F — Fennec, A — Fennel vos, S — Mbweha wa Afrika kaskazini
SH 20 cm, KL 40 cm
Lebensraum: Wüstenregionen, Sanddünen
Nahrung: Insekten, Nager, Eidechsen, Vögel
Lebensweise: in kleinen Gruppen bis zu 10 Tieren, Sandbaue, nachtaktiv; 2 — 5 Junge.

Pflanzenteile, kleine Säugetiere
Lebensweise: vorwiegend nachtaktiv, normalerweise Einzelgänger; Tragzeit 52 Tage, 3 — 5 Junge werden in den Frühlings- und Sommermonaten geboren.

Hyänenhund (Lycaon pictus)
E — Wild dog, F — Lycaon, Cynhyène, Loup-peint, A — Wildehond, S — Mbwa mwitu

Größtes Tier der Hundefamilie in Afrika
SH 75 cm, G 25 kg bis über 30 kg
Lebensraum: offene Ebenen, Waldsavanne, bis in Hochgebirgsregionen
Nahrung: Antilopen, Gazellen, Impalas
Lebensweise: tagaktiv, Rudel von 6 — 20 Tieren, auch einzeln oder paarweise; jagen im Rudel, Hetzjäger; Tragzeit ca. 2 Monate, bis zu 12 Junge

Löffelhunde

Kapfuchs, Kama (Vulpes chama)
E — Cape Fox, F — Renard du Cap, A — Silwervos, S — Mbweha wa Afrika kusini

Einziger echter Fuchs Südafrikas
SH 30 cm, KL 55 cm, G 2,5 bis 4 kg
Lebensraum: trockene Gebiete, bevorzugt offene Steppen, auch in felsigen und buschbestandenen Ebenen
Nahrung: hauptsächlich Insekten, Vögel,

Löffelhund (Otocyon megalotis)
E — Bat-Eared-Fox, F — Otocyon, A — Bakoorvos, Draaijakkals, S — Mbweha

Schakalähnlich, große, breite Ohren (Löffel)
SH ca. 35 cm, KL 65 cm, G bis 5 kg
Lebensraum: in vielen Lebensräumen beheimatet, nicht in hohen Bergen und dichtem Waldland, bevorzugt Savannen, auch offene Steppen

Nahrung: Insekten, Reptilien, Wurzeln und Früchte
Lebensweise: nacht- und tagaktiv, 2 bis 6 Tiere in Gruppen, auch paarweise; Tragzeit ca. 2 Monate, 3 — 6 Junge

Mähne auf Nacken und Schultern
SH bis 80 cm, G bis ca. 55 kg
Lebensraum: unfruchtbare Zonen mit Felsen
Nahrung: Insekten, kleine Säugetiere, Vögel, Aas, Früchte

Tüpfelhyäne

Flecken- oder Tüpfelhyäne (Crocuta crocuta)
E — Spotted hyaena, F — Hyène tachetée, A — Gevlekte Hiena, Tierwolf, S — Fisi

Beide Geschlechter besitzen einen Penis, Fähen sind stärker als Rüden.
SH 85 cm, G bis zu 75 kg
Lebensraum: alle Savannenformen, von Meereshöhe bis zur Schneegrenze
Nahrung: von Insekten bis zu großen Säugetieren wie Zebra, Gnu, Giraffe, schmarotzen gerne bei Löwenrissen; Aas.
Lebensweise: angriffslustig, standorttreu, gesellig, in Familienverbänden, Tragzeit 3 1/2 Monate, 1 — 4 Welpen meist in den Sommermonaten, vorwiegend dämmerungs- und nachtaktiv, Hetzjäger; Lebenserwartung ca. 24 Jahre

Streifenhyäne (Hyaena hyaena)
E — Striped Hyaena, F — Hyène rayée, A — Aardwolf, S — Fisi milia

Lebensweise: allein oder paarweise, fast ausschließlich nachtaktiv

Braune Hyäne (Hyaena brunnea)
E — Brown hyaena, F — Hyène brune, A — Strandjut, Bruinhiëna, S — Fisi kahawia

Schulter- und Nackenmähne
SH 80 cm, G ca. 55 kg
Lebensraum: trockene Savanne
Nahrung: kleine Wirbeltiere und Früchte, Insekten, Eier, Aas
Lebensweise: Einzelgänger, sehr scheu; Tragzeit 3 Monate, 2 — 3 Welpen von August bis Jänner; Lebenserwartung etwa 24 Jahre

Gepard (Acinonyx jubatus)
E — Cheetah, F — Guépard, A — Jagluiperd, S — Duma

Schnellstes Land-Säugetier, im Sprint über 70 km/h; Weibchen ist leichter und kleiner als das Männchen, Nackenmähne fehlt.
SH bis 80 cm, G bis 65 kg, KL etwa 130 cm

Lebensraum: offene (halbtrockene) Savanne, niemals in bewaldeten Gebieten
Nahrung: Wildhühner, Gazellen, Antilopen
Lebensweise: erwachsene Männchen Einzelgänger oder in Junggesellengruppen, größere Tiere werden in Gruppen erbeutet; Hetzjäger, tagaktiv; Tragzeit ca. 95 Tage, 2 — 4 Junge.

Gepard

Karakal, Afrikanischer Luchs oder Wüstenluchs (Caracal caracal)
E — Caracal, African lynx, F — Caracal, A — Rooikat, S — Simbamangu

Haarpinsel auf den Gehören, kurze Rute
SH 45 cm, G bis 18 kg, KL 75 cm
Lebensraum: in verschiedenen Lebensräumen, nie im dichten Wald

Nahrung: kleine und mittelgroße Säugetiere
Lebensweise: nachtaktiver Jäger, manchmal auch dämmerungsaktiv, Einzelgänger, klettert und springt sehr gut, 2 — 4 Junge

Serval (Felis serval)
E — Serval, F — Serval, „Chat-tigre", A — Tierboskat, S — Mondo

SH 60 cm, G 15 kg, KL 70 cm
Lebensraum: offenes Busch- und Grasland von Wald umgeben, in der Nähe von Wasserstellen oder Flussläufen.
Nahrung: kleine Säugetiere, Reptilien, Vögel
Lebensweise: nacht- und auch tagaktiv (in ungestörten Regionen), Einzelgänger, Paare

Karakal

und Familienverbände möglich; bodenbewohnend, guter Kletterer; Tragzeit 70 Tage, 1 — 5 Junge im Sommer

Zibetkatze (Civettictis civetta)
E — African civet, F — Civette, A — Siwetkat, S — Fungo

Kein Kulturflüchter, Duftdrüsen, deren Sekret zur Parfumherstellung verwendet wird.
SH 40 cm, G bis über 15 kg, KL ca. 90 cm
Lebensraum: Waldlandschaften mit permanentem Wasserangebot
Nahrung: Allesfresser; kleine Säugetiere, Kriechtiere, Früchte, Vögel, Eier
Lebensweise: nachtaktiv, jagt am Boden, Einzelgänger, in der Ranz paarweise; 2 — 4 Junge in den warmen, trockenen Monaten

Große Ginsterkatze (Genetta tigrina)
E — Large-spotted genet, F — Genette tigrine, A — Grootkolmuskejaatkat, S — Pakamwitu mkubwa
KL bis 50 cm
Lebensraum: dichte Vegetation mit permanentem Wasserangebot
Nahrung: Insekten, Vögel, Mäuse, Früchte
Lebensweise: jagt am Boden aber auch in Bäumen und Büschen; 2 — 3 (4) Junge

Kleine Ginsterkatze (Genetta genetta)
E — Common genet, F — Genette commune, A — Kleinkolmuskejaatkat, S — Kanu Ystervark, S — Nungu

KL bis 50 cm, G 2,5 kg
Lebensraum: offene Landschaft, trockene Savanne
Nahrung: wirbellose Tiere, Vögel, kleine Nagetiere
Lebensweise: Einzelgänger, nachtaktiv; 2 — 4 Junge

Honigdachs

Viele Unterarten der Ginsterkatzen sind bekannt, wie auch eine Vielfalt anderer Schleichkatzen, z.B. der Mangusten.

Honigdachs (Mellivora capensis)
E — Ratel, Honey badger, F— Ratel, A — Ratel, S — Nyegere

SH 30 cm, G ca. 10 kg
Lebensraum: in fast allen Regionen beheimatet
Nahrung: Nagetiere, Reptilien, Vögel, wirbellose Tiere
Lebensweise: nachtaktiv, in ungestörten Gebieten auch tagsüber zu sehen, Einzelgänger und paarweise; 1 — 4 Junge

Stachelschwein (Hysterix africaeaustralis)
E — (Crested) Porcupine, F — Porc-épic, A — Ystervark, S — Nungu
Größtes afrikanisches Nagetier
KL 86 cm, G bis 24 kg
Lebensraum: in vielen Biotopen, vor allem in felsigen Regionen
Nahrung: Knollen, Wurzeln, Früchte, Rinde
Lebensweise: paarweise oder in Gruppen (bis zu 8 Tieren bei Quastenstachlern, klettern auf Bäume); 1 — 3 Junge während des Sommers
Lebensraum: offene, trockene Regionen, sandiger Boden
Nahrung: Gras, Wurzeln
Lebensweise: meist nachtaktiv, bewegt sich hüpfend weiter, in lockeren Kolonien; 1 (2) Junge mit ca. 300 g GG

Klippschliefer (Procavia capensis)
E — Rock dassie, F — Daman de rocher, A — Klipdas, Dassie, S — Pimbi

Springhase (Pedetes capensis)
E — Springhare, F — Lièvre sauteur, A — Springhaas, S — Kamendegere

Känguruhartig, KL 45 cm, G bis 3,5 kg
SH bis 30 cm, KL 50 cm, G bis 4 kg, auf dem Rücken nackter Drüsenfleck umgeben von aufrichtbaren Haaren
Lebensraum: felsige und trockene Gebiete
Nahrung: Gras, Beeren, Blätter; trinken wenig

Lebensweise: sehr sozial, Familien schließen sich zusammen (bis 60 Tiere); klettern und springen sehr gut; tagaktiv, Tragzeit 7 Monate, meist 2 bis 3 Junge

Erdhörnchen (Xerus inauris)
E — Squirrel, F — Ecureuil, A — Eekhorinkie, S — Kindi, Kidiri

KL 45 cm, G ca. 650 g
Lebensraum: offene Gebiete
Nahrung: Pflanzen, Termiten
Lebensweise: bodenbewohnend, tagaktiv, sehr gesellig (bis 30 Tiere), 3 bis 4 Junge mit 20 g GG

Gorilla (Gorilla gorilla)
E — Gorilla, F — Gorille, A — Gorilla, S — Sokwo

Schimpanse (Pantroglodytes)
E — Chimpanzee, F — Chimpanzé, A — Sjimpansee, S — Sokwo mtu

G 30 kg (w) bis 40 kg (m), KL bis 100 cm, Weibchen etwas kleiner
Lebensraum: Regen-, Sumpf- und Bergwälder bis 3000 m Höhe, bevorzugen geschlossenes Blätterdach
Nahrung: Früchte, Blätter, Triebe; auch tierische Nahrung
Lebensweise: boden- und baumbewohnend, gute Kletterer, Verbände von 50 — 120 Individuen, auch Einzelgänger oder Gruppen von 3 bis 6 Tieren, hauptsächlich tagaktiv; Tragzeit 240 Tage, 1 Junges von ca. 1,5 kg GG; Lebenserwartung bis über 40 Jahre

Pavian

Größter und kräftigster Primat
KL bis über 150 cm (w), bis über 1,70 m (m), G 200 kg und mehr (m), bis 110 kg (w)
Lebensraum: Tiefland- und Gebirgsregenwälder
Nahrung: Blätter, Rinde, Früchte
Lebensweise: Bodenbewohner, Horden von 2 — 30 Tieren, friedfertig, selten Einzelgänger, tagaktiv; Tragzeit etwa 260 Tage, alle 4 Jahre 1 Junges mit 2 kg GG; Lebenserwartung bis 30 Jahre und mehr

Pavian, Tschamak-Pavian (Papio ursinus)
E — Chacma baboon, F — Chacma, A — Bobbejaan, S — Baboon

SH 1 bis 1,5 m, KL bis 100 cm, G bis 45 kg
Lebensraum: Savanne, felsiges Hochland, offene Lebensräume mit Wald bestanden, permanente Wasserstellen
Nahrung: hauptsächlich Pflanzen, Wurzeln und Knollen, Früchte; auch tierische Nahrung
Lebensweise: sehr gesellig, Trupps von 15 bis 100 und mehr Individuen, bodenbewohnend, in Gefahr flüchten sie auf Bäume, ausge-

prägte Sozialstruktur, morgens und abends Nahrungsaufnahme, des Nachts auf Schlafbäumen; Tragzeit 6 Monate, 1 (2) Junges

Verschiedene Pavianarten sind bekannt, unterschiedlich in Farbe und Haarkleid sowie in der Ausbildung der Gesäßschwielen.

Mandrill (Papio-Mandrillus-sphinx)
E — Mandrill, F — Mandrill, A — Mandrill, S — Nyani mkubwa

KL bis 100 cm, G bis 40 kg
Lebensraum: Regenwald
Nahrung: Allesfresser; Früchte, Insekten, kleine Wirbeltiere, Wurzeln, Knollen
Lebensweise: bodenbewohnend, auf Bäumen nur bei Gefahr und zum Schlafen
Drill: ähnliche Lebensweise, etwas kleiner, schwarzes Gesicht

Nahrung: fast ausschließlich Blätter, manchmal Insekten
Lebensweise: Baumbewohner, selten auf dem Boden, leben in Trupps bis zu 25 Tieren; große Variabilität
Zwei große Gruppen werden unterschieden: schwarz-weiße und braune Guerezas

Mangaben (Cercocebus)
E — Mangabey, F — Cerocèbe, A — Mangabey aap, S — xxxx

Mittelgroße Primaten, verhältnismäßig langer Schwanz
Lebensraum: Regenwald
Nahrung: vorwiegend Früchte und Samen, Kerne; auch tierische Nahrung
Lebensweise: in kleinen Gruppen von 4 — 12 Tieren, manchmal auch mehr, bewohnen die unteren Stockwerke des Waldes
Färbung der verschiedenen Arten eher dunkel und wenig kontrastreich.

Meerkatze

Guerezas (Colobidae)
E — Colobus monkey , F — Colobe guéréza, A — Colobus aap, S — . . . .

Daumen nur zu einem Stummel entwickelt oder fehlend (Stummelaffen)
KL bis 75 cm, G . . . kg
Lebensraum: Regenwald, bewaldete Flussufer

Meerkatzen
(Cercophithecus, Allenopithecus, Miophthecus)
E — Long-tailed monkey, F — Guenon, A — aape, S — Tumbili

Kleiner als Mangaben, langer Schwanz
Lebensraum: in allen Stockwerken des Waldes

Nahrung: Pflanzenteile, Früchte, Insekten, Vogeleier, kleine Wirbeltiere
Lebensweise: tagaktiv, sehr gesellig, 40 — 50 Tiere, Schlafbäume; Tragzeit ca. 6 Monate, 1 (2) Junges; Lebenserwartung etwa 20 — 30 Jahre
Färbung der verschiedenen Arten kontrastreich, oft auffallend.

Seekuh (Dugong dugon)
E — Dugong, F — Dugong, A — Dudong, S — xxxx

KL 2,5 — 3 m, G 180 kg und mehr
Lebensraum: Lagunen, Buchten, geschützte Wasser entlang der Meeresküste, wärmeres Wasser bevorzugt
Nahrung: Seegras und andere Wasserpflanzen, 30 kg pro Tag
Lebensweise: einzeln, öfter in Familiengruppen von 3 — 6 Tieren, auch größere Ansammlungen im Flachwasser; sehr friedfertig; 1 Junges wird Juli-August bzw. November bis Jänner geboren.

Seehund (Arctocephalus pusillus)
E — Seal, F — Phoque, A — Seeleeu, S — Sili

Männchen bis über 300 kg (im Sommer), KL 1,6 — 2,2 m
Lebensraum: Meer
Nahrung: alles, was im Meer vorhanden ist — Fischschwärme (Sardinen), Tintenfische, Krebse
Lebensweise: in Brutkolonien riesige Anzahl, Mitte Oktober stoßen Bullen zu den Kolonien, Ende Dezember verlassen sie dieses Gebiet; Junge werden im November geboren, 5 — 6 Tage danach erfolgt neuerliche Paarung.

Nilkrokodil (Crocodylus niloticus)
E — Crocodile, F — Nile crocodile, A — Nyl-Krokodil, S — Mamba

KL bis über 5 m, G bis 1000 kg
Lebensraum: in warmen bis heißen Regionen an Ufern von Seen und Flüssen, auch in sumpfigem Gebiet
Nahrung: in der Jugend eher Fischräuber, ausgewachsen alle erreichbaren Wildtiere
Lebensweise: Weibchen legt bis 90 Eier an Land — Reifezeit 40 Tage

Schlangen
E — Snakes, F — Serpents, A — Slange, S — Nyoka

Felsenpython (Python sebae natalensis)
Nattern (Colubridae): Braune Hausschlange, Grüne Buschschlange, Baumschlange, Vogelnatter
Vipern (Viperidae): Puffotter, Gabunviper, Gehörnte Puffotter, Nacht- oder Pfeilotter

Nilkrokodil

Python

Weitere Giftschlangen (Elapidae): Ringhalskobra, Uräusschlange, Speikobra, Schwarze und Grüne Mamba

Süßwasserschildkröte

Schildkröten (Testudines)
E — Turtles/Tortoises, F — Tortues, A — Skilpad, S — Kobe

Meeresschildkröten (Familie Cheloniodea): echte Karettschildkröte, unechte Karettschildkröte, Lederschildkröte, Bastardschildkröte
Landschildkröten (Familie Testudinidae): Flachschildkröte, Pantherschildkröte
Süßwasserschildkröten (Familie Pelomedusidae): Klappbrust-Pelomeduse, Starrbrust-Pelomeduse

Strauß (Struthio camelus)
E — Ostrich, F — Autruche, A — Volstruis, S — Mbuni

Größter Laufvogel der Erde, bis 3 m KH, G bis 150 kg
Lebensraum: offene Savanne, dichtes Buschland, felsige Bergregion, pflanzenarme Wüstenreviere
Nahrung: Gräser, Laub, Kleinsäuger, Wirbeltiere
Lebensweise: 1 Hahn mit 1 Haupthenne und 2 — 4 Nebenhennen (Harem), zahlreiche Eier (bis 160 x 130 mm groß, über 160 dag schwer) werden von allen Hennen in dasselbe Nest gelegt und hauptsächlich vom Hahn ausgebrütet; Kücken schlüpfen nach 42 Tagen, in einem halben Jahr erreichen sie die Größe der Elterntiere; alte Hähne sind Einzelgänger; Lebenserwartung bis 70 Jahre.

Strauß

Jagdbares Flugwild

Perlhuhn

Perlhuhn (Numida meleagris)
E — Helmeted guineafowl, F — Pintade, A — Gewone Tatantaal, S — Kanga
G 1000 bis 1800 g.
Lebensraum: offenes Grasland, Buschfeld, Savannen, felsiges Gelände, in Wassernähe

Frankoline
Rotschnabel F. (Francolinus adspersus)
E— Redbilled Francolin, F — Francolin à bec rouge, A — Rooibekfisant, S — Kwale mdomo nyekundu
Lebensraum: Dornbusch und Dickicht, in der Nähe von Wasser
G von 340 bis 640 g

Schopf F. (F. sephaena)
E — Crested Francolin, Crested Partridge, F — Francolin huppé, A — Bospatrys, S —Kwale kushungi
Lebensraum: Buschfeld, felsiges Gelände, an Flussläufen
G 300 bis über 450 g (m), 220 bis etwa 350 g (w)

Swainson´s F. (F. swainsonii)
E — Swainson´s Francolin, F — Francolin de Swainson, A — Bosveldfisant, S — Kwale
Lebensraum: Savanne, Buschfeld, an Flussufern
Männchen bis 870 g, Weibchen bis 750 g schwer

Nilgans (Alopochen aegyptiacus)
E — Egyptian Goose, F — Oie, A — Kolgaans, S — Kotwe
Lebensraum: Seen, Flüsse
Männchen bis 2300 g schwer, Weibchen bis 1800 g

Sporngans (Plectroperus gembensis)
E — Spurwinged Goose, F — Oie de Gambie, A — Wildemakou, S — Bata bukini
Lebensraum: Seen, Teiche
Männchen 5 bis 10 kg, Weibchen bis max. 5 kg

Rotschnabelente (Anas erithrorhyncha)
E — Redbilles Teal, F — Canard, A — Rooibekeend, S — Bata mdomo nyekundu
Lebensraum: an allen Gewässern im Inland
G von 350 bis 950 g

Gelbschnabelente (Anas undulata)
E — Yellowbilled Duck, F — Canard à bec jaune, A — Geelbekeend, S — Bata mdomo njano
Lebensraum: Seen, Teiche, langsam fließende Wasserläufe
Männchen von 500 bis 1300 g, Weibchen von 600 bis 1200 g schwer

Kammblesshuhn (Fulia cristata)
E — Redknobbed Coot, F — Foulquei à crête, A — Bleshoender, S — . . . .
Lebensraum: Seen, Teiche, langsam fließende Gewässer
G 750 bis 900 g (m), 450 bis 790 g (w)

Tauben, Schnepfen, Wachteln sind ebenfalls bejagbar.

Die Vielfalt der nicht bejagbaren Vogelwelt Afrikas ist wohlbekannt. Einige Namen seien hier angeführt: Adler, Bienenfresser, Eisvogel, Eule, Flamingo, Fink, Geier, Gaukler, Hammerkopf, Ibis, Kormoran, Kranich, Löffler, Madenhacker, Marabu, Nektarvogel, Nachtschwalbe, Pelikan, Rabe, Reiher, Ralle, Racke, Schlangenhalsvogel, Schnäpper, Sekretär, Storch, Star, Stelzenläufer, Tölpel, Triel, Toko, Turako, Webervogel, Würger, Wiedehopf.

REKORDTROPHÄEN

Die ersten fünf Plätze in den vom Safari Club International bzw.
Internationaler Jagdrat zur Erhaltung des Wildes (CIC)
geführten Listen. Wo keine Angaben aufgeführt sind,
fehlen diese in den zur Verfügung stehenden Unterlagen.

SCI   CIC

Afrikanischer Elefant
1. Äthiopien 1986   288 P   Tanzania 1971   531,85 P
2. Zentralafr. Republik 1978   286 P   Zaire 1978   509,60 P
3. Äthiopien 1986   282,5 P   Kenia 1930   500,53 P
4. Äthiopien 1989   258,5 P   Mosambik   497,65 P
5. Tanzania 1965   245 P   Kongo 1959   439,97 P

Spitzmaulnashorn
1. Kenia 1955   89 2/8 P   Kenia 1970   381,00 P
2. Tanzania 1960   82 2/8 P   Zaire   331,10 P
3. Kenia 1973   81 P   Angola 1977   306,60 P
4. Kenia 1971   78 2/8 P   Tanzania 1937   306,40 P
5. Republik Südafrika 1977   77 5/8 P   Tanzania 1965   297,00 P

Breitmaulnashorn
1. Republik Südafrika 1993   100 4/8 P
2. Republik Südafrika 1994   99 3/8 P
2. Republik Südafrika 1996   99 3/8 P
3. Republik Südafrika 1993   97 P
4. Republik Südafrika 1994   96 6/8 P

Kaffernbüffel
1. Botswana 1986   140 2/8 P   Mosambik   351,80 P
2. Kenia 1973   139 1/8 P   Zambia 1972   331,25 P
3. Kenia 1966   137 1/8 P   Angola 1974   293,50 P
4. Zimbabwe 1990   136 P   Zimbabwe 1981   292,70 P
5. Tanzania 1993   134 3/8 P   Tanzania 1964   289,66 P

Löwe
1. Botswana 1995   27 6/16 P   Tanzania 1970   438,63 P
2. Botswana 1987   27 2/16 P   Zambia 1978   437,90 P
3. Tanzania 1994   27 P   Äthiopien   437,17 P
4. Tanzania 1991   26 14/16 P
5. Botswana 1983   26 13/16 P

SCI   CIC

Leopard (Panthera p. pardus)
1. Tanzania 1993   19 2/16 P   Tanzania 1968   306,43 P
2. Republik Südafrika 1982   19 P   Zambia 1959   188,25 P
3. Tanzania 1983   18 10/16 P
4. Tanzania 1963   18 8/16 P
5. Tanzania 1984   18 4/16 P

Flusspferd (Nilpferd)
1. Zimbabwe 1986   88 10/16 P   Tanzania   306,10 P
2. Tanzania 1963   88 P   Zambia 1980   265,90 P
3. Zambia 1992   79 8/16 P
4. Zambia 1985   77 8/16 P
5. Zambia 1988   77 4/16 P

Eland
1. Republik Südafrika 1987   110 1/8 P   Mosambik   214,65 P
2. Republik Südafrika 1995   109 6/8 P   Zimbabwe 1980   214,35 P
3. Botswana 1968   108 P   Angola 1975   213,35 P
4. Republik Südafrika 1986   107 7/8 P   Zambia 1950   212,55 P
5. Namibia 1984   107 5/8 P   Tanzania 1970   209,10 P

Riesen-Elenantilope
1. Zentralafr. Republik 1994   141 3/8 P   Zentralafr. Republik   315,95 P
2. Zentralafr. Republik 1995   137 2/8 P   Zaire   291,10 P
3. Zentralafr. Republik 1985   135 6/8 P
3. Zentralafr. Republik 1994   135 7/8 P
4. Zentralafr. Republik 1969   135 6/8 P

Großer Kudu
1. Zimbabwe 1995   155 3/8 P   Mosambik   310,25 P
2. Zimbabwe 1991   154 P   Zaire   294,10 P
3. Republik Südafrika 1995   153 P   Zimbabwe 1980   265,30 P
4. Zimbabwe 1983   150 4/8 P   Angola 1978   257,60 P
4. Republik Südafrika 1990   150 4/8 P

Tieflandnyala (Tragelaphus angasi)
1. Republik Südafrika 1992   84 5/8 P   Äthiopien 1974   208,25 P
2. Republik Südafrika 1985   84 1/8 P   Äthiopien   205,25 P
3. Republik Südafrika 1984   82 4/8 P   Äthiopien 1971   202,00 P
4. Republik Südafrika 1985   81 4/8 P
5. Malawi 1969   80 7/8 P

SCI   CIC

Sitatunga (Tragelaphus spekei selousi)
1. Botswana 1990   84 2/8 P   Zambia 1979   145,50 P
2. Bostswana 1994   83 3/8 P   Angola 1970   123,40 P
3. Botswana 1987   82 7/8 P
4. Botswana 1991   82 5/8 P
5. Botswana 1979   81 6/8 P

Buschbock (Tragelaphus scriptus ornatus)
1. Zimbabwe 1995   52 3/8 P   Zambia 1970   106,10 P
2. Zimbabwe 1985   52 P   Zimbabwe 1980   101,95 P
3. Zimbabwe 1985   49 4/8 P   Mosambik   91,05 P
4. Mosambik 1970   49 P
5. Zimbabwe 1984   49 P

Westlicher Bongo
1. Zentralafr. Republik 1987   97 4/8 P   Elfenbeinküste 1971   191,20 P
2. Kamerun 1995   95 P   Kongo 1971   198,30 P
3. Sudan 1974   94 6/8 P   Zaire 1972   184,15 P
3. Zentralafr. Republik 1994   94 6/8 P
4. Sudan 1984   94 1/8 P

Südafrikanischer Spießbock
1. Botswana 1981   111 5/8 P   Angola   167,65 P
2. Namibia 1983   108 4/8 P
2. Namibia 1983   108 4/8 P
3. Republik Südafrika 1992 107 7/8 P
4. Botswana 1980   107 P

Südliche Pferdeantilope
1. Angola 1965   85 P   Mosambik   189,85 P
2. Zambia 1984   81 6/8 P   Zambia 1977   157,20 P
3. Zambia 1970   81 4/8 P
4. Zambia 1967   81 P
5. Zambia 1989   79 7/8 P

Rappenantilope (Hippotragus n. niger)
1. Zambia 1992   121 3/8 P   Zambia 1969   224,30 P
2. Zimbabwe 1988   121 P   Zaire 1978   206,95 P
3. Zambia 1972   120 7/8 P   Zimbabwe 1980   196,20 P
4. Zambia 1979   120 6/8 P   Mosambik   194,60 P
5. Zambia 1984   120 4/8 P   Tanzania   172,85 P

SCI   CIC

Ellipsenwasserbock
1. Republik Südafrika 1982   91 6/8 P   Mosambik   182,35 P
2. Zimbabwe 1987   97 3/8 P   Zimbabwe 1980   169,80 P
3. Republik Südafrika 1982   88 4/8 P
4. Zimbabwe 1987   88 3/8 P
5. Republik Südafrika 1988   88 2/8 P

Kafue Moorantilope
1. Zambia 1987   88 4/8 P   Zambia   187,80 P
2. Zambia 1975   87 5/8 P
2. Zambia 1994   87 5/8 P
3. Zambia 1988   86 4/8 P
4. Zambia 1986   86 1/8 P

Gelbfuß-Moorantilope
1. Zambia 1991   85 6/8 P   Tanzania 1964   121,10 P
2. Tanzania 1992   58 5/8 P   Zambia 1978   115,30 P
3. Zambia 1985   58 P
4. Zambia 1995   57 5/8 P
5. Zambia 1996   56 1/8 P

Großriedbock
1. Republik Südafrika 1994   33 1/8 P   Zambia 1951   107,45 P
2. Zimbabwe 1985   32 4/8 P   Zimbabwe 1980   106,65 P
2. Botswana 1988   32 4/8 P   Sudan 1970   101,70 P
2. Republik Südafrika 1994   32 4/8 P   Tanzania   98,25 P
3. Zimbabwe 1983   32 3/8 P   Mosambik   94,85 P

Bergriedbock (Redunca f. fulvorufula)
1. Republik Südafrika 1995   18 1/8 P
2. Republik Südafrika 1981   17 7/8 P
3. Republik Südafrika 1994   17 6/8 P
4. Republik Südafrika 1986   17 2/8 P
4. Republik Südafrika 1991   17 2/8 P

Kap Kuhantilope
1. Republik Südafrika 1986   80 2/8 P   Angola 1977   125,75 P
2. Botswana 1979   78 1/8 P
3. Republik Südafrika 1987   78 P
4. Republik Südafrika 1985   77 6/8 P
5. Botswana 1991   77 5/8 P

SCI   CIC

Lichtensteins-Kuhantilope
1.	Tanzania 1994	76 P	Mosambik 1979	161,55 P
2.	Zambia 1984	75 3/8 P	1972	140,25 P
3.	Zambia 1987	74 P	Zambia 1968	138,90 P
4.	Zambia 1982	72 5/8 P	Tanzania 1964	130,80 P
5.	Zambia 1987	72 1/8 P		

Leierantilope (Damaliscus lunatus korrigum)
1.	Zentralafr. Republik 1975	75 4/8 P	Benin	118,95 P
2.	Zentralafr. Republik 1984	75 P	Äthiopien 1973	109,55 P
3.	Zentralafr. Republik 1980	73 7/8 P		
4.	Zentralafr. Republik 1986	72 2/8 P		
5	Zentralafr. Republik 1978	71 2/8 P		

Halbmondantilope
1.	Zimbabwe 1986	58 6/8 P	Zentralafr. Republik	153,55 P
2.	Zambia 1984	55 4/8 P	Zambia 1976	119,15 P
3.	Zambia 1994	54 2/8 P		
4.	Zambia 1992	53 7/8 P		
5.	Zambia 1987	52 5/8 P		

Topi
1.	Uganda 1962	67 6/8 P	Tschad	166,35 P
2.	Uganda 1964	65 P	Zaire	158,15 P
3.	Tanzania 1987	62 P		
4.	Tanzania 1970	60 1/8 P		
5.	Tanzania 1986	58 6/8 P		

Blessbock
1.	Republik Südafrika 1988	54 7/8 P
2.	Republik Südafrika 1974	52 P
2.	Republik Südafrika 1985	52 P
2.	Republik Südafrika 1995	52 P
3.	Republik Südafrika 1987	51 4/8 P

Buntbock
1.	Republik Südafrika 1984	47 4/8 P	Angola 1978	106,00 P
2.	Republik Südafrika 1985	47 P		
2.	Republik Südafrika 1987	47 P		
3.	Republik Südafrika 1984	46 7/8 P		
4.	Republik Südafrika 1984	46 6/8 P		

SCI		CIC	

Streifengnu
1. Republik Südafrika 1985 — 94 6/8 P — Zambia — 174,80 P
2. Republik Südafrika 1996 — 94 3/8 P — Mosambik 1979 — 169,05 P
3. Namibia 1986 — 92 7/8 P — Angola 1977 — 146,25 P
4. Botswana 1987 — 92 P
5. Republik Südafrika 1985 — 91 6/8 P

Weißschwanzgnu
1. Republik Südafrika 1983 — 95 4/8 P
2. Republik Südafrika 1992 — 95 2/8 P
3. Republik Südafrika 1984 — 95 1/8 P
4. Republik Südafrika 1983 — 94 5/8 P
5. Namibia 1985 — 94 2/8 P

Südlicher Impala
1. Republik Südafrika 1994 — 69 6/8 P — Tanzania 1965 — 169,30 P
2. Republik Südafrika 1986 — 67 4/8 P — Kenia 1967 — 168,25 P
2. Republik Südafrika 1986 — 67 4/8 P — Mosambik — 122,50 P
3. Republik Südafrika 1987 — 66 6/8 P — Angola 1975 — 119,65 P
4. Republik Südafrika 1987 — 66 4/8 P — Zimbabwe 1980 — 112,60 P

Gerenuk (Litocranius walleri)
1. Kenia 1975 — 46 4/8 P — Tanzania 1963 — 91,75 P
2. Äthiopien 1992 — 45 4/8 P — Äthiopien 1979 — 85,80 P
3. Tanzania 1993 — 45 1/8 P
4. Tanzania 1982 — 45 P
5. Kenia 1968 — 44 5/8 P

Grant Gazelle (Gazella g. granti)
1. Tanzania 1986 — 75 2/8 P — Tanzania 1964 — 181,15 P
2. Tanzania 1983 — 73 1/8 P
3. Tanzania 1985 — 71 5/8 P
4. Tanzania 1978 — 71 4/8 P
4. Tanzania 1995 — 71 4/8 P

Thomson Gazelle (Gazella th. thomsoni)
1. Tanzania 1992 — 44 4/8 P — Tanzania 1968 — 91,30 P
2. Kenia 1974 — 42 6/8 P
3. Kenia 1977 — 42 4/8 P
4. Tanzania 1993 — 42 3/8 P
5. Kenia 1977 — 42 2/8 P

SCI   CIC

Kap Springbock
1.	Republik Südafrika 1986	45 1/8 P	Republik Südafrika 1963	98,75 P
2.	Republik Südafrika 1984	44 7/8 P	Namibia 1978	95,30 P
2.	Republik Südafrika 1985	44 7/8 P	Angola 1977	81,55 P
2.	Republik Südafrika 1985	44 7/8 P		
3.	Republik Südafrika 1979	44 6/8 P		

Klippspringer
1.	Zimbabwe 1985	16 14/16 P	Tanzania 1968	28,30 P
1.	Republik Südafrika 1993	16 14/16 P		
2.	Zimbabwe 1993	16 4/16 P		
3.	Republik Südafrika 1983	16 2/16 P		
3.	Zimbabwe 1986	16 2/16 P		

Oribi (Ourebia o. ourebi)
1.	Zambia 1991	19 8/16 P
2.	Zambia 1981	18 6/16 P
3.	Angola 1954	18 4/16 P
4.	Kenia 1964	18 P
4.	Zambia 1987	18 P

Steinböckchen (Raphicerus campestris)
1.	Republik Südafrika 1987	17 4/16 P	Tanzania 1969	31,80 P
2.	Republik Südafrika 1986	16 12/16 P		
3.	Namibia 1984	16 10/16 P		
3.	Republik Südafrika 1989	16 10/16 P		
4.	Zambia 1976	16 8/16 P		

Sharpes-Greisbock
1.	Zimbabwe 1978	9 12/16 P	Mosambik	22,80 P
2.	Zambia 1987	9 9/16 P		
3.	Zimbabwe 1986	9 4/16 P		
3.	Zimbabwe 1991	9 4/16 P		
3.	Republik Südafrika 19 93	9 4/16 P		

Moschusböckchen
1.	Republik Südafrika 1984	13 8/16 P	Tanzania 1968	28,10 P
1.	Republik Südafrika 1987	13 8/16 P		
2.	Mosambik 1965	13 4/16 P		
2.	Mosambik 1969	13 4/16 P		
3.	Mosambik 1969	13 2/16 P		

SCI   CIC

Zwergrüsselantilope
1. Tanzania 1995   12 12/16 P   Tanzania 1958   26,10 P
2. Tanzania 1994   12 8/16 P
3. Tanzania 1984   12 4/16 P
4. Tanzania 1989   12 2/16 P
5. Tanzania 1993   12 P

Kronenducker
1. Zimbabwe 1986   19 2/16 P   Zaire 1980   29,45 P
2. Republik Südafrika 1978   17 6/16 P   Mosambik   25,55 P
3. Zimbabwe 1982   17 P   Angola   23,85 P
3. Zimbabwe 1991   17 P
4. Zimbabwe 1982   16 14/16 P

Rotducker
1. Tanzania 1986   13 2/16 P   Tanzania 1969   37,60 P
2. Tanzania 1986   12 14/16 P
3. Tanzania 1986   12 12/16 P
4. Republik Südafrika 1984   12 10/16 P
5. Tanzania 1986   12 8/16 P

Nubischer Steinbock
1. Sudan 1968   109 3/8 P   Sudan 1965   227,00 P
2. Sudan 1985   103 7/8 P   Äthiopien 1965   183,40 P
3. Sudan 1968   102 2/8 P
4. Sudan 1985   100 7/8 P
5. Sudan 1968   99 7/8 P

Mähnenschaf
1. Chad 1955   146 2/8 P   Algerien   413,10 P
2. Chad 1960   138 3/8 P   Marokko 1974   345,10 P
3. Chad 1967   127 6/8 P   Marokko 1989   335,80 P
4. Chad 1965   125 5/8 P
5. Chad 1967   122 3/8 P

Berberwildschwein
1. Tunesien 1987   25 6/16 P   Algerien 1976   104,00 P
2. Tunesien 1977   23 14/16 P
3. Tunesien 1984   23 8/16 P
4. Marokko 1974   23 6/16 P
5. Algerien 1976   22 8/16 P

SCI   CIC

Warzenschwein
1. Äthiopien 1984   49 14/16 P   Äthiopien 1978   151,60 P
2. Kenia 1981   46 2/16 P   Zambia 1976   128,80 P
2. Republik Südafrika 1985   46 2/16 P   Zaire 1979   122,60 P
3. Äthiopien 1985   44 4/16 P
4. Republik Südafrika 1977   44 P

Riesenwaldschwein
1. Äthiopien 1974   36 14/16 P   Äthiopien   63,50 P
2. Äthiopien 1989   24 10/16 P   Kenia 1959   61,77 P
3. Kenia 1968   34 8/16 P
4. Äthiopien 1992   33 14/16 P
5. Kenia 1976   32 P

Buschschwein
1. Tanzania 1971   23 5/16 P   Tanzania 1968   40,85 P
2. Mosambik 1972   22 4/16 P
3. Zimbabwe 1987   20 10/16 P
4. Republik Südafrika 1987   20 8/16 P
5. Zambia 1985   20 6/16 P

Fleckenhyäne
1. Zimbabwe 1990   19 14/16 P
2. Zimbabwe 1991   19 13/16 P
3. Zambia 1995   19 11/16 P
4. Zimbabwe 1990   19 10/16 P
5. Botswana 1980   19 9/16 P

Gepard
1. Namibia 1986   14 4/16 P
2. Namibia 1969   13 8/16 P
2. Namibia 1987   13 8/16 P
2. Republik Südafrika 1996   13 8/16 P
3. Zimbabwe 1995   14 6/16 P

Nilkrokodil
1. Tanzania 1960   17' 2"
2. Kenia 1969   16' 2"
2. Tanzania 1995   16' 2"
3. Tanzania 1983   15' 2"
4. Äthiopien 1976   15'10"

AKTUELLE JAGDLÄNDER

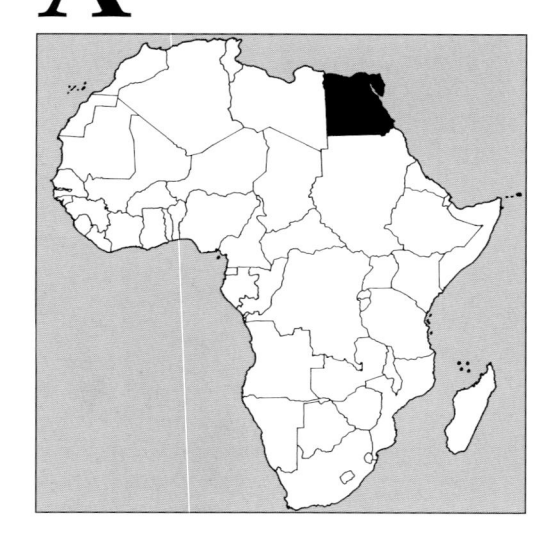

Ägypten
Fläche: 1 Mio. km²
Einwohner: 62 Mio.
Staatsform: Präsidiale Republik
Währung: 1 Ägyptisches Pfund = 100 Piaster
Hauptstadt: Kairo, Stadt 6,3 Mio. Einwohner, Ballungsgebiet 13,2 Mio. Einwohner
Bedeutende andere Städte: Alexandria, 2,82 Mio. Einwohner; El Giza (Gise), 1,61 Mio. Einwohner; Shubra al-Khaima, 473.000 Einwohner; Port Said, 374.000 Einwohner
Bevölkerung: 85% Araber, 15% Beduinen, Nubier, Berber u.a. ethnische Gruppen
Sprache: Arabisch (Staatssprache)
Religion: 93% Moslems (Sunniten), 6,8% koptische Christen
Klima: Wüstenklima; nur an der Küste Winterregen; durchschnittliche Temperatur im Juli zwischen 35,4° C (Kairo) und 40,8° C (Luxor), im Jänner zwischen 19,1° C und 23,0° C
Botschaft in Österreich: A-1190 Wien, Hohe Warte 52 - 54, 01/370 81 04, 01/370 81 05, 01/370 81 06, Fax 01/370 81 04 27, 01/370 81 08 69
Hauptwildarten
Abessinischer Steinbock, Dama Gazelle, Dorkas Gazelle, Flugwild (wie Wildgänse, Enten, Wildtauben, Schnepfen, Wachteln), Mähnenschaf, Nubischer Steinbock, Rim Gazelle
Bejagbare Wildarten
wie oben
Jagdmöglichkeiten
Zur Zeit wird Ägypten für die Jagd nur selten angeboten, da durch die politischen Ereignisse das Land für den Gastjäger nicht empfehlenswert ist.
Beste Jagdzeit: Mai bis November
Informationen durch Egyptian Shooting Club, 00202/3368/631, Fax 00202/36 10 124
Das Land und seine Sehenswürdigkeiten
Vielfältiges Touristikprogramm ist möglich: Besichtigung der Pyramiden, Nilkreuzfahrt, Badeurlaub am Roten Meer etc.

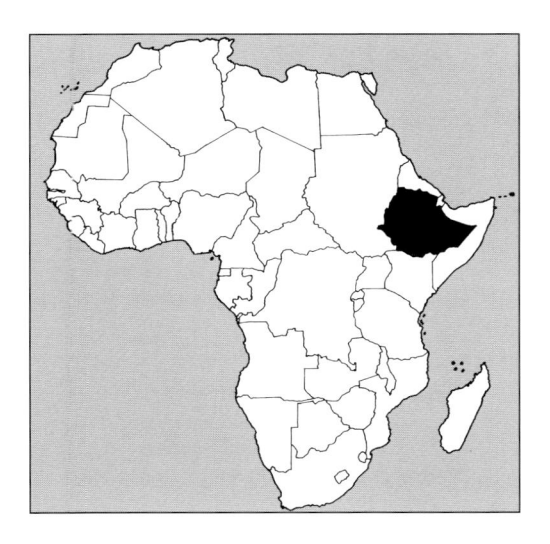

Äthiopien

Fläche: 1,13 Mio. km²
Einwohner: 53,57 Mio.
Staatsform: Demokratische Volksrepublik
Währung: 1 Birr = 100 Cents
Hauptstadt: Addis Ababa, 2,2 Mio. Einwohner
Bedeutende andere Städte: Dire Dawa, 173.000 Einwohner; Bahir Dar, 102.000 Einwohner; Mekele, 108.000 Einwohner
Bevölkerung: Amara, Gambela, Tigrai, Afar, Somali, Benshongul, Harari
Sprache: Amharisch (Amtssprache)
Religion: Christen (45%), Moslems (45%), Anhänger von Naturreligionen (10%)
Klima: tropisches Hochlandklima mit sommerlicher Regenzeit, in Ogaden ganzjährig trocken; durchschnittliche Temperatur in Addis Ababa im März 18° C, im August 22° C
Botschaft in Österreich: A-1030 Wien, Zaunergasse 1 - 3, 01/710 21 68, 01/710 21 69, 01/710 74 38, Fax 01/710 21 71, e-mail ethiopia@EUnet.at

Hauptwildarten
Abessinische Schirrantilope, Bergnyala, Bohor Riedbock, Cordeoux´s-Dikdik, Elefant, Eritrea Spießbock, Flusspferd, Gepard, Großer Kudu, Kleiner Kudu, Leopard, Menelik-Buschbock, nördliches Gerenuk, Philips-Dikdik, Sömmering Gazelle, Zebra

Bejagbare Wildarten
Bergnyala, Kleiner Kudu, Menelik-Buschbock, Sömmering Gazelle. Wiedereröffnung der Elefantenjagd noch unsicher.

Jagdmöglichkeiten
Die Jagd für Gastjäger wurde 1993 gesperrt und erst 1996 wieder geöffnet. Der Grund waren geringe Wildbestände durch Wilderei. Der Wildbestand hat sich erstaunlich gut erholt, sodass eine geregelte Jagd wieder zulässig ist. Gejagt wurde in den Arussi Bergen, der südlichen Danakil Wüste, den südwestlichen Regenwäldern, der östlichen Illubabur und zentralen Kaffa Provinz sowie der Sofa Provinz, in der das Omo Valley liegt.
Die Jagd in Äthiopien ist eher eine sportliche Pirschjagd, die speziell in den Bergregenwäldern eine gute Kondition voraussetzt.
Beste Jagdzeit: Oktober bis Mai

Das Land und seine Sehenswürdigkeiten
Abgesehen von der einzigartigen Landschaft, Äthiopien ist ein bis über 4000 m gelegenes Hochland mit Wildreservaten wie dem Awasch-Nationalpark, hat dieses Land besonders viel für den Kulturliebhaber zu bieten. Verschiedene Klöster, Kirchen, Museen sowie die Ruinenstadt Matara sollte man sich nicht entgehen lassen.

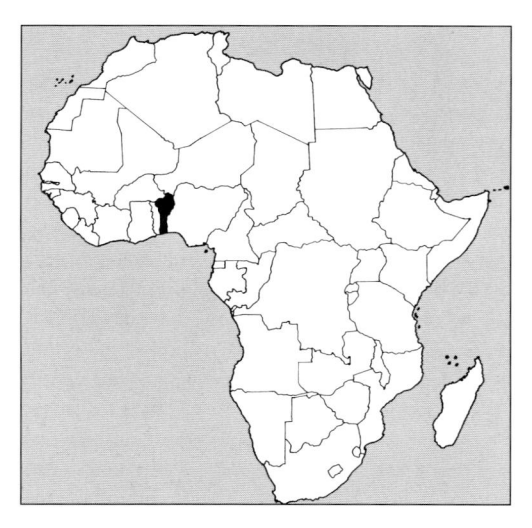

Benin
Fläche: 112.622 km²
Einwohner: 5,78 Mio.
Staatsform: Präsidiale Republik
Währung: 1 CFA-Franc = 100 Centimes
Hauptstadt: Porto-Novo, 179.000 Einwohner
Bedeutende andere Städte: Cotonou, 537.000 Einwohner; Parakou, 104.000 Einwohner, Abomey-Bohicon, Lokossa
Bevölkerung: Sudaniden (u.a. Adja-Fong-Gruppe, 54%)
Sprache: Französisch (Amtssprache), afrikanische Dialekte
Religion: Naturreligionen (67%), Christen (18%), Moslems (15%)
Klima: Tropenklima; durchschnittliche Temperatur in Cotonou im März 29° C, im August 26° C
Botschaft: D-53179 Bonn, Rudigierstraße 10, 0049/228/943 87 - 0, Fax 0049/228/85 71 92
Hauptwildarten
Bergriedbock, Büffel, Buschschwein, Ducker, Flusspferd, Kuhantilope, Löwe, Moorantilope, Oribi, Pferdeantilope, Schirrantilope, Wasserbock, Warzenschwein
Bejagbare Wildarten
wie oben
Jagdmöglichkeiten
Als Jagdland ist der Benin zur Zeit als unsicher zu bezeichnen. Sollte der Benin ernsthaft als Reiseziel in Betracht gezogen werden, ist es unbedingt notwendig, absolut aktuelle Informationen bezüglich Jagdmöglichkeit bei der Botschaft einzuholen.
Beste Jagdzeit: November bis Februar bzw. August/September
Das Land und seine Sehenswürdigkeiten
Im Benin findet der kunsthandwerklich Interessierte ein breites Angebot typisch westafrikanischer Kunst. Abgesehen davon können im Pendjari-Nationalpark — mit seinen knapp 3000 km² im Nordwesten gelegen — Großwild sowie viele verschiedene Antilopen beobachtet werden.

Botswana

Fläche: 581.730 km²
Einwohner: 1,21 Mio.
Staatsform: Parlamentarische Republik
Währung: 1 Pula = 100 Thebe
Hauptstadt: Gaborone, 112.000 Einwohner
Bedeutende andere Städte: Selebi-Pikwe, 47.000 Einwohner; Lobatse, 26.000 Einwohner; Francistown, 36.000 Einwohner
Bevölkerung: Botswaner, Minderheiten
Sprache: Englisch (Amtssprache), Setsuna u.a. Bantudialekte
Religion: Christen (48%), Stammesreligionen
Klima: tropisch-wechselfeucht mit ausgeprägter Trockenzeit von Mai bis Oktober; durchschnittliche Temperatur im November 26° C, im Juli 15° C
Botschaft: B-1150 Brüssel, Avenue de Tervuren 169, 00322/735 20 70, 00322/735 61 10, Fax 00322/735 63 18
Konsulat: A-1060 Wien, Linke Wienzeile 4, 01/587 96 16, Fax 01/587 34 32, e-mail meixner@meixner.com

Hauptwildarten
Büffel, Buschbock, Ducker, Eland, Elefant, Flugwild, Gepard, Halbmondantilope, Hyäne, Impala, Krokodil, Kudu, Leopard, Löffelhund, Löwe, Luchs, Moorantilope, Pavian, Rappenantilope, Riedbock, Schakal, Sitatunga, Spießbock, Springbock, Steinböckchen, Strauß, Streifengnu, Warzenschwein, Zebra

Bejagbare Wildarten
wie oben

Jagdmöglichkeiten
Gejagt wird in Botswana in den Steppengebieten, die Kalahari miteingeschlossen. Was aber noch viel wichtiger und interessanter ist, sind die ausgedehnten Sumpfgebiete des Okawango-Deltas. In dieser Schilflandschaft ist der Sitatunga beheimatet, der neben einer bezaubernden Landschaft auch zur jagdlichen Hauptattraktion dieses Landes zählt. Der Sitatunga, auch Sumpfbock oder Wasserkudu genannt, wird mit dem Mokorro (Einbaum) bejagt. Dabei wird der Jäger oft stundenlang durch das hohe Schilfgras gestakt, bis das begehrte Wild in Anblick kommt.
Weiters interessant ist die Jagd auf den Löwen. Die Löwen in Botswana haben oft gute Mähnen und werden in der Regel auf dem Treck bejagt. Diese spannende und gefährliche Art ist natürlich mit einer Jagd am *bait* nicht vergleichbar.
Erfahrungsgemäß sind auch die Chancen auf Leopard recht gut.
Botswana ist aber ebenfalls für sein reiches Büffelvorkommen bekannt, wobei die Trophäenqualität nichts zu wünschen übrig lässt, wenn man sich nur ein wenig Zeit nimmt und nicht den Erstbesten erlegt.
Die Elefantenjagd ist seit 1996 wieder offen, wobei der Bestand absolut gesichert ist, jedoch die Trophäenqualität nicht unbedingt entspricht. Meiner Meinung nach steht sie zumindest in keinem Einklang mit den Trophäengebühren.
Die Unterkünfte für die Jäger bestehen aus klassischen Safaricamps mit Manjara-Zelten.
Beste Jagdzeit: April bis September

Das Land und seine Sehenswürdigkeiten
Abgesehen von der Hauptattraktion des Landes, dem Okawango-Delta, gibt es noch einige weitgehend unberührte Naturreservate wie das Khutse-Game-Reserve oder den Chobe-Nationalpark und einige andere, die aber nur mit geländegängigen Fahrzeugen besucht werden sollten.

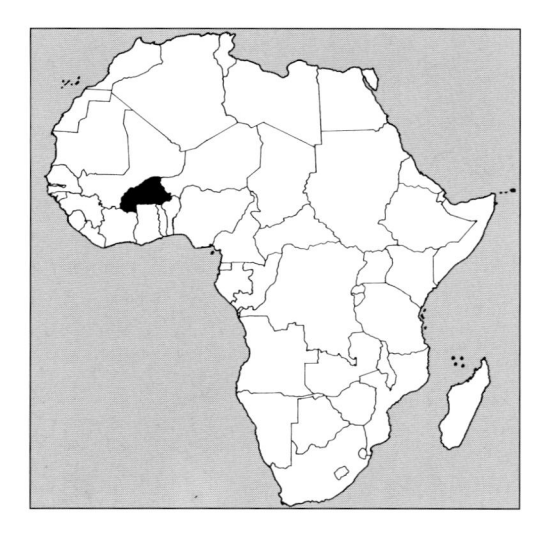

Burkina Faso

Fläche: 274.200 km²
Einwohner: 9,4 Mio.
Staatsform: Präsidiale Republik
Währung: 1 CFA-Franc = 100 Centimes
Hauptstadt: Ouagadougou, 442.000 Einwohner
Bedeutende andere Städte: Bobo-Dioulasso, 231.000 Einwohner; Koudougou, 52.000 Einwohner
Bevölkerung: rund 160 Stammesgruppen (Mossi, 50%)
Sprache: Französisch (Amtssprache), Bantu- und Sudansprachen
Religion: Stammesreligionen (65%), Moslems (20%), Christen (10%)
Klima: tropisch-wechselfeucht; durchschnittliche Temperatur im April 33° C, im Jänner 25° C
Botschaft in Österreich: A-1040 Wien, Prinz-Eugen-Straße 18/3A, 01/503 82 64, Fax 01/503 82 64 - 20
Konsulat: A-1062 Wien, Mittelgasse 16, PF 19, 01/597 83 01, Fax 01/587 83 01 89

Hauptwildarten
In den Wildschutz- und Jagdreservaten ist praktisch die gesamte westafrikanische Fauna anzutreffen: Büffel, Buschbock, Ducker, Elefant, Flusspferd, Krokodil, Kuhantilope, Löwe, Oribi, Pferdeantilope, Warzenschwein, Zebra; weiters verschiedene Affenarten und natürlich eine reiche Vogelwelt.

Bejagbare Wildarten
Buschbock, Ducker, Kuhantilope, Oribi, Pavian, Pferdeantilope, Rotbüffel, Warzenschwein

Jagdmöglichkeiten
Das Hauptjagdgebiet ist das Nazinga-Revier; hier handelt es sich um eine offene Jagdkonzession, also keine eingezäunte Jagdfarm mit Rindern oder Siedlungen.
Das Gebiet liegt ca. 300 km südlich der Hauptstadt Ouagadougou, nicht weit von der Grenze zu Ghana.
Für Flugwildjäger gibt es noch das ca. 250 km nördlich von Ouagadougou gelegene Sourou-Revier; hier werden gute Jagdmöglichkeiten auf Gänse, Enten, Tauben und Frankoline geboten.
Beste Jagdzeit: Dezember bis Ende Juli

Das Land und seine Sehenswürdigkeiten
Das heutige Burkina Faso, das früher den Namen Obervolta trug, hat durchaus einige Besonderheiten zu bieten.
Dieses Binnenland ist berühmt für seine eindrucksvollen Lehmbauten, aber auch für sein Kunsthandwerk. Die Erforschung des Gebietes des heutigen Burkina Faso durch Europäer begann erst um 1888.
Als Frankreich 1897 dieses Land eroberte, ließ es das Kaiserreich der Mossi formell bestehen. Die Mossi waren heidnische Nachkommen von Reitervölkern, die vor ungefähr 1100 Jahren vom Osten in das Land einwanderten. Die bekanntesten Nationalparks sind Arly, Po und das „W".
Wem die Zeit bleibt, der sollte es keinesfalls versäumen, den See der heiligen Krokodile und den Wasserfall von Karfiguele zu besuchen.

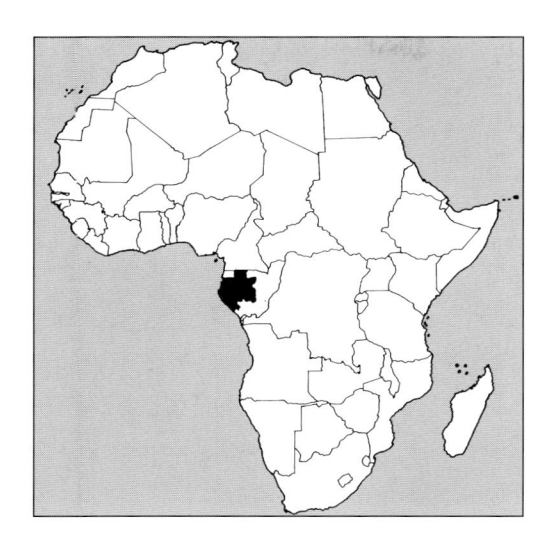

Gabun

Fläche: 267.667 km²
Einwohner: 1,17 Mio.
Staatsform: Präsidiale Republik
Währung: 1 CFA-Franc = 100 Centimes
Hauptstadt: Libreville, 350.000 Einwohner
Bedeutende andere Städte: Port-Gentil, 123.000 Einwohner; Franceville, 38.000 Einwohner; Lambaréné, 24.000 Einwohner
Bevölkerung: Bantuvölker (Pangwe, Eschira, Mbete u.a.)
Sprache: Französisch (Amtssprache), Bantudialekte
Religion: Christen (70%), Moslems (9%), Naturreligionen
Klima: tropisch-immerfeucht, nur im Hochsommer kurze Trockenzeit; ständig schwül bei Temperaturen um 26° C
Botschaft: Ministère des Affaires Etrangéres, Libreville, B.P. 2245, 900 241/26 28 74, 900 241/73 93 36, Fax 900 241/73 93 38
Konsulat: A-1040 Wien, Möllwaldplatz 2, 01/503 82 70 (= Fax)

Hauptwildarten
Batesböckchen, Bongo, Buschbock, Buschschwein, Ducker (verschiedene Arten), Flusspferd, Gorilla, Krokodil, Leopard, Löwe, Mandrill (sowie viele andere Affenarten), Riesenwaldschwein, Rotbüffel, Schimpanse, Sitatunga, Waldelefant, Zwergelefant

Bejagbare Wildarten
Blauducker, Bongo, Buschschwein, Gelbrückenducker, Leopard, Petersducker, Riesenwaldschwein, Rotbüffel, Schwarzrückenducker, Schwarzstirnducker, Sitatunga, Waldelefant, Zwergelefant

Jagdmöglichkeiten
Bevor jemand das Jagdland Gabun in ernste Erwägung zieht, ist einmal abzuklären, ob es auch für die Jagd offen ist. Das ändert sich in diesem Land immer wieder. Zur Zeit ist es möglich. Gabun wird nur von wenigen Veranstaltern angeboten, obwohl es ein wunderschönes Land an der Küste Westafrikas ist, das nicht nur dem jagenden Touristen, sondern auch der Begleitperson einiges zu bieten hat. Man denke nur an die herrlichen Strände, ein Paradies für Fischer und Wassersportler. Als jagdlichen Leckerbissen könnte man den Zwergelefanten nennen, den man sonst eigentlich nur in Kamerun und Kongo findet. Die Jagdgebiete in Gabun bestehen aus Savannenlandschaft und Regenwald.
Die Jagd in Gabun kann durchaus als sportlich bezeichnet werden.
Beste Jagdzeit: November bis Juli

Das Land und seine Sehenswürdigkeiten
Neben der Landschaft reizt so manchen Touristen der Ort Lambaréné. Dort haben bekanntlich Albert Schweitzer und seine Frau 1913 eine Leprastation gegründet. Ansonsten gibt es einige Nationalparks wie den Wongua-Wongué, den Okanda oder den Petit Loango Park, die auch meistens gleich an die Jagdgebiete wie La Lope oder Sette Cama grenzen.

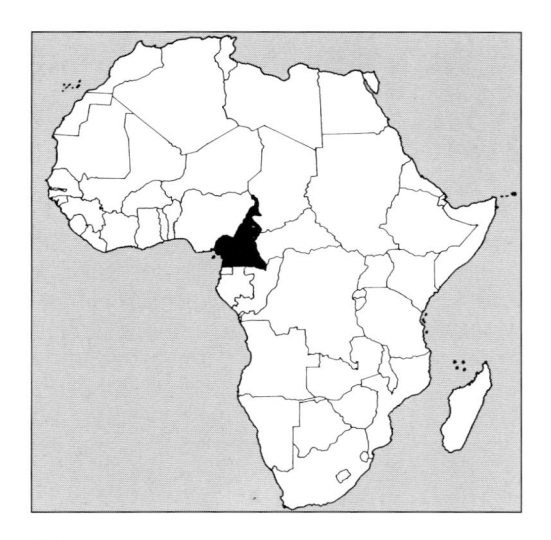

Kamerun

Fläche: 475.442 km²
Einwohner: 14 Mio.
Staatsform: Präsidiale Republik
Währung: 1 CFA-Franc = 100 Centimes
Hauptstadt: Jaunde, 800.000 Einwohner
Bedeutende andere Städte: Duala, 1,17 Mio. Einwohner; Garua, 95.000 Einwohner
Bevölkerung: Bantu, Sudaniden
Sprache: Französisch (80%), Englisch (20%)
Religion: Christen (53%), Moslems (22%), Naturreligionen
Klima: tropisch; im Süden ganzjährig feucht, nach Norden hin wechselfeucht; durchschnittliche Temperatur ganzjährig um 25° C
Botschaft: D-53173 Bonn, Rheinallee 76, 0049/228/35 60 38, 0049/228/35 60 39, Fax 0049/228/35 90 58
Konsulat: A-1140 Wien, Hüttelbergstraße 23a, 01/914 77 44 - 0, Fax 01/914 77 44 - 8, e-mail uno.society@teleweb.at

Hauptwildarten
Bongo, Buschbock, Buschschwein, Derby Eland, Drill, Eland, Flugwild, Flusspferd, Gelbrückenducker (sowie andere Duckerarten), Giraffe, Gorilla, Hyäne, Krokodil, Kuhantilope, Leopard, Mandrill, Moorantilope, Pavian (verschiedene kleinere Affenarten), Riesenwaldschwein, Rotbüffel, Schimpanse, Sitatunga, Steppenbüffel, Steppenelefant, Waldelefant, Warzenschwein

Bejagbare Wildarten
Wie oben angeführt, ausgenommen Giraffe, Hyäne, Zebra; einige Affenarten.

Jagdmöglichkeiten
Grob gesprochen kann man Kamerun in zwei jagdliche Hauptzonen einteilen: in Nordkamerun und Südkamerun. In Nordkamerun werden die Jagden von Garua aus gestartet, wo auch die zuständige Delegation du Tourisme ihren Sitz hat. Für Jagden in Südkamerun ist die Behörde in Jaunde zuständig.
In Kamerun ist es noch möglich, ohne weißen Berufsjäger auf eigene Faust zu jagen. Dies ist aber nur zu empfehlen, wenn man genügend Zeit und gute Französischkenntnisse hat. Man sollte auch eine Portion Geduld mitbringen, speziell im Süden des Landes.
Dabei muss man sagen, dass sich die Jagd im Süden, also im Regenwald, völlig von der Jagd im Norden (Savannen und Steppen) unterscheidet. Der Norden wird dem Jäger, der vielleicht auch schon in anderen Teilen Afrikas unterwegs war, eher vertraut erscheinen als der Süden des Landes.
Sollte jemand ernsthaft eine Safari im Urwald auf eigene Faust planen, so sei eindringlichst darauf hingewiesen, dass nur Leute, die in wirklich absolut physischer und psychischer Topform sind, für so ein Abenteuer mit ungewissem Ausgang in Frage kommen. In den entlegenen Urwaldgebieten Südkameruns, die nur in mehreren Tagesmärschen erreichbar sind, gibt es weder Straßen noch Dörfer. Ein gebrochener Fuß kann lebensbedrohend werden. Man muss sich auch im Klaren sein, dass es keine Möglichkeit gibt, einen Verletzten zu tragen, da die Vegetation einfach zu dicht ist und ein Weiterkommen unmöglich macht.
Im Norden besteht die Möglichkeit, einen Jagdblock zu mieten, wo man dann — wie schon erwähnt — auf eigene Faust jagen darf. Daneben gibt es Jagdgebiete, die an Safarigesellschaften verpachtet sind. Diese machen heute bereits den überwiegenden Teil aus.
Die Landschaft im Mittel- und Nordkamerun ist eine Savannen- und Steppenregion, die sich bis in die weiten Tschadebenen erstreckt. In Nordkamerun wird auch der Steppen-

elefant bejagt. Dieser ist zwar im Körperbau riesig, oft größer als seine Verwandten in Ostafrika, jedoch sind Qualität und Größe des Elfenbeins gering.

Schon aus geographischen Gründen ist Nordkamerun besser erschlossen. Die dort angebotenen Jagden sind preislich günstiger und weniger beschwerlich als etwa im dichten Regenwald in Südkamerun.

Wer aber das Abenteuer sucht und körperliche Strapazen nicht scheut, der kann den tropischen Regenwald des Südens aufsuchen. Hier bieten sich einzigartige Möglichkeiten auf Bongo, Sitatunga, Rotbüffel, Waldelefant, Riesenwaldschwein, Gelbrückenducker und vieles mehr.

Beste Jagdzeit: Dezember bis Mai

Das Land und seine Sehenswürdigkeiten

Abgesehen von vielen Nationalparks wie dem Bénoué-, Bouba-ndjida- und dem Waza-Nationalpark bietet Kamerun noch einige Leckerbissen wie das ehemalige Fürstentum von Rai Buba.

Wer sich für die deutsche Geschichte interessiert, findet reichlich Möglichkeiten, historische Schauplätze zu besuchen. Für all jene aber, die nach einer ausgedehnten Safari Entspannung suchen, laden Kameruns Strände zum Faulenzen ein.

Kongo
Fläche: 324.000 km²
Einwohner: 2,4 Mio.
Staatsform: Volksrepublik
Währung: 1 CFA-Franc = 100 Centimes
Hauptstadt: Brazzaville, 850.000 Einwohner
Bedeutende andere Städte: Pointe-Noire, 420.000 Einwohner; Dolisie, 65.000 Einwohner; Nkayi, 42.000 Einwohner
Bevölkerung: Kongo (48%), Téké (22%), Mbochi (13%)
Sprache: Französisch (Amtssprache), Bantusprachen
Religion: Christen (78,8%), Naturreligionen (19%), islamische Minderheit
Klima: äquatoriales Tropenklima; im Süden tropisch-wechselfeucht; Oktober bis Dezember erste Regenzeit, Jänner bis Februar kleine Trockenzeit, März bis Mai zweite Regenzeit, Juni bis September große Trockenzeit, Temperaturen variieren zwischen 18° und 30° C
Botschaft: D-53173 Bonn, Rheinallee 45, 0049/228/35 83 55, Fax 0049/228/35 22 17
Hauptwildarten
Batesböckchen, Bongo, Buschbock, Buschschwein, Duckerarten, Gorilla, (kleines afrikanisches) Hirschferkel, Krokodil, Leopard, Löwe, Mandrill (viele kleinere Affenarten), Riesenwaldschwein, Rotbüffel, Schimpanse, Sitatunga, Waldelefant, Zwergelefant

Bejagbare Wildarten
Büffel, Bongo, Buschbock, Buschschwein, Duckerarten, Elefant, Krokodil, Löwe, Riesenwaldschwein, Sitatunga
Jagdmöglichkeiten
Die Jagd im Kongo ist eine sehr schwierige, aber auch sportliche Jagd. Das Land besteht hauptsächlich aus Regenwald und Feuchtsavanne. Gejagt wird fast ausschließlich zu Fuß mit Pygmäen als Fährtensuchern, so wie in Kamerun. Obwohl die Jagd auf eigene Faust theoretisch durchgeführt werden kann, ist es fast unmöglich, die nötigen Papiere zu bekommen. Sollte jemand eine Jagd in diesem Land in Erwägung ziehen, so bleibt nur die Möglichkeit, sich mit einem der wenigen Jagdveranstalter in Verbindung zu setzen, die die Republik Kongo im Programm haben. Die schwierigen Rahmenbedingungen sowie die nicht vorhandene Infrastruktur haben natürlich zur Folge, dass die Jagd im Kongo eine sehr kostspielige ist.
Beste Jagdzeit: Mai bis Oktober (Trockenzeit)
Das Land und seine Sehenswürdigkeiten
Die Republik Kongo ist touristisch praktisch unerschlossen.

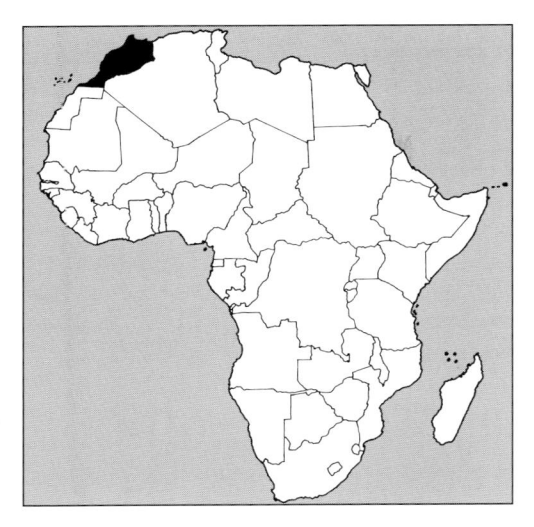

Marokko

Fläche: 710.850 km²
Einwohner: 26,8 Mio.
Staatsform: Konstitutionelle Monarchie
Währung: 1 Dirham = 100 Centimes
Hauptstadt: Rabat, 818.000 Einwohner
Bedeutende Städte: Casablanca (Dar-el-Beida), 3,05 Mio. Einwohner; Fès (Fez), 586.000 Einwohner; Marrakesch (Marrakech), 511.000 Einwohner; Tanger (Tangier, Tandscha), 483.000 Einwohner
Bevölkerung: 60% Araber, 36% Berber (Mauren), 4% Schwarzafrikaner
Sprache: Arabisch (Amtssprache), Berberdialekte
Religion: Moslems 98%
Klima: unterscheidet sich je nach Region; Kontinentalklima im überwiegenden Teil des Landes. Jenseits des Atlas-Gebirges wird es sehr heiß, während in den Küstenregionen ein mediterranes Klima mit mäßigen Temperaturen und relativer Luftfeuchtigkeit (im Winter zwischen 7 und 18° C, im Sommer zwischen 19 und 30° C) vorherrscht.
Botschaft in Österreich: A-1010 Wien, Opernring 3 - 5, 01/586 66 50, 586 66 51, Fax 01/586 76 67, e-mail emb-pmissionvienna@morocco.at

Hauptwildarten
Flugwild, Wildschwein

Bejagbare Wildarten
wie oben

Jagdmöglichkeiten
Die Jagdgebiete des Landes befinden sich zum Teil in der Nähe von Marrakesch sowie in den Ausläufern des Atlas-Gebirges. Gejagt wird mit Vorstehhunden auf Wachteln bzw. werden Drückjagden auf Sauen veranstaltet.
Beste Jagdzeit: Oktober bis Februar

Das Land und seine Sehenswürdigkeiten
Marokko ist eigentlich mehr als Touristenland und weniger als Jagdland bekannt. Mit seinem orientalischen Zauber von Tanger bis in die Souks von Marrakesch, wo sich Gewürzhändler, Geschichtenerzähler, Schlangenbeschwörer bis zum Wunderdoktor ein Stelldichein geben, begegnet der Reisende jahrtausendealter Kultur.
Es ist problemlos, sich ein Auto zu mieten und damit ungebunden dieses Land zu erforschen. Ich habe mir meist einen privaten Führer angeheuert — diese sind vor jeder Stadt leicht zu organisieren — und so meine Besichtigungstouren abgehalten. Daneben gibt es noch unzählige Möglichkeiten — je nach Jahreszeit — einen Badeaufenthalt einzuplanen.

Mosambik

Fläche: 801.590 km²
Einwohner: 16 Mio.
Staatsform: Volksrepublik
Währung: 1 Metical = 100 Centavos
Hauptstadt: Maputo, 903.600 Einwohner
Bedeutende andere Städte: Beira, 350.000 Einwohner; Quelimane, 184.000 Einwohner
Bevölkerung: Mosambiker, Minderheiten
Sprache: Portugiesisch, Bantusprachen
Religion: Stammesreligionen (47,8%), Christen (16,5%), Moslems (16,5%)
Klima: tropisch-wechselfeucht mit Regenzeit von November bis April; durchschnittliche Temperatur in Maputo im Februar 26° C, im Juli 18° C
Botschaft: D-53173 Bonn, Adenauer Allee 46 A, 0049/228/26 29 93, 0049/228/26 39 21, Fax 0049/228/21 39 20

Hauptwildarten
Verschiedene Affenarten, Büffel, Buschschwein, Ducker, Elefant, Flusspferd, Großer Kudu, Hyäne, Impala, Krokodil, Leopard, Löwe, Moschusböckchen, Rappenantilope, Riedbock, Warzenschwein, Wasserbock, Zebra

Bejagbare Wildarten
Büffel, Buschschwein, Ducker, Impala, Krokodil, Kudu, Leopard, Löwe, Moschusböckchen, Rappenantilope, Riedbock, Warzenschwein, Wasserbock, Zebra

Jagdmöglichkeiten
Obwohl Mosambik vor dem Bürgerkrieg zu den klassischen Safariländern Afrikas gehörte, ist es leider fast in Vergessenheit geraten. Erschwerend in diesem Land ist die nicht vorhandene Infrastruktur.
Der Wildbestand in Mosambik ist besser als ursprünglich angenommen, da die zum Teil riesigen Sumpfgebiete südlich des Zambesis vom Bürgerkrieg relativ verschont geblieben sind. Es ist zu erwarten, dass Mosambik in Kürze wieder für den Jäger problemloser bereisbar sein wird. Nicht zu vergessen sind die hervorragenden Fischereimöglichkeiten in diesem Land.
Beste Jagdzeit: Mai bis September

Das Land und seine Sehenswürdigkeiten
Neben dem Lorongosa Nationalpark hat Mosambik noch herrliche, unberührte Sandstrände zu bieten, die nicht nur zum Faulenzen und Baden einladen, sondern auch — wie oben erwähnt — fantastische Möglichkeiten zum Hochseefischen bieten.

Namibia

Fläche: 823.168 km²
Einwohner: 1,76 Mio
Staatsform: Präsidiale Republik
Währung: Namibian Dollar
Hauptstadt: Windhoek, 120.000 Einwohner
Bevölkerung: vorwiegend Bantuvölker
Sprache: Afrikaans, Englisch (Amtssprache); Deutsch, Stammessprachen
Religion: Christen (82%), Naturreligionen
Klima: subtropisch-trocken; im Hochland nach Norden hin zunehmende Niederschläge; durchschnittliche Temperatur in Windhoek im Jänner 23° C, im Juli 13° C
Botschaft in Österreich: A-1080 Wien, Strozzigasse 10/14, 01/402 93 71, Fax 01/402 93 70

Hauptwildarten
Bergzebra, Büffel, Buschschwein, Ducker, Eland, Elefant, Flugwild (Perlhuhn, Frankolin, Taube, Wachtel, Wildenten, Gänse), Flusspferd, Gepard, Großer Kudu, Krokodil, Kuhantilope, Leopard, Löwe, Nashorn, Riedbock, Sitatunga, Spießbock, Springbock, Steinböckchen, Steppenzebra, Streifengnu, Warzenschwein

Bejagbare Wildarten
Wildarten wie oben angeführt, ausgenommen: Büffel, Elefant, Flusspferd, Krokodil, Riedbock, Sitatunga. Diese sind in freier Wildbahn nur im Caprivi Strip bejagbar, das Breitmaulnashorn nur auf manchen Farmen.

Jagdmöglichkeiten
Namibia zählt mit Sicherheit zu den preisgünstigsten Jagdländern in Afrika (ausgenommen Caprivi Strip). Gejagt wird im ehemaligen Südwest-Afrika fast ausschließlich auf Farmland. Die Farmen haben Größen von vielen tausenden Hektar und können somit als freie Wildbahn bezeichnet werden. Im Caprivi Strip, der vor einigen Jahren noch militärisches Sperrgebiet war, werden Safaris im klassischen Stil abgehalten.

Sprachliche Barrieren gibt es in Namibia kaum, da der größte Teil der weißen Bevölkerung Deutsch spricht. Die Unterkünfte für die Jagdgäste sind entweder im Farmhaus integriert oder bestehen aus geräumigen Bungalows. Die Menschen sind sehr gastfreundlich, und es ist ein wenig wie Urlaub am Bauernhof, aber eben unter Afrikas Sonne.

Gejagt wird so wie auch in anderen Ländern. Man fährt nach dem Frühstück mit dem Geländewagen hinaus, bis man das gewünschte Wild in Anblick bekommt, oder auf eine frische Fährte stößt. Dann wird gepirscht. Es gibt auch genügend Gelegenheiten für Ansitzjagden am Wasserloch.
Beste Jagdzeit: Mai bis Oktober.

Das Land und seine Sehenswürdigkeiten
Der größte Teil Namibias ist sehr trocken und dornig und übt durch seine Bizarrheit einen ganz besonderen Reiz aus. Es ist kein Problem, das Land auf eigene Faust zu erforschen.
Zu den Sehenswürdigkeiten Namibias zählen die Etoscha-Pfanne mit dem Nationalpark, wo auch das alte Fort Namutoni steht, die Skelettküste oder Swakopmund. An der Küste kann man nicht nur fischen, sondern auch Robben beobachten. In der Namib-Wüste findet man die höchsten Sanddünen der Erde, und es gibt die Möglichkeit, seltene Pflanzen wie die Welwitschia zu besichtigen oder die alte Lokomotive, die heute noch dort steht, wo sie einmal stecken geblieben ist. Es ist auch immer wieder schön, durch die Straßen von Windhoek zu spazieren, wo man nach einem Einkaufsbummel in einem der zahlreichen Biergärten das gute Windhoek-Lager genießen kann.

Senegal

Fläche: 196.722 km²
Einwohner: 7,11 Mio.
Staatsform: Präsidiale Republik
Währung: 1 CFA-Franc = 100 Centimes
Hauptstadt: Dakar, 1,2 Mio. Einwohner
Bedeutende andere Stadt: Thiès, 150.000 Einwohner
Bevölkerung: 40% Wolof, 14% Serer, 12% Fulbe u.a. ethnische Gruppen
Sprache: Französisch, Wolof, sudanesische Sprachen
Religion: Moslems 90%, Christen 6%, Stammesreligionen 3,2%
Klima: tropisch-wechselfeucht, im Norden fast ständig trocken; durchschnittliche Temperatur in Dakar im Jänner 21° C, im Oktober 28° C
Botschaft: D-53115 Bonn, Argelander Straße 3, 0049/228/21 80 08, Fax 0049/228/21 78 15
Konsulat: A-1010 Wien, Kärntner Ring 11 - 13, 01/512 85 76, Fax 01/512 85 23

Hauptwildarten
Buschbock, Buschschwein, Derby-Eland, Ducker, Flusspferd, Löwe, Moorantilope, Oribi, Pferdeantilope, Riedbock, Rotbüffel, Rotstirn Gazelle, Savannenbüffel (sowie Mischarten beider Büffel), Warzenschwein, Wasserbock, Westafrikanische Kuhantilope

Bejagbare Wildarten
Buschbock, Büffel, Ducker, Kuhantilope, Löwe*), Moorantilope, Oribi, Pferdeantilope, Warzenschwein

*) Die Löwenjagd ist nicht frei; sie bedarf einer Sondererlaubnis durch den Staatspräsidenten.

Jagdmöglichkeiten
Das Land Senegal ist natürlich nicht mit den klassischen Jagdländern Ostafrikas vergleichbar.
Die Wilddichte ist wesentlich geringer und auf Grund der geographischen Lage bietet sich eigentlich nur der Osten des Landes zur Jagd an. Dort befinden sich ausgedehnte Busch- und Strauchsavannen mit niedrigen Hügel-, Gras- und Sumpfflächen. Die Jagd ist eine sehr sportliche Pirschjagd und setzt gute Kondition voraus.
Beste Jagdzeit: Dezember bis Mai.

Das Land und seine Sehenswürdigkeiten
Als ideale Ergänzung zu einer anstrengenden Jagd im Osten bietet Senegal weiße Sandstrände im Westen, die zu einem Badeurlaub einladen.

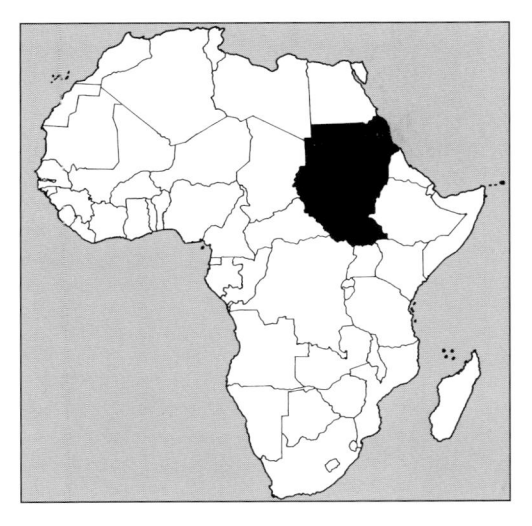

Sudan

Fläche: 2,505.813 km²
Einwohner: 23,79 Mio.
Staatsform: Präsidiale Republik
Währung: 1 Sudanesisches Pfund = 100 Piaster
Hauptstadt: Khartum, 476.000 Einwohner
Bedeutende andere Städte: Omdurman, 526.000 Einwohner; Port Sudan, 206.000 Einwohner
Bevölkerung: Araber (40%), Südsudanesen (30%), Fur, Asande u. a. (13%), Nubier (10%), Kuschiten (5%)
Sprache: Arabisch (Amtssprache), Stammessprachen
Religion: Moslems (73%), Naturreligionen (16,7%), Christen (7,9%)
Klima: tropisch-wechselfeucht mit Sommerregen: durchschnittliche Temperatur in Khartum im Jänner 23° C, im Juni 34° C
Botschaft: A-1030 Wien, Reisnerstraße 29/5, 01/710 23 43, 710 23 44, Fax 710 23 46, e-mail sudan-embassy-vienna@aon.at

Hauptwildarten
Bongo, Büffel, Dorcas Gazelle, Ducker, Elefant, Eritrea Gazelle, Flusspferd, Giraffe, Gnu, Grant Gazelle, Henglin's Gazelle, Klippspringer, Krokodil, Kudu, Kuhantilope, Löwe, Mähnenschaf (Berber Schaf), Nubischer Steinbock, Rotstirn Gazelle, Salt's Dikdik, Sitatunga, Wasserbock, Zebra

Bejagbare Wildarten
Dorcas Gazelle, Eritrea Gazelle, Henglin's Gazelle, Isabeline Gazelle, Klippspringer, Mähnenschaf (Berber Schaf), Nubischer Steinbock, Salt's Dikdik

Jagdmöglichkeiten
Der Sudan gehörte mit Sicherheit noch vor etlichen Jahren zu den Spitzenjagdländern Ostafrikas. In früherer Zeit war der Sudan für starke Elefanten und die guten Chancen auf Bongo bekannt. Durch die unsichere politische Situation wird der Sudan zur Zeit nur von wenigen Jagdreiseveranstaltern angeboten. Es gibt derzeit auch keine verlässlichen Informationen bezüglich des gesamten Wildbestandes.
Die Safarikosten bewegen sich im absolut oberen Preissegment. So kostet z.B. eine 16-tägige Safari auf Mähnenschaf und Steinbock um die 20.000 US $ und das, obwohl kein Großwild auf dem Programm steht.
Beste Jagdzeit: November bis März

Das Land und seine Sehenswürdigkeiten
Touristisch ist der Sudan heute praktisch in Vergessenheit geraten, obwohl gerade dieses Land neben einigen Wildreservaten (Mongala, Zeraf, Juba, Ashana ect.) und dem Dinder-Nationalpark mit seinen 12.000 km² noch viel Geschichtsträchtiges aufzuweisen hätte.
Klingende Namen wie Port Sudan, der Sudd im Süden oder Karthum, wo Geschichte geschrieben wurde, wären allein schon eine Reise wert.

Südafrika

Fläche: 1,12 Mio. km²
Einwohner: 40 Mio.
Staatsform: Parlamentarische Republik
Währung: 1 Rand = 100 Cents
Hauptstadt: Pretoria, 823.000 Einwohner
Bedeutende andere Städte: Kapstadt, 1,91 Mio. Einwohner; Johannesburg, 1,61 Mio. Einwohner
Bevölkerung: Afrikaner, Minderheiten
Sprache: 11 Amtssprachen, darunter Englisch und Afrikaans, afrikanische und indische Sprachen
Religion: Christen (40%), Stammesreligionen (20,4%), Hindus, Moslems
Klima: Subtropisch mit langer Trockenzeit im Südwinter, an der Ostküste ganzjährig feucht, im Kapland mildes Winterregenklima. Durchschnittliche Temperatur im Februar 22° C, im Juli 13° C
Botschaft: A-1190 Wien, Sandgasse 33, 01/320 64 93, 01/320 64 94, 01/320 64 95, 01/320 64 96, 01/320 64 97, Fax 01/320 64 93 51, e-mail saembvie@ins.at

Hauptwildarten
Bergriedbock, Bergzebra, Blauducker, Oribi, Blessbock, Breitmaulnashorn, Büffel, Buntbock, Burshels Zebra, Buschbock (Kap Buschbock, Limpopo Buschbock), Buschschwein, Elefant, Flusspferd, Gepard, Ginsterkatze, Giraffe, Grauducker, Greisbock, Großer Riedbock, Halbmondantilope, Hyäne, Impala, Kap Eland, Karakal, Klippspringer, Krokodil, Kudu, Leopard, Löwe, Moschusböckchen, Nyala, Pavian, Pferdeantilope, Rappenantilope, Rotducker, Schabrackenschakal, Serval, Spießbock, Spitzmaulnashorn, Springbock (normal gefärbt, weiß oder schwarz), Steinböckchen, Strauss, Südafrikanische Kuhantilope, Streifengnu, Vaalrehbock, Warzenschwein, Weißer Blessbock, Weißschwanzgnu, Wildkatze, Zibetkatze

Bejagbare Wildarten
Wie unter Hauptwildarten, jedoch können auch noch ausgesetzte Wildarten wie z.B. asiatischer Wasserbüffel, Damhirsch, Himalaya Tar, Litschi-Moorantilope, Mähnenschaf, Moorantilope, Mufflon, Nordafrikanischer Spießbock, Rappenantilope, Schweinshirsch usw. bejagt werden, die in Südafrika nicht heimisch sind; sie werden als sogenannte „exotics" bezeichnet.

Jagdmöglichkeiten
Wie aus dem vorher beschriebenen Absatz „Bejagbare Wildarten" unschwer zu erkennen ist, sind die Jagdmöglichkeiten in Südafrika sehr vielfältig. Man sollte sich aber vor Reiseantritt beim jeweiligen Veranstalter genau erkundigen, ob die gewünschte Wildart auch vorhanden ist, da auf Grund der verschiedenen Biotope mitunter größere Entfernungen in Kauf genommen werden müssen, um in das Jagdgebiet zu kommen. Dies ist in der Regel mit entsprechenden Mehrkosten verbunden. In Südafrika gibt es ca. 8.000 Wildfarmen mit einer Gesamtfläche von rund 20 Millionen Hektar, das entspricht etwa der vierfachen Größe der staatlichen Schutzgebiete zusammen. Damit haben sich die Jagdfarmen zu einem wichtigen Faktor für den Naturschutz entwickelt.
Abgesehen von der großen Auswahl an jagdbarem Wild und dem vernünftigen Preis-Leistungsverhältnis findet der Gastjäger auch geordnete Rahmenbedingungen vor, sodass es ohne weiteres möglich ist, mit der gesamten Familie Urlaub zu machen.
Beste Jagdzeit: Obwohl das ganze Jahr über die Jagd erlaubt ist, sind die besten Monate

Mai bis Oktober (Winter). In dieser Zeit sind die Temperaturen angenehmer, und der Busch trägt wenig Laub, wodurch die Jagd etwas erleichtert wird.

Das Land und seine Sehenswürdigkeiten
Der südafrikanische Werbeslogan „Die ganze Welt in einem Land" kommt nicht von ungefähr. Tatsächlich hat Südafrika vieles zu bieten. Ein Land eindrucksvoller Kontraste. Ausgedehnte Wüsten im Westen, üppige subtropische Wälder im Osten, endlose Küsten, Gebirge, Flüsse, Seen, Lagunen, Halbwüsten, Steppen oder Busch. Abgesehen von den vielen Wildreservaten und Nationalparks, von denen der Krüger-Nationalpark sicher der bekannteste ist, gibt es noch unzählige Sehenswürdigkeiten für jeden Geschmack, wie z.B. Kapstadt, Durban, die Weinstraße mit ihren berühmten Kapweinen, den Tafelberg oder die alten Diamantenminen bei Kimberley (Big Hole). Für Eisenbahnliebhaber gibt es den berühmten „Blue Train"; wer es gerne nostalgisch liebt, kann auch mit dem Rowos Rail — dem luxuriösesten Dampfzug der Welt — Südafrika entdecken.

Bitte bedenken Sie, dass bei Reisen mit den vorher genannten Zügen eine rechtzeitige Buchung notwendig ist.

Und für alle, die sich nach Unterhaltung sehnen, bietet Sun City den schillernden Abschluss einer Reise.

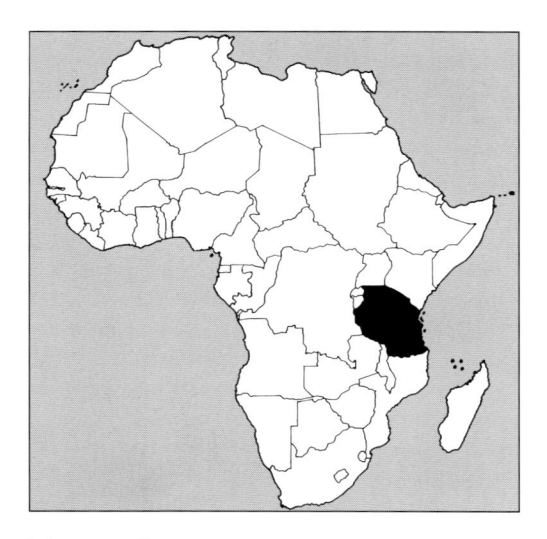

Tanzania
Fläche: 945.087 km²
Einwohner: 23,3 Mio.
Staatsform: Präsidiale Bundesrepublik
Währung: 1 Tanzania-Shilling = 100 Cents
Hauptstadt: Dodomo (offizielle Hauptstadt), 159.000 Einwohner
Bedeutende andere Städte: Dar Es Salam, 1,1 Mio. Einwohner; Musoma, 219.000 Einwohner
Bevölkerung: Tanzanier 50 bis 60%, Bantugruppen, Minderheiten
Sprache: Swahili (Amtssprache); Englisch, Bantusprachen
Religion: Christen (35%), Naturreligionen (30%), Moslems (30%), Hindus (5%)
Klima: tropisch-wechselfeucht, überwiegend Hochlandklima; durchschnittliche Temperatur in Dar Es Salam im Jänner 28° C, im Juli 24° C
Botschaft: D-53177 Bonn, Theaterplatz 26, 0049/228/35 80 51, 0049/228/35 80 52, 0049/228/35 80 53, 0049/228/35 80 54, Fax 0049/228/35 82 26, e-mail tzbonn.habari@t-online.de

Hauptwildarten
Verschiedene Affenarten, Büffel, Buschbock, Buschschwein, Ducker-Arten, Dikdik, Eland, Elefant, Flusspferd, Giraffenantilope, Giraffe, Gnu, Grant Gazelle, Großer Kudu, Hyäne, Impala, Kleiner Kudu, Klippspringer, Krokodil, verschiedene Kuhantilopen-Arten, Leopard, Löwe, Nashorn, Oribi, Pferdeantilope, Rappenantilope, Riedbock, Schakal, Sitatunga, Spießbock, Steinböckchen, Strauß, Thompson Gazelle, Topi, Warzenschwein, Wasserbock, Wildhund, Zebra

Bejagbare Wildarten
Wie oben angeführt, jedoch ohne Giraffe, Nashorn, Wildhund und einige Affenarten

Jagdmöglichkeiten
Man kann mit ruhigem Gewissen behaupten, Tanzania ist das Mekka der Afrikajäger. Es gibt eigentlich kein Land, das mit diesem vergleichbar wäre, sowohl was die Schönheit betrifft, als auch den Artenreichtum und die damit verbundenen Jagdmöglichkeiten.

In Tanzania werden von der Regierung Jagdblocks vergeben, in denen es den jeweiligen Outfittern gestattet ist, Jagdcamps zu errichten. Diese bestehen in der Regel aus geräumigen Manjarozelten sowie diversen strohgedeckten Nebengebäuden wie Küche und Essplatz.

Die Hauptpirsch erfolgt mit einem geländegängigen Fahrzeug, bis man entweder das gewünschte Jagdgebiet erreicht hat bzw. auf eine frische Fährte gestoßen ist. Von da an geht es zu Fuß durch den Busch.

In Tanzania unterscheidet man grundsätzlich drei verschiedene Arten von Lizenzen: die kleine, im Normalfall sieben Tage, wo auf Büffel und einige Antilopen bzw. Warzenschwein und Zebra gejagt wird; bei 16 Tagen ist bereits der Löwe frei, und wer alles bejagbare Wild auf der Lizenz haben möchte, muss 21 Tage buchen.

Bedingt durch die Größe des Landes sind auch die Lebensräume für die vorhandenen Wildarten sehr unterschiedlich. Daher sollte man sich vorher gut überlegen, was auf der Wunschliste steht. Bedenken Sie bitte, dass das im südlichen Tanzania gelegene Selous Game Reserve alleine die Größe der Schweiz besitzt. Der Jagderfolg hängt sehr wesentlich von der richtigen Jahreszeit ab. Eine Büffeljagd z.B. im Selous im Juli ist eher eine mühselige Angelegenheit, was jedoch zwei Monate später ohne Schwierigkeiten bewältigt werden kann, da das zuvor drei Meter hohe, nun abgebrannte Gras nachgewachsen ist und beste Äsungsbedingungen für Büffel darstellt, und man das Wild ungleich leichter zu Gesicht bekommt.

Wer eine große, also eine 21-Tage-Safari in Betracht zieht, sollte sich auch überlegen, verschiedene Gebiete zu kombinieren, um so zumindest die wichtigsten Hauptwildarten zu bekommen.

Beste Jagdzeit: Anfang Juli bis Ende März, je nachdem, was bejagt werden soll.

Das Land und seine Sehenswürdigkeiten

Wer im Süden Tanzanias unterwegs ist oder sonst genügend Zeit findet, sollte sich die Relikte der Kolonialzeit außerhalb Dar Es Salams nicht entgehen lassen. Es ist absolut lohnend, die alten Plätze der Sklavenhändler oder die Kapelle zu besuchen, durch deren Tor Dr. Livingston schritt. Auch die Stelle, an der zum ersten Mal Burto und Speke sowie Stanley den Boden Tanzanias betraten, ist mit ein bisschen Fantasie recht eindrucksvoll. Beeindruckend sind auch historischen Bauten wie die Kirche, in der alle Expeditionen gesegnet wurden.

Gekommen sind diese Abenteurer aus Sansibar, der vorgelagerten Insel, die man bei Schönwetter mit freiem Auge sieht. Sansibar selbst ist exotisch und interessant, ein idealer Ausklang für die letzten Safaritage.

Wer in Tanzania unterwegs ist, findet einfach alle wichtigen Namen Ostafrikas: den Kilimandjaro, den Ngorongoro-Krater, die Serengeti, den Lake Manjara, den Victoria See, die Massai-Steppe und vieles mehr. Auch Arusha, das durch den Film *Hatari* mit John Wayne und Hardy Krüger bekannt wurde, ist der Ausgangspunkt vieler Safaris. Ein Ausflug zu der filmbekannten Momella-Lodge und dem Mount Meru ist ein Erlebnis für sich, und daher wäre es wirklich schade, dieses eindruckvolle Land nur aus der jagdlichen Perspektive gesehen zu haben.

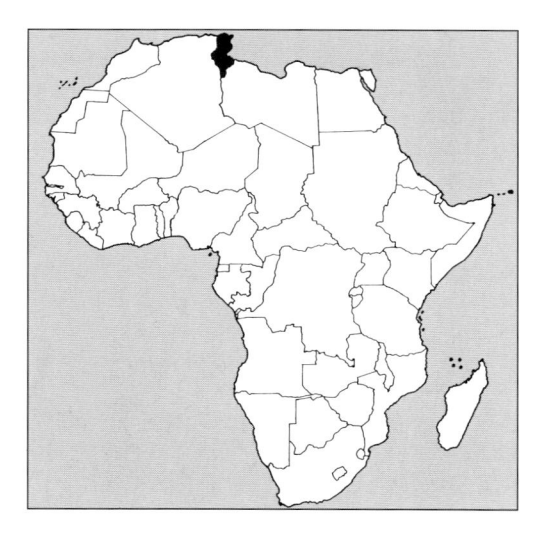

Tunesien

Fläche: 163.610 km²
Einwohner: 7,81 Mio.
Staatsform: Präsidiale Republik
Währung: 1 Tunesischer Dinar = 1000 Millimes
Hauptstadt: Tunis, 597.000 Einwohner
Bedeutende andere Stadt: Sfax, 232.000 Einwohner
Bevölkerung: 98% Araber, 2% Berber sowie europäische Minderheiten
Sprache: Arabisch, Französisch
Religion: Moslems, christliche Minderheit
Klima: im Norden Mittelmeerklima, sonst Steppen- und Wüstenklima; durchschnittliche Temperatur in Tunis im Jänner 10° C, im August 26° C
Botschaft in Österreich: A-1010 Wien, Opernring 3 - 5, 01/581 52 81, 581 52 82, Fax 01/581 55 92

Hauptwildarten
Berberhirsch (Bestand im Aufbau), Flugwild, Goldschakal, Wildschwein

Bejagbare Wildarten
Goldschakal, Wildschwein

Jagdmöglichkeiten
In Tunesien darf man ausschließlich nur mit Flinten jagen. In den dichten Eichenvegetationen gibt es zum Teil recht gute Bestände von Schwarzwild; es werden Riegeljagden abgehalten, bei denen die einheimischen Treiber mit ihren Hunden durchdrücken. Dabei kann sich durchaus auch die Chance auf einen Goldschakal ergeben. Im Allgemeinen bleiben aber die Strecken an Schwarzwild eher unter den Erwartungen der Jäger.
Beste Jagdzeit: Dezember

Das Land und seine Sehenswürdigkeiten
Da die beste Jagdzeit in den Winter fällt, dadurch die Temperaturen auch in Tunesien auf etwa 10 bis 15 Grad fallen und zudem mit heftigem Wind gerechnet werden muss, ist ein anschließender Badeurlaub eher unwahrscheinlich. Die Basare von Tunis, diverse Ausgrabungen aus der Römerzeit oder die Salzwüsten im Süden des Landes sind aber immer einen Besuch wert.

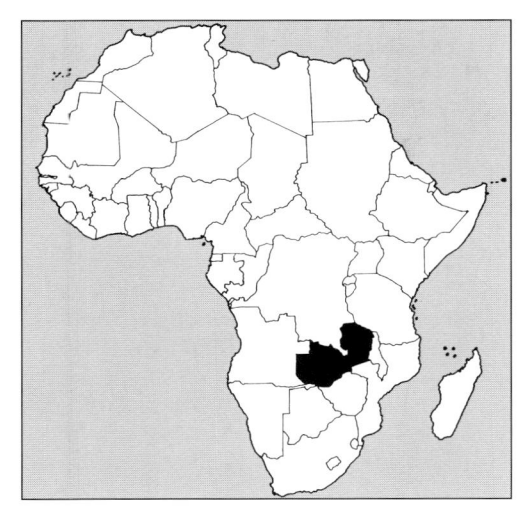

Zambia

Fläche: 752.618 km²
Einwohner: 7,53 Mio.
Staatsform: Präsidiale Republik
Währung: 1 Kwacha = 100 Ngwee
Hauptstadt: Lusaka, 870.000 Einwohner
Bedeutende andere Städte: Kitwe, 472.000 Einwohner; Ndola, 443.000 Einwohner
Bevölkerung: Sambier, Minderheiten
Sprache: Englisch; Bantusprachen
Religion: Christen (80%), Naturreligionen (10%)
Klima: tropisch-wechselfeucht mit Regenzeit von Oktober bis März; durchschnittliche Temperatur in Lusaka im Oktober 24° C, im Juli 16° C
Botschaft: D-53175 Bonn, Mittelstraße 39, 0049/228/37 90 34, 0049/228/37 81 08, 0049/228/37 68 13, Fax 0049/228/37 95 36

Hauptwildarten
Verschiedene Affenarten, Blauducker, Büffel, Buschbock, Buschschwein, Common Ducker, Eland, Elefant, Flusspferd, Gelbfuß-Moorantilope, Gelbrückenducker, Gnu, Greisbock, Halbmondantilope, Hyäne, Impala, Klippspringer, Krokodil, Kudu, Kuhantilope, Leopard, Löwe, (Rote, Schwarze und Kafue) Moorantilope, Nashorn, Oribi, Pferdeantilope, Rappenantilope, Riedbock, Schakal, Sitatunga, Steinböckchen, Warzenschwein, Wasserbock, Zebra

Bejagbare Wildarten
Wie oben, ohne Elefant und Nashorn

Jagdmöglichkeiten
Zambia gehört sicherlich zu den eindrucksvollsten Jagdländern Afrikas und das nicht nur, was die Palette an jagdbarem Wild anbelangt. Abgesehen von den zum Teil einzigartigen Wildarten wie z.B. die Kafue und Schwarze Moorantilope oder die Gelbfuß-Moorantilope, die zur Bejagung frei ist, erlebt man in Zambia absolut ursprüngliches Afrika.
Die Jagd auf Großkatzen weist eine sehr hohe Erfolgsquote auf. Nebenbei bemerkt war Zambia das einzige Land in meiner langjährigen Reisetätigkeit, wo ich Breitmaulnashörner in absolut freier Wildbahn gesehen habe. Wer vor hat, in Zambia zu jagen, sollte unbedingt genaue Referenzen über den jeweiligen Outfitter einholen.
Dass Zambia als Jagd- und Reiseland nicht so populär ist wie z.B. Zimbabwe oder Tanzania ist darauf zurückzuführen, dass dieses Land als eher instabil galt, und das in jeder Beziehung. In letzter Zeit soll es aber besser geworden sein. Bei einem seriösen Outfitter steht einer Buchung nichts mehr im Wege.
Beste Jagdzeit: Juni bis November

Das Land und seine Sehenswürdigkeiten
Obwohl Zambia für den Gastjäger sehr viel zu bieten hat, ist es für den Individualtourismus aber eher wenig interessant auf Grund einer sehr schwachen Infrastruktur und der Tatsache, dass dieses Land einfach auf Tourismus weniger eingestellt ist.
Die bekannten Nationalparks sind der Luangwa- und der Kafue-Nationalpark sowie die Viktoria Fälle an der Grenze zu Zimbabwe.

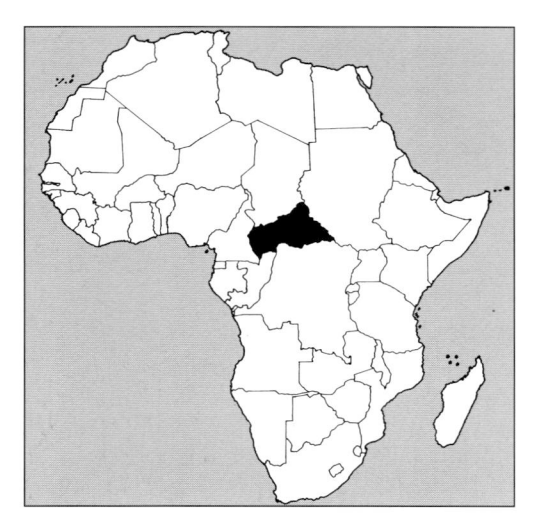

Zentralafrikanische Republik

Fläche: 622.984 km²
Einwohner: 2,77 Mio.
Staatsform: Präsidiale Republik
Währung: 1 CFA-Franc = 100 Centimes
Hauptstadt: Bangui, 300.000 Einwohner
Bedeutende andere Städte: Bassangoa, 101.000 Einwohner; Buar, 91.000 Einwohner
Bevölkerung: Banda (27%), Baja (24%), Mandija (21%), Zande (10%)
Sprache: Französisch (Amtssprache), Sango u.a. afrikanische Sprachen
Religion: Naturreligionen (60%), Christen (35%), Moslems (5%)
Klima: tropisch-wechselfeucht; durchschnittliche Temperatur in Bangui um 26° C
Botschaft: D-53225 Bonn, Rheinaustraße 120, 0049/228/46 97 24, Fax 0049/228/23 35 64
Konsulat: A-1190 Wien, Blaasstraße 36, 01/749 10 76 DW 10, Fax 01/368 33 31 - 6, 01/749 10 76 - 10

Hauptwildarten
Verschiedene Affenarten, Blauducker, Bongo, Buschbock, Buschschwein, Derby Eland, Elefant, Gelbrücken-Ducker, Kuhantilope, Löwe, Moorantilope, Oribi, Pferdeantilope, Riedbock, Riesenwaldschwein, Rotbüffel, Rotducker, Savannenbüffel, Schakal, Sitatunga, Warzenschwein, Wasserbock

Bejagbare Wildarten
Wie unter Hauptwildarten, jedoch ohne Elefant

Jagdmöglichkeiten
Grundsätzlich gibt es in der RCA die Urwaldjagd im Südwesten des Landes, wo hauptsächlich auf Bongo, Sitatunga, Riesenwaldschwein, Gelbrücken-Ducker und Rotbüffel gejagt wird, sowie die Savannengürtel, wo als Hauptziel die Riesen-Eland-Antilope gelten darf. Alle anderen Wildarten kann man anderswo leichter und billiger bekommen.
Die Jagd in Zentralafrika ist eine sportliche Pirschjagd, die im deutschsprachigen Raum eine eher untergeordnete Rolle spielt, da sie beim Preis-Leistungsverhältnis nicht leicht mit anderen Jagdländern mithalten kann.
Dennoch liegt der große Reiz einer Safari in Zentralafrika mit Sicherheit in der absoluten Ursprünglichkeit, die diese Jagd zu bieten vermag.
Beste Jagdzeit: Dezember bis Juni

Das Land und seine Sehenswürdigkeiten
Obwohl Zentralafrika über einige große Nationalparks und Wildreservate verfügt, ist es für den Tourismus eher unerschlossen auf Grund mangelnder Infrastruktur.

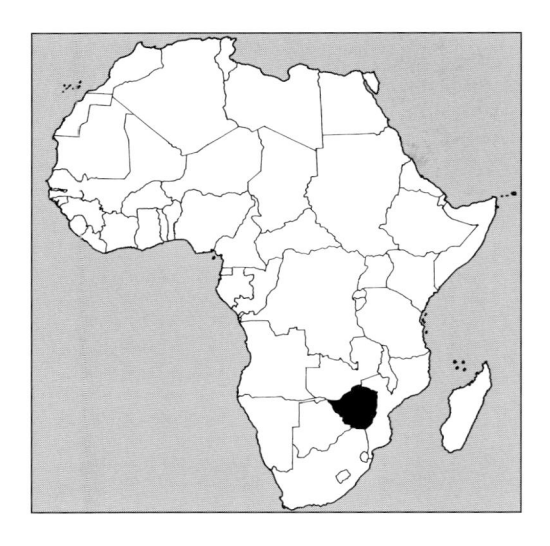

Zimbabwe

Fläche: 390.759 km²
Einwohner: 9,72 Mio.
Staatsform: Parlamentarische Republik
Währung: 1 Zimbabwe-Dollar = 100 Cents
Hauptstadt: Harare, 1 Mio. Einwohner
Bedeutende andere Städte: Bulawayo, 480.000 Einwohner; Chitungwiza, 450.000 Einwohner
Bevölkerung: Zimbabwer, Minderheiten
Sprache: Englisch (Amtssprache), Bantusprachen
Religion: Christen (44,8%), Naturreligionen (40,4%), Moslems, Hindus
Klima: tropisch-wechselfeucht, überwiegend Hochlandklima; durchschnittliche Temperatur in Harare im Oktober 22° C, im Juli 14° C
Botschaft: A-1080 Wien, Strozzigasse 10/15, 01/407 92 36, 407 92 37, Fax 01/407 92 38

Hauptwildarten
Verschiedene Affenarten, Büffel, Buschbock, Buschschwein, Ducker, Eland, Elefant, Flusspferd, Gepard, Giraffe, Gnu, Greisbock, Großer Kudu, Halbmondantilope, Hyäne, Impala, Krokodil, Kuhantilope, Leopard, Löwe, Nashorn, Nyala, Oribi, Pferdeantilope, Rappenantilope, Riedbock, Schakal, Steinböckchen, Warzenschwein, Wasserbock, Zebra

Bejagbare Wildarten
Wie Hauptwildarten, jedoch ohne Nashorn

Jagdmöglichkeiten
Zimbabwe gehört sicher zu den am meisten besuchten Jagdländern Afrikas, und das schon seit längerer Zeit. Dafür gibt es mehrere Gründe:
1) Zimbabwe war und ist problemlos zu bereisen;
2) es besteht die Möglichkeit auf die „Großen Vier";
3) das Preis-Leistungsverhältnis ist in diesem Land in Ordnung, außerdem gibt es ein reichhaltiges Anschlussprogramm; dazu später.
Gejagt wird in Zimbabwe sowohl auf Farmland als auch in offenen Safarikonzessionen. Diese befinden sich zumeist im nordwestlichen Teil des Landes. Das dominante Landschaftsbild Zimbabwes wird durch den Mopanebusch bestimmt, der mitunter recht dicht werden kann.
Die Farmjagden sind im Großen und Ganzen mit denen Namibias und Südafrikas zu vergleichen, wobei die Farmen in Zimbabwe meist wesentlich größer sind. Mit etwas Glück hat der Jäger die Möglichkeit, im Zuge einer günstigen Plains Game Jagd auf einer Farm auch auf einen Büffel oder Löwen zu Schuss zu kommen. Jedoch sollte man sich nicht darauf verlassen, auch wenn manche Farmbesitzer dies in ihren Preislisten angeben.
Anders ist die Situation in den Safarigebieten in Zambesi Valley, wo richtig auf Großwild gejagt wird, dort sind aber auch andere Preise zu erwarten.
Besonders hervorzuheben ist noch, dass es in Zimbabwe möglich ist, auf eigene Faust zu jagen. Dazu braucht man einen Jagdblock, der auf dem Wege der Versteigerung zu bekommen ist. Diese Auktion findet alljährlich in Harare statt. Eines vorweggenommen: Finanziellen Vorteil bringt es de facto keinen, außer man verarbeitet das Wildpret zu Biltong (= Trockenfleisch), aber wer macht das schon. Und wenn man keine Freunde vor Ort hat, sollte man die Sache am besten vergessen, da man die komplette Ausrüstung bis zum Auto selbst stellen muss. Neben einem schwarzen Gamescout, der den ordentlichen

Ablauf der Jagd überwacht, kann man noch zusätzlich Personal anmieten, das ist allerdings eine eher mühselige Sache. Es bleiben bestenfalls der Spaß und die Befriedigung, seine Safari selbst organisiert zu haben.

Beste Jagdzeit: Mai bis Oktober (obwohl auf Privatfarmen ganzjährig erlaubt)

Das Land und seine Sehenswürdigkeiten

Eine der großen Kulturstätten des Landes sind die Ruinen von Zimbabwe, woher auch der Landesname abgeleitet ist. Diese gigantischen Steinzeugen im Südosten des Landes aus längst vergangenen Zeiten sollte man gesehen haben.

Die großen Wildreservate und Nationalparks, wie Mana-Pool, Whankie-Nationalpark oder der Gona-Re-Zhou-Park, bieten ausreichend Gelegenheit, Tiere zu beobachten.

Wer aber das Wasser liebt, kann noch einige Tage am Kariba Stausee verbringen. Dort kann man Boote mieten und einfach Ferien machen.

Zu guter Letzt seien noch die Viktoria Falls erwähnt, ein grandioses Naturschauspiel, das Seinesgleichen sucht. Dort befindet sich auch das Denkmal von Dr. Livingstone.

DERZEIT NICHT AKTUELLE JAGDLÄNDER

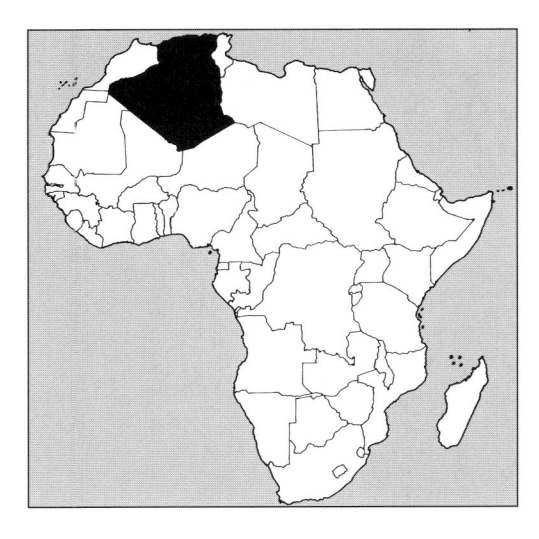

Algerien
Fläche: 2,38 Mio. km²
Einwohner: 22,8 Mio.
Staatsform: Demokratische Volksrepublik (Einparteiensystem)
Währung: 1 Algerischer Dinar = 100 Centimes
Hauptstadt: Algier (Al Djezair), 3 Mio. Einwohner
Bedeutende andere Städte: Oran (Wahran), 660.000 Einwohner; Constantine (Qacentina), 449.000 Einwohner
Bevölkerung: 82% Araber und arabisierte Berber, 17% Berber (Mauren), 1% Europäer
Sprache: Arabisch (Staatssprache), Französisch (Handelssprache)
Religion: Moslems 99% (Staatsreligion), christliche Minderheit (1%)
Klima: an der Küste Mittelmeerklima mit Winterregen, im Atlas Steppenklima, sonst Wüstenklima; durchschnittliche Temperatur in Algier im August 25° C, im Jänner 12° C
Botschaft: A-1190 Wien, Rudolfinergasse 16-18, 01/369 88 53, 01/369 88 54, 01/369 88 55, Fax 01/369 88 56

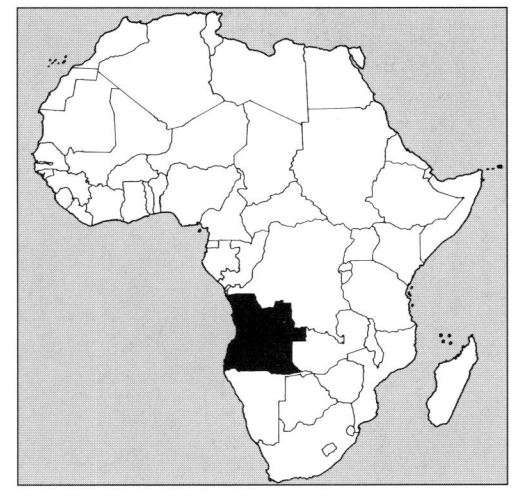

Angola
Fläche: 1,25 Mio. km²
Einwohner: 9,75 Mio.
Staatsform: Volksrepublik
Währung: 1 Kwanza = 100 Lwei
Hauptstadt: Luanda, 1,3 Mio. Einwohner
Bedeutende andere Städte: Huambo, 203.000 Einwohner; Benguela, 155.000 Einwohner
Bevölkerung: Angolaner, Minderheiten
Sprache: Portugiesisch (Amtssprache), verschiedene Bantusprachen
Religion: Christen (52%), Animisten
Klima: Tropenklima mit Regen- und Trockenzeit; durchschnittliche Temperatur 24° C
Botschaft: A-1030 Wien, Strohgasse 45/11/3, 01/718 74 88, Fax 01/718 74 86, e-mail embangola.viena@magnet.at

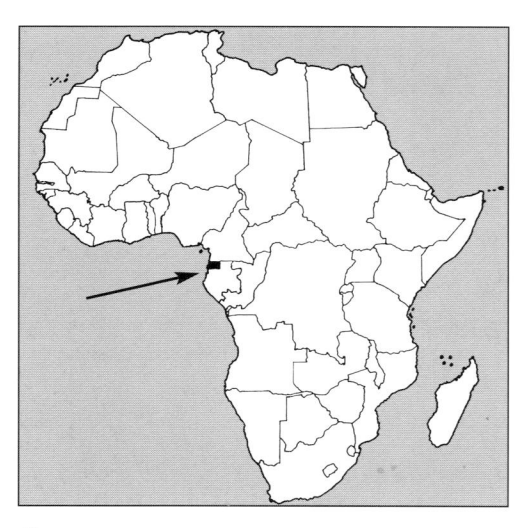

Äquatorial-guinea

Fläche: 28.051 km²
Einwohner: 336.000
Staatsform: Präsidiale Republik
Währung: 1 CFA-Franc = 100 Centimes
Hauptstadt: Malabo, 33.000 Einwohner
Bedeutende andere Städte: Bata, 40.000 Einwohner; Luba, 15.000 Einwohner
Bevölkerung: Bantuvölker, Fernandinos, Ibo, Annobonianer
Sprache: Spanisch (Amtssprache), Fang, Pidgin-Englisch
Religion: Christen (85% röm.-kath.), Naturreligionen
Klima: immerfeuchtes Tropenklima; durchschnittliche Temperatur 25° C
Botschaft: in Madrid; C/Cladio Coelle, Esp-91 Madrid - 6, 0034/1/276 57 76

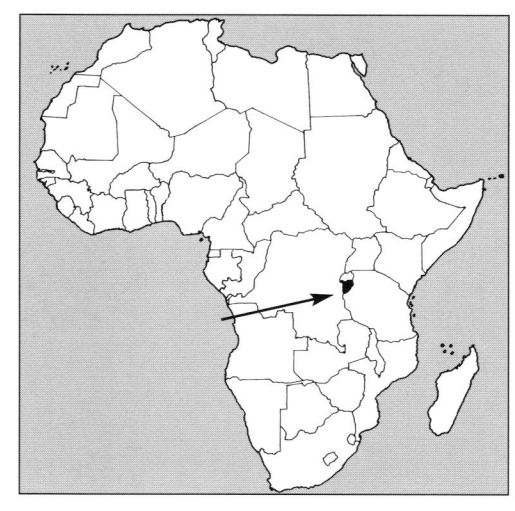

Burundi

Fläche: 27.834 km²
Einwohner: 5,38 Mio.
Staatsform: Präsidiale Republik
Währung: 1 Burundi-Franc = 100 Centimes
Hauptstadt: Bujumbura, 400.000 Einwohner
Bedeutende andere Städte: Gitega, 95.000 Einwohner
Bevölkerung: Burundier, Minderheiten
Sprache: Kirundi, Französisch
Religion: Christen (79,5%), Stammesreligionen (13,5%), religiöse Sekten
Klima: äquatoriales Tropenklima; durchschnittliche Temperatur ganzjährig 23° bis 25° C
Botschaft: D-53179 Bonn, Mainzer Straße 174, 0049/228/34 50 32, Fax 0049/228/34 01 48, e-mail embassy.bonn@burundi.de
Konsulat: A-1190 Wien, Schegargasse 5/17, 01/319 93 41, Fax 02622/217 09

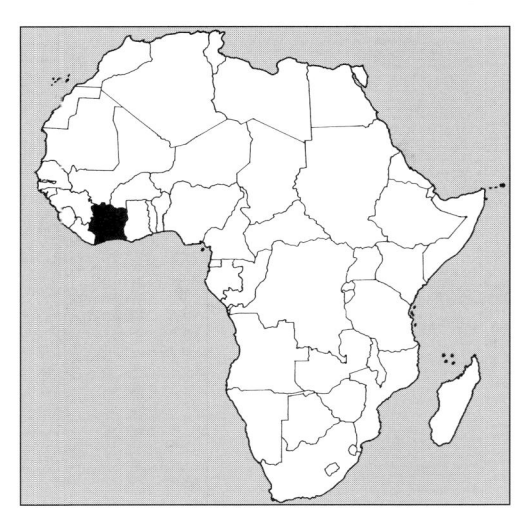

Côte d'Ivoire (Elfenbeinküste)
Fläche: 322.463 km²
Einwohner: 12,6 Mio.
Staatsform: Präsidiale Republik
Währung: 1 CFA-Franc = 100 Centimes
Hauptstadt: Yamoussoukro, 75.000 Einwohner
Bedeutende andere Städte: Abidjan, 1,9 Mio. Einwohner; Bouaké, 333.000 Einwohner
Bevölkerung: Sudaniden (u.a. Akan, Kru, Mande, Senufo)
Sprache: Französisch (Amtssprache), sudanesische Sprachen
Religion: Naturreligionen (65%), Moslems (23%), Christen (12%)
Klima: tropisch; durchschnittliche Temperatur in Abidjan ganzjährig um 27° C
Botschaft: D-53115 Bonn, Königsstraße 93, 0049/228/21 20 98, 21 20 99, Fax 0049/228/21 73 13
Konsulat: A-1190 Wien, Geweygasse 9, 01/370 32 00, Fax 01/370 65 32

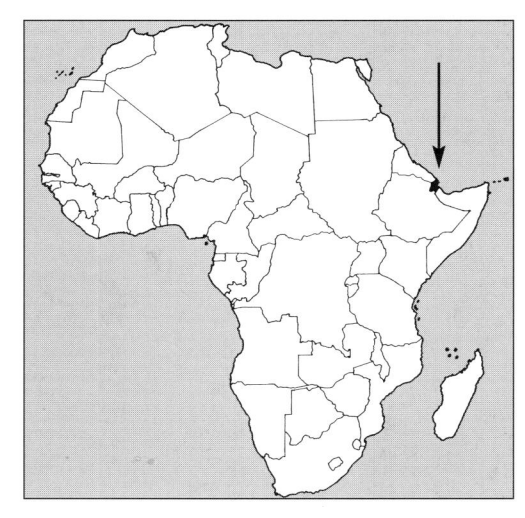

Dschibuti
Fläche: 22.000 km²
Einwohner: 448.000
Staatsform: Präsidialrepublik
Währung: 1 Dschibuti-Franc = 100 Centimes
Hauptstadt: Dschibuti, Stadt 65.000 Einwohner, Ballungsgebiet 220.000 Einwohner
Bedeutende andere Städte: Dikhil, 30.000 Einwohner; Tadschura, 42.000 Einwohner
Bevölkerung: Somali (60%), Afar (37%), Europäer, Araber, Minderheiten
Sprache: Französisch, Arabisch (Amtssprachen), Somali, Afar
Religion: Moslems (94%), christliche Minderheit
Klima: Wüstenklima mit hoher Luftfeuchtigkeit; durchschnittliche Temperatur im Jänner 26° C, im Juli 36° C
Botschaft: B-1180 Brüssel, Avenue Brugman 410, 00322/347 69 67, Fax 00322/347 69 63
Konsulat: A-1140 Wien, Reinlgasse 5 - 9, 01/982 26 28, Fax 01/982 61 66

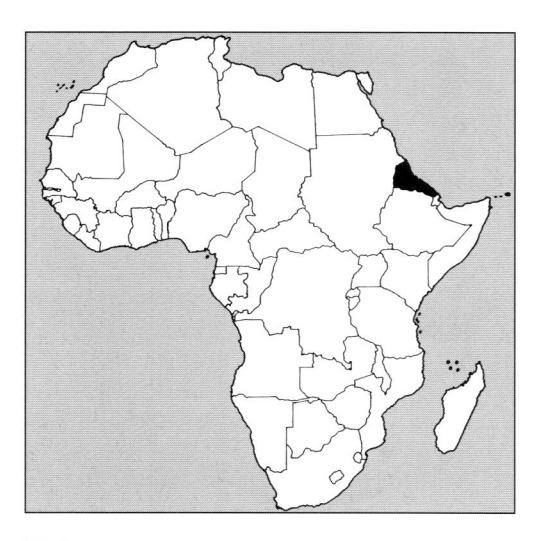

Eritrea

Fläche: 124.300 km²
Einwohner: 3,5 Mio.
Staatsform: Demokratie
Währung: Nakfa
Hauptstadt: Asmara, 400.000 Einwohner
Bedeutende andere Städte: Assab , 300.000 Einwohner, Keren, Massawa
Bevölkerung: Afar, Bilen, Hadareb, Kunama, Nara, Rashaida, Saho, Tigre, Tigrigna
Sprache: Arabisch (Amtssprache), Englisch, Tigrinya, Tigre, Saho, Agail, Afar
Religion: Christen (50%), Moslems (50%)
Klima: an der Küste Wüsten bzw. Halbwüstenklima mit Temperaturen von 29 bis 41° C (Juni/August) und 18 bis 32° C (Dezember/Februar); im Hochland gemäßigtes Klima mit Temperaturen von 29° C (Mai) bis 0° C (Februar); im westlichen Flachland erreichen die Temperaturen bis 43° C (April/Juni) und sinken bis 13° C (Dezember).
Botschaft: D-50968 Köln, Marktstraße 8, 0049/221/37 64 50, Fax 0049/221/37 64 521

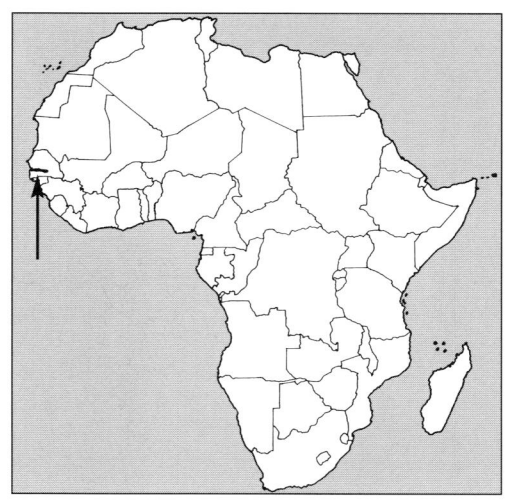

Gambia

Fläche: 11.295 km²
Einwohner: 810.000
Staatsform: Präsidiale Republik
Währung: 1 Dalasi = 100 Bututs
Hauptstadt: Banjul (Bathurst), 44.000 Einwohner; bedeutende andere Stadt: Serekunda, 68.000 Einwohner
Bevölkerung: 43% Mandingo, 18% Fulbe, 13% Wolof, 7% Diola, 7% Sarakole u.a. ethnische Gruppen
Sprache: Englisch (Amtssprache), Mandingo, Wolof, Ful u.a. afrikanische Sprachen
Religion: Moslems 90%, Christen, Naturreligionen
Klima: tropisch-wechselfeucht mit Regenzeit zwischen Juni und Oktober, im Landesinneren trockener als an der Küste; durchschnittliche Temperatur in Banjul im Jänner 23° C, im Juli 27° C
Botschaft: GB-London W8 5 DG, 57, Kensington Court, 0044/171/937 63 16, 0044/171/937 63 17, 0044/171/937 63 18, Fax 0044/171/937 90 95
Konsulat: A-1232 Wien, Wagner-Schönkirch-Gasse 9, 01/616 73 95, Fax 01/616 05 34

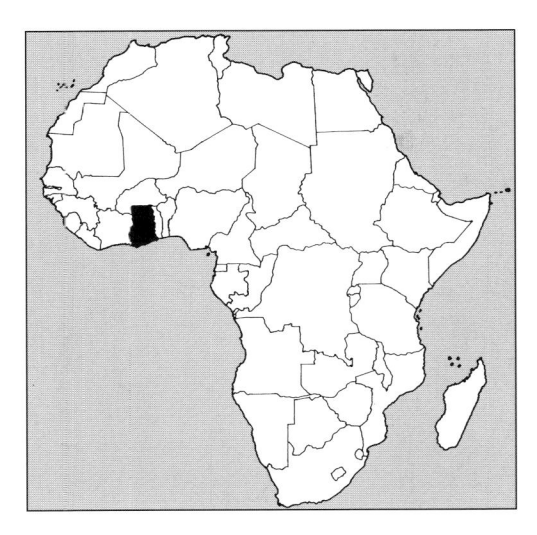

Ghana

Fläche: 238.537 km²
Einwohner: 15,54 Mio.
Staatsform: Republik
Währung: 1 Cedi = 100 Pesewas
Hauptstadt: Accra, 965.000 Einwohner
Bedeutende andere Städte: Kumasi, 349.000 Einwohner; Tamale, 137.000 Einwohner
Bevölkerung: Sudaniden (u.a. Twi, Mossi, Ewe, Yoruba)
Sprache: Englisch (Amtssprache), zahlreiche Stammessprachen
Religion: Christen (63%), Moslems (15%), Naturreligionen
Klima: tropisch-wechselfeucht; durchschnittliche Monatstemperatur 25° C bis 28° C
Botschaft: CH-3001 Bern, Belpstraße 11, PF, 0041/31/381 78 52, 0041/31/381 78 53, 0041/31/381 78 54, Fax 0041/31/381 49 41
Konsulat: A-1190 Wien, Strassergasse 3, 01/320 25 13, 01/320 25 29, Fax 01/320 82 42

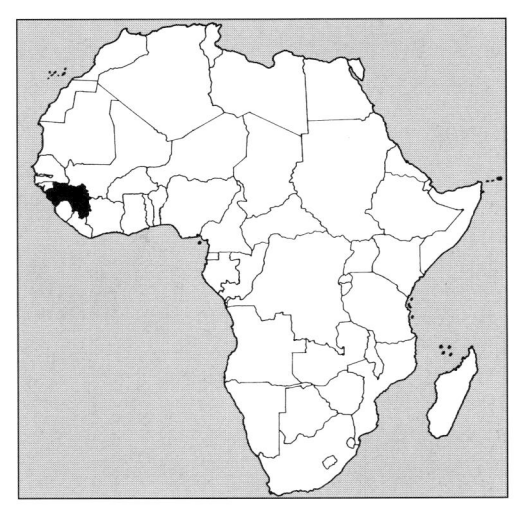

Guinea

Fläche: 245.857 km²
Einwohner: 6,88 Mio.
Staatsform: Präsidiale Republik
Währung: 1 Guinea-Franc = 100 Cauris
Hauptstadt: Conakry, 800.000 Einwohner; bedeutende andere Städte: Labé, 110.000 Einwohner; Kankan, 100.000 Einwohner
Bevölkerung: Fulbe (40%), zahlreiche kleinere ethnische Gruppen
Sprache: Französisch (Amtssprache), Eingeborenensprachen
Religion: Moslems (69%), Stammesreligionen (29,5%), christliche Minderheit
Klima: tropisch-wechselfeucht mit Regenzeit von April bis November; durchschnittliche Temperatur in Conakry ganzjährig um 27° C
Botschaft: D-53129 Bonn, Rochusweg 50, 0049/228/23 10 98, Fax 0049/228/23 10 97
Konsulat: A-1030 Wien, Am Heumarkt 13/I/1/4, 01/713 60 87, Fax 01/713 60 87 32

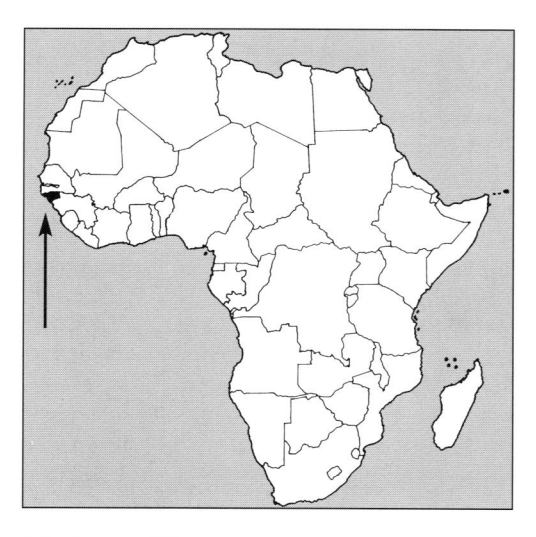

Guinea-Bissau
Fläche: 36.125 km²
Einwohner: 966.000
Staatsform: Präsidiale Republik
Währung: 1 Guinea-Peso = 100 Centavos
Hauptstadt: Bissau, 125.000 Einwohner
Bedeutende andere Städte: Bafatá, 13.400 Einwohner; Gabu, 7.800 Einwohner
Bevölkerung: 28 Stämme (u.a. Balante, Fulbe, Malinke), Portugiesen
Sprache: Portugiesisch (Amtssprache), Crioulo
Religion: Stammesreligionen (65%), Moslems (30%), Christen (5%)
Klima: tropisch-wechselfeucht, Regenzeit von Mai bis Oktober; durchschnittliche Temperatur ganzjährig um 27° C
Botschaft: A-1030 Wien, Kölblgasse 2/1/3, 01/796 58 39, Fax 01/796 58 40

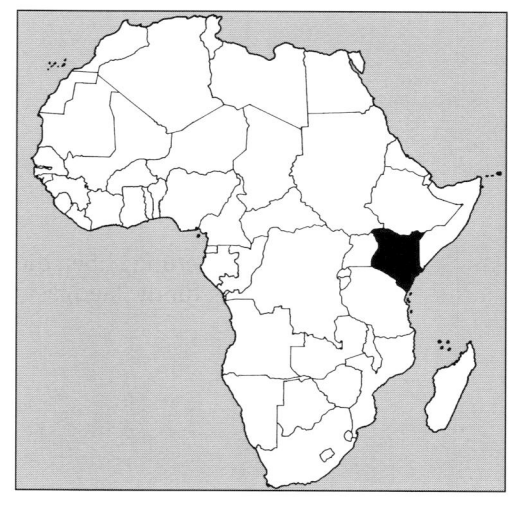

Kenia
Fläche: 582.646 km²
Einwohner: 25,1 Mio
Staatsform: Präsidiale Republik
Währung: 1 Kenia-Schilling = 100 Cents
Hauptstadt: Nairobi, 828.000 Einwohner; bedeutende andere Städte: Mombasa, 341.000 Einwohner; Kisumu, 153.000 Einwohner
Bevölkerung: Kenianer
Sprache: Swahili (Amtssprache), Englisch, afrikanische Umgangssprachen
Religion: Christen (73%), Stammesreligionen (18,9%), Moslems (6%)
Klima: tropisch-wechselfeucht mit zwei Regenzeiten; nach Norden hin trocken; durchschnittliche Temperatur in Mombasa im Februar 28° C, im Juli 24° C
Botschaft: A-1030 Wien, Neulinggasse 29/8, 01/712 39 19, 01/712 39 20, Fax 01/712 39 22
Konsulat: A-1190 Wien, Hohe Warte 7A, 01/368 51 73, Fax 01/368 74 80

Obwohl Kenia zu den klassischen Jagdländern Ostafrikas zählte, ist die Jagd für ausländische Touristen noch immer gesperrt, abgesehen von einigen Anbietern, die Flugwildjagden auf Farmen arrangieren. Es gibt aber bereits konkrete Pläne für eine Wiederöffnung der Jagd. Ausgenommen davon soll z.B. der Elefant bleiben.
Längst hat man auch in Nairobi erkannt, dass Wildlife-Projekte, ähnlich dem Campfire-Pro-

jekt in Zimbabwe, der einzige Garant für eine intakte Fauna und Flora sind.

Denn nur wenn die Bevölkerung miteinbezogen wird, also einen direkten Nutzen aus der Jagd zieht, kann man der Wilderei wirkungsvoll Einhalt gebieten. Wann es jedoch so weit sein wird, bleibt abzuwarten.

Die vor etlichen Monaten aufflackernden Unruhen innerhalb der Bevölkerung haben die Hoffnung auf eine Öffnung für die Jagdgäste leider wieder in weite Ferne gerückt!

Hauptwildarten

Verschiedene Affenarten, Bongo, Büffel, Buschbock, Buschschwein, Dikdik, Ducker, Eland, Elefant, Flusspferd, Gepard, Giraffen Gazelle, Giraffe, Gnu, Grant Gazelle, Großer Kudu, Hyäne, Impala, Kleiner Kudu, Klippspringer, Krokodil, Kuhantilope, Leierantilope, Leopard, Löwe, Nashorn, Oribi, Pferdeantilope, Rappenantilope, Riedbock, Riesenwaldschwein, Schakal, Sitatunga, Spießbock, Strauß, Steinböckchen, Thompson Gazelle, Wildhund, Warzenschwein, Wasserbock, Zebra

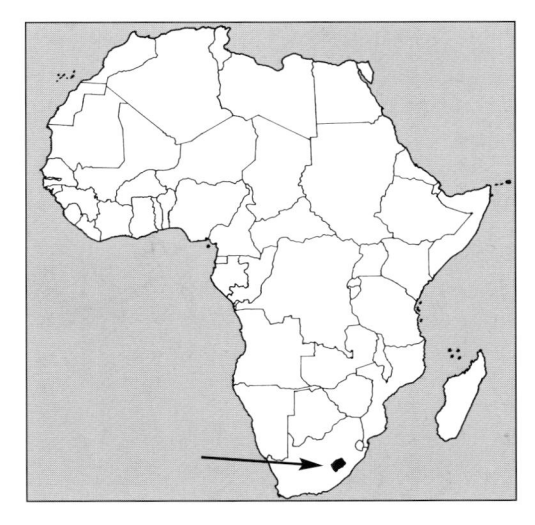

Lesotho

Fläche: 30.355 km²
Einwohner: 1,68 Mio.
Staatsform: Parlamentarische Monarchie
Währung: 1 Loti = 100 Lisente
Hauptstadt: Maseru, 109.000 Einwohner
Bevölkerung: Lesother, ethnische Minderheiten
Sprache: Lesotho, Englisch
Religion: Christen (92,8%), Stammesreligionen (7,2%)
Klima: subtropisches Höhenklima; durchschnittliche Temperatur im Jänner 17° C, im Juli 5° C
Botschaft: D-53175 Bonn, Godesberger Allee 50, 0049/228/30 84 30, Fax 0049/228/30 84 32 - 2

Liberia
Fläche: 111.369 km²
Einwohner: 2,51 Mio.
Staatsform: Präsidiale Republik
Währung: 1 Liberianischer Dollar = 100 Cents
Hauptstadt: Monrovia, 465.000 Einwohner
Bedeutende andere Städte: Gbarnga, 30.000 Einwohner; Tchien, 15.000 Einwohner
Bevölkerung: Sudaniden, Minderheiten
Sprache: Englisch (Amtssprache), Stammessprachen
Religion: Naturreligionen (75%), Moslems (15%), Christen (10%)
Klima: tropisch-wechselfeucht mit ergiebigen Sommerregen; durchschnittliche Temperatur in Monrovia ganzjährig um 26° C
Botschaft: D-53179 Bonn, Mainzer Straße 259, 0049/228/34 08 22
Konsulat: A-1030 Wien, Reisnerstraße 20, 01/713 65 58 - 13, Fax 01/713 65 58 - 10

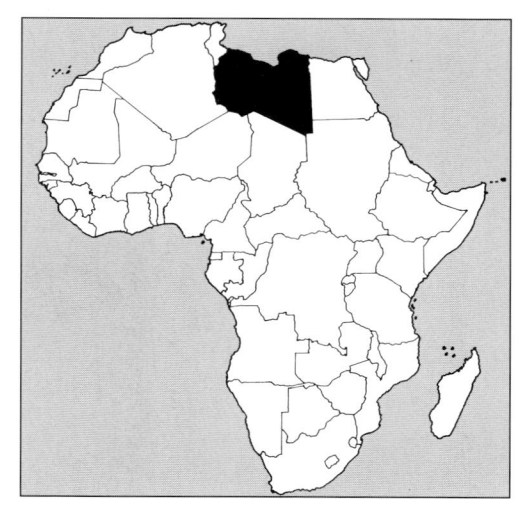

Libyen
Fläche: 1,76 Mio. km²
Einwohner: 4,23 Mio.
Staatsform: Volksrepublik auf der Grundlage des Korans
Währung: 1 Libischer Dinar = 1000 Dirhams
Hauptstadt: Tripolis, 989.000 Einwohner
Bedeutende andere Stadt: Bengasi, 650.000 Einwohner
Bevölkerung: 90% Araber und arabisierte Berber, 4% Berber u.a. ethnische Gruppen
Sprache: Arabisch
Religion: Moslems 98%, christliche und jüdische Minderheiten
Klima: Wüstenklima, nur in der nördlichen Cyrenaika Mittelmeerklima; durchschnittliche Temperatur in Tripolis im Jänner 12° C, im August 26° C
Lybisches Volksbüro in Österreich: A-1190 Wien, Blaasstraße 33, 01/367 76 39, Fax 01/367 76 01

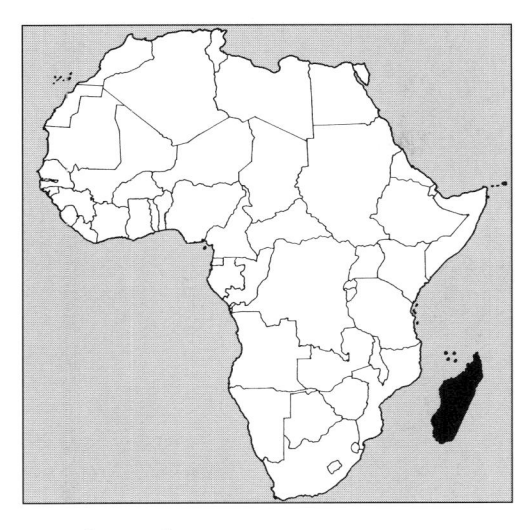

Madagaskar

Fläche: 587.041 km²
Einwohner: 13,6 Mio.
Staatsform: Republik
Währung: 1 Madagaskar-Franc = 100 Centimes
Hauptstadt: Antananarivo, 1,1 Mio. Einwohner
Bedeutende andere Städte: Toamasina, 83.000 Einwohner; Fianarantsoa, 73.000 Einwohner; Majunga, 71.000 Einwohner
Bevölkerung: Madagassen, zugewanderte Minderheiten
Sprache: Malagasy, Französisch (Amtssprache)
Religion: Christen (51%), Naturreligionen (47%)
Klima: tropisch-wechselfeucht; durchschnittliche Temperatur in Antananarivo im Februar 20° C, im Juli 13° C
Botschaft: D-53179 Bonn-Bad Godesberg, Rolandstraße 48, 0049/228/95 35 90, Fax 0049/228/33 46 28
Konsulat: A-1184 Wien, Pötzleinsdorfer Straße 94 - 96, 01/479 12 73, Fax 01/479 12 73 - 4

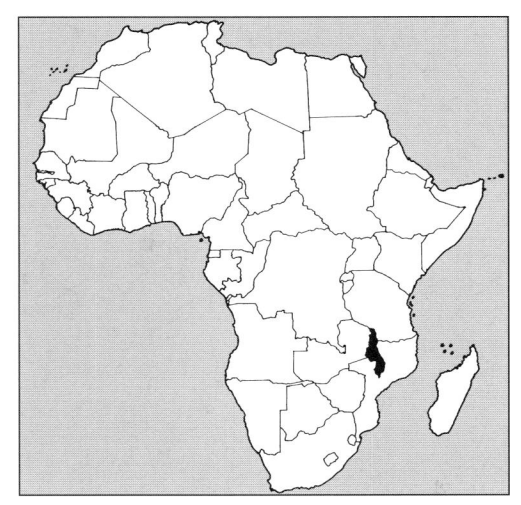

Malawi

Fläche: 118.484 km²
Einwohner: 11,1 Mio.
Staatsform: Präsidiale Republik
Währung: 1 Malawi-Kwacha = 100 Tambala
Hauptstadt: Lilongwe, 108.000 Einwohner
Bevölkerung: Malawier, Minderheiten
Sprache: Englisch (Amtssprache); Bantusprachen
Religion: Christen (75%), Naturreligionen (5%), Moslems (20%)
Klima: tropisch-wechselfeucht mit ausgeprägter sommerlicher Regenzeit; durchschnittliche Temperatur in Lilongwe im Dezember 23° C, im Juli 16° C
Botschaft: D-53179 Bonn, Mainzer Straße 124, 0049/228/94 33 50, Fax 0049/228/94 33 537
Konsulat: A-1190 Wien, Saarplatz 17, 01/369 26 28, 369 26 38, Fax 01/369 26 38 22

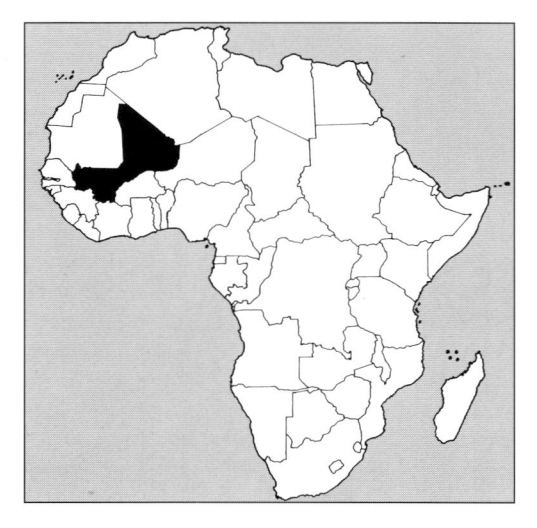

Mali

Fläche: 1,24 Mio. km²
Einwohner: 10 Mio.
Staatsform: Präsidiale Republik
Währung: 1 CFA-Franc = 100 Centimes
Hauptstadt: Bamako, 740.000 Einwohner
Bedeutende andere Stadt: Ségou, 99.000 Einwohner
Bevölkerung: 23% Bambara, 9% Fulbe, 8% Senufo, 5% Songhai, 3% Tuareg u.a. ethnische Gruppen
Sprache: Französisch (Amtssprache), Bambara, verschiedene Stammessprachen
Religion: Moslems 90%, Naturreligionen 9%, Christen 1%
Klima: Wüstenklima, im Süden tropisch-wechselfeucht mit Sommerregen; durchschnittliche Temperatur in Mopti im Jänner 23° C, im Mai 33° C
Botschaft: D-53173 Bonn, Basteistraße 86, 0049/228/35 70 48, Fax 0049/228/36 19 22
Konsulat: A-1060 Wien, Mariahilfer Straße 5, 01/587 77 48

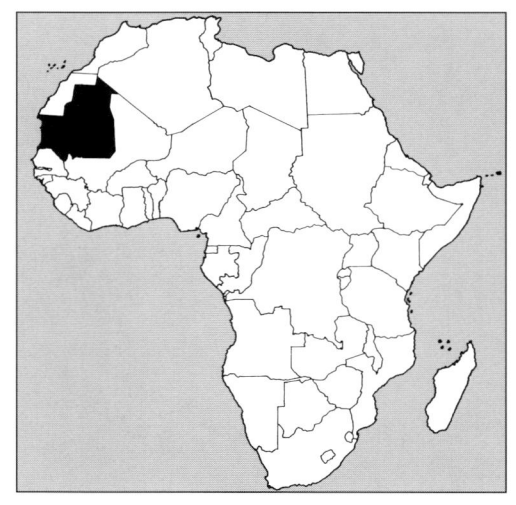

Mauretanien

Fläche: 1,03 Mio. km²
Einwohner: 1,92 Mio.
Staatsform: Präsidiale Republik
Währung: 1 Ouguiya = 5 Khoums
Hauptstadt: Nouak-chott, 450.000 Einwohner
Bedeutende andere Stadt: Nouadhibou, 240.00 Einwohner
Bevölkerung: 80% Mauren, 20% Schwarzafrikaner (Tukulor, Soninke, Wolof)
Sprache: Arabisch (Amtssprache), Stammessprachen, Französisch (Handelssprache)
Religion: Moslems 100%
Klima: Wüstenklima; durchschnittliche Temperatur im Jänner 21° C, im September 30° C
Botschaft: D-53173 Bonn, Bonner Straße 48, 0049/228/36 40 24, 0049/228/36 40 25, Fax 0049/228/36 17 88
Konsulat: A-1010 Wien, Opernring 21/9, 01/587 58 71, Fax 01/587 58 73

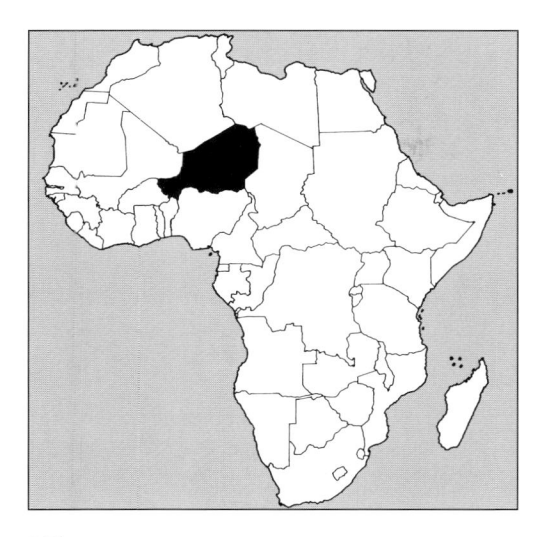

Niger
Fläche: 1,267.000 km²
Einwohner: 7,25 Mio.
Staatsform: Präsidiale Republik
Währung: 1 CFA-Franc = 100 Centimes
Hauptstadt: Niamey, 399.000 Einwohner
Bedeutende andere Städte: Zinder, 83.000 Einwohner; Maradi, 65.000 Einwohner
Bevölkerung: Haussa (54%), Djerma (17%), Fulbe (11%), Tuareg (3%)
Sprache: Französisch (Amtssprache), Djerma, Haussa, Tamaschagh
Religion: Moslems (90%), Naturreligionen (5%), christliche Minderheit
Klima: im Norden Wüstenklima, im Süden Tropenklima; durchschnittliche Temperatur in Niamey im Jänner 24° C, im Mai 34° C
Botschaft: B-1050 Brüssel, 78, Avenue Franklin Roosevelt, 0032/2/648 61 40, Fax 0032/2/648 27 84
Konsulat: A-1210 Wien, Berlagasse 45/3/2, 01/291 90, Fax 01/291 90 20

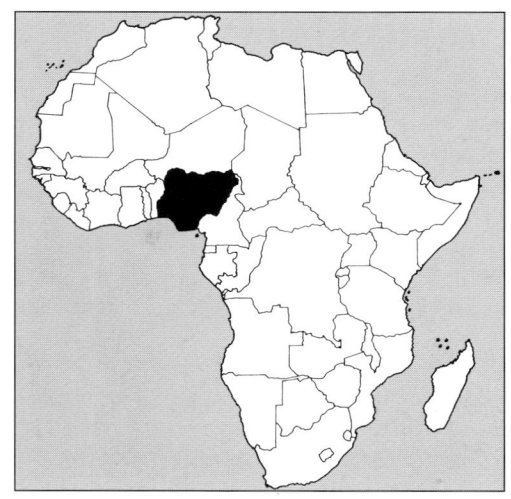

Nigeria
Fläche: 923.768 km²
Einwohner: 88,5 Mio.
Staatsform: Präsidiale Bundesrepublik
Währung: 1 Naira = 100 Kobo
Hauptstadt: Lagos, Stadt 1,23 Mio. Einwohner, Ballungsgebiet 5,7 Mio. Einwohner
Bedeutende andere Städte: Ibadan, 1,06 Mio. Einwohner; Ogbomosho, 591.000 Einwohner
Bevölkerung: Haussa (22%), Yoruba (21%), Ibo (18%), Fulbe (11%)
Sprache: Englisch (Amtssprache), zahlreiche Stammessprachen
Religion: Moslems (45%), Christen (38,4%), Stammesreligionen
Klima: tropisch-wechselfeucht mit nach Norden hin abnehmenden Niederschlägen; durchschnittliche Temperatur in Lagos 27° C
Botschaft: A-1030 Wien, Rennweg 25, 01/712 66 85, 01/712 66 86, 01/712 66 87, Fax 01/714 14 02

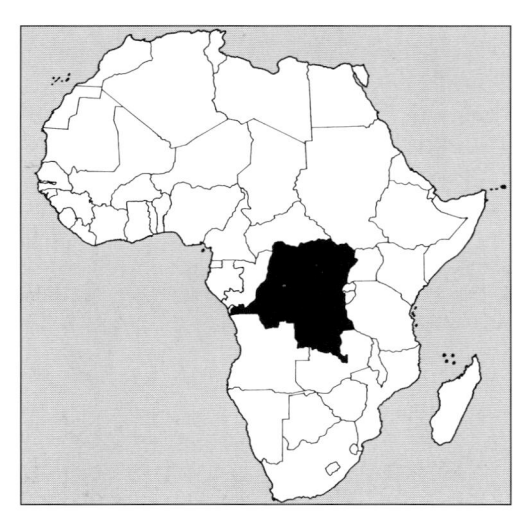

**Republik
Kongo (Zaire)**
Fläche: 2,35 Mio. km²
Einwohner: 36,0 Mio.
Staatsform: Präsidiale Republik
Währung: 1 Zaire = 100 Makuta
Hauptstadt: Kinshasa, Stadt 2,78 Mio. Einwohner, Ballungsgebiet 8,76 Mio. Einwohner
Bedeutende andere Städte: Lubumbashi, 543.000 Einwohner; Mbuji-Mayi, 423.000 Einwohner
Bevölkerung: Zairer, vor allem Bantu
Sprache: Französisch (Amtssprache); afrikanische Sprachen
Religion: Christen (43%), Naturreligionen (56%), Moslems (1%)
Klima: tropisch-immerfeucht im Landesinneren, sonst wechselfeucht mit Trockenzeiten im Jänner und Februar sowie Juni bis August; durchschnittliche Temperatur in Kinshasa im Februar 27° C, im Juli 22° C
Botschaft: A-1190 Wien, Gatterburggasse 18, 01/368 01 00, Fax 01/368 01 00

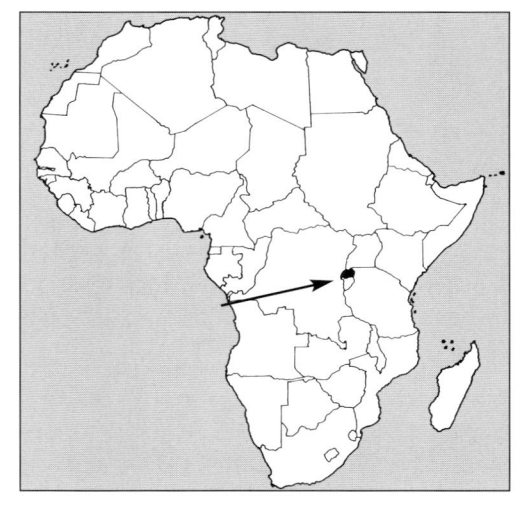

Ruanda
Fläche: 26.338 km²
Einwohner: 6,75 Mio.
Staatsform: Präsidiale Republik
Währung: 1 Ruanda-Franc = 100 Centimes
Hauptstadt: Kigali, 155.000 Einwohner.
Bedeutende andere Städte: Butare, 25.000 Einwohner; Ruhengweri, 16.000 Einwohner
Bevölkerung: Ruander, Minderheiten
Sprache: Kinyarwanda, Französisch (Amtssprache), Swahili
Religion: Christen (68%), Stammesreligionen (23%), Moslems (9%)
Klima: tropisches Höhenklima mit zwei Hauptregenzeiten; durchschnittliche Temperatur in Kigali 19° C
Botschaft: D-53173 Bonn, Beethovenallee 72, 0049/228/367 02 36, Fax 0049/228/35 19 22, e-mail ambrwabonn@aol.com
Konsulat: A-6006 Feldkirch-Tosters, Egelseestraße 52 b, 05522/32 20 12, Fax 05522/318 30, e-mail consulat.rwanda@vlbg.at

Hauptwildarten
Obwohl Ruanda zur Zeit als Jagd- und Reiseland nicht in Frage kommt und dieser bedauerliche Zustand wahrscheinlich noch längere Zeit anhalten wird, möchte ich trotzdem dieses einstige Kleinod in Afrika nicht unerwähnt lassen und dem Leser einen kleinen Eindruck vermitteln, welches Paradies hier von Menschenhand zerstört wird bzw. wurde.

Das kleine Land Ruanda, das im Süden von Burundi, im Westen von der Republik Kongo (ehemals Zaire), im Norden von Uganda und im Osten von Tanzania begrenzt wird, hatte damals ein staatliches Jagdgebiet, das Mutara-Jagdreservat, das an den Akagera-Nationalpark anschloss und von diesem nur durch eine Sandpiste getrennt war.
Es gab elf verschiedene Wildarten, die bejagt werden durften, davon konnte man vier aussuchen. Darunter waren Büffel, Riedbock, Impala, Zebra usw. Begleitet wurde man von einheimischen Gamescouts, die zugleich als Fährtensucher fungierten und den korrekten Ablauf der Jagd überwachten. Ansonsten war man auf sich alleine gestellt, was für mich einen besonderen Reiz hatte.

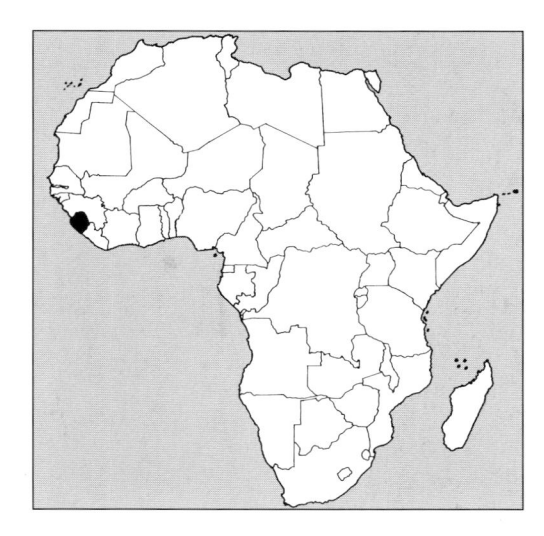

Sierra Leone
Fläche: 71.740 km²
Einwohner: 3,95 Mio.
Staatsform: Präsidiale Republik
Währung: 1 Leone = 100 Cents
Hauptstadt: Freetown, 497.000 Einwohner
Bedeutende andere Städte: Koidu, 80.000 Einwohner; Kenema, 31.000 Einwohner
Bevölkerung: Mende (34%), Temne (31%), zahlreiche kleinere ethnische Gruppen
Sprache: Englisch (Amtssprache), verschiedene Stammessprachen
Religion: Naturreligionen (51,5%), Moslems (39,4%), Christen (8,1%)
Klima: tropisch-wechselfeucht mit sommerlicher Regenzeit; durchschnittliche Temperatur in Freetown ganzjährig um 27° C
Botschaft: D-53173 Bonn, Rheinallee 20, 0049/228/35 20 01, Fax 0049/228/36 42 69
Konsulat: A-1150 Wien, Talgasse 11, 01/894 05 82 - 1, Fax 01/894 05 82 - 4

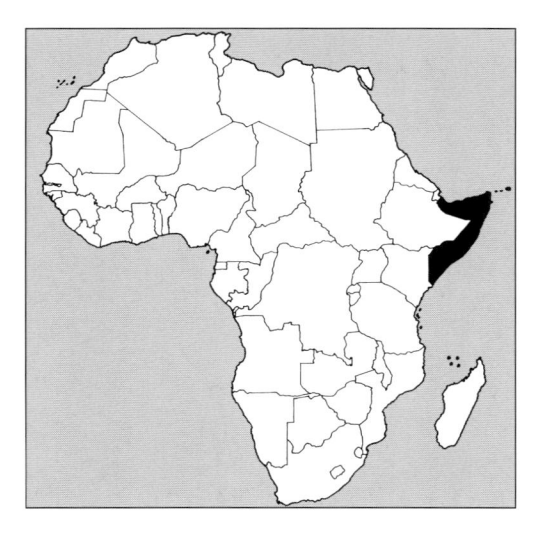

Somalia
Fläche: 637.657 km²
Einwohner: 7,1 Mio.
Staatsform: Republik
Währung: 1 Somalia-Schilling = 100 Centesimi
Hauptstadt: Mogadischu, 600.000 Einwohner
Bedeutende andere Städte: Hargeisa, 70.000 Einwohner; Kisimayjo, 70.000 Einwohner
Bevölkerung: Somalier, Minderheiten
Sprache: Somali, Arabisch, Englisch, Italienisch
Religion: Islam
Klima: tropisch-trocken; durchschnittliche Temperatur in Mogadischu um 27° C
Botschaft: D-53173 Bonn, Hohenzollernstraße 12, 0049/228/35 16 43

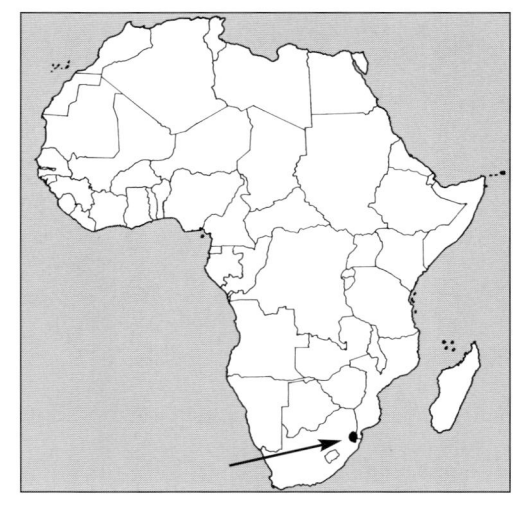

Swasiland
Fläche: 17.364 km²
Einwohner: 735.000
Staatsform: Absolute Monarchie
Währung: 1 Lilangeni = 100 Cents
Hauptstadt: Mbabane, 38.000 Einwohner
Bedeutende andere Städte: Manzini, 19.000 Einwohner; Havelock Mine, 4.840 Einwohner
Bevölkerung: Swasiländer, Minderheiten
Sprache: Siswati, Englisch
Religion: Christen (77%), Stammesreligionen (20,9%)
Klima: subtropisch mit kurzer Trockenzeit im Südwinter; durchschnittliche Temperatur in Mbabane im Jänner 20° C, im Juli 12° C
Botschaft: DK-2100 Kopenhagen, Kastelsvej 19, 0045/35 42 61 11, 0045/35 42 63 52, 0045/35 42 67 63, 0045/35 42 69 82, Fax 0045/35 42 63 00
Konsulat: A-1100 Wien, Triesterstraße 40, 01/602 34 35 (= Fax)

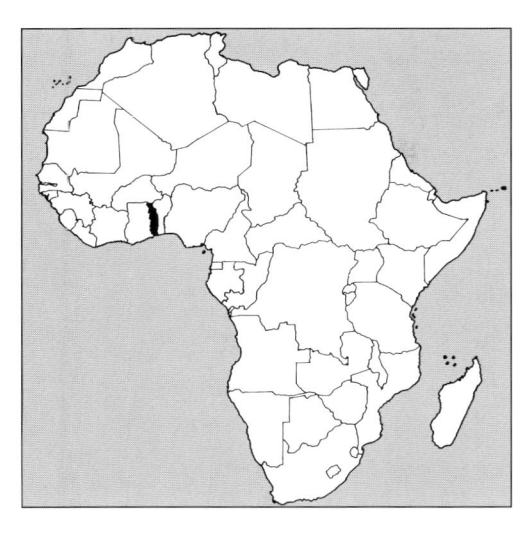

Togo
Fläche: 56.785 km²
Einwohner: 3,46 Mio.
Staatsform: Präsidiale Republik
Währung: 1 CFA-Franc = 100 Centimes
Hauptstadt: Lomé, 500.000 Einwohner
Bedeutende andere Städte: Sokodé, 55.000 Einwohner; Kara, 41.000 Einwohner
Bevölkerung: Ewe (41,6%), Kabre (13,3%), Ouatschi (10,7%)
Sprache: Französisch (Amtssprache), Sudansprachen
Religion: Naturreligionen (45,8%), Christen (37%), Moslems (17%)
Klima: tropisch-wechselfeucht; durchschnittliche Temperatur in Lomé um 28° C
Botschaft: D-53173 Bonn, Beethovenallee 13, 0049/228/35 50 91, Fax 0049/228/35 24 03
Konsulat: A-3400 Klosterneuburg, Eichweg 6, 01/317 20 29, 02243/369 19, Fax 01/319 90 25

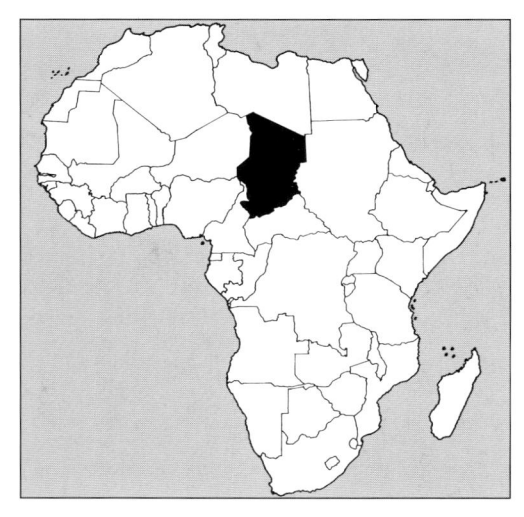

Tschad
Fläche: 1,284.000 km²
Einwohner: 5,4 Mio.
Staatsform: Präsidiale Republik
Währung: 1 CFA-Franc= 100 Centimes
Hauptstadt: N'Djamena, 400.000 Einwohner
Bedeutende andere Städte: Sarh, 65.000 Einwohner; Moundou, 60.000 Einwohner
Bevölkerung: Araber (38%), Sara und Bagirmi (30%), ethnische Minderheiten
Sprache: Französisch (Amtssprache), Arabisch
Religion: Moslems (55%), Stammesreligionen (35%), Christen (9%)
Klima: tropisch-trocken, nur im Süden regelmäßiger Sommerregen; durchschnittliche Temperatur in N'Djamena im Dezember 24° C, im Juni 32° C
Botschaft: D-53173 Bonn, Basteistraße 80, 0049/228/35 60 26, Fax 0049/228/35 58 87
Konsulat: A-3150 Wilhelmsburg, Hauptplatz 10, 02746/27 74 12, Fax 02746/277 49

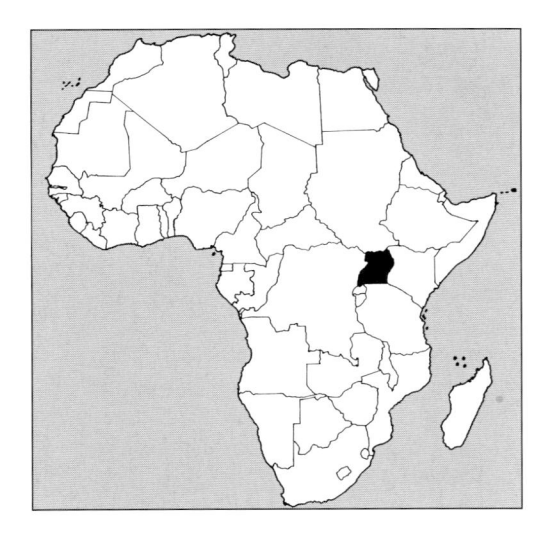

Uganda
Fläche: 235.880 km²
Einwohner: 17,19 Mio.
Staatsform: Präsidiale Republik
Währung: 1 Uganda-Shilling = 100 Cents
Hauptstadt: Kampala, 700.000 Einwohner.
Bevölkerung: Ugander, Minderheiten
Sprache: Englisch, Swahili, Ganda u. a. afrikanische Sprachen
Religion: Christen (50%), Moslems (15%), Naturreligionen
Klima: tropisch-wechselfeucht mit Hochlandcharakter; durchschnittliche Temperatur 21° C
Botschaft: D-53173, Bonn, Dürenstraße 44, 0049/228/35 50 27, Fax 0049/228/35 16 92, e-mail uganda.bonn@compuserve.com
Konsulat: A-1230 Wien, Forchheimergasse 5, 01/863 11 40, Fax 01/863 11 43

Hauptwildarten
Berggorilla, Büffel, Buschbock, Dikdik, Ducker, Eland, Elefant, Flusspferd, Grant Gazelle, Großer Kudu, Impala, Kleiner Kudu, Klippspringer, Krokodil, Kuhantilope, Leierantilope, Leopard, Löwe, Moorantilope, Oribi, Pferdeantilope, Rappenantilope, Riedbock, Riesenwaldschwein, Schimpanse, Sitatunga, Spießbock, Warzenschwein, Wasserbock, Zebra

Jagdmöglichkeiten
Ähnlich wie in Kenia ist auch die Jagd in Uganda zur Zeit für Ausländer gesperrt.

WÖRTERBUCH

*Herzlichen Dank den nachstehenden Mitarbeitern,
die sich der Mühe unterzogen haben,
an der Zusammenstellung
des nachfolgenden Wörterbuches
mitzuwirken.*

Rudolf Leonhartsberger

Kabele Lukumbuza

Gerald Melcher

Marie Melcher

Bettina Molitor

Chris Smit

Dorli Smit

Rainer Wernisch

Das Wörterbuch erhebt keinen Anspruch auf Vollständigkeit,
hat sich jedoch aus den Erfahrungen und Bedürfnissen
der Jagd- und Reise-Praxis ergeben.

1999

ALLGEMEINE AUSDRÜCKE
ESSEN UND TRINKEN

Deutsch	Englisch	Französisch
Abendessen	dinner	le diner
Abends	in the evening	le soir
Bier	beer	la bièrre
Brot	bread	le pain
Butter	butter	la beurre
Ei(er)	egg	l'œuf/les œufs
gekochtes Ei	boiled egg	l'œuf à la coque
Spiegelei	fried egg	l'œuf sur le plat
Eierspeise	egg disk	les entremets aux œufs
essen	to eat	manger
Fisch	fish	le poisson
Flasche	bottle	la bouteille
Flaschenöffner	bottle opener	le decapsuleur
Fleisch	meat	la viande
Früchte	fruit	les fruits
Frühstück	breakfast	le petit-déjeuner
Gabel	fork	la fourchette
Gemüse	vegetables	les légumes
Getränk	drink	la boisson
Glas	glass	le verre
Huhn	chicken	le poulet
Imbiss	snack	le casse-croûte
Kaffee	coffee	le caffée
Kartoffel	potato(es)	la pomme de terre
Kekse (Kuchen)	cookies (cake)	le biscuit (le gâteau)
Leber	liver	le foie
Löffel	spoon	le cuiller
Marmelade	jam	la confiture
Melone	melon	le melon
Milch	milk	le lait
Mineralwasser	mineral water	l'eau minérale
Mittagessen	lunch	le déjeuner
Nüsse	nuts	les noixes
Obst	fruit	les fruits
Omlett	omelet(te)	l'omlette
Orangensaft	orange juice	le jus d'orange
Reis	rice	le riz
Salat	salad	la salade
Salz	salt	le sel
Schnaps	spirits	l'eau-de-vie
Suppe	soup	la soupe
Tee	tea	le thé
Wasser	water	l'eau
Zitrone	lemon	le citron
Zucker	sugar	le sucre

ALLGEMEINE AUSDRÜCKE
ESSEN UND TRINKEN

Deutsch	Afrikaans	Swahili
Abendessen	aandete	chakula cha jioni
Abends	in die aand	jioni
Bier	bier	pombe, bia
Brot	brood	mkate
Butter	botter	siagi
Ei(er)	eier('s)	(ma)yai
gekochtes Ei	gekookte eier	yai ya kuchemsha
Spiegelei	gebakte eier	yai ya kukaangwa
Eierspeise	roer eier	mayai ya kuvuruga
essen (Essen)	eet	kula (chakula)
Fisch	vis	samaki
Flasche	bottel	chupa
Flaschenöffner	botteloopmaker	mfunguo ya chupa
Fleisch	vleis	nyama
Früchte	vrugte	matunda
Frühstück	ontbyt	chakula cha asubuhi
Gabel	vurk	uma
Gemüse	groente	mboga
Getränk	drankie	kinywaji
Glas	glas	bilauri
Huhn	hoender	kuku
Imbiss	ligte maaltyd	kumbwe
Kaffee	koffie	kahawa
Kartoffel	aartappel	viazi
Kekse (Kuchen)	koekies (koek)	keki (biskuti)
Leber	lewer	maini
Löffel	lepel	kijiko
Marmelade	konfyt	mraba, jemu
Melone	spanspek	tikiti
Milch	melk	maziwa
Mineralwasser	mineraalwater	soda
Mittagessen	middagete	chakula cha mchana
Nüsse	neute	kokwa
Obst	vrugte	matunda
Omlett	omelet	kimanda
Orangensaft	lemoensap	maji ya machungwa
Reis	rys	wali
Salat	slaai	saladi
Salz	sout	chumvi
Schnaps	mampoer	pombe kali
Suppe	sop	supu
Tee	tee	chai
Wasser	water	maji
Zitrone	suurlemoen	limau
Zucker	suiker	sukari

ALLGEMEINES

Deutsch	Englisch	Französisch
Abend/abends	evening	le soir
Abenddämmerung	twilight, dusk	nuit tombante
Abflug/Abreise	departure	l'envol/le départ
Adresse	address	l'adresse
Aids	aids	Sida
Alter Herr	old gentleman	membre honoraire d'une corporation d'etudiants
Ankunft	arrival	l'arrivée
Apotheke	chemist's	la pharmacie
arm	poor	pauvre
Arzt	doctor	le médecin
Aschenbecher	ashtray	le cendrier
Ausgang	exit	la sortie
Bahnhof	station	la gare
Bank	bank	la banque
Baobab	baobab	le Baobab
Baumwolle	cotton	le coton
Bazar/Handel	bazaar	le bazar/le commerce
Berg	mountain	la montagne
Bett	bed	le lit
Bettler	beggar	le mendiant
Bonzen (Mercedes-Fahrer)	bigwig	le bonze
Boot	boat	le bateau
Botschaft	embassy	l'ambassade
billig	cheap	bon marché
bitte	please	s'il vous plaît
bitter	bitter	amer
Blume	flower	la fleur
Brief	letter	la lettre
Briefmarke	stamp	le timbre
Briefumschlag	envelope	l'enveloppe
Brille	glasses, spectacles	les lunettes
Buchung	booking	la réservation
Bus(se)	bus/busses	le bus
Busbahnhof	bus station	la gare routière
Bushaltestelle	busstop	la station du bus
danke	thank you/thanks	merci
Decke	blanket	la couverture
Deutschland	Germany	l'Allemagne
Diarrhoe	diarrhea	la diarrhée
die andere Seite	the other side	l'autre côté
dort	there	là
Eingang	entrance	l'entrée
Eisenbahn	railway	le chemin de fer
Entschuldigung!	sorry	Pardon!
Erste Hilfe	first aid	Premiers soins

ALLGEMEINES

Deutsch	Afrikaans	Swahili
Abend/abends	aand/saans	jioni
Abenddämmerung	skemer	magharibi
Abflug/Abreise	vertrek van vliegtuig	kuondoka, kwenda
Adresse	adres(se)	anwani
Aids	vigs	ukimwi
Alter Herr	ou heer/ou man	Mzee
Ankunft	aankoms	ufikaji, majilio, mjo, ujaji
Apotheke	apteek	farmasia, duka la dawa
arm	arm	maskini
Arzt	dokter	daktari
Aschenbecher	asbakkie	kisahani (bakuli) ja majivu
Ausgang	uitgang	kutoka
Bahnhof	stasie	stesheni
Bank	bank	benki
Baobab	kremetartboom	mbuyu
Baumwolle	katoen	pamba
Bazar/Handel	basaar (handel)	soko/biashara
Berg	berg	mlima
Bett	bed	kitanda
Bettler	bedelaar	mwombaji, ombaomba
Bonzen (Mercedes-Fahrer)	baie belangrike persoon	kizito, bwana mkubwa
Boot	skuit, boot	mashua, boti
Botschaft	ambassade	ubalozi
billig	goedkoop	rahisi
bitte	asseblief	tafadhali
bitter	bitter	-chungu, kali
Blume	blomme	(ma)ua
Brief	brief	barua
Briefmarke	seël	stempu
Briefumschlag	koevert	bahasha
Brille	bril	miwani
Buchung	bespreking	kuweka nafasi, booking
Bus(se)	bus	(ma)basi
Busbahnhof	busstasie	kituo kuu ya mabasi
Bushaltestelle	busstop	kituo ya basi
danke	dankie	asante
Decke	kombers	blanketi
Deutschland	Duitsland	ujerumani
Diarrhoe	diarrhoea	kuhara
die andere Seite	die ander kant	ng'ambo
dort	daar	pale, kule, hapo, huko
Eingang	ingang	mwingilio
Eisenbahn	treinspoor	gari moshi, treni
Entschuldigung!	Ekskuus	samahani!
Erste Hilfe	noodhulp	huduma ya kwanza

Deutsch	Englisch	Französisch
Europa	Europe	l'europe
Fähre	ferry	le bac
Fahrrad	bicycle/bike	la bicyclette
Fahrkartenbüro	ticket office	le boureau de billets
Fahrkarte (Ticket)	ticket	le billet/le ticket
Fahrplan	schedule	l'horaire
Fieber	fever	la fièvre
Film	film	le film
fliegen	to fly	voler
Fluggesellschaft	airline	la compagnie d'aviation
Flughafen	airport	l'aéroport
Flugticket	flight-ticket	le billet d'avion
Fluss	river, stream	la rivière
Fortschritt	improvement	le progrès
Frau	woman	la femme
Frauen	women	les femmes
Frauen Toilette	ladies' toilet	le WC pour femmes
Freiheit	freedom	la liberté
Frieden	peace	la paix
Friseur	hairdresser/barber	le coiffeur
Fuß (zu)	foot/on foot	(à) pied
Gaststätte	inn	le restaurant
Gästehaus	guest house	l'hôtel(lerie)
Gefahr	danger	le danger
Geld	money	l'argent
Geldwechsel	money exchange	le change
Gepäck	luggage/baggage	les bagages
geradeaus	straight on	tout droit
Geschenk	present, gift	le cadeau
geschlossen	closed	fermé
gestern	yesterday	hièr
Gewässer, See	waters, rivers and lakes	les eaux/ le lac
gut	good	bon
Hafen	harbour	le port
Hallo?	hello!/hi!	allô?
hallo	hello	'hé!
Handtuch	towel	la serviette de toilette
Hemd	shirt	la chemise
Herr	Mister/Sir	monsieur
heiß	hot	chaud
heute	today	au jourd'hui
hier	here	ici
Hilfe!	help	au secours!
hinten	at the back/behind	derrière
Hochland, Gebirge	highlands/mountains	les 'hauts plateaux/ les montagnes
Hose	trousers	le pantalon

Deutsch	Afrikaans	Swahili
Europa	Europa	ulaya
Fähre	ferry	kivuko, feri
Fahrrad	fiets	baisikeli
Fahrkartenbüro	kaartjieskantoor	ofisi ya tiketi
Fahrkarte (Ticket)	kaartjie	tiketi
Fahrplan	padkaart	ratiba ya usafiri
Fieber	koors	homa
Film	film	filamu
fliegen	vlieg	kuruka na ndege
Fluggesellschaft	lugredery	shirika la ndege
Flughafen	lughawe	kiwanja cha ndege
Flugticket	vliegtuigkaartjie	tiketi ya ndege
Fluss	rivier	mto
Fortschritt	vooruitgang	maendeleo
Frau	vroue	mwanamke, förmlich: ndugu
Frauen	vrouens	wanawake
Frauen Toilette	damestoilet	„wanawake", wake
Freiheit	vryheid	uhuru
Frieden	vrede	amani
Friseur	haarkapper	mnyozi
Fuß (zu)	voet (te)	(kwa) m(i)guu
Gaststätte	taverne	mkahawa
Gästehaus	gastehuis	nyumba ya wageni
Gefahr	gevaar	hatari
Geld	geld	hela, fedha, pesa
Geldwechsel	geldwissel	kubadilisha fedha
Gepäck	bagasie	mizigo
geradeaus	reguit	moja kwa moja
Geschenk	geskenk	zawadi
geschlossen	toe	(ime)fungwa
gestern	gister	jana
Gewässer, See	water, meer, dam	ziwa
gut	goed	nzuri
Hafen	hawe	bandari
Hallo?	hallo	hodi?
hallo	hallo	hujambo
Handtuch	handdoek	taulo
Hemd	hemp	shati
Herr	meneer	bwana, förmlich: ndugu
heiß	warm	moto
heute	vandag	leo
hier	hier	hapa
Hilfe!	hulp	msaada
hinten	agter	nyuma
Hochland, Gebirge	hoogland, berge, gebergtes	milima
Hose	broek	suruali

Deutsch	Englisch	Französisch
Hotel	hotel	l'hôtel
Impfung	vaccination	la vaccination
Infektion	infection	l'infection
Insel	island	l'île
ja	yes	oui
jetzt	now	maintenant
kalt	cold	froid
Karte/Plan von ...	map/map of ...	la carte (géographique) de
Klasse 1. (2./3.)	class 1/class A	la classe première (seconde/troisième)
Kleider	clothing/clothes	les vêtements
Kleider (alt)	old clothes/rags	vieux habits
Koffer	suitcase	la valise
Kopf	head	la tête
Krankenhaus	hospital	l'hôpital
Laden	shop/store	la boutique
Lehrer (ehrenvoll)	teacher/master	le maître
links	left	à gauche
Luftpost	air mail	la poste aérienne
Magen	stomach	l'estomac
Männer	men	les hommes
Männer Toilette	gentlemen/gents	le WC pour hommes
Markt (auf dem)	market/at the market	le marché
Medizin	medicine	la médecine
Mittag	midday/noon	le midi
Morgen (der)	morning	le matin
Morgendämmerung	dawn, break of day	point du jour
morgens	in the morning	le matin/dans la matinée
Moskitonetz	mosquito net	la moustiquaire
Mückenstich	insect-bite	la piqûre de moustique
Nachmittag	afternoon	l'après-midi
Nachricht	message	la nouvelle, l'information
Nacht	night	la nuit
Nadel	needle	l'aiguille
nah	near	proche
Name	name	le nom
Nation	nation	la nation
nein (Nein!)	no	non
nicht zu weit	not too far	pas trop loin
Notfall	emergency	le cas de besoin
oben	above/upstairs/on top	en'haut
oder	or	ou
Österreich	Austria	l'Autriche
Ozean	ocean	l'océan
Passkontrolle	passport control	le contrôle des passeports
Platz	place/seat	la place
Polizei	police	la police

Deutsch	Afrikaans	Swahili
Hotel	hotel	hoteli
Impfung	vaksinering	chanjo, kuchanja
Infektion	infeksie	maambukizo, ambukito
Insel	eiland	kisiwa
ja	ja	ndiyo
jetzt	nou	sasa
kalt	koud	baridi
Karte/ Plan von . . .	plan/plan van . . .	ramani ya . . .
Klasse 1. (2./3.)	klas. 1 (2/3)	daraja la kwanza (la pili/la tatu)
Kleider	klere	nguo
Kleider (alt)	klere (ou)	mitumba
Koffer	koffer	sanduku
Kopf	kop	kichwa
Krankenhaus	hospitaal	hospitali
Laden	laai	duka
Lehrer (ehrenvoll)	onderwyser	mwalimu
links	links	kushoto
Luftpost	lugpos	barua za ndege
Magen	maag	tumbo
Männer	mans	wanaume
Männer Toilette	manstoilet	„wanaume", waume
Markt (auf dem)	mark (op die)	soko(ni)
Medizin	medisyne	dawa
Mittag	middag	adhuhuri
Morgen (der)	oggend (die)	asubuhi
Morgendämmerung	oggendskemer	alfajiri
morgens	in die oggend	kesho
Moskitonetz	muskietnet	chandalua
Mückenstich	muskietbyt/insektbyt	mchomo wa mbu
Nachmittag	namiddag	alasiri
Nachricht	nuus	habari, taarifa, agizo
Nacht	aand	usiku
Nadel	naald	sindano
nah	naby	karibu (auch: willkommen)
Name	naam	jina
Nation	nasie	taifa
nein (Nein!)	nee	hapana
nicht zu weit	nie so vêr nie	tusiwe mbali mno
Notfall	noodgeval	dharura
oben	bo	juu
oder	of	au
Österreich	Oostenryk	Austria
Ozean	oseaan	bahari
Passkontrolle	paspoortkontrole	uchunguzi wa pasi(poti)
Platz	plek	mahali
Polizei	polisie	polisi

Deutsch	Englisch	Französisch
Polizeistation	police station	le poste de police
Polizist	policeman	l'agent de police
Postamt	post office	le bureau de poste
Postfach	post office box/PO box	la boîte postale
postlagernd	poste restante	poste restante
Rauchen verboten	No smoking	défense de fumer
rechts	right	á droite
reich	rich	rich
Reiche, upper class	rich people	les riches
Republik	Republic	la république
Rückfahrkarte	return ticket	le billet de retour
Salbe	ointment	la pommade
Sammeltaxi	group taxi	le taxi collectif
Seife	soap	le savon
Schlafkrankheit	sleeping sickness	la maladie du sommeil
schlecht	bad	mauvais
Schlüssel	key	le clé
Schmerz	pain	la doleur
Schreibpapier	writing paper	le papier à écrire
Schwarzmarkt	black market	le marché noir
Schweiz	Switzerland	la Suisse
später	later	plus tard
Staatsgrenze	border	la frontière (d'un état)
Stiefel	boots	la botte
Stift	pencil/felt-tip	le crayon
Stockwerk	storey/floor	l'étage
Straße	street/road	la rue
süß	sweet	doux
Tabak	tobacco	le tabac
Tablette	pill	le comprimé
täglich	daily	tous les jours
Tag (bei)	during daytime	pendant la journée
Taxi	taxi	le taxi
Telefongespräch	telephone call	la communication téléphonique
Telegramm	telegram	le télégramm
teuer	expensive	cher
Tschüss, du!	Bye!	salut!
Tschüss, ihr!	Good-bye!	salut!
Touristen	tourists	les touristes
übermorgen	the day after tomorrow	après-demain
und	and	et
Unfall	accident	l'accident
unten	downstairs/below	au-dessous
viel	many/much	beaucoup
vielleicht	maybe	peut-être
vorgestern	the day before yesterday	avant-hier

Deutsch	Afrikaans	Swahili
Polizeistation	polisiestasie	kituo cha polisi
Polizist	polisieman/polisievrou	aksari, mpolisi
Postamt	poskantoor	ofisi ya posta
Postfach	posbus	S. L. P., P.O.B.
postlagernd	poste restante	poste restante
Rauchen verboten	rook verbode	hairuhusiwi kuvuta sigara
rechts	regs	kulia
reich	ryk	tajiri
Reiche, upper class	welgestelde	matajiri, daraja la juu
Republik	Republiek	jamhuri
Rückfahrkarte	retoerkaartjie	tiketi kwenda na kurudi
Salbe	salf	marhamu
Sammeltaxi	groeptaxi	daladala
Seife	seep	sabuni
Schlafkrankheit	slaapsiekte	malale
schlecht	siek	mbaya
Schlüssel	sleutel	ufunguo
Schmerz	pyn	maumivu
Schreibpapier	skryfpapier	karatasi ya kuandikia
Schwarzmarkt	swartmark	magendo
Schweiz	Switserland	Uswisi
später	later	baadaye
Staatsgrenze	landsgrens	mpaka
Stiefel	stewel	buti
Stift	pen/felt-tip	kalamu
Stockwerk	verdieping	ghorofa
Straße	straat	barabara
süß	soet	tamu
Tabak	tabak	tumbaku
Tablette	tablet	kidonge
täglich	daagliks	kila siku
Tag (bei)	by dagbreek	siku (mchana)
Taxi	taxi	teksi
Telefongespräch	telefoonoproep	maungio ya simu
Telegramm	telegram	telegramm
teuer	duur	ghali
Tschüss, du!	totsiens	Kwa heri!
Tschüss, ihr!	totsiens julle	Kwa herini!
Touristen	toeriste	watalii
übermorgen	oormôre	kesho kutwa
und	en	na
Unfall	ongeluk	ajali
unten	onder	chini
viel	baie	nyingi
vielleicht	miskien	labda
vorgestern	eergister	juzi

Deutsch	Englisch	Französisch
vorne	in front/ahead	devant
Vorsicht!	Beware!/Careful!	attention!
Wäscherei	laundry	la blanchisserie
WC-Papier	toilet paper	le papier hygiénique
weit	far	loin
wenig	little	peu
Willkommen!	welcome	bienvenue!
Wörterbuch	dictionary	le dictionnaire
Zahnarzt	dentist	le dentiste
Zahnschmerzen	toothache	la mal de dent
Zeitung	newspaper	le journal
Zelt	tent	la tente
Zigaretten	cigarettes/fags	les cigarettes
Zimmer	room	la chambre
zivilisiert	civilised	civilisé
Zollkontrolle	customs check	le contrôle de douane
Zug	train	le train

WOCHENTAGE/ZEITEN

Deutsch	Englisch	Französisch
Sonntag	Sunday	dimanche
Montag	Monday	lundi
Dienstag	Tuesday	mardi
Mittwoch	Wednesday	mercredi
Donnerstag	Thursday	jeudi
Freitag	Friday	vendredi
Samstag	Saturday	samedi
Tag	day	(le) jour
Woche	week	la semaine
nächste Woche	next week	la semaine prochaine
Stunde	hour	l'heure
Minute	minute	la minute

ZAHLEN

Deutsch	Englisch	Französisch
1/2	half	undemi
1 (ein/e/r/s)	one	un/une
2	two	deux
3	three	trois
4	four	quatre
5	five	cinque
6	six	six
7	seven	sept
8	eight	huit
9	nine	neuf
10	ten	dix
11	eleven	onze
20	twenty	vingt
21	twenty-one	vingt-et-un

Deutsch	Afrikaans	Swahili
vorne	voor	mbele
Vorsicht!	versigtig	Angalia!
Wäscherei	wassery	udobi
WC-Papier	toiletpapier	karatasi ya choo
weit	vêr	mbali
wenig	min	(ki)dogo, chache
Willkommen!	welkom	Karibu! (Karibuni! Mehrzahl)
Wörterbuch	woordeboek	kamusi
Zahnarzt	tandarts	mganga wa meno
Zahnschmerzen	tandpyn	maumivu ya jino
Zeitung	koerant	gazeti
Zelt	tent	hema
Zigaretten	sigarette	sigara
Zimmer	kamer	chumba
zivilisiert	beskaafd	staarabisha
Zollkontrolle	doeane kontrole	uchunguzi wa ushuru
Zug	trein	gari moshi, treni

WOCHENTAGE / ZEITEN

Sonntag	Sondag	jumapili
Montag	Maandag	jumatatu
Dienstag	Dinsdag	jumanne
Mittwoch	Woensdag	jumatano
Donnerstag	Donderdag	alhamisi
Freitag	Vrydag	ijumaa
Samstag	Saterdag	jumamosi
Tag	dag	siku
Woche	week (weke)	wiki, juma
nächste Woche	volgende week	wiki ijayo
Stunde	uur (ure)	saa
Minute	minuut (minute)	dakika

ZAHLEN

1/2	half (helfte)	nusu
1 (ein/e/r/s)	een	moja
2	twee	mbili
3	drie	tatu
4	vier	nne
5	vyf	tano
6	ses	sita
7	sewe	saba
8	agt	nane
9	nege	tisa
10	tien	kumi
11	elf	kumi na moja
20	twintig	ishirini
21	een en twintig	ishirini na moja

Deutsch	Englisch	Französisch
30	thirty	trente
40	forty	quarante
50	fifty	cinquante
60	sixty	soixante
70	seventy	soixante-dix
80	eighty	quatre-vingts
90	ninety	quatre-vingts-dix
100	one hundred	cent
200	two hundred	deux cents
300	three hundred	trois cents
400	four hundred	quatre cents
500	five hundred	cinque cents
600	six hundred	six cents
700	seven hundred	sept cents
800	eight hundred	huit cents
900	nine hundred	neuf cents
1.000	one thousand	mille

JAGDLICHE AUSDRÜCKE

Deutsch	Englisch	Französisch
abbalgen/abhäuten	to skin	écorcher
Abdruck	track/footprint	l'empreinte
abkochen	to boil	fairecuire
abschießen	cull, shoot, kill	tirer
Absehen	recticle	viser
abspringen	to flee	sauter
abstreichen	to fly off	balayer
Abzug	trigger	la détente
Affe	monkey	le singe
angeln	to fish	pêcher
angeschweißt	wounded	soudé
angreifen	to attack	attaquer
anködern, ankirren	to bait, allure	appôter/amorcer
anpirschen	to stalk	chasser
ansprechen	to identify	donner de la voix
Antilope	antelope	l'antilope
Aufbruch zur Jagd	depature for the hunt	les entrailles
auflegen	to rest	imposer
Auge	eye	l'œil
äugen	to watch	regarder
ausgewachsen	adult/mature	qui a terminé sa croissance
Ausrüstung	equipment/gear	l'équipement
Ausschuss	exit hole of the bullet	la sortie d'un projectil
außer Schussweite	out of range	hors de portée
Berufsjäger	professional hunter	le chasseur professionel
berühren	touch	toucher
Blattschuss	shoulder shot / shot on the shoulder-blade	le coup de feu/ la balle dans l'épaule

Deutsch	Afrikaans	Swahili
30	dertig	thelathini
40	veertig	arubaini
50	vyftig	hamsini
60	sestig	sitini
70	sewentig	sabini
80	tagtig	themanini
90	negentig	tisini
100	honderd	mia
200	twee honderd	mia mbili
300	drie honderd	mia tatu
400	vier honderd	mia nne
500	vyf honderd	mia tano
600	ses honderd	mia sita
700	sewe honderd	mia saba
800	agt honderd	mia nane
900	nege honderd	mia tisa
1.000	duisend	elfu moja

JAGDLICHE AUSDRÜCKE

Deutsch	Afrikaans	Swahili
abbalgen/abhäuten	afslag	kuchuna
Abdruck	spoor	myayo
abkochen	kook	kuchemka
abschießen	doodskiet	kupiga risasi
Absehen	korrel	kupima
abspringen	hardloop	kukimbia
abstreichen	wegvlieg	kutoka ghafla
Abzug	sneller	chomba cha kufyatulia risasi
Affe	aap (ape)	ngedere, kima
angeln	visvang	kuvua samaki
angeschweißt	kwes	iliumizwa
angreifen	aanval	kushambulia
anködern, ankirren	met aas lok	kutia chambo
anpirschen	bekruip	kunyemelea
ansprechen	uitken	kutambua, kusema
Antilope	antiloop/wildsbok	paa
Aufbruch zur Jagd	vertrek vir die jag	kuondoka, kuanza mawindo
auflegen	dooierus aanlê	kuegemea
Auge	oog	jicho
äugen	bekyk	kutazama
ausgewachsen	volwasse	mpevu
Ausrüstung	uitrusting	vifaa
Ausschuss	uitgangswond van die koeël	toboa la risasi
außer Schussweite	buite skietafstand	nje ya mtupo wa risasi
Berufsjäger	beroeps-/professioneele jagter	bwana mwindaji
berühren	aanraak	kugusa
Blattschuss	bladskoot	pigo kwenye jembe

Deutsch	Englisch	Französisch
Büchse	rifle	la carabine/le fusil
Büchsenpatrone	bullet/cartridge	la cartouche de fusil
Büffel	buffalo	le buffle
Decke vom Wild	skin, hide	la peau
Deckung	hide/blind	le couverture
Doppelbüchse	double barrel rifle	le fusil à deux coups
Doppelflinte	side-by-side shotgun	le fusil à deux coups
einschießen	to sight in	eprouver
Einschuss	impact hole	le point d'impact/l'entrée
einstechen	to set the trigger	enfoncer
Elefant	elephant	l'éléphant
entladen	to unload	décharger
entsichern	unlock the safety	retirer le cran d'arrêt
entspannen	to release	détendre/décontracter
Fadenkreuz	recticle	le réticule
Fährte	scent/track	la trace/la piste/les foulées
fährten	to track, to spoor	suivre à la trace
fangen	to catch	prendre/saisir
Fangschuss	final shot	le coup de grâce
Fehlschuss	missing shot	le coup manqué
Fell	fur/skin	le pelage
Fernglas	binoculars	les jumelles
Fisch	fish	le poisson
Flinte	shotgun	le fusil
flüchten	flee	s'enfuir
Flügel	wing	l'aile
frische Fährte	warm scent	la trace fraise
früh	early	matinale
Gazelle	gazelle	la gazelle
Gegenwind	headwind	le vent contraire
gehen	to go	aller
Gehör	hearing	l'ovie
geladen	loaded	chargé
gerben	to tan	tanner
Geruch	scent, smell	l'odeur
Geschoss	bullet	le projectile
geschützt	protected	à l'abri
gesichert	put at safety	assuré
Gewehr	rifle, gun	le fusil
Großwild	big game	le gros gibier
Herde	herd	le troupeau
Herz	heart	le cœur
hetzen	chase	chasser/forcer
Horn	horn	la corne
Hülse	shell	la douille
Huhn	chicken	la poule
Jagd	hunt	la chasse

Deutsch	Afrikaans	Swahili
Büchse	geweer	bunduki
Büchsenpatrone	koël	risasi
Büffel	buffel	nyati, mbogo
Decke vom Wild	vel	ngozi ya mnyama
Deckung	skuiling	maficho
Doppelbüchse	dubbelloopgeweer	bunduki ya kasiba (tutu) miwili
Doppelflinte	sy aan sy haelgeweer	bunduki ya marisau
einschießen	visier instel	kuvizia
Einschuss	trefpunt	tundu la risasi
einstechen	stel die sneller	kurakibu chombo cha kufyatulia
Elefant	olifant	tembo
entladen	ontlaai	kushusha bunduki
entsichern	veiligheidsknip af te sit	kufungua kinga
entspannen	veilig maak/ontspan	legeza
Fadenkreuz	kruisdraad	jicho la shabaha
Fährte	spoor/reuk	mkondo, alama, nyayo
fährten	om die spoor te vat	kufuata nyayo za mnyama
fangen	te vang	kukamata
Fangschuss	genadeskoot	pigo la kifo
Fehlschuss	misskoot	kukosa shabana
Fell	vel/pels	manyoya, ngozi wa mnyama
Fernglas	verkyker	darubini
Fisch	vis	samaki
Flinte	haelgeweer	bunduki
flüchten	weghardloop	kutoroka
Flügel	vlerk	ubawa
frische Fährte	vars spoor/reuk	mkondo moto
früh	vroeg	asubuhi (Tageszeit), mapema
Gazelle	gasel (gaselle)	paa, swala
Gegenwind	teenwind	upepo wa mbisho
gehen	te gaan	kwenda
Gehör	gehoor	uwezo wa kusikia
geladen	gelaai	iliojaa (na risasi)
gerben	looi	tengeneza rangi ya hudhurungi
Geruch	reuk	karufu, uvundu (schlechter)
Geschoss	koël	risasi
geschützt	beskermd	wanyama wenye angalifu
gesichert	veilig	kinga imefungwa
Gewehr	geweer	bunduki
Großwild	grootwild	wanyama wakubwa
Herde	trop	kundi
Herz	hart	moyo
hetzen	jaag (om te)	kuwinda, kusaka
Horn	horing	baragumu la kuwinda
Hülse	dop	kombora, risasi
Huhn	hoender	kuku
Jagd	jag	kuwinda. mawindo

Deutsch	Englisch	Französisch
Jagdausrüstung	hunting equipment/gear	l'équipement de chasse
jagdbar	feasible to hunt	que l'on peut chasser
Jagdberechtigung	hunting permission	le droit de chasser
Jagdführer	guide	le guide de chasse
Jagdgast	hunting guest	l'hôt de chasse
Jagdgebiet	hunting area	le terrain de chasse
Jagdgesetz	hunting law	la loi sur la chasse
Jagdhund	hunting dog	le chien de chasse
Jagdmesser	hunting knife	le couteau de chasse
Jagdschein	hunting licence	le permis de chasse
Jagdwaffe	hunting rifle	l'arme de chasse
Jagdzeit	hunting season	la saison de chasse
jagen	hunt	chasser
Jäger/Jägerin	hunter/huntress	le chasseur/la chasseuse
jung	young	jeune
Kalb	calf	le veau
Kaliber	calibre	le calibre
kalte Fährte	cold scent	la trace éventée
Kleinkaliber	small calibre	le fusil de petit calibre
Köder	bait	l'appát/l'amorce
Kopf	head	la tête
Korn	iron sight	le guidon
krankschießen	to wound	blesser
Kugel	bullet	la balle
Kuh	cow	la vache
Ladehemmung	to jam	l'enrayage
laden	to load	charger
Lauf beim Gewehr	barrel	le canon
Laufschuss	legshot	coup de la patte
Lebensraum	habitat	l'espace vital
links	left	à gauche
Losung	droppings	la fiente
männliches Tier	male	l'animal masculin
Magen	stomach	l'estomac
Mähne	mane	la criniére
Messer	knife	le couteau
Mitte	middle	le milieu
Morgenpirsch	morning stalk	la chasse martinal
Moskito	(tropical) mosquito	le moustique
Munition	ammunition	les munitions
Mütze	cap	le bonnet
nachladen	to reload	recharger
Nachsuche	tracking of wounded game	la recherche

Deutsch	Afrikaans	Swahili
Jagdausrüstung	jaguitrusting	vifaa vya mawindo
jagdbar	jagbaar	ya kuwinda
Jagdberechtigung	jagtoestemming	ruhusu ya kuwinda
Jagdführer	gids	mwongozi ya mawindo
Jagdgast	jaggas, kliënt	mgeni wakuwinda
Jagdgebiet	jaggebied	mawindoni
Jagdgesetz	jagwet	sheria za kuhifadhi wanyama
Jagdhund	jaghond	mbwa mfuatiaji
Jagdmesser	jagmes	kisu cha kuwinda
Jagdschein	jaglisensie	leseni ya kuwinda na kuua wanyama wa kuwinda
Jagdwaffe	jaggeweer	silaha ya kuwinda
Jagdzeit	jagtyd	msimu huru wa uwindaji
jagen	jag	kuwinda
Jäger/Jägerin	jagter/vroulike jagter	mwindaji, mwanamke mwindaji
jung	jonk	kijana
Kalb	kalf	ndama
Kaliber	kaliber	kipenyo cha mwanzi
kalte Fährte	ou spoor/reuk	mkondo baridi
Kleinkaliber	kleinkaliber	kipenyo cha mwanzi kidogo
Köder	lokaas	chambo
Kopf	kop	kichwa
Korn	korrel	pini ya kupimia wkati wa kulenga shabaha
krankschießen	kwes, verwond	kuumiza
Kugel	koeël	risasi
Kuh	koei	ng'ombe
Ladehemmung	vasklem van slot	mzibo jino
laden	winkel	kutia risasi
Lauf beim Gewehr	geweerloop	kasiba, mtutu
Laufschuss	beenskoot	pigo kwenye mguu
Lebensraum	habitat	mazingira
links	links	kushoto
Losung	mis	samadi
männliches Tier	manlik	dume
Magen	pens	tumbo
Mähne	maanhaar	manyoya ya shingoni
Messer	mes	kisu
Mitte	middel	katikati
Morgenpirsch	oggendjag	myapa wa asubuhi
Moskito	muskiet	mbu
Munition	ammunisie	risasi
Mütze	pet	chepeo, kofia
nachladen	te herlaai	kutia risasi tena
Nachsuche	volk van gekweste wild	kufuata nyayo ya mnyama mwenye vidonda

Deutsch	Englisch	Französisch
Nacht	night	la nuit
Nase	nose	le nez
Naturschutz	nature conservation	la protection de la natur
nicht jagdbar	not huntable	que l'on ne peut pas chasser
Paar	couple	la paire
Patrone	cartridge	la cartouche
Pavian	baboon	le babouin
Pirsch	stalk	la chasse
Pistole	pistol/hand	le pistolet
präparieren	to taxidermy	préparer
Ratte	rat	le rat
rechts	right	à droite
Repetierer	repeating rifle	fusil à répétition
Rudel	herd	la troupe
Schaft	stock	le fût
Scheibenschießen	target shooting	le tir à la cible
schießen	to shoot	tirer
Schlange	snake	le serpent
Schloss	lock	la plantine
Schrotpatrone	shotgun shell	la cartouche à plombs
Schuss	shot	le coup
schweißen	to bleed	saigner
Schweißfährte	blood trail	la trace de sang
schwach	weak/little	faible
Sicherung	safety	cran d'arrêt
Sichtweite	visibility	la visibilité
Skorpion	scorpion	le scorpion
springen	to jumb	sauter
Spur	track	la trace/la piste
Taschenlampe	flashlight	la lampe de poche
Taube	pigeon	le pigeon
Tier	animal	l'animal
Tierart	species	l'espèce animale
Tollwut	rabies	la rage
Treffer, treffen	hit, to hit	le coup toucher
Trophäe	trophy	le trophée
Tsetsefliege	Tsetse fly	la mouche tsé-tsé
überschießen	to overshoot	tirer par-dessus
unterschießen	to undershoot	tirer au-dessous
verenden	perish, die	succomber/mourir
Visier	sight	l'hausse
Vogel	bird	l'oiseau
Waffe	rifle, arm, weapon	l'arme
Waffenschein	gun licence	le port d'armes
Waidmannsheil	good luck	bonne chasse
waidwund	shot in the belly	blessé

Deutsch	Afrikaans	Swahili
Nacht	nag	usiku
Nase	neus	pua
Naturschutz	natuurbewaring	hifadhi ya asili
nicht jagdbar	nie jagbaar nie	sio ya kuwinda
Paar	paar	jozi
Patrone	patroon	risasi
Pavian	bobbejaan	nyani
Pirsch	te voet jag	mnyapa
Pistole	pistool	baistola
präparieren	taksidermiwerk doen	kurudisha sura ya mnyama
Ratte	rot (rotte)	panya
rechts	regs	kulia
Repetierer	repeteergeweer	bunduki inayotematema risasi
Rudel	trop	kundi
Schaft	kolf	tako, uti
Scheibenschießen	teikenskiet	kupiga risasi wa shabaha
schießen	skiet	kupiga risasi
Schlange	slang	nyoka
Schloss	geweerslot	kufungio
Schrotpatrone	haelpatroon	risasi wa bunduki ya marisau
Schuss	skoot	pigo
schweißen	bloei	kutoa damu
Schweißfährte	bloedspoor	nyayo mwenye damu
schwach	swak	dhaifu
Sicherung	veiligsheid	usalama
Sichtweite	sigbare afstand	upeo cha macho
Skorpion	skerpioen	nge
springen	spring (am te)	kuruka
Spur	spoor	mkondo, nyayo, alama
Taschenlampe	flitslig	tochi, mwenge
Taube	duif	njiwa
Tier	dier	mnyama
Tierart	spesie	spishi
Tollwut	hondsdolheid	kichaa cha mbwa
Treffer, treffen	trefskoot, raakskoot	pigo, kupiga
Trophäe	trofee	kumbukumbu ya ushindi
Tsetsefliege	tsetsevlieg	mbung'o, ndorobo
überschießen	om oor te skiet	kupiga chuku, kukosea shabaha
unterschießen	onderskiet	kutokufikia lengo
verenden	doodgaan	kufa
Visier	visier	shabaha
Vogel	voël	ndege
Waffe	wapen, geweer	silaha
Waffenschein	vuurwapenlisensie	leseni ya bunduki
Waidmannsheil	voorspoed	nakutakia mafanikio
waidwund	maagskoot	pigo wa tumbo

Deutsch	Englisch	Französisch
Wald	forest	la forêt
Wechsel	game trail	la passée
weibliches Tier	female	l'animal féminin
Wild	game	le gibier
Wilderer	poacher	le braconnier
Wind	wind	le vent
Wund	wound	la blessure/blessé
Zelt	tent	la tente
zerwirken	butcher	enleverer lapeau/dépecer
Ziege	goat	la chèvre
zielen	to aim	viser
Zielfernrohr	rifle scope	la lunette de visée
Zielscheibe	target	la cible

WILDTIERE AFRIKAS

Atlas-Gazelle	Atlas Gazelle	Gazelle de Atlas
Bergnayala	Mountain Nyala	Nyala de montagne
Bergriedbock	Mountain Reedbuck	Rudunca de montagneTohe
Bergzebra	Mountain Zebra	Zébre de montagne
Blauducker	Blue Duiker	Céphalophe bleu
Blessbock	Blesbuck	Blesbok
Bongo	Bongo	Bongo
Braune Hyäne (Strandwolf)	Brown Hyaena	Hyène brune
Breitmaulnashorn	White Rhinoceros Square-lipped Rh.	Rhinoceros blanc, Rh. de Burchell
Buntbock	Bontebuck	Bontebok
Buschbock, Schirrantilope	Bushbuck	Guib harnaché
Buschschwein Pinselohrschwein	Bush-Pig, Red River Hog	Potamochére
Damagazelle	Dama Gazelle, Red-necked Gazelle	Gazelle dama
Defassa Wasserbock	Defassa Waterbuck	Cobe defassa, Cobe onctueux
Dorcasgazelle	Dorcas Gazelle	Gazelle dorcas
Dünengazelle	Rhim oder Loder's Gazelle Slender-horned Gazelle	Gazelle leptocère
Elefant	African Elephant	Eléphant d´Afrique
Elenantilope	Cape/Livingstone´s Eland	Elan(d) du Cap
Ellipsen-Wasserbock	Common Waterbuck	Cobe à croissant
Eritrea-Spießbock	Beisa Oryx	Oryx beisa
Flecken- oder Tüpfelhyäne	Spotted Hyaena	Hyène tachetée
Flusspferd	Hippopotamus	Hippopotame
Gelbfuß-Moorantilope	Puku	Puku
Gelbrückenducker	Yellow-Backed Duiker	Cáphalophe à dos jaune
Gelbschnabelente	Yellowbilled Duck	Canard à bec jaune
Gepard	Cheetah	Guépard

Deutsch	Afrikaans	Swahili
Wald	woud	msitu
Wechsel	wild paadjie	alama za wanyama, njia wa wanyama
weibliches Tier	vroulik	mnyama wa kike
Wild	wild	wanyama
Wilderer	wilddief, wildstroper	jangili
Wind	wind	upepo
Wund	gekwes, gewond	kidonda
Zelt	tent	hema
zerwirken	afslag	kuchinja mnyama
Ziege	bok	mbuzi
zielen	te mik	kupigia shabaha, kuelekezea bunduki
Zielfernrohr	Teleskoop	darubini wa bunduki
Zielscheibe	teiken	dango

WILDTIERE AFRIKAS

Deutsch	Afrikaans	Swahili
Atlas-Gazelle	Atlas Gasel	swala wa Afrika kaskazini
Bergnayala	Bergnjala	nyala wa milimani
Bergriedbock	Rooiribbok	tohe wa milimani
Bergzebra	Bergkwagga	pundamilia wa milimani
Blauducker	Blouduiker	minde
Blessbock	Blesbok	kungulu
Bongo	Bongo	kulungu wa Afrika kati, bongo
Braune Hyäne (Strandwolf)	Bruinhiëna	fisi kahawia
Breitmaulnashorn	Wit renoster	kifaru mweupe
Buntbock	Bontebok	kungulu
Buschbock, Schirrantilope	Bosbok	mbawala (w), kulungu (m)
Buschschwein, Pinselohrschwein	Bosvark	nguruwe mwitu
Damagazelle	Dama Gasel	swala
Defassa Wasserbock	Defassa Waterbok	kuru
Dorcasgazelle	Dorcas Gasel	swala
Dünengazelle	Duin Gasel/Rhim	swala
Elefant	Afrika Olifant	tembo
Elenantilope	Eland	pofu
Ellipsen-Wasserbock	Waterbok, Kringgat	kuru
Eritrea-Spießbock	Beisa Gemsbock	choroa
Flecken- oder Tüpfelhyäne	Gevlekte Hiëna, Tierwolf	fisi madoa
Flusspferd	Seekoei	kiboko
Gelbfuß-Moorantilope	Poekoe	....
Gelbrückenducker	Geelrugduiker	minde mgongo njano
Gelbschnabelente	Geelbekeend	bata mdomo njano
Gepard	Jagluiperd	duma

Deutsch	Englisch	Französisch
Giraffe	Giraffe	Girafe
Giraffengazelle	Gerenuk, Giraffe-Gazelle	Gazelle de Waller, Gazelle-Giraffe
Goldschakal	Common Jackal	Chacal commun
Gorilla	Gorilla	Gorille
Grant-Gazelle	Grant´s Gazelle	Gazelle de Grant
Grevy Zebra	Grevy´s Zebra	Zébre de Grévy
Große Ginsterkatze	Large-Spotted Genet	Genette tigrine
Großer Kudu	Greater Kudu	Grand Koudou
Großriedbock	Southern oder Common Reedbuck	Cobe des roseaux
Guerezas	Colobus monkey	Colobe guéréza
Halbmondantilope	Tsessebe (Sassaby)	Sassaby
Honigdachs	Honey badger (Ratel)	Ratel
Hunters-Leierantilope	Hunter´s Hartebeest, Hirola	Damalisque de Hunter, Hirola
Hyänenhund	Wild Dog (Cape hunting dog)	Lycaon, Cynhyène, Loup-peint
Impala, Schwarzfersenantilope	Impala	Impala
Kaffernbüffel	African Buffalo	Buffle d´Afrique
Kammblesshuhn	Redknobbed Coot	....
Kapfuchs, Kama	Cape Fox	Renard du Cap
Kap-Greisbock	Cape Grysbok	Grysbok
Karakal, Afrikanischer Luchs, Wüstenluchs	Caracal (African Lynx)	Caracal
Kirk-Dikdik Zwergrüsselantilope	Kirks´s Damaraland long snouted Dik-Dik	Dik-Dik de Kirk, Dik-Dik du Damaraland
Kleine Ginsterkatze	Small-spotted genet	Genette commune
Kleiner Kudu	Lesser Kudu	Petit Koudou
Klippspringer	Klipspringer	Oréotrague
Konzi	Lichtenstein´s Hartebeest	Bubale de Lichtenstein
Kronenducker	Grimm´s Duiker, Grey Duiker, Bush Duiker	Céphalophe de Grimm, C. Couronné
Kuhantilope (Liechtensteins)	Red (Bubal) Hartebeest	Bubale
Leierantilope	Topi, Korrigum, Tiang	Damlisque, Topi, Tiang
Leopard	Leopard	Léopard
Litschi-Moorantilope	Lechwe	Cobe lechwe
Löffelhund	Bat-eared-Fox	Otocyon
Löwe	Lion	Liona
Mähnenschaf, Afrikanischer Tur	Barbary Sheep	Moufflon à manchettes
Mandrill	Mandrill	Mandrill
Mangaben	Mangabey	Cerocèbe/Mangabey
Meerkatzen grüne M.	long-tailed monkey velvet monkey	Guenon
Moschusböckchen	Suni	Suni

Deutsch	Afrikaans	Swahili
Giraffe	Kameelperd, Giraf	twiga
Giraffengazelle	Gerenuk	swala twiga
Goldschakal	Gewone jakkals	mbweha
Gorilla	Gorilla	sokwo
Grant-Gazelle	Grant's Gasel	swala granti
Grevy Zebra	Grevy Zebra	pundamilia
Große Ginsterkatze	Grootkolmuskejaatkat	pakamwitu mkubwa
Großer Kudu	Koedoe (groot)	tandala mkubwa
Großriedbock	Rietbok	tohe mwubwa
Guerezas	Colobus aap	....
Halbmondantilope	Basterhartbees	....
Honigdachs	Ratel	nyegere, melezi
Hunters-Leierantilope	Hunter Hartebees	nyamera
Hyänenhund	Wildehond	mbwa mwitu
Impala, Schwarzfersenantilope	Rooibok	swala pala
Kaffernbüffel	Buffel	nyati, mbogo
Kammblesshuhn	Bleshoender	....
Kapfuchs, Kama	Silwervos	mbweha wa Afrika kusini
Kap-Greisbock	Kaapse Grysbok	dondoro wa Afrika kusini
Karakal, Afrikanischer Luchs, Wüstenluchs	Rooikat	simbamangu
Kirk-Dikdik Zwergrüsselantilope	Damara Dikdik	dikidiki suguya
Kleine Ginsterkatze	Kleinkolmuskejaatkat	pakamwitu mdogo
Kleiner Kudu	Koedoe (klein)	tandala ndogo
Klippspringer	Klipspringer, Klipbokkie	mbzuzi mawe, gurunguru
Konzi	Mofhartbees	kongoni
Kronenducker	Gewone Duiker, Duikerbok	nsya
Kuhantilope (Liechtensteins)	Pooihartbees	kongoni
Leierantilope	Topi	nyamera
Leopard	Luiperd	chui
Litschi-Moorantilope	Basterwaterbok	....
Löffelhund	Bakoorvos Draaijakkals	mbweha
Löwe	Leeu	simba
Mähnenschaf, Afrikanischer Tur	Bergskaap (Barbary Skaap)	kondoo ya ndefu
Mandrill	Mandrill	nyani mkubwa
Mangaben	Mangabey aap	....
Meerkatzen Grüne M.	ape blouaap	tumbili
Moschusböckchen	Soenie	paa

Deutsch	Englisch	Französisch
Nilgans	Egyptian Goose	Oie
Nilkrokodil	Nile crocodile	Krokodil
Okapi	Okapi	Okapi
Oribi/Bleichböckchen	Oribi	Ourébi
Pavian, Tschamak-Pavian	Chacma Baboon	Chacma
Perlhuhn	Guineafowl	Pintade
Pferdeantilope	Roan Antelop	Antilope chevaline, Antilope rouanne
Rappenantilope	Sable Antelope	Hippotrague noir
Rehbok	Grey Rhebuck	Rhebuck, Pelea
Riedbock/Isabellenantilope	Bohor Reedbuck	Redunca, Nagor, Cobe des roseaux
Riesen-Elenantilope	Giant Eland (Derby-Eland)	Elan(d) de Derby
Riesen-Waldschwein	Giant Forest Hog	Hylochère
Rotducker	Red Duiker	Céphalophe du Natal
Rotschnabel Frankolin	Redbilled Francolin	Francolin à bec rouge
Rotschnabelente	Redbilles Teal	Canard
Schildkröten (Meer/Land)	Turtels/Tortoises	Tortues
Schimpanse	Chimpanzee	Chimpanzé
Schlangen	snakes	Serpents
Schopf Frankolin	Crested Francolin, Crested Partridge	Francolin huppé
Schwarzfuß-Moorantilope	Kob	Cobe de Buffon, C. de Thomas
Schwarzstirnducker	Black-Fronted Duiker	Céphalophe à front noir, C. rouge
Seehund	seal	Phoque
Seekuh	Dugong	Dugong
Serval	Serval	Serval, "Chat-tigre"
Sharpes-Greisbock	Sharpe´s Grysbok	Grysbok de Sharpe
Sitatunga	Sitatunga	Sitatunga, Guib d´eau
Sömmering-Gazelle	Soemmering´s Gazelle	Gazelle de Soemmering
Spießbock	Gemsbok	Gemsbok
Spitzmaulnashorn	Black Rhinoceros Hook-lipped Rhinoceros	Rhinoceros noir
Sporngans	Spurwinged Goose	Oie de Gambie
Springbock	Springbuck	Springbok
Springhase	Springhare	Lièvre sauteur
Stachelschwein	(Crested) Porcupine	Porc-épic
Steinbock Abessinischer/Nubischer	Ibex Abyssinian/Nubian	Bouquetin d´Abyssinie, B. de Nubie
Steinböckchen/Steinantilope	Steenbok	Steenbok
Steppenzebra	Burchell´s Zebra	Zébre de Burchell
Storch	stork	le cigogne
Strauß	Ostrich	Autruche
Streifengnu	Blue Wildebeest	Gnou à noire

Deutsch	Afrikaans	Swahili
Nilgans	Kolgaans	kotwe
Nilkrokodil	Nyl-krokodil	mamba
Okapi	Okapi	paa wa Afrika kati
Oribi/Bleichböckchen	Oorbietjie	taya
Pavian, Tschamak-Pavian	Kaapse Bobbejaan	nyani
Perlhuhn	Gewone Tarentaal	kanga
Pferdeantilope	Bastergemsbok	korongo
Rappenantilope	Swartwitpens	palahala
Rehbok	Vaalribbok	....
Riedbock/Isabellenantilope	Rietbok Bohor	tohe
Riesen-Elenantilope	Lord Derby Eland	pofu mkubwa
Riesen-Waldschwein	Reuse-Busvark	nguruwe mwitu mkubwa
Rotducker	Rooiduiker	minde nyekundu
Rotschnabel Frankolin	Rooibekfisant	kwale mdomo nyekundu
Rotschnabelente	Rooibekeend	bata mdomo nyekundu
Schildkröten (Meer/Land)	Seeskilpad/Skilpad	kobe
Schimpanse	Sjimpansee	sokwo mtu
Schlangen	slange	nyoka
Schopf Frankolin	Bospatrys	kwale kushungi
Schwarzfuß-Moorantilope	Kob	....
Schwarzstirnducker	Swartgesigduiker	minde kichwa nyeusi
Seehund	Seeleeu	sili
Seekuhn	Dudong	....
Serval	Tierboskat	mondo
Sharpes-Greisbock	Tropiese Grysbok	dondoro
Sitatunga	Waterkoedoe	nzohe
Sömmering-Gazelle	Sömmering Gasel	swala
Spießbock	Gemsbok	tandala
Spitzmaulnashorn	Swartrenoster	kifaru
Sporngans	Wildemakou	bata bukini
Springbock	Springbok	paa wa Afrika kusini
Springhase	Springhaas	kamendegere, sungura mwwitu
Stachelschwein	Ystervark	nungu
Steinbock	Ibex	
Abessinischer/Nubischer	Abessiniese/Nubiese	mbuzi mwitu/kondoo mwitu
Steinböckchen/Steinantilope	Steenbok	dondoro
Steppenzebra	Bontkwagga, Zebra	pundamilia
Storch	Ooievaar	korongo-samawati
Strauß	Volstruis	mbuni
Streifengnu	Blouwildebees	nyumbu ya montu

Deutsch	Englisch	Französisch
Streifenhyäne	Aard Hyaena	Hyène rayée
Streifenschakal	Side-striped Jackal	Chacal à flanks rayés
Südafrikanische Kuhantilope	Red/Cape Hartebeest	Bubale caama
Swainson´s Frankolin	Swainson´s Francolin	Francolin de Swainson
Thomson-Gazelle	Thomson´s Gazelle	Gazelle de Thomson
Tieflandnyala	Nyala	Nyala
Warzenschwein	Warthog	Phacochère
Weißschwanzgnu	White-tailed Gnu, Black Wildebeest	Gnou à queue blanche
Wildschwein	Wild boar	Sanglier
Wüstenfuchs, Fennek	Fennec Fox	Fennec
Zibetkatze	African Civet	Civette
Zwergflusspferd	Pygmy Hippopotamus	Hippopotame pygmée
Zwergmoschustier Hirschferkel	Water Chevrotain	Chebrotain aquatique

REDEWENDUNGEN / SPRÜCHE / NÜTZLICHE FRAGEN

Können Sie mir helfen?	Can you help me, please?	Est-ce que vous pouvez m'aider?
Sprechen Sie englisch?	Do you speak English?	Est-ce que vous parlez l'anglais?
Wie geht's? Antworten:	How ist life?	Comment ça va?
Gut.	Fine/OK/I'm fine	Ca va bien.
Wirklich nicht besonders.	Not too good/So so.	Pas tellement.
Und wie geht es Ihnen?	And how are you doing?	Et vous ça va?
Wie heißt das in swahili?	What's . . . in Swahili?	Comment est-ce qu'on dit en swahili?
Wie heißen Sie?	What's your name?	Comment vous vous appelez?
Haben Sie (nicht) . . . ?	Have(n't) you got . . . ?	Est-ce que vous avez . . . ? N'est-ce que vous n'avez pas . . . ?
Kann ich . . . haben?	Can I have . . . , please?	Est-ce que je peux avoir . . . ?
Gibt es . . . ?	Is (Are) there any . . . ?	Est-ce qu'il ya . . . ?
Was kostet das?	How much is it?	Combien est-ce que coute ça?
Wo ist . . . ?	Where is . . . ?	Où'est . . . ?
Wo ist ein Hotel?	Where is a hotel?	Où'est un hôtel?

Deutsch	Afrikaans	Swahili
Streifenhyäne	Aardwolf	fisi milia
Streifenschakal	Witkwasjakkals	mbweha milia
Südafrikanische Kuhantilope	Rooihartebees	kongoni wa Afrika kusini
Swainson´s Frankolin	Bosveldfisant	kwale
Thomson-Gazelle	Thomson Gasel	swala tomi
Tieflandnyala	Ninjala	nyala
Warzenschwein	Vlakvark	ngiri
Weißschwanzgnu	Swartwildebees	nyumbu
Wildschwein	Bosvark	nguruwe mwitu
Wüstenfuchs, Fennek	Fennek vos	mbweha wa Afrika kaskazini
Zibetkatze	Afrikaanse Siwetkat	fungo
Zwergflusspferd	Dwergseekoei	kibiko mdogo
Zwergmoschustier Hirschferkel	Water Chevrotain	....

REDEWENDUNGEN / SPRÜCHE / NÜTZLICHE FRAGEN

Können Sie mir helfen?	Kan jy my help?	Unaweza kunisaidia?
Sprechen Sie englisch?	Praat jy engels?	Unazungumza kiingereza?
Wie geht's?	Hoe gaan dit?	Habari gani?
Antworten:		
Gut.	Goed.	Nzuri.
Wirklich nicht besonders.	Nie besonders goed nie.	Nzuri kidogo.
Und wie geht es Ihnen?	En hoe gaan dit met julle?	Una hali gani?
Wie heißt das in swahili?	Wat is dit in Swahili?	Hii inaitwaje kwa Kiswahili?
Wie heißen Sie?	Wat ist jou naam?	Jina lako nani?
Haben Sie (nicht) . . . ?	Het jy (nie) . . . ?	Una (Huna) . . . ?
Kann ich . . . haben?	Kan ek . . . hê?	Naweza kupata . . . ?
Gibt es . . . ?	Is hier . . . ?	Kuna . . . ?
Was kostet das?	Wat kos dit?	Ni bei gani?
Wo ist . . . ?	Waar is . . . ?	. . . iko wapi?
Wo ist ein Hotel?	Waar is 'n hotel?	Hoteli iko wapi?

Deutsch	Englisch	Französisch
Wo gibt es ein Restaurant?	Where is a restaurant?	Où'est-ce qu'il ya un restaurant?
Wo ist die Damen- (Herren) toilette?	Where is the toilet for woman (men)?	Où'est le WC pour femmes? (hommes)
Wo ist die Post?	Where is the nearest post-office?	Où'est la poste?
Hab ich Post?	Are there any letters for me?	Est-ce qu'il ya du courrier pour moi?
Wieviel Porto kommt da drauf?	Which stamps are necessary?	Decombien d'affranchisement est-ce qu'on a besoin pour ça?
Wie hoch ist der Wechselkurs für einen Dollar?	What's the exchange rate for a dollar?	Quel est le cours du change du dollar?
Wann öffnen (schließen) Sie?	When do you open?/close?	Quand est-ce que vous ouvriez (fermez)?
Könnten Sie mich nach ... bringen?	Can you take me to ...?	Est-ce que vous pouvez me emmener à ...?
Geht es hier nach ...?	Is this the way to ...?	Est-ce que ça est la route pour ...?
Was muss ich tun?	What do I have to do?	Qu'est-ce que je dois faire?
Was soll ich tun?	What should I do?	Qu'est-ce que je faire?
Wie soll ich das machen?	How should I do that?	Comment je dois faire cela?
Wie weit ist es?	How far is it?	De quelle distance est-ce qu'il est?
Es ist nicht sehr weit!	It's not so far!	Il n'y a pas très loin!
Wieviel soll die Taxifahrt kosten?	How much would the taxi fare be?	Combien coute la course en taxi?
Wieviel nehmen Sie für einen Tag?	How much do you charge per day?	Combien est-ce qu'on doit payer pour un jour?
Ist der Platz frei?	Is this seat taken?	Est-ce que cette place est libre?

Deutsch	Afrikaans	Swahili
Wo gibt es ein Restaurant?	Waar is 'n restaurant (eetplek)?	Kuna pahali popote kwa kupata chakula?
Wo ist die Damen- (Herren)toilette?	Waar is die damestoilet? (manstoilet)	Choo cha wanawake (wanaume) iko wapi?
Wo ist die Post?	Waar is die poskantoor?	Posta iko wapi?
Hab ich Post?	Is daar pos vir my? (Het ek pos?)	Nimepata barua?
Wieviel Porto kommt da drauf?	Watter seël kom op die brief? Hoeveel sent seël?	Zinatakiwa stempu ngapi?
Wie hoch liegt der Wechselkurs für einen Dollar?	Hoeveel is die wisselkoers van een dollar teenoor Rand?	Naweza kupata shilingi/franci ngapi kwa dolla moja?
Wann öffnen (schließen) Sie?	Wanneer sluit jy oop (toe)?	Unafungua (Unafunga) saa ngapi?
Könnten Sie mich nach ... bringen?	Kan jy my na ... bring?	Unaweza kunipeleka ...?
Geht es hier nach ...?	Is dit die pad na ...?	Hii nija inakwenda ...?
Was muss ich tun?	Wat moet ek doen?	Inabidi nifanye nini?
Was soll ich tun?	Wat sal ek doen?	Nifanye nini?
Wie soll ich das machen?	Hoe sal ek dit doen?	Nifanyeje?
Wie weit ist es?	Hoe vêr is dit?	Ni umbali gani?
Es ist nicht sehr weit!	Dit is nie baie vêr nie!	Sio mbali sana!
Wieviel soll die Taxifahrt kosten?	Hoeveel sal die taxirit kos?	Utadai shilingi/franci ngapi kwa siku moja?
Wieviel nehmen Sie für einen Tag?	Hoeveel vra jy vir een dag?	Utadai shilingi/franci ngapi kwa siku?
Ist der Platz frei?	Is die plek vry?	Nafasi hii iko wazi?

Deutsch	Englisch	Französisch
Können Sie mir bitte sagen, wann ich aussteigen muss?	Please tell me when I have to get off.	Est-ce que vous pouvez me le dire, si je dois descendre?
Wann gibt es Frühstück?	When is breakfast?/When do you serve breakfast?	Quand est-ce qu'on peut prendre le petit-déjeuner?
Wann geht ein Bus (Boot/Flug/Zug) nach . . . ?	When is a bus/boat/flight/train to . . .?	Quand est-ce que un bus (bateau/avion/train) part pour . . .?
Gibt es etwas zu essen auf dem Schiff?	Do they serve food on the boat?	Est-ce qu'on peut manger sur le bateau?
Wie heißt die nächste Stadt?	What's the name of the nearest town?	Comment s'appelle la ville prochaine?
Wie spät ist es?	What's the time please?	Quelle heure est-il?
Wie lange wird es dauern?	How longe will it take?	Combien de temps est-ce que ça durera?
Können Sie das wiederholen, bitte?	Can you repeat that please?	Est-ce que vous pouvez répéter ça, s'il vous plaît?
Können Sie es bitte aufschreiben?	Can you write it down for me please?	Est-ce que vous pouvez l'écrire, s'il vous plaît?
Darf ich fotografieren?	May I take photographs?	Est-ce que je peux prendre des photos?
Stört es Sie, wenn ich rauche?	Do you mind if I smoke?	Est-ce que ça vous dérange, si je fume?
Gibt es (warmes) Wasser?	Is there (warm) water?	Est-ce qu'il ya de l'eau (chaude)?
Ist das Wasser abgekocht?	Has the water been boiled?	Est-ce qu'on fait cuire l'eau?
Lass mich in Ruhe	Leave me alone!	Laisse-moi tranquille!
Fahren Sie langsam	Drive slowly!	Conduissez lentement!
Fahren Sie schnell	Drive fast!	Conduissez vite!
Ich heiße Susanne.	My name is Susi.	Je m'appelle Susanne.
Das ist mein/e Freund/in.	This is my friend.	Ça, c'est mon ami (ma amie).
Wir möchten ein Zimmer.	We'd like to have a room.	Nous voudrions une chambre.

Deutsch	Afrikaans	Swahili
Können Sie mir bitte sagen, wenn ich aussteigen muss?	Saal jy asseblief vir my sê wanneer ek moet uitklim?	Unaweza kuniambia nitelemke wapi?
Wann gibt es Frühstück?	Wanneer word oggendete bedien?	Chakula cha asubuhi ni saa ngapi?
Wann geht ein Bus (Boot/Flug/Zug) nach . . . ?	Wanneer is daar 'n (boot/vlug/trein) na . . . ?	Basi (meli/ndege/treni) ya kwenda . . . inaondoka saa ngapi?
Gibt es etwas zu essen auf dem Schiff?	Is daar iets om te eet op die boot?	Chakula kinaapatikana kwenye meli?
Wie heißt die nächste Stadt?	Wat is die naam van die volgende stad op die roete?	Jina la mji ujao ni nini?
Wie spät ist es?	Hoe laat is dit?	Saa ngapi?
Wie lange wird es dauern?	Hoe lank sal dit duur?	Itachukua muda gani?
Können Sie das wiederholen, bitte?	Kan jy dit asseblief herhaal?	Unaweza kuirudia hiyo, tafadhali?
Können Sie es bitte aufschreiben?	Kan jy dit asseblief neerskryf?	Unaweza kuniandikia tafadhali?
Darf ich fotografieren?	Mag ek fotografeer?	Naruhusiwa kupiga picha?
Stört es Sie, wenn ich rauche?	Pla dit jou as ek rook?	Inakusumbua nikivuta?
Gibt es (warmes) Wasser?	Is daar (warm) water beskikbaar?	Kuna maji (ya moto)?
Ist das Wasser abgekocht?	Het die water gekook?	Maji yamechemshwa?
Lass mich in Ruhe!	Los my aleen!	Usinisumbue!
Fahren Sie langsam	Ry (asseblief) stadig.	Endesha pole pole
Fahren Sie schnell	Ry (asseblief) vinnig.	Endesha upesi
Ich heiße Susanne.	My naam is Susanne.	Jina langu ni Susanne.
Das ist mein/e Freund/in.	Dit is my vriend (vriendin).	Huyu ni rafiki yangu.
Wir möchten ein Zimmer.	Ons wil 'n kamer bespreek.	Tungependa chumba kimoja.

Deutsch	Englisch	Französisch
Ich komme aus Österreich.	I come from Austria.	Je viens de l'Autriche
Ich wohne im Hotel B.	I stay at Hotel B.	J'habite dans l'hôtel B.
Meinen Schlüssel, bitte.	Please hand me my key.	Mes clés, s'il vous plaît.
Ich habe einige Sachen zum Waschen.	I have some clothes for the laundry.	J'ai quelque chose à laver.
Ich werde um . . . abreisen.	I'm going to depart at . . o'clock.	Je partirai à . . .
Hoffentlich sehen wir uns bald wieder!	Hope to see you again soon.	J'éspère de vous revoir bientôt.
Ich suche . . .	I'm looking for . . .	Je cherche . . .
Ich will nach . . .	I want to go to . . .	Je veux aller à . . .
Ich möchte . . .	I want/I'd like	Je veux . . .
Ich hätte gern . . .	I'd like	Je voundrais . . .
Ich möchte bitte einen Löffel/ Gabel/ Messer	I'd like a spoon/fork/knife	Je voudrais un cuiller/une fourchette/un couteau, s'il vous plaît
Halten Sie bitte hier!	Can you stop here, please!	Arrete-vous ici, s'il vous plaît!
Ich verstehe (nicht).	I see/I don't quite understand.	Je (ne) comprends (pas)
Alles in Ordnung!	Everything alright. Everything in order.	Tout est pour le mieux!
Das hat mir sehr gefallen!	I really enjoyed that.	Ça, m'a plaît beaucoup.
Setzen Sie sich doch!	Sit down, please/ Take a seat, please.	Assiez-vous!
Kellner/in!	waiter/waitress	Garçon/Serveuse!
Ich wurde bedient, danke.	I'm beeing served, thank you.	Je suis été servi, merci.
Das Essen war sehr gut!	The food was delicious.	Le repas était trés bon.

Deutsch	Afrikaans	Swahili
Ich komme aus Österreich.	Ek kom van Oostenryk.	Natoka Ujerumani.
Ich wohne im Hotel B.	Ek bly in die B. Hotel.	Nakaa kwenye hoteli B.
Meinen Schlüssel, bitte.	Gee asseblief my sleutel vir my.	Naomba ufunguo zangu.
Ich habe einige Sachen zum Waschen.	Ek het 'n paar dinge om te laat was.	Nina nguo chache za kufuliwa.
Ich werde um . . . abreisen.	Ek sal om . . . vertrek.	Nitatoka saa . . .
Hoffentlich sehen wir uns bald wieder!	Hopelik sien ons mekaar gou weer!	Natumaini tutaonana tena karibuni!
Ich suche . . .	Ek soek . . .	Natafuta . . .
Ich will nach . . .	Ek wil na . . . gaan	Nataka kwenda . . .
Ich möchte . . .	Ek wil . . .	Napenda . . .
Ich hätte gern . . .	Ek sou graag . . . wou hê.	Ningependa . . .
Ich möchte bitte einen Löffel/ Gabel/ Messer	Ek wil asseblief 'n lepel/vurk/mes hê.	Tafadhali naomba kijiko/uma/kisu.
Halten Sie bitte hier!	Stop asseblief hier.	Simama hapa, tafadhali!
Ich verstehe (nicht).	Ek verstaan (nie)	Naelewa/Sielewi
Alles in Ordnung!	Alles in orde.	Kila kitu sawa sawa!
Das hat mir sehr gefallen!	Ek het baie daarvan gehou.	Imenifurahisha sana!
Setzen Sie sich doch!	Sit asseblief!	Kalia kiti, tafadhali!
Kellner/in!	kelner/kelnerin	Bwana weita!/Mama weita!
Ich wurde bedient, danke.	Ek is al bedien, dankie.	Nimeisha hudumiwa, asante.
Das Essen war sehr gut!	Die ete was baie lekker.	Chakula kilikuwa nzuri sana!

Deutsch	Englisch	Französisch
Ich möchte zahlen.	The bill please.	Je veux payer/l'addition, s'il vous plaît.
Das Wechselgeld ist für Sie.	Keep the change.	La monnaie est pour vous.
Ich möchte . . . kaufen.	I want to buy . . .	Je veux . . . acheter.
Es ist nicht das Richtige.	It's not exactly what I'm looking for.	Ce n'est pas le juste.
Es hat einen Unfall gegeben.	There has been an accident.	Il ya eu un accident.
Holen Sie bitte einen Arzt.	Get a doctor, please.	Allez chercher un médecin, s'il vous plaît
Ich habe große Probleme.	I have great difficulties (problems)	J'ai des problèmes grandes.
Bewegen Sie sich nicht!	Don't move!	Ne vous bougez pas.
Ich wurde von einer Schlange (Tsetsefliege) gebissen.	I was bitten by a snake (Tsetse fly)	Je suis été mordu d'un serpent/piqué d'une mouche tsé-tsé)
Es geht mir besser.	I'm better now.	Je vais mieux.
Ich weiß (nicht).	I know/I don't know.	Je sais (Je ne sais pas).
Prost!	Cheers!	À votre santé!

Deutsch	Afrikaans	Swahili
Ich möchte zahlen.	Ek wil graag betaal.	Ninapenda kulipa.
Das Wechselgeld ist für Sie.	Die fooitjie is vir jou/julle.	Unaweza kubaki na chenji.
Ich möchte ... kaufen.	Ek wil ... koop.	Ningependa kununua ...
Es ist nicht das Richtige.	Dit is nie die regte ding nie.	Hii siyo sawa (oder) Hii haifai.
Es hat einen Unfall gegeben.	Daar was 'n ongeluk.	Imetokea ajali.
Holen Sie bitte einen Arzt.	Kry assablief 'n dokter.	Mwite (Mwiteni) daktari, tafadhali.
Ich habe große Probleme.	Ek het groot probleme.	Nina shida sana.
Bewegen Sie sich nicht!	Moenie beweeg nie!	Usisogee!
Ich wurde von einer Schlange (Tsetsefliege) gebissen.	Ek is deur 'n slang (tsetsevlieg) gepik.	Niliumwa na nyoka (ndorobo).
Es geht mir besser.	Dit gaan beter.	Nimeshapona kidogo.
Ich weiß (nicht).	Ek weet (nie).	Nafahamu (Sifahamu)
Prost!	Gesondheid!	Afya!

In diesem Wörterbuch nicht angeführte Begriffe können handschriftlich ergänzt werden. Der Verlag bedankt sich für Rückmeldungen, wenn Sie Angaben ergänzen oder richtigstellen können!

PACKLISTE FÜR JAGDREISEN NACH AFRIKA

DOKUMENTE/GELD
Kann Muss Ist

- Adressen-Etiketten
- Bargeld
- Buchungs-/Zahlungsbeleg
- Einladung
- Feuerwaffenpass (+ Kopie)
- Fremdwährung
- Fremdwörterbuch
- Führerschein (+ Kopie)
- Impfpass (+ Kopie)
- Jagdkarte (+ Kopie)
- Kontaktadresse
- Krankenschein
- Kreditkarte(n)
- Land-/Revierkarte
- Notfall-Adresse
- Pass (+ Kopie)
- Preisliste
- Ticket
- Travellerschecks
- Versicherungspolizze
- Visum

WAFFE/ZUBEHÖR
Kann Muss Ist

- Feldstecher
- Gewehrkoffer
- Gewehrriemen
- Jagdmesser
- Jagdwaffe(n)
- Magazin
- Mündungsschoner
- Munition
- Patronentasche/-gürtel
- Putzzeug
- Reservemagazin
- Spektiv
- Waffenfutteral (leicht)
- Waffenöl
- Zielfernrohr
- ZF-Abdeckungen

KÖRPERPFLEGE/PERSÖNLICHES

- Brille
- Einwegspritzen
- Feldflasche (Thermos)
- Handtücher
- Injektionsnadeln
- Insektenschutzmittel
- Medikamente
- Papiertaschentücher
- Reservebrille
- Sonnenbrille
- Sonnenschutzcreme
- Toiletteartikel
- Verbandszeug
- Waschzeug
- WC-Papier

KLEIDUNG
Kann Muss Ist

- Badezeug
- Formelle Kleidung
- Gamaschen
- Gürtel
- Gummistiefel
- Handschuhe (Seiden-H.)
- Hausanzug
- Hausschuhe
- Hose (kurz)
- Hose (lang)

KannMussIst				KannMussIst				KannMussIst		
Hutklips	☐	☐	☐	**FOTO/VIDEOAUSRÜSTUNG**				Multitool	☐	☐	☐
Jagdhemden	☐	☐	☐	Batterien	☐	☐	☐	Müsliriegel	☐	☐	☐
Jagdschuhe	☐	☐	☐	Filme	☐	☐	☐	Nackenrolle	☐	☐	☐
Jogginganzug	☐	☐	☐	Fotoapparat	☐	☐	☐	Plastikbeutel	☐	☐	☐
Kopfbedeckung	☐	☐	☐	Kassetten	☐	☐	☐	Plastikhandschuhe	☐	☐	☐
Mütze	☐	☐	☐	Videokamera	☐	☐	☐	Pirschstock	☐	☐	☐
Nierenschutz	☐	☐	☐					Rucksack (Tasche)	☐	☐	☐
Pullover	☐	☐	☐	**NÜTZLICHES**				Schlafsack	☐	☐	☐
Regenschutz	☐	☐	☐	Angelausrüstung	☐	☐	☐	Schnapskarten	☐	☐	☐
Schal	☐	☐	☐	Bananentasche	☐	☐	☐	Schnur	☐	☐	☐
Schlafanzug	☐	☐	☐	Brillenband	☐	☐	☐	Schreibzeug	☐	☐	☐
Schuhbänder (Reserve)	☐	☐	☐	Brustbeutel	☐	☐	☐	Sitzpolster	☐	☐	☐
Schuhpflege	☐	☐	☐	Dose (für Kleinzeug)	☐	☐	☐	Süßstoff	☐	☐	☐
Shirts	☐	☐	☐	Feuerzeuge	☐	☐	☐	Tagebuch	☐	☐	☐
Socken	☐	☐	☐	Geschenke	☐	☐	☐	Taschenlampe	☐	☐	☐
Stutzen	☐	☐	☐	Handy	☐	☐	☐	Trophäenanhänger	☐	☐	☐
Unterhemden	☐	☐	☐	Jagdsessel	☐	☐	☐	Uhr/Wecker	☐	☐	☐
Unterhosen (kurz)	☐	☐	☐	Klebeband (Silvertape)	☐	☐	☐	Verpflegung	☐	☐	☐
Unterhosen (lang)	☐	☐	☐	Kompass	☐	☐	☐	Vorhängeschlösser	☐	☐	☐
Weste	☐	☐	☐	Ladegerät	☐	☐	☐	Weltstecker	☐	☐	☐
Windjacke	☐	☐	☐	Lesestoff	☐	☐	☐	Wohnungs(Haus)schlüssel	☐	☐	☐
				Maßband	☐	☐	☐	Zünder	☐	☐	☐
				Messerschärfer	☐	☐	☐				